FRAUEN

DIE GESCHICHTE SCHRIEBEN

NATIONAL GEOGRAPHIC

CLAUDIA GOLD

FRAUEN

DIE GESCHICHTE SCHRIEBEN

VON KLEOPATRA BIS ZU KATHARINA DER GROSSEN

INHALT

Kleopatra VII.

Blanka von Kastilien

Anna Stuart

Königin Viktoria

Einleitung

1488 schien Caterina Sforzas Niederlage fast schon besiegelt. Sie war mit ihren Streitkräften von einer sehr viel größeren Armee geschlagen worden. Voller Freude begutachteten ihre Feinde bereits ihren Siegespreis, den italienischen Stadtstaat Forlì.

Caterina tat so, als wolle sie aufgeben, bat jedoch darum, Forlì noch einmal betreten zu dürfen, um die Bevölkerung von der Kapitulation zu überzeugen. Man entsprach ihrem Wunsch, drohte jedoch mit der Ermordung ihrer Kinder, sollte sie keinen Erfolg haben. In der Stadt angekommen, erklomm Caterina der Legende zufolge die Festungsmauern, hob ihre Röcke und rief ihren Gegnern zu, sie könne immer noch weitere Kinder bekommen. Forlì würde niemals kapitulieren. Der Feind war wie gelähmt. Caterina nutzte den Moment, um den Gegner zu vernichten und ihre Kinder zu retten.

Caterina Sforza gehört zu einem Kreis bemerkenswerter Herrscherinnen. 50 von ihnen werden in diesem Buch dargestellt: Wie sie lebten, wofür sie kämpften und was sie erreichten. Den Anfang macht Hatschepsut, Königin von Ägypten im 15. Jahrhundert v. Chr., am Ende steht die pakistanische Premierministerin Benazir Bhutto, die 2007 ermordet wurde. Ihre Geschichten werden in chronologischer Reihenfolge erzählt. Zusammengenommen hatten diese Frauen einen gewaltigen Einfluss auf die Geschichte. Die Leistungen von Elisabeth I., die England zur Seemacht erhob, und von Katharina der Großen, der deutschen Prinzessin, die Russland beherrschte, sind noch heute allgemein bekannt. Andere Frauen waren nicht weniger bemerkenswert: Zenobia, die Königin von Palmyra, die es mit Rom aufnahm; Tomyris, die Bezwingerin des scheinbar unbesiegbaren persischen Eroberers Kyros des Großen; oder Kaiserin Wu Hou, die das Fundament für Chinas Goldenes Zeitalter unter der Tang-Dynastie schuf.

Vielleicht war es die allzu deutliche Wahrnehmung, dass sie ständig in Gefahr schwebten, die viele dieser Frauen dazu antrieb, die Männer in ihrer Umgebung zu überflügeln. Katharina von Medici beispielsweise verschaffte sich einen Informationsvorsprung, indem sie ein „Eingreifgeschwader" schöner Adelsdamen einsetzte, deren Aufgabe darin bestand, ihren männlichen Opfern Geheimnisse zu entlocken.

Geliebte, Kurtisanen und Geächtete sind auf diesen Seiten zahlreich vertreten: Häufig fanden sie ungewöhnliche Wege zur Macht. Manchen gelang der Aufstieg, indem sie sich offen gegen Männer zur Wehr setzten, während andere subtiler vorgingen und schwachen Fürsten politische Ratschläge ins Ohr flüsterten. Eine andere Wahl ließ die Gesellschaft diesen Frauen in der Regel nicht. Die strahlende Marquise von Pompadour kam als Geliebte Königs Ludwig XV. an den französischen Hof. Die Sklavin

Roxelane musste als Konkubine dienen. Sie umgarnte Sultan Süleyman I. und erlangte so einen gewissen Einfluss auf das Osmanische Reich. Und in Indien überließ der Großmogul Jahangir nur zu gern die Macht seiner Frau Nur Jahan.

Einmal an der Spitze, mussten die Herrscherinnen ihren Untertanen beweisen, dass sie wie Männer regieren konnten. Es gab Königinnen, die vorgaben, Könige zu sein. Hatschepsut etwa trug wie ein männlicher Pharao als Teil ihrer Staatstracht einen falschen Bart. Dreitausend Jahre später erklärte Königin Elisabeth I. den Engländern: *«Ich weiß, ich habe den Körper einer schwachen Frau, aber das Herz und den Magen eines Königs, sogar eines Königs von England.»*

Als Frauen in einer Männerdomäne erregten sie nicht selten tiefwurzelnden Hass. Die überwiegend männlichen Chronisten konnten außerordentlich feindselig sein. Viele dieser Frauen wurden als „Isebel" gebrandmarkt, nach der bösen Königin aus der Bibel. Lucrezia Borgia wurde als *«schlimmste Hure, die es in Rom je gegeben hat»*, beschimpft, Isabella von Frankreich war *«eine Wölfin … mit erbarmungslosen Fängen»*, während Katharina von Medici als *«Made aus Italiens Grab»* diffamiert wurde. Und die römische Kaiserin Livia wurde von dem Historiker Tacitus beschuldigt, ihren Ehemann und ihren Sohn vergiftet zu haben.

Wie viel hat sich bis heute verändert? Die Einführung der Demokratie und der enorme gesellschaftliche Wandel in der Einstellung gegenüber Frauen haben ihnen noch nie dagewesene Chancen beschert, an die Spitze der Macht zu gelangen. Ein gutes Beispiel gibt etwa die „Eiserne Lady" Margaret Thatcher, die erste britische Premierministerin. In Asien zeichnet sich ein besonderer Trend ab. Er begann mit Sirimavo Bandaranaike, die 1960 in Sri Lanka als erste Frau überhaupt an die Spitze einer Regierung gewählt wurde. Er setzte sich fort über Premierministerin Indira Gandhi in Indien, Präsidentin Corazón Aquino von den Philippinen und die pakistanische Premierministerin Benazir Bhutto. Die beiden „kämpferischen Begumen" Khaleda Zia und Sheikha Hasina Wajed wechselten sich 16 Jahre lang an der Spitze Bangladeschs ab. Aung San Suu Kyi wurde 1990 vom burmesischen Volk zur Premierministerin gewählt, steht aber seither unter Hausarrest. Doch dieses Phänomen wird relativiert durch den Umstand, dass fast alle diese Frauen an die Macht gelangten, nachdem ihr berühmter Vater oder Ehemann ermordet worden war. So scheint es, dass wir – trotz vieler tausend Jahre menschlicher Entwicklung – auf echte Veränderung noch länger warten müssen.

Claudia Gold
London, 2008

Hatschepsut

15. Jahrhundert v. Chr.

Königin von Ägypten

Hatschepsut, die erste bedeutende ägyptische Pharaonin, herrschte vor mehr als 3500 Jahren. Sie war zur Mitregentin ihres Stiefsohns Thutmosis III. bestimmt. Als dessen Vater starb, übernahm sie für fast 15 Jahre die alleinige Regentschaft. Von ihren Untertanen wurde sie als lebende Göttin verehrt. Dann verschwand Hatschepsut – ohne jede Erklärung. Starb die Königin eines natürlichen Todes?

Detail des Kopfes einer Holzskulptur von Königin Hatschepsut. In ihrer Regierungszeit wurde sie häufig mit dem falschen Bart dargestellt, der die Königswürde symbolisierte.

Hatschepsut war die Tochter des kriegerischen Pharaos Thutmosis I. (regierte um 1506–1493 v. Chr.), des dritten Königs der 18. Dynastie, und seiner Hauptfrau Ahmes. Unter Thutmosis' Herrschaft stand Ägypten in voller Blüte. Die Hauptstadt des sogenannten Neuen Reiches war Theben. Die pulsierende und vielsprachige Metropole, in der Hatschepsut aufwuchs, lag im Zentrum Ägyptens am Ufer des Nils. Heute zeugen die Ruinen von Karnak und Luxor von der einstigen Pracht der Residenzstadt und ihrer gewaltigen Tempel.

Kindsbraut

Hatschepsut war noch sehr jung, als man sie mit ihrem Halbbruder Thutmosis (II.) verheiratete. Sie hatten denselben Vater, aber ihr Bruder und Gemahl war nur der Sohn einer Nebenfrau mit dem Namen Mutnofret. Der Tradition entsprechend musste er seine Halbschwester aus der Hauptlinie heiraten, um seine Herrschaft zu legitimieren. Später als Pharao tat sich Thutmosis II. (regierte um 1493–1479 v. Chr.) nicht besonders hervor. Hatschepsut erfüllte als Hauptfrau des Königs ihre repräsentativen Verpflichtungen und wurde als fast gleichberechtigt neben ihrem Bruder dargestellt. Zudem besaß sie als Oberpriesterin („Gottesgemahlin") des höchsten Gottes Amun-Re eine eigene Machtstellung. Beim Tod ihres Bruders nutzte sie ihre Position und erklärte sich sofort zur Regentin für ihren Stiefsohn Thutmosis III. (regierte um 1479–1425 v. Chr.), den Sohn einer Nebenfrau namens Isis. Ein Zeitgenosse schrieb:

> *«Nach seinem Aufstieg in den Himmel vereinigte er [Thutmosis II.] sich mit den Göttern. Und sein Sohn [Thutmosis III.], der an seiner Stelle zum Herrn der zwei Länder wurde, regierte auf dem Thron seines Erzeugers, während dessen Schwester Hatschepsut, die Frau des Gottes, das Land verwaltete. Beide Länder unterstanden ihrer Kontrolle. Die Menschen arbeiteten für sie, und Ägypten beugte das Haupt.»*

Offiziell regierten Hatschepsut und Thutmosis III. gemeinsam, da dieser aber noch ein kleiner Junge war, übernahm Hatschepsut an seiner Stelle die Regentschaft. Vor Hatschepsut hatte es bereits Pharaoninnen gegeben, aber nur Hatschepsut ließ sich als Mann darstellen. Abbildungen zeigen sie in der zeremoniellen Tracht der Pharaonen, zu der auch ein künstlicher Bart gehörte. Ihr Name ist in der offiziellen Liste der Könige vermerkt.

Göttliche Abstammung

Um ihre Herrschaft zu legitimieren, beanspruchte Hatschepsut göttliche Autorität. Schon seit langem stellten sich die ägyptischen Pharaonen als Halbgötter dar, als Söhne Amun-Res, des obersten Gottes im ägyptischen Götterpantheon. In diesem Sinne betrieb auch Hatschepsut Werbung in eigener Sache, zum Beispiel in dem großartigen Grabtempel, den sie sich bald nach ihrer Machtübernahme in Deir el-Bahari nahe Theben erbauen ließ. Auf den Wänden ihres Grabmals beschreibt die Tochter von Thutmosis I. ihre Zeugung als Verbindung ihrer Mutter Ahmes mit dem Gott Amun-Re:

> *«Er [Amun-Re] fand sie ... schlafend in der Schönheit ihres Palasts. Sie erwachte vom Duft des Gottes, den sie in der Gegenwart seiner Majestät wahrnahm. Er kam sofort zu ihr ... er zwang ihr sein Begehren auf und bewirkte, dass sie ihn in seiner göttlichen Erscheinung sah. Als er vor sie trat, frohlockte sie beim Anblick seiner Schönheit. Seine Liebe ging über in ihre Glieder, die der Duft des Gottes überschwemmte ...»*

Kolonnaden und terrassierte Säulenhallen des Grabtempels von Hatschepsut (im Vordergrund) und Mentuhotep (Hintergrund) unterhalb der Klippen von Deir el-Bahari nahe Theben.

Ahmes sprach: *«Wie groß ist dein Ruhm! Es ist herrlich, dich von vorn zu sehen. Du hast meine Majestät mit deiner Gunst vereinigt, dein Tau ist in all meinen Gliedern.»* Hatschepsut zufolge befahl Amun-Re, seine Tochter solle *«besser als alle Götter»* werden: *«Forme für mich diese meine Tochter, die ich gezeugt habe.»*

Gleichzeitig rechtfertigte Hatschepsut ihre Herrschaft aber auch durch Worte ihres irdischen Vaters Thutmosis I., der ihr angeblich den Thron überlassen haben soll:

> *«Da sagte seine Majestät vor ihnen [dem Hofstaat]: ‹Dies ist meine Tochter [Hatschepsut], die lebt, und ich habe sie ernannt ... Sie ist meine Nachfolgerin auf dem Thron, ganz gewiss ist sie es, die auf meinem wunderbaren Platz sitzen soll. Sie soll die Menschen im ganzen Palast befehligen, sie soll euch führen.›»*

Diese Schnitzarbeit zeigt Senenmut, den engsten Berater Königin Hatschepsuts. Er kniet hinter einer Kobra, die im alten Ägypten die Macht symbolisierte. Die Skulptur stammt aus der Zeit um 1490 v. Chr.

Daneben werden in Hatschepsuts Grabtempel alle wichtigen Ereignisse ihrer Regierungszeit abgebildet. Als Frau konnte sie ihre Truppen nicht selber in den Krieg führen, wie es ihr Vater getan hatte. Also konzentrierte sie sich auf den Handel und auf ehrgeizige Bauprojekte. So verbreitete sich ihr Ruf als große Pharaonin weit über Ägyptens Grenzen hinaus. Berühmt ist die von ihr initiierte Handelsexpedition nach Punt, einem Land an der Küste des Roten Meeres. Die Wandgemälde in Deir el-Bahari zeigen, wie die ägyptischen Seeleute mit herrlichen Schätzen von ihrer Reise zurückkehren: Ebenholz, Gold, Weihrauch, exotische Tiere, Gewürze und Duftstoffe. Außer ihrem Grabtempel ließ sie noch weitere Tempel und zahlreiche Obelisken errichten, zum Beispiel im Tempelkomplex von Karnak.

Unterdessen mied ihr Neffe und Stiefsohn Thutmosis III. den königlichen Hof, wo Hatschepsuts Anhängerschaft herrschte. In den langen Jahren im Zentrum der Macht als Tochter und später als Gemahlin eines Pharaos hatte sie einen Kreis mächtiger Berater um sich versammelt, die ihr treu ergeben waren. Einige Wissenschaftler

HATSCHEPSUT UND SENENMUT

Welcher Art war die Beziehung zwischen Hatschepsut und ihrem Minister Senenmut? Waren sie ein Liebespaar? Er stammte aus einfachen Verhältnissen und wurde zum mächtigsten Mann Ägyptens. Seine öffentlichen Ämter waren zahlreich, und ihm wurde sogar die Sorge für Hatschepsuts Tochter anvertraut. Die Königin erlaubte ihm, seinen eigenen Grabtempel unterhalb von ihrem zu errichten. Auch gaben beide zahlreiche Statuen des jeweils anderen in Auftrag, um ihre Gräber zu schmücken. Sicher ist, dass Hatschepsuts Stiefsohn Thutmosis III. Senenmut deutlich mehr als ihre anderen Berater hasste.

vermuten, dass Hatschepsut ihre Tochter Neferu-Re, eine Halbschwester von Thutmosis III., zu ihrer Nachfolgerin machen wollte. Die Königin ernannte ihren wichtigsten Berater Senenmut zum Lehrer des Mädchens. Aber Thutmosis war kein Junge mehr. Er trat in die Armee ein, stieg zum Heerführer auf und wartete seine Chance zur Machtergreifung ab.

Mysteriöses Verschwinden

Nach einer Regierungszeit von 14 Jahren verschwindet Hatschepsut plötzlich aus den historischen Quellen. Der Sarkophag der Herrscherin wurde zwar 1903 vom berühmten Archäologen Howard Carter gefunden, war aber leer. Über den Verbleib der Mumie wurde lange spekuliert. Thutmosis III. hatte am Ende seiner Regentschaft fast sämtliche Abbildungen, die Hatschepsut als (männlichen) Pharao darstellten, von Tempeln, Monumenten und Obelisken tilgen lassen. Vermutlich, um die Legitimität der Thronfolge seines Sohnes gegenüber anderen Familienmitgliedern zu stärken. 2007 ordneten Forscher eine Mumie aus dem Tal der Könige einem Zahn aus einem hölzernen Kasten zu, in dem Hatschepsuts Namenszug eingraviert war. Sollte dieser tatsächlich Hatschepsuts mumifizierte Organe beinhalten, wäre das Rätsel um die letzte Ruhestätte der bedeutenden Pharaonin gelöst – sie starb vermutlich an einer Infektion, verursacht durch einen Zahnabszess.

Nach Hatschepsuts Verschwinden regierte Thutmosis III. noch mehr als 30 Jahre lang. Mit seiner Amtsführung knüpfte er an die Regierung seines Vaters und Großvaters an. Hatschepsut war vergessen. Auf die Wand seines Grabmals ließ Thutmosis schreiben: *«Ich bin sein [Thutmosis' II.] Sohn, dem er befohlen hat, auf seinem Thron zu sitzen, als ich noch in seinem Nest lebte. Er zeugte mich mit aufrichtigem Herzen ... Daran ist keine Lüge.»*

Ironischerweise hat gerade eine von Thutmosis' Maßnahmen, mit denen er die Erinnerung an seine Stiefmutter auslöschen wollte, nämlich der Bau von Mauern um ihren Obelisken im Tempel von Karnak, einige Inschriften für die Nachwelt erhalten. Hatschepsuts gewaltiger Obelisk war ursprünglich mit Gold bedeckt. Heute ist nur noch Granit übrig, aber eine Inschrift, die die Königin hinterlassen hat, berichtet von ihren Leistungen:

> *«Und du, der du nach vielen Jahren diese Monumente siehst, die von dem sprechen, was ich getan habe, du wirst sagen: ‹Wir wissen nicht, wie sie ein ganzes Monument aus Gold machen konnten, als wäre das etwas ganz Normales.› Um sie zu vergolden, habe ich Gold scheffelweise gegeben, als wäre es Getreide. Und als meine Majestät die Menge sah, war es mehr, als die zwei Länder Ägyptens je gesehen hatten ... Wenn du dies hörst, sage nicht, es ist leere Prahlerei, sondern: ‹Wie ihr das ähnlich sah, ihres Vaters würdig!›»*

ZEITTAFEL

UM **1493** V. CHR. Thutmosis I. stirbt. Hatschepsut wird mit ihrem Halbbruder Thutmosis II. verheiratet. Beide regieren in der Nachfolge ihres Vaters gemeinsam.

UM **1479** V. CHR. Beim Tod von Thutmosis II. erklärt sich Hatschepsut zur Regentin für Thutmosis III., den Sohn Thutmosis' II. Bald darauf regiert sie als Pharaonin und erbaut ihr Grabmal nahe Theben.

UM **1473** V. CHR. Hatschepsut lässt in Karnak einen kolossalen Obelisken errichten.

UM **1470** V. CHR. Eine Handelsexpedition nach Punt (ein Land am Roten Meer) kehrt mit kostbaren Waren nach Ägypten zurück.

UM **1465** V. CHR. Hatschepsut verschwindet. Thutmosis III. regiert noch 33 Jahre lang allein. Dabei versteckt oder zerstört er alle Hinweise auf den männlichen Pharao Hatschepsut.

«Ihre Majestät wurde wichtiger als alle anderen Menschen. In ihr war etwas Göttliches. Alles, was sie tat, war göttlich. Ihr Wesen war göttlich. Ihre Majestät wurde zu einer schönen Maid, die erblühte ...»

INSCHRIFT IM GRABTEMPEL DER HATSCHEPSUT IN DEIR EL-BAHRI

NOFRETETE

14. Jahrhundert v. Chr.

Königin von Ägypten

Nach Kleopatra ist Nofretete Ägyptens berühmteste Königin. Heute sind die Menschen von ihrer Schönheit und dem Rätsel ihres plötzlichen Verschwindens fasziniert. Aber fast 3500 Jahre lang war sie praktisch unbekannt. Zeitgenössische ägyptische Geschichtsschreiber hatten ihren Namen aus den Königslisten gelöscht, und ihre Stadt Amarna war von der Wüste verschluckt worden. Nofretete und ihr Ehemann Echnaton galten als Häretiker, weil sie den ägyptischen Götterpantheon zugunsten eines einzigen Gottes, des Sonnengottes Aton, aufgegeben hatten. Eine der einflussreichsten Frauen der Antike wurde zum schrecklichsten Schicksal verurteilt, das sich die alten Ägypter vorstellen konnten: Sie sollte in der Erinnerung der Nachwelt nicht weiterleben.

Die bemalte steinerne Büste der Königin Nofretete, die sich heute auf der Museumsinsel in Berlin befindet, wurde erst 1912 entdeckt. Sie trägt eine Krone mit dem Uräus, einer aufgerichteten Kobra, die das Königtum symbolisiert.

Nofretete (wörtlich: „eine Schöne ist gekommen“) entstammte der ägyptischen Elite. Sie wurde in der Zeit der späten 18. Dynastie geboren, als Ägypten im Zenit seiner Macht stand: Das wirtschaftlich blühende Reich mit seinen über vier Millionen Einwohnern erstreckte sich vom heutigen Sudan im Süden bis nach Syrien im Norden. An seiner Spitze stand Amenophis III., ein starker, traditionsbewusster Pharao.

Nofretete war noch keine 20 Jahre alt, als sie Amenophis, den gleichnamigen Sohn des Pharaos und der „Großen Königsgemahlin“ Teje, heiratete. Dabei folgte der junge Prinz dem Beispiel seines Vaters. Er nahm nicht eine seiner Schwestern oder Halbschwestern zur Frau, wie es im ägyptischen Königshaus üblich war, um die Reinheit der Erbfolge zu erhalten. Stattdessen entschied er sich, wie sein Vater eine Bürgerliche zu ehelichen. Seine eigene, bürgerliche Mutter Teje war es auch, die für ihren betagten Mann in dessen

«Seine geliebte Große Königsgemahlin, Herrin der beiden Länder, Nofretete, sie lebe! Geliebt von der großen lebendigen Sonnenscheibe, die ihr Jubeljahr feiert ...»

INSCHRIFT IM HAUS DES BENBEN-STEINS, KARNAK

ZEITTAFEL

UM 1353 V. CHR. Amenophis III. stirbt. Sein Nachfolger ist Amenophis IV.

UM 1348 V. CHR. Amenophis IV. nimmt den Namen Echnaton an und gründet eine neue Stadt, Achet-Aton. Sie ist der Verehrung des Sonnengottes Aton geweiht.

UM 1341 V. CHR. Nofretetes älteste Tochter stirbt. Vermutlich sterben auch Echnatons Nebenfrau Kija, seine Mutter Teje und drei weitere Töchter. Etwa zu dieser Zeit veschwindet auch Nofretete.

UM 1336 V. CHR. Semenchkare folgt Echnaton auf den Thron.

UM 1334 V. CHR. Auf Semenchkare folgt Tutanchamun (Tutanchaten).

UM 1330 V. CHR. Tutanchamun kehrt mit dem Hofstaat nach Theben zurück und löscht alle Hinweise auf den Sonnengott Aton aus.

1824 Ägyptologen entdecken die untergegangene Stadt Achet-Aton.

1912 Der deutsche Archäologe Ludwig Borchardt findet die Büste Nofretetes.

letzten Lebensjahren die Regierungsgeschäfte ausübte. Vielleicht wurde sie dadurch zum Vorbild für ihre machtbewusste Schwiegertochter Nofretete. Als der alte Pharao schließlich um 1355 v. Chr. starb, bestieg sein Sohn als Amenophis IV. den Königsthron. Seine 17-jährige Regierungszeit sollte zur umstrittensten in der ägyptischen Geschichte werden.

Eine neue Stadt für den einzigen Gott

Als Amenophis IV. an die Macht kam, verehrten die Ägypter eine Vielzahl von Göttern. Der oberste war Amun beziehungsweise Amun-Re, der Stadtgott von Theben. Doch im fünften Jahr seiner Regierung brach Amenophis mit dieser jahrtausendealten Tradition. An die Stelle des vertrauten Götterhimmels trat ein einziger Gott namens Aton, der Sonnengott, der in Gestalt der Sonnenscheibe dargestellt und verehrt wurde. Amenophis nahm den Namen Echnaton an, was „dem Aton nützlich" bedeutet. Die alte thebanische Götterdreiheit Amun, Mut und Chons wurden nun durch Echnaton, Nofretete und Aton ersetzt. Alle Hinweise auf Amun wurden ausgelöscht. Echnatons Beweggründe sind unklar: Einige Historiker vermuten, dass er die neue Religion benutzte, um die alte Priesterschaft zu entmachten. Andere sehen ihn als großen Visionär und ersten Monotheisten der Welt.

Als Zeichen für den Neuanfang verließ der Pharao die alte Hauptstadt Theben. Echnatons neue Residenz Achet-Aton („Horizont des Aton"), das heutige Tell el-Amarna, liegt mitten in Ägypten am Ufer des Nils. Die Lage war nicht ideal. Für den Pharao zählte jedoch vor allem, dass es sich um bisher unbebautes Land handelte. Hier brauchte er auf keine religiösen Traditionen Rücksicht zu nehmen und konnte seine Residenz ganz dem Aton-Kult weihen. Nofretete scheint von der Wahl ihres Mannes nicht überzeugt gewesen zu sein, vielleicht wegen der Entfernung Amarnas zu den großen Städten Ägyptens. In einer Grabinschrift findet sich daher eine ungewöhnliche Klage Echnatons über seine Frau: *«Und die Königin soll nicht zu mir sagen: ‹Schau, es gibt einen guten Platz für Achet-Aton an einem anderen Ort› … Ich will nicht sagen: ‹Ich gebe Achet-Aton auf, eile fort und gründe Achet-Aton an diesem anderen guten Ort.›»*

Trotz der Bedenken Nofretetes wurde Achet-Aton in nur wenigen Jahren zur neuen Hauptstadt Ägyptens ausgebaut. Das Ergebnis war beeindruckend: Paläste, große Häuser, wohlriechende Gärten und reiche Gräber zeugten vom Wohlstand des Reiches. Widerstand gegen die neue Staatsreligion gab es anscheinend kaum, vielleicht weil Echnaton das Militär fest in der Hand hatte. Viele Abbildungen zeigen, wie der König von seinen Soldaten umgeben ist. Diese waren darauf eingeschworen, die neue Religion und ihren Hohepriester, den Pharao selbst, zu beschützen.

Echnaton, der seine Frau über alles liebte, gab ihr den Beinamen *Neferneferuaton*, was „exquisite Schönheit der Sonnenscheibe" bedeutet. Nofretete nahm die Stelle der alten ägyptischen Göttinnen ein. Auf den Baudenkmälern von Amarna ist zu sehen, wie sie und ihr Gemahl im Licht des Aton stehen. In ihrem hauchzarten, durchsichtigen Gewand mit ausgeprägten Hüften und Bauch ist sie die personifizierte Fruchtbarkeit. So wurde aus der „Großen Königsgemahlin" eine Halbgöttin. Die grenzenlose Liebe des Königs zu seiner Frau wird deutlich in einer berühmten Inschrift auf einer der Grenzstelen von Amarna:

«Ein Grab soll mir in den Bergen östlich von Achet-Aton errichtet werden, und mein Begräbnis darin soll mit unzähligen Festen erfolgen, die der Aton mir bestellt hat. Sollte die Große Königin Nofretete, die noch lebt, in einer Stadt nördlich, südlich, westlich oder östlich von hier sterben, soll sie nach Achet-Aton gebracht und dort beigesetzt werden.»

Dieses Steinrelief zeigt Echnaton und Nofretete mit zweien ihrer Kinder auf Stühlen sitzend. Über ihnen sendet Aton, dargestellt als Sonnenscheibe, seine segnenden Strahlen aus.

Familienleben

Echnaton und Nofretete hatten sechs Töchter. In Armana finden sich viele Abbildungen der Kinder, die auf dem Schoß ihrer Eltern sitzen oder miteinander spielen – Szenen eines glücklichen häuslichen Lebens. Möglicherweise regierte Nofretete fast gleichberechtigt mit Echnaton, denn ihr Bildnis findet sich überall. Manchmal erscheint sie auch zusammen mit ihrer Schwiegermutter Teje. Häufig werden die beiden Königinnen als Sphingen dargestellt, die die Feinde Ägyptens vernichten. Doch der Umstand, dass Nofretete keine Söhne hatte, bedeutete, dass sie ihre Macht nur für eine begrenzte Zeit genießen konnte. Sie würde nicht wie Teje die einflussreiche Mutter eines zukünftigen Königs sein.

Töchter wurden in Ägypten zwar durchaus geschätzt, doch brauchte Echnaton Söhne, um die Nachfolge zu sichern. Der Pharao unterhielt einen großen Harem. Eine seiner Konkubinen, deren Name als Kija überliefert ist, gebar ihm mindestens eine weitere Tochter. Möglicherweise war sie auch die Mutter von Echnatons Nachfolgern und – wie einige Ägyptologen vermuten – Söhnen Semenchkare und Tutanchamun.

Nofretete verschwindet

Im zwölften Jahr von Echnatons Regierungszeit traf eine Reihe von Schicksalsschlägen die königliche Familie. Nofretetes Tochter Maketaton starb im Alter von zwölf Jahren. Sie wurde im Grab ihres Vaters beigesetzt. Die Szenen, die dieses Ereignis darstellen, sind von tiefer Trauer gezeichnet. Zur gleichen Zeit verlieren sich auch die Spuren von Kija, Teje und den drei jüngsten Töchtern des Königspaares. Wahrscheinlich sind sie an einer Epidemie gestorben, die in Ägypten wütete. Auch Nofretete verschwindet aus den Quellen. Doch es gibt kein Grab, das von ihrem Übergang ins Totenreich zeugt. Welches Schicksal ereilte die „Große Königsgemahlin" und Mitregentin Echnatons?

Die Büste Kijas, einer Konkubine oder „Zweitfrau" Echnatons, die vermutlich eine ausländische Prinzessin war. Häufig wird Kija als Echnatons „Große geliebte Frau" bezeichnet. Im Rang stand sie damit hinter der „Großen Königsgemahlin" Nofretete.

Historiker haben zahlreiche Theorien vorgebracht: Die Königin sei in Ungnade gefallen und ins Exil gegangen. Voller Trauer über den Tod der Töchter habe sie den Gott Aton aufgegeben und sich wieder den traditionellen Göttern Ägyptens zugewandt. Echnaton habe ihre Tochter Meritaton geheiratet, die ihre alternde Mutter als Symbol der Fruchtbarkeit abgelöst habe. Oder Nofretete habe ihren Namen geändert und sei offiziell zum König an der Seite ihres Mannes geworden. Immerhin genoss sie einen in Ägypten beispiellosen Status. Keine Frau eines Pharaos wurde je so verehrt, und es besteht die Möglichkeit, dass sie Echnatons Nachfolge antrat und allein als Pharaonin regierte. Flüchtige Eindrücke einer unbekannten Frau tauchen jahrzehntelang immer wieder auf Stelen und Statuen auf – vielleicht handelte es sich um Nofretete.

Tutanchamun und die Rückkehr nach Theben

Echnaton hatte seine Stadt für die Ewigkeit gebaut, aber sie überdauerte nur 30 Jahre. Nach seinem Tod übernahm Semenchkare, den manche Wissenschaftler mit Nofretete identifizieren, für kurze Zeit den Thron. Als er starb, folgte ihm Tutanchamun nach. Falls Nofretete noch am Leben war und zurückgezogen oder in Ungnade lebte, hatte sie nun Grund zur Hoffnung, ihre Erblinie möge sich fortsetzen: Der neue Pharao heiratete ihre Tochter Anchesenpaaton, die vielleicht seine eigene Halbschwester war.

Unter dem Einfluss seiner Berater verließ der junge Pharao bald darauf Achet-Aton und schaffte den Atonkult ab. Er änderte seinen Namen (er hieß ursprünglich Tutanchaton) und ging mit dem Hofstaat nach Theben zurück. Auch Anchesenpaaton änderte ihren Namen in Anchesenamun. Tutanchamun wollte sich von der „Häresie" Echnatons und Nofretetes distanzieren: Alle Hinweise auf Aton wurden ausgelöscht und die alten Tempel wieder geöffnet. Tutanchamun wollte als starker, traditioneller Pharao gesehen werden:

> *«Als seine Majestät zum König aufstieg, waren die Tempel der Götter und Göttinnen von Elephantine bis hinunter zu den Marschen des Deltas im Verfall begriffen, die heiligen Stätten lagen trostlos und wüst da, von Unkraut überwachsen. Es war, als hätte es sie nie gegeben, Hallen und Heiligtümer dienten als Fußwege. Das Land stand kopf, und die Götter hatten ihm den Rücken zugewandt.»*

TUTANCHAMUNS GRAB

Tutanchamun ist der berühmteste ägyptische Pharao – weniger wegen seiner Taten, sondern wegen seines Grabmals im Tal der Könige bei Theben. Fast 3500 Jahre blieb es von Grabräubern unbemerkt. Erst 1922 wurde es, noch intakt erhalten, von dem britischen Archäologen Howard Carter wiederentdeckt. Der Schmuck, die Amulette und Alltagsgegenstände, die das Grab enthielt, erlauben einen ganz ungewöhnlichen Einblick in das Ägypten der 18. Dynastie.

Tutanchamun und Anchesenamun hatten vermutlich nur zwei totgeborene Kinder. Als der Pharao im Alter zwischen 18 und 20 Jahren unter bisher ungeklärten Umständen starb, übernahm sein Berater Eje den Thron. Auf Eje folgte Tutanchamuns General Haremhab. Der neue Pharao strich die Namen Nofretetes, Echnatons und dessen unmittelbaren Nachfolgers aus den Königslisten und ließ sie von Tempeln und Statuen entfernen. Es war, als hätten die „Ketzer" nie existiert. Fast 3500 Jahre lang blieben sie vergessen.

Den modernen Ägyptologen begegnete Nofretetes Name erstmals in Hieroglypheninschriften, die 1824 bei Ausgrabungen in der untergegangenen Stadt Achet-Aton entdeckt wurden. Bei einer späteren Grabung am gleichen Ort fand der deutsche Archäologe Ludwig Borchardt die berühmte Büste der Königin, über die der Historiker J. Baikie 1926 schrieb:

> *«Die Porträts anderer romantisch verklärter Königinnen wie Kleopatra und Maria Stuart lassen den Betrachter mitunter grübeln, wo eigentlich der Liebreiz liegt, von dem alle Männer schwärmen. Aber keiner könnte auch nur einen Moment lang die Schönheit Nofretetes in Frage stellen. Ihre exquisiten Gesichtszüge sind von großer Zartheit, dazu der lange, schlanke Nacken einer italienischen Renaissanceprinzessin und ein Ausdruck von Sanftheit, nicht ohne Melancholie. Alles in allem die Darstellung einer Dame von königlicher Abstammung, über die wir gern so viel wissen würden und von der wir fast gar nichts wissen.»*

Ein Detail von Tutanchamuns reich dekoriertem Thron zeigt den jungen König mit seiner Frau Anchesenamun, der Tochter von Nofretete und Echnaton.

PUDUHEPA
13. Jahrhundert v. Chr.
Hethitische Königin

Das Reich der Hethiter hatte sein Zentrum in Anatolien im Südosten der modernen Türkei. Es erstreckte sich von der Ägäisküste über Kleinasien bis zum Euphrat. Puduhepa regierte als Königin gemeinsam mit ihrem Gemahl, dann mit ihrem Sohn. Auf Augenhöhe korrespondierte sie mit den Königen von Assyrien und Babylonien sowie mit dem mächtigen ägyptischen Pharao Ramses II.

Bis zur Entdeckung ihrer Hauptstadt Hattusa im anatolischen Hochland im 19. Jahrhundert waren die Hethiter hauptsächlich aus der Bibel bekannt. Dort erscheinen sie als mächtiges Volk, das *«auf dem Gebirge»* lebt *«im Norden»* von Kanaan. Der bekannteste Hethiter, Uria, war der betrogene Ehemann der Batseba (siehe Seiten 26–29). Er wurde von König David in den Tod geschickt, weil dieser seine Frau begehrte. Doch in dieser Zeit war das Großreich der Hethiter längst Vergangenheit. Es war zu Beginn des zweiten vorchristlichen Jahrtausends entstanden, fast tausend Jahre, bevor König David sein Reich schuf, und ging um 1200 v. Chr. unter.

VORAUSBESTIMMTE HEIRAT

Puduhepa und ihr Gatte Hattusili III. regierten im 13. Jahrhundert v. Chr. in der Blütezeit des Hethiterreiches. Puduhepa war eine Adlige, die Tochter eines Priesters und selbst Priesterin. Als Hurriterin stammte sie aus dem Südosten des Reiches. Sie diente der mächtigsten Göttin im hethitischen Pantheon, der Sonnengöttin von Arinna. Ihren künftigen Ehemann lernte sie kennen, als dieser auf dem Rückweg vom Krieg gegen die Ägypter durch ihre Stadt kam. An der Seite seines Bruders, des Großkönigs Muwatalli II., hatte er um die Vorherrschaft in Syrien gekämpft. Ein Chronist berichtet, die Göttin Ischtar, seine Schutzgöttin im Kampf, sei Hattusili im Traum erschienen und habe verkündet, er und Puduhepa würden *«die Liebe von Mann und Frau»* genießen.

Ein Anhänger in der Form einer sitzenden Göttin. Möglicherweise handelt es sich um die mächtige hethitische Sonnengöttin von Arinna. Er stammt aus der Zeit zwischen 1400 und 1200 v. Chr. und wurde in der heutigen Türkei gefunden.

Hattusili hatte schon mehrere Frauen, doch die junge Puduhepa wurde seine Hauptfrau. So war diese Verbindung sehr vorteilhaft für sie, obwohl ihr Ehemann körperlich schwach und vermutlich schon viel älter als sie war. Einige Jahre später besiegte Hattusili seinen unfähigen Neffen Urhi-Teschub (Mursili III.), den Sohn und Nachfolger Muwatallis, in einem Bürgerkrieg. Als Hattusili III. (regierte 1267–1237 v. Chr.) wurde er nun selber Großkönig. In einem rauschenden Fest, das fünf Tage dauerte, bestieg Puduhepa an der Seite ihres Mannes den Thron und wurde zur *tawananna* (Großkönigin) erklärt.

Die Rolle der hethitischen Königinnen war nicht allein darauf beschränkt, für Nachwuchs zu sorgen und Repräsentationsaufgaben zu erfüllen. Puduhepa genoss ebenso viel Macht wie ihr Ehemann. Sie besaß ein eigenes Siegel, kontrollierte den Haushalt des Palastes und urteilte in Gerichtsverfahren. Auch bei der Wahrnehmung ihrer religiösen Pflichten konnte Puduhepa ihren politischen Einfluss geltend machen. Die ehemalige Prieterin reorganisierte den gewaltigen hethitischen Pantheon von Göttern und Göttinnen.

Zwei in Stein gehauene Löwen bewachen ein Tor in Hattusa, der einstigen Hauptstadt des hethitischen Reiches.

Religiöse Reformen

Das Hethiterreich galt als „Land der tausend Götter". Der Glaube war ein wichtiger Bestandteil des täglichen Lebens. Im ganzen Land gab es reich geschmückte Tempel und Statuen. Die hethitische Gesellschaft basierte wie die meisten vormodernen Gesellschaften auf der Landwirtschaft. Daher waren die Götter des Donners, des Regens, der Erde, der Sonne, der Wolken und des Feuers besonders wichtig, denn sie garantierten günstige Anbaubedingungen. Um die Götter rankten sich viele Geschichten. Über das Feuer, den Sohn der Sonne, hieß es, er *«glitt hinaus in die dunkle Nacht und rollte sich zusammen wie eine Schlange»*.

Viele Götter hatten ein und dieselbe Funktion. Seit Jahrhunderten fügten die Hethiter die Gottheiten der unterworfenen Völker dem eigenen Pantheon hinzu. Puduhepa reformierte das chaotische System. Dabei verschmolz sie ähnliche Gottheiten zu einer einzigen. Die zahllosen Donnergötter etwa wurden mit dem hethitischen Gott Taru gleichgesetzt.

Puduhepa sorgte auch dafür, dass ihrer Lieblingsgottheit, der Sonnengöttin von Arinna, eine Vorrangstellung unter den zahlreichen Göttern zukam. Immer wieder zeigte sie ihre besondere Verehrung für die Göttin, der sie früher als Priesterin gedient hatte. In aller Öffentlichkeit flehte sie die Göttin um Hilfe an, wenn der alternde König Hattusili wieder einmal erkrankt war. Sie bot der Göttin sogar eine lebensgroße Statue ihres Ehemanns an, versilbert, mit goldenen Händen und Füßen, wenn sie ihn nur heilte.

Diplomatie im Dienst des Reiches

Religiöse Pflichten gehörten zur traditionellen Rolle der hethitischen Königinnen, aber Hattusili übertrug Puduhepa weitaus mehr Verantwortung. Der Grund hierfür waren möglicherweise seine häufigen Krankheiten, vielleicht sah er in seiner Hauptfrau aber auch eine echte Partnerin. Puduhepa war es dann auch, die den wichtigen Frieden mit dem ägyptischen Pharao Ramses II. (regierte 1279–1213 v. Chr.) verhandelte.

Lange waren die Ägypter Konkurrenten der Hethiter im Kampf um die Vormachtstellung im Nahen Osten. Nun verband man sich gemeinsam gegen die aufstrebenden Assyrer. Puduhepa gelang es, einen für beide Seiten vorteilhaften Vertrag auszuhandeln. Sie besiegelte das Bündnis, indem sie um 1275 v. Chr. ihre Tochter mit Ramses verheiratete.

Hattusili hatte mit seinen vielen Frauen und Konkubinen zahlreiche Kinder. Doch als Hauptfrau und Mitregentin war Puduhepa verantwortlich für die Erziehung aller seiner Nachkommen. In einem Brief beschreibt sie das Familienleben in der königlichen Residenz:

> *«... die Töchter des Königs, die ich vorfand, als ich in den Palast kam, brachten ihre Kinder mit meiner Hilfe zur Welt, und ich zog sie auf. Ich zog auch die Kinder auf, die bereits geboren waren, und machte sie zu Befehlshabern in der Armee.»*

DIE FRAUEN DER HETHITER

Nicht nur die hethitischen Königinnen verfügten über weitreichende Befugnisse. Auch die Frauen aus dem Volk hatten mehr Rechte als Frauen in anderen Gesellschaften dieser Zeit. Mädchen konnten ohne Zustimmung der Eltern eine Verlobung lösen, wenn der abgewiesene Bewerber sein Verlobungsgeschenk zurückerhielt und der neue Gatte den Eltern den traditionellen Brautpreis zahlte. Verwitwete Mütter konnten ihre Söhne enterben, wenn diese sie nicht unterstützten. Außerdem konnten Ehefrauen bei einer Trennung das Sorgerecht für einige ihrer Kinder beanspruchen.

«Puduhepa … die Herrin des Landes, die Dienerin der Göttin.»

INSCHRIFT AUF PUDUHEPAS SIEGEL, GEFUNDEN AUF EINEM VERTRAG MIT PHARAO RAMSES II. AUS DEM TEMPEL DES AMUN IN KARNAK

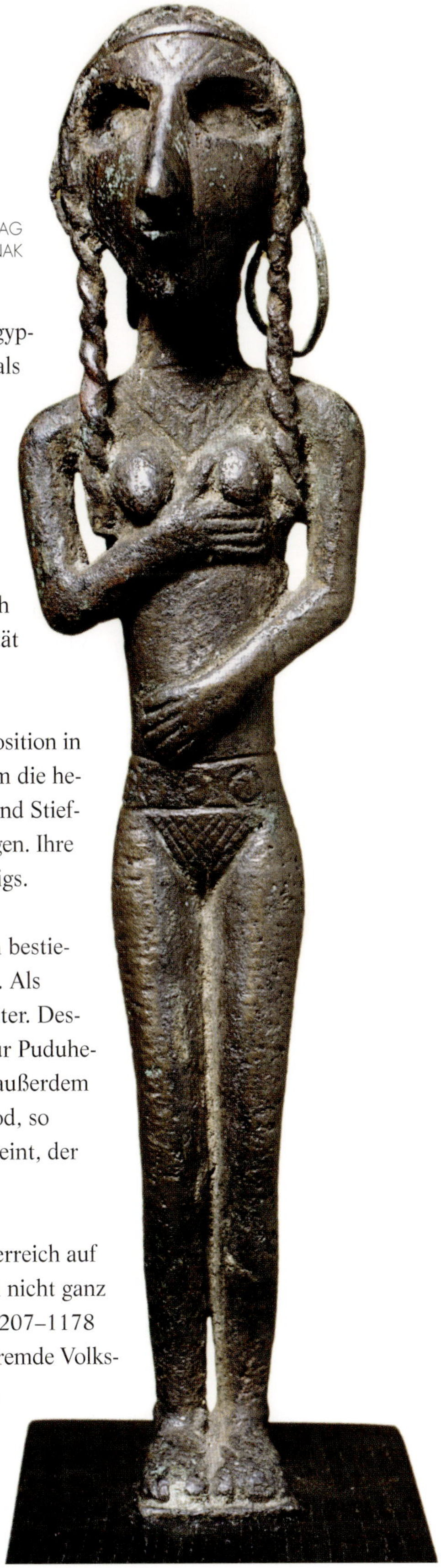

Die Eheschließung zwischen Puduhepas Tochter Maathorneferure (so ihr ägyptischer Name) und Pharao Ramses ist sowohl in hethitischen Dokumenten als auch in ägyptischen Tempelinschriften vermerkt. Das Mädchen erhielt eine enorme Mitgift aus Kühen, Pferden und Schafen, die ihren hohen Rang dokumentieren sollte. So wurde sie die erste ausländische Prinzessin, die als Frau eines ägyptischen Pharaos den Titel „Große Königsgemahlin“ erhielt.

Die Bewunderung eines Pharaos

Die umfangreiche Korrespondenz zwischen Puduhepa und Ramses ist durch ihr Siegel dokumentiert. Offensichtlich bewunderte der Pharao ihre Autorität und Integrität und sprach sie in seinen Briefen als Gleichgestellte an.

Keine hethitische Königin vor Puduhepa hatte je eine vergleichbare Machtposition in Religion und Politik eingenommen. Sie benutzte ihre Familienmitglieder, um die hethitische Vorherrschaft und ihren eigenen Einfluss zu sichern. Die Töchter und Stieftöchter wurden mit benachbarten Königen verheiratet, um Bündnisse zu festigen. Ihre Söhne und Stiefsöhne fungierten im ganzen Reich als Stellvertreter des Königs.

Puduhepa hatte den Thron zusammen mit ihrem Ehemann als Großkönigin bestiegen und damit das Recht erworben, bis zu ihrem eigenen Tod zu herrschen. Als Hattusili III. starb, regierte sie gemeinsam mit ihrem Sohn Tudhalija IV. weiter. Dessen Ehefrau wird in den Quellen nur als „Große Prinzessin“ bezeichnet. Nur Puduhepa war wichtig genug, um in den Quellen in Erscheinung zu treten. Sie ist außerdem die letzte hethitische Königin, die namentlich erwähnt wird. Nach ihrem Tod, so glaubten die Hethiter, war sie endlich mit der Sonnengöttin von Arinna vereint, der sie im Leben so treu gedient hatte.

Während der Regierungszeit von Puduhepa und Hattusili stand das Hethiterreich auf seinem Höhepunkt. Nur zwei Generationen später ging das Reich aus noch nicht ganz geklärten Gründen unter. Puduhepas Enkel Suppiluliuma II. (regierte um 1207–1178 v. Chr.) war der letzte Großkönig. Missernten führten zu sozialen Unruhen, fremde Volksstämme fielen in das Reich ein und die Hauptstadt Hattusa wurde zerstört.

Die hethitische Statue einer Göttin mit langen Zöpfen. Die Hethiter verehrten zahlreiche Gottheiten, diese wähnt man aus der Zeit um 2000–1500 v. Chr.

Debora

12. Jahrhundert v. Chr.

Richterin und Prophetin

Vor der Gründung eines Königtums durch Saul und David wurden die Israeliten von charismatischen Führern regiert, die man Richter nannte. Als einzige Frau unter den Richtern nahm Debora eine Sonderstellung ein. Sie bewegte die Israeliten dazu, sich gegen ihre kanaanitischen Unterdrücker zu erheben, befreite ihr Volk aus der Tyrannei und läutete in Israel eine 40-jährige Friedenszeit ein.

Debora wird in der Bibel lediglich in zwei kurzen Kapiteln im Buch der Richter erwähnt. Das erste Kapitel ist ein Prosabericht über ihre Schlacht gegen die Kanaaniter. Das zweite, das „Lied der Debora", das vermutlich von Debora selbst geschrieben wurde und zu den ältesten Texten der Bibel gehört, gibt die gleichen Ereignisse in Versform wieder. Über Debora ist nur wenig bekannt. Sie lebte im Süden des Landes Kanaan, in den Bergen des Stammes Ephraim, nahe Rama, wo sie unter einer Palme Recht sprach.

In der Zeit Deboras lebten die Israeliten noch nicht lange im Land Kanaan. In einer 40-jährigen Wanderschaft hatte Mose das Volk Israel aus der Sklaverei in Ägypten bis an die Grenze Kanaans geführt. Die Bibel berichtet, dass Gott den Israeliten das Land versprochen hatte, doch siedelten hier schon verschiedene andere Völker wie die Kanaaniter und die Philister. Nach dem Tod Moses hatte Josua die Israeliten in den Kampf gegen die Kanaaniter geführt und das Land unter den zwölf Stämmen Israels aufgeteilt. Doch immer wieder fielen die Israeliten vom Glauben an den einzigen Gott ab, verletzten seine Gebote, verbanden sich mit den fremden Völkern und verehrten deren Götter. Zur Strafe mussten sie dann, wie die Bibel erzählt, die Vorherrschaft ihrer Feinde erdulden. Bis ein charsimatischer Anführer, ein so genannter Richter, auftrat, um sie von ihren Unterdrückern zu befreien.

Deboras Botschaft der Erlösung

Am Anfang der Geschichte Deboras steht ebenfalls die Sünde der Israeliten und ihre Bestrafung durch Gott: «*Doch die Israeliten taten wieder, was Gott missfiel … und Gott lieferte sie Jabin aus, dem König von Kanaan, der in Hazor herrschte, und seinem Feldhauptmann Sisera.*» Doch nach Jahren der Unterdrückung erhörte Gott die Bitten seines Volkes um Erlösung, und es fiel Debora zu, ihr Volk zu retten. Debora sandte nach einem Mann namens Barak, der ihr General sein sollte. Sie sagte ihm, was Gott befohlen hatte: «*Zieh auf den Berg Tabor und nimm 10 000 Mann mit dir. … Ich aber will Sisera, den Feldhauptmann Jabins, mit seinen Wagen und mit seinem Heer zu dir an den Bach Kischon führen und will ihn in deine Hände geben.*»

Zu den berühmten Bibelillustrationen des französischen Grafikers Gustave Doré gehört auch dieser Stich von 1866. Er zeigt die Richterin Debora, wie sie zu ihrem Volk spricht.

> *«Es gab keine Kämpfer in Israel, bis du, Debora, dich erhobst, bis du dich erhobst, eine Mutter in Israel.»*
>
> LIED DER DEBORA (BUCH DER RICHTER 5,7)

Barak erklärte sich bereit zu helfen, hatte aber auch Vorbehalte. *«Wenn du mit mir ziehst, so will ich auch ziehen. Ziehst du aber nicht mit mir, so will ich auch nicht ziehen.»* Debora versprach, Barak zu begleiten. Doch das Unternehmen war riskant, denn durch ihre Armee aus Hunderten von Streitwagen waren die Kanaaniter den Israeliten militärisch weit überlegen. Barak konnte nur auf Deboras Wort vertrauen. Und am Ende stünde er noch nicht einmal als Sieger da. Obwohl sie die Armee gemeinsam befehligten, erklärte sie ihm: *«… der Ruhm auf diesem Feldzug, den du unternimmst, wird nicht dir gebühren, denn Gott wird Sisera einer Frau ausliefern.»* Sollte Debora diese Frau sein?

Debora und Barak hoben ein Heer von 10 000 Mann aus, die aus fast allen Stämmen Israels kamen. Als der kanaanitische Feldherr Sisera davon erfuhr, rief er alle seine Männer und *«alle seine Kriegswagen zusammen, 900 eiserne Wagen»*. Er muss sich seines Sieges sicher gewesen sein, trotz der Größe der gegnerischen Streitkräfte, denn die Kanaaniter beherrschten die Israeliten schon seit vielen Jahren. Doch Debora sprach Barak Mut zu: *«Auf! Dies ist der Tag, an dem dir Gott Sisera in deine Hand gegeben hat, denn Gott ist vor dir hergezogen.»*

Der Sieg über die Kanaaniter

Im Norden Israels, vom Berg Tabor aus, griffen Barak und seine Armee Sisera und die Kanaaniter an, während um sie herum ein Gewitter tobte. Als der Bach Kischon über die Ufer trat, waren die Kanaaniter entsetzt. Ihre eisernen Wagen steckten im Schlamm fest. Sie ertranken zu Tausenden oder wurden von den Israeliten auf der Flucht getötet.

Nur Sisera entkam. Er ließ sein Pferd zurück und floh zu Fuß weiter zum Zelt des Keniters Heber, eines Verbündeten der Kanaaniter. Doch im Zelt traf er nur auf Jaël, Hebers Frau. Sie winkte Sisera herein und bewegte ihn dazu, sich schlafen zu legen. Jaël war darauf bedacht, dem Zorn der siegreichen Israeliten zu entgehen. Daher kümmerte sie sich nicht um das Bündnis ihres Mannes mit Sisera. Stattdessen *«nahm Jaël … einen Zeltpflock und einen Hammer und ging leise zu Sisera hinein. Sie schlug ihm den Pflock durch seine Schläfe, bis er in die Erde eindrang. Sisera aber war erschöpft und schlief tief und fest. So starb er.»* Deboras Prophezeiung hatte sich erfüllt: Sisera fiel durch die Hand einer Frau. Als Barak auf der Suche nach Sisera vorbeikam, rief Jaël ihm zu: *«Komm her! Ich will dir den Mann zeigen, den du suchst.»* Im Deboralied wird Jaël für den Mord gelobt: *«Jaël, die Frau Hebers, des Keniters, sei gepriesen unter den Frauen. Gepriesen sei sie im Zelt unter den Frauen! … Sie griff mit ihrer Hand den Zeltpflock und mit ihrer Rechten den Schmiedehammer und zerschlug Siseras Haupt und zertrümmerte und durchbohrte seine Schläfe. Er krümmte sich zu ihren Füßen, fiel nieder und lag … erschlagen da.»*

Juda, der Stamm, der nicht kämpfen wollte

Dem Deboralied zufolge war Juda einer der wenigen Stämme, die nicht an Deboras Kampf teilnahmen. Das Buch der Richter bietet dafür eine Erklärung: Als die Israeliten von Ägypten nach Kanaan zogen, befahl Gott ihnen, die Kanaaniter zu vertreiben, damit sie nicht von ihren falschen Göttern verführt würden. Anders als die nördlichen Stämme, die die kanaanitischen Götter verehrten, hielt sich Juda an diesen Befehl. Dort wurden die Menschen nicht abtrünnig. Und weil die Judäer Gott gehorchten, wurde kein Feind nach Juda geschickt.

Am Ende vernichteten die Israeliten auch Siseras Herrn, den kanaanitischen König Jabin. Das Deboralied preist die neue Freiheit, die die Israeliten ihrem Gott, aber auch der Richterin und Prophetin Debora zu verdanken hatten: *«Gott, alle deine Feinde sollen umkommen! Aber die, die dich lieben, sollen wie die Sonne sein, die in ihrer Pracht aufgeht!»*

Der Sieg Deboras über die Kanaaniter bescherte den Israeliten eine 40-jährige Friedenszeit. Debora, die „Mutter in Israel", hatte die untereinander verfeindeten Stämme gegen einen gemeinsamen Gegner vereint. Dann begann jedoch von Neuem der Kreislauf von Sünde, Strafe und Errettung, der das ganze Buch der Richter bestimmt: Wieder fielen die Israeliten von Gott ab und wurden zur Strafe von ihren Feinden unterdrückt, denn in der Zeit der Richter *«gab es keinen König in Israel und jeder tat, was ihm richtig erschien.»* Erst durch Saul und vor allem seinen Nachfolger David wurden die Israeliten unter einem starken Königtum vereint.

Der Druck von Gabrial Bodeneer (1673–1765) zeigt Jaël, die Frau von Heber, dem Keniter, die den israelitischen Feldherrn Barak und seine Soldaten begrüßt. Sie weist auf Sisera, den sie mit einem Pflock getötet hat.

Batseba
10. Jahrhundert v. Chr.
Königin von Israel

Batseba taucht in der Bibel nur in drei kurzen Geschichten auf. Im Buch Samuel wird sie als Ehebrecherin dargestellt. König David verführt und heiratet sie, nachdem er ihren ersten Ehemann Uria in den Tod geschickt hat. Die zweite Erwähnung, im Buch der Könige, zeigt, wie sie mit dem Propheten Nathan ein Komplott schmiedet, um Davids älteren Sohn Adonija zu verdrängen und ihrem eigenen Sohn Salomo die Nachfolge zu sichern. Die letzte Geschichte erzählt, wie sie sich in ihrer Rolle als einflussreiche Königsmutter bei Salomo für Adonija einsetzt, damit er eine Frau aus Davids Harem heiraten kann.

In seiner Jugend war David ein furchtloser Krieger, der den riesenhaften Philister Goliat tötete und die Feinde der Israeliten besiegte. Später vereinte er als zweiter König Israels die einzelnen Stämme seines Volkes zu einem mächtigen Staatswesen. Die Bibel beschreibt ihn aber auch als einen sehr musischen und sinnlichen Menschen. In seinem Harem hat er mehrere Ehefrauen und zahlreiche Konkubinen. Zu der Zeit, als er Batseba, die schöne Tochter des Eliam, kennenlernt, ist er vermutlich schon ein reifer Mann in den Fünfzigern.

Ehebruch und Mord

Am Nachmittag schlief der König gern auf dem Dach seines Palasts. Einmal erwachte er und sah Batseba nackt auf dem Dach des Nachbarhauses ein Bad nehmen. David war hingerissen, rief sie zu sich und schlief mit ihr, obwohl sie mit dem Hethiter Uria, einem seiner Soldaten, verheiratet war. Batseba wurde sofort schwanger. Als beide begriffen, wie es um sie stand, plante David zunächst einen Betrug an Uria und später dessen Ermordung.

Zu jener Zeit diente Uria unter Davids General Joab bei der Belagerung der Stadt Rabba im heutigen Jordanien. In seiner Panik berief David ihn kurzerhand zurück. *«Geh hinab in dein Haus und wasch deine Füße»*, befahl der König seinem Soldaten – eine Umschreibung für den Beischlaf mit seiner Frau. So würde es möglich sein, das Kind, das Batseba erwartete, als Urias Kind auszugeben. Doch der gehörnte Ehemann lehnte beharrlich ab: *«Mein Herr Joab und seine Kriegsleute liegen auf freiem Felde, und ich sollte in mein Haus gehen, um zu essen, zu trinken und mit meiner Frau zu schlafen?»* Jetzt sah David keine andere Möglichkeit mehr, als Uria aus dem Weg zu räumen.

Batseba in verführerischer Pose auf einem Gemälde des romantischen russischen Künstlers Karl Pawlowitsch Brjullow (1799–1852) aus dem Jahr 1832. Dieses Werk befindet sich heute im Staatlichen Russischen Museum in Sankt Petersburg.

«Doch schließlich fragte [König David] ‹Was ist das Wesen des Herrn?›
Und [Batseba] antwortete sofort voll Wärme und Gewissheit:
‹Er ist wie ich. Er ist genau wie ich.›»

AUS DEM ROMAN „BATHSEBA" VON TORGNY LINDGREN

David, der zweite König von Israel und Batsebas Gemahl, bei einer Prozession. Detail aus einem Gemälde des Mailänder Künstlers Luigi Ademollo (1764–1849).

David schickte Uria mit einem Brief an Joab zurück, in dem sein Tod befohlen wurde: *«Stellt Uria ganz nach vorne, wo der Kampf am härtesten ist, und zieht euch hinter ihm zurück, damit er erschlagen wird und stirbt.»* Tatsächlich fiel Uria in der Schlacht. David heiratete dessen Witwe Batseba, und sein Ruf schien vorerst gewahrt.

Die Rolle, die Batseba bei diesem Komplott spielte, ist unklar. Eine Ehe mit dem König bedeutete einen gesellschaftlichen Aufstieg. Vielleicht hatte sie sich schon vorher bewusst dem König beim Baden gezeigt, um dessen Aufmerksamkeit zu erregen. Und sollte sie einen Sohn gebären, so bestand die Möglichkeit, dass sie einst als Mutter eines Königs Einfluss ausüben könnte.

Die Strafe Gottes

Doch Gott bestrafte David für sein Verbrechen. Der Prophet Nathan warnte ihn, das ungeborene Kind Batsebas müsse für die Sünden seines Vaters sterben. Im zweiten Buch Samuel (12,10) berichtet Nathan David von den schrecklichen Mahnworten Gottes:

«Nie wieder soll das Schwert von deiner Familie weichen, denn du hast mich verachtet und die Frau Urias … zu deiner Frau gemacht. … Siehe, ich will Unheil über dich kommen lassen aus deiner eigenen Familie … Aber weil du die Feinde Gottes durch diese Sache zum Lästern gebracht hast, wird der Sohn, der dir geboren ist, sterben.»

So starb Batsebas und Davids Kind kurz nach seiner Geburt. Auch danach fand David, wie Nathan es prophezeit hatte, keinen Frieden mehr in seiner Familie. Sein Sohn Amnon vergewaltigte seine eigene Halbschwester Tamar. Tamars Bruder Absalom rächte die Schwester und tötete Amnon. Später erhob er sich gegen den Vater und wurde gegen Davids Willen von Joab getötet. Das Reich, das David geschaffen hatte, wurde in einen Bürgerkrieg gestürzt. Inzwischen bekamen David und Batseba ein weiteres Kind, Salomo, den sie in die Obhut von Nathan gaben. Noch konnte aber niemand ahnen, dass Salomo und nicht seine älteren Brüder die Nachfolge des Vaters antreten würde.

DIE VERGEWALTIGUNG TAMARS

Davids ältester Sohn Amnon war in seine Halbschwester Tamar verliebt. Er täuschte eine Krankheit vor und sagte zu David, er könne nur gesund werden, wenn sich Tamar um ihn kümmere. Als sie zu ihm kam, ergriff er sie: *«Komm, Schwester, lege dich zu mir!»* Sie aber antwortete: *«Schände mich nicht, Bruder. So tut man nicht in Israel.»* Doch er vergewaltigte sie trotzdem.

Anders als bei vielen Völkern des Nahen Ostens, wie etwa den Ägyptern, waren bei den Israeliten Ehen unter Geschwistern verpönt. Deshalb tötete Tamars Bruder Absalom ihren Halbbruder Amnon. In dem Roman „Bathseba" des schwedischen Autors Torgny Lindgren ist es Batseba, die auf subtile Weise die Ereignisse manipuliert, um so zwei weitere Rivalen ihres Sohnes Salomo als Anwärter auf den Thron auszuschalten. Doch einen entsprechenden Hinweis gibt es in der Bibel nicht.

Im Kampf um die Nachfolge Davids

Als David alt und krank wurde, suchten seine Berater in ganz Israel nach einer jungen Frau, um sie dem König zuzuführen. Die Wahl fiel auf die schöne Abischag von Schunem. Sie kümmerte sich um David, doch der betagte König schlief nicht mit ihr. Für Davids ältesten noch lebenden Sohn Adonija schien nun die Zeit gekommen, nach der Macht zu greifen. Unterstützt von seinen Anhängern wie dem General Joab erklärte sich Adonija noch zu Lebzeiten Davids zum neuen König.

Die Gegner Adonijas, allen voran der Prophet Nathan, wollten Nathans Zögling Salomo auf den Thron bringen. Nathan wandte sich an Salomos Mutter Batseba, um ihren Einfluss auf den alten König zu nutzen. Batseba ging zu David und machte ihm weis, er habe ihr versprochen, nach ihm solle Salomo regieren. Auch überzeugte sie ihn davon, dass Adonija ihn hintergangen habe, weil er sich zum König erklärte, solange sein Vater noch am Leben war. Aufgebracht befahl David dem Propheten Nathan, Salomo zum König von Israel zu salben. Adonija wurde gezwungen, seinem jüngeren Halbbruder Platz zu machen. Dies war Davids letzte Amtshandlung: Er starb nach einer Regierungszeit von 40 Jahren.

Die Mutter des neuen Königs

Als Mutter des neuen Königs Salomo nahm Batseba eine herausragende Stellung ein: *«Und der König [Salomo] stand auf und ging ihr entgegen. Dann verneigte er sich vor ihr und setzte sich auf seinen Thron. Für die Mutter des Königs wurde ein eigener Thron aufgestellt, auf dem sie sich zu seiner Rechten niederließ.»*

Gleich nach dem Regierungsantritt ihres Sohnes setzte sich Batseba jedoch ausgerechnet für Adonija ein, Salomos Rivalen um den Thron. Adonija hatte sich an Batseba gewandt, weil er Abischag heiraten wollte, die Frau, die sich um David gekümmert hatte. Adonija wusste um Batsebas Einfluss und hoffte, sie würde sich bei Salomo für ihn verwenden.

Möglicherweise wollte Adonija seinen Anspruch auf den Thron bekräftigen, indem er eine Frau des verstorbenen Königs heiratete. Jedenfalls deutete Salomo Adonijas Bitte in diesem Sinne. Empört fragte er seine Mutter: *«Warum bittest du für Adonija um Abischag von Schunem? Erbitte ihm doch gleich das Königtum!»* Dies war für Salomo der Anlass, seinen Halbbruder und dessen Anhänger endgültig zu beseitigen: *«Und der König Salomo schwor bei Gott und sprach: … diese Bitte soll Adonija sein Leben kosten!»* Vielleicht wollte Batseba genau dies erreichen, indem sie ihrem politisch noch unerfahrenen Sohn die Augen öffnete für die Bedrohung, die immer noch von Adonija ausging.

Über Batsebas Ende ist nichts bekannt, doch ihr Sohn Salomo regierte Israel noch 40 Jahre lang. Er sollte berühmt werden für seine Weisheit, aber auch für seine großartigen Bauvorhaben wie den Tempel in Jerusalem. Salomos Bevorzugung der Stämme Benjamin und Juda führte jedoch zur Teilung des Reiches nach seinem Tod 927 v. Chr. Die Assyrer überrannten das nördliche Königreich Israel im Jahr 721 v. Chr., das südliche Königreich Juda fiel 586 v. Chr. an die Babylonier. Dieses Ereignis war eine Katastrophe: Die Israeliten wurden ins babylonische Exil deportiert und kehrten erst 50 Jahre später zurück.

Zeittafel

um 1035 v. Chr. Geburt Davids.

um 1007 v. Chr. David wird König in Hebron.

um 1000 v. Chr. David wird König von ganz Israel.

um 985 v. Chr. Salomo, der Sohn von David und Batseba, wird geboren.

um 967 v. Chr. Adonija erhebt sich gegen David.

um 967 v. Chr. Batseba überredet David, ihren Sohn Salomo zu seinem Nachfolger zu ernennen.

um 967 v. Chr. Tod von König David.

um 927 v. Chr. Tod von König Salomo. Israel zerfällt in ein Nord- und Südreich.

721 v. Chr. Das Nordreich Israel wird von den Assyreren annektiert.

586 v. Chr. Das Südreich Juda wird von den Babyloniern erobert.

Die Königin von Saba

10. Jahrhundert v. Chr.

Um die Königin von Saba ranken sich viele Mythen. Juden, Christen und Muslime schmückten ihre Geschichte aus. Für die Autoren der Bibel mehrte sie den Ruhm des großen und weisen Königs Salomo. Die Äthiopier sahen sie als Urahnin ihrer Herrscherdynastie, und für die Muslime war sie die arabische Prinzessin Bilqis. Jahrhundertelang stand sie für die Exotik des Orients und hat Künstler, Komponisten, Schriftsteller und Filmemacher inspiriert. Doch ob es die legendäre Königin tatsächlich gegeben hat, ist bis heute ungewiss.

Die Königin von Saba tritt lediglich in einer kurzen Bibelpassage im ersten Buch der Könige auf. Die gleiche Geschichte wird später im zweiten Buch der Chronik wiederholt. Ihr Name wird nicht erwähnt. Die Königin hört von der Weisheit des israelitischen Königs und sucht ihn auf, *«um Salomo mit Rätselfragen zu prüfen»*. Beladen mit den Reichtümern ihres Landes – Gewürzen, Gold und Edelsteinen – reist sie an der Spitze einer großen Karawane nach Israel. Und Salomo gelingt es mit Leichtigkeit, ihre Fragen zu beantworten. Beeindruckt preist die Königin von Saba den weisen Herrscher und seinen Gott:

> *«Es ist wahr, was ich in meinem Land von deinen Taten und deiner Weisheit gehört habe … Und siehe, nicht die Hälfte hat man mir gesagt: Du hast mehr Weisheit und Wohlstand, als die Kunde sagt, die ich vernommen habe. Glücklich sind deine Männer … die allzeit vor dir stehen und deine Weisheit hören. Gelobt sei der Herr, dein Gott, der … dich auf den Thron Israels gesetzt hat!»*

Propaganda im Alten Testament

Die kurze Erwähnung der mysteriösen Königin von Saba in der Bibel inspirierte die Geschichtenerzähler, und immer neue Legenden entstanden. So sollen die Königin und Salomo ein Verhältnis gehabt haben, aus dem ein Sohn hervorging, denn in der Bibel heißt es: *«König Salomo gab der Königin von Saba alles, was ihr gefiel und was sie erbat.»*

Die Begegnung Salomos mit der Königin von Saba. Gemälde des flämischen Malers Frans Francken des Älteren (1542–1616).

Es ist eher unwahrscheinlich dass die Königin von Saba wirklich existiert hat. Zwar gab es in der Antike ein Königreich Saba im Süden der arabischen Halbinsel im heutigen Jemen, doch sind nur männliche Regenten dieses Landes bekannt. Erst in späteren Jahrhunderten herrschten im Norden Arabiens auch Königinnen. Vielleicht waren sie das Vorbild für die biblische Erzählung, wurden aber im weiter entfernten, legendären Saba an-

gesiedelt. Das antike Saba war für seinen Reichtum berühmt, der auf dem Handel mit Gewürzen beruhte. Doch selbst wenn eine südarabische Königin im 10. Jahrhundert v. Chr. regiert haben sollte, ist es ungewiss, ob sie selbst die beschwerliche Reise durch die Wüsten Arabiens auf sich genommen hätte. Auch gibt es für diese frühe Zeit noch keine Belege für Kontakte zwischen Südarabien und Israel.

Die Bücher der Könige wurden frühestens im 6. Jahrhundert v. Chr. niedergeschrieben, 400 Jahre nach Salomos Tod. Sie zeichnen ein stark idealisiertes Bild von den ersten Königen Israels. Vermutlich sollte die Geschichte von der Königin von Saba vor allem die Bedeutung Salomos unterstreichen. Nach der Bibel verlieh ihm Gott *«Weisheit und Verstand ohnegleichen und einen Geist, so weit, wie Sand am Ufer des Meeres liegt»*. Salomo nutzte seine Gaben, um Israel auf den Höhepunkt seiner Macht zu führen. Auch in den entferntesten Ländern wie in Saba hörten die Menschen von Salomo und seinen Taten. Und so legt die Bibel einer fremden Königin die Bewunderung für Salomo und den Gott Israels in den Mund.

Das berühmte „Salomonische Urteil" auf einem Stich des französischen Illustrators Gustave Doré (1832–1883) aus dem Jahr 1866: Zwei Mütter streiten vor dem König um ein Kind. Als Salomo befiehlt, das Kind entzweizuschneiden, verzichtet eine der Frauen lieber auf ihren Anspruch, als das Kind tot zu sehen – und gibt sich so als die richtige Mutter zu erkennen.

Unterschiedliche Traditionen

Die Erinnerung an die Königin von Saba lebte weiter. Der jüdisch-römische Historiker Flavius Josephus (gestorben um 100 n. Chr.) gab ihr in seinem Geschichtswerk „Jüdische Altertümer" den Namen *«Nikaulis, wunderbare Königin von Ägypten und Äthiopien»*. Auch die frühen Christen nahmen ihre Geschichte in den Evangelien auf. Matthäus und Lukas erwarten ihre Rückkehr beim Jüngsten Gericht: *«Die Königin vom Süden wird erscheinen … denn sie kam vom Ende der Welt, um Salomos Weisheit zu hören. Und siehe, hier ist mehr als Salomo.»* Seit dem Mittelalter ließen sich christliche Künstler von den biblischen Texten inspirieren, und so wurde die Königin aus dem fernen Land zu einem beliebten Motiv.

Auch im arabischen Raum wurde die Geschichte der Königin von Saba überliefert. Lange vor dem Aufstieg des Islam im 7. Jahrhundert schmückten Geschichtenerzähler und Dichter die biblische Geschichte aus. Der erste zusammenhängende Bericht der arabischen Literatur über die Königin von Saba findet sich im Koran, der etwa 1600 Jahre nach den in der Bibel beschriebenen Ereignissen entstanden ist. Die Darstellung beruht auf dem biblischen Text im Buch der Könige, auf Flavius Josephus' Schriften sowie auf arabischen und jüdischen Überlieferungen. Dem Koran (Sure 27) zufolge erfährt Salomo von der Existenz der Königin von Saba durch einen kleinen Vogel, einen Wiedehopf:

«… ich bin aus Saba mit sicherer Nachricht zu dir gekommen. Dort fand ich eine Frau, die über sie herrscht, und ihr ist alles beschert worden, und sie besitzt einen großartigen Thron. Ich fand sie und ihr Volk die Sonne statt Allah anbeten. Satan hat ihnen ihre Werke ausgeschmückt und hat sie vom Weg [Allahs] abgehalten, so dass sie dem Weg nicht folgen.»

«Und König Salomo gab der Königin von Saba alles, was ihr gefiel und was sie erbat.»

1. BUCH DER KÖNIGE 10,13

Die außerbiblische jüdische Überlieferung zur Königin von Saba weist viele Parallelen zum Koran auf. Wie im Koran gibt Salomo hier dem Wiedehopf einen Brief für die Königin mit, in dem er sie bittet, zu ihm zu kommen. Als die Königin nach einer langen Reise in Jerusalem eintrifft, hält sie den gläsernen Fußboden in Salomos Palast für ein Wasserbecken und hebt die Röcke, was dem König erlaubt, ihre Beine zu sehen. *«Eure Schönheit ist feminin»*, bemerkt Salomo in der jüdischen Erzählung, *«aber das Haar auf Euren Beinen ist maskulin. Haarige Beine gehören zu einem Mann, bei einer Frau sind sie abstoßend.»* Wütend stellt die Königin ihre Rätselfragen und muss erkennen, dass Salomo klüger ist als sie. Im Koran erkennt sie schließlich die Überlegenheit Salomos und seines Gottes an: *«Mein Herr, ich habe wahrlich gegen meine eigene Seele gesündigt. Ich ergebe mich mit Salomo Allah, dem Herrn der Welten.»*

Wie in der Bibel bleibt die Königin auch im Koran anonym. In der muslimischen Welt wird sie aber häufig mit Bilqis identifiziert, einer Prinzessin von Saba aus dem 3. oder 4. Jahrhundert n. Chr. Trotz des enormen Zeitunterschieds wurde die Beziehung zwischen dieser Prinzessin und dem biblischen König Salomo als Tatsache akzeptiert. Das antike südarabische Königreich Saba im heutigen Jemen wurde als die tatsächliche Heimat der Königin von Saba angesehen, und aus der Prinzessin Bilqis wurde die Königin dieses Reiches.

Makeda und Menelik

In der äthiopischen Tradition trägt die Königin von Saba den Namen Makeda. Sie soll mit Salomo einen gemeinsamen Sohn gehabt haben, Menelik, der als erster äthiopischer Kaiser gilt. Auch für den jüdisch-römischen Historiker Flavius Josephus stammte die Königin von Saba aus Afrika. Tatsächlich bestanden in der Zeit der Antike enge Beziehungen zwischen dem heutigen Äthiopien und den Reichen in Südarabien. Die Legende der Königin von Saba gelangte nach Äthiopien, wo sie zum Gründungsmythos des Staates und seiner Herrscherdynastie ausgestaltet wurde. Noch der letzte äthiopische Kaiser, Haile Selassie (regierte 1930–1974), führte seine Abstammung auf Makedas Sohn Menelik und damit auf den biblischen König Salomo zurück.

Die kurze Erzählung im Buch der Könige über eine unbekannte Herrscherin aus einem fernen Land, die sich Salomo unterwirft, beschäftigt die Fantasie der Menschen seit Jahrhunderten. Die Geschichte steht für alle Geheimnisse und Reichtümer des Orients, verbunden mit einem Hauch Erotik.

Salomo und die Königin von Saba im Kino

Auch Hollywood befasste sich mit dem biblischen Stoff. 1959 spielte Gina Lollobrigida als Partnerin von Yul Brynner in dem Film „Salomo und die Königin von Saba" die weibliche Hauptrolle. Die Königin erscheint als berechnende Frau, die es darauf abgesehen hat, Salomo und seinen Gott herabzusetzen. Sie verführt den König, der so fasziniert von ihr ist, dass er in Israel wieder die heidnischen Kulte einführt. Gott rächt sich, indem er den Tempel in Jerusalem zerstört. Erst als sie Salomo an den Rand des Verderbens gebracht hat, erkennt die Königin, dass sie ihn liebt. Bei der Veröffentlichung wurde den Kinos geraten, eine Szene aus dem Film publikumswirksam nachzustellen: Ein weiß gepudertes Mädchen sollte in einer Wanne mit warmem Wasser sitzen.

Der italienische Filmstar Gina Lollobrigida als Königin von Saba, fotografiert im Jahr 1959.

Isebel

gestorben um 843 v. Chr.

Königin von Israel

Der Name der biblischen Königin Isebel wurde zum Synonym für boshafte, herrschsüchtige und unmoralische Frauen. Für den britischen Schriftsteller Peter Ackroyd verkörpert Isebel geradezu «den Archtetyp des bösen Mädchens». *Ihre Geschichte, die im Buch der Könige erzählt wird, ist eine einzige Aufzählung furchtbarer Frevel. Doch am Ende erwartete sie eine gerechte Strafe.*

Isebel war eine Prinzessin aus dem Volk der Phönizier, die an den Küsten des heutigen Libanon lebten. Ihr Vater Etbaal herrschte als Priesterkönig über Sidon. Archäologische Funde und historische Quellen belegen ihr Leben. Sie war verheiratet mit Ahab, dem König von Israel (regierte um 874–853 v. Chr.). Nach dem Tod König Salomos war Israel in zwei Reiche zerfallen – Israel im Norden und Juda im Süden. Beide Länder standen unter dem Druck der benachbarten Großmächte. Durch die Ehe mit einer Phönizierin erhoffte sich Ahab wirtschaftliche und politische Vorteile. Eigentlich hatte Gott den Israeliten Ehen mit Frauen aus anderen Völkern verboten, denn diese verehrten fremde Götter. Und tatsächlich führte Isebels Religion, an der sie auch nach ihrer Heirat festhielt, zu großen Schwierigkeiten.

Aus ihrer Heimat brachte Isebel Hunderte Propheten mit, die dem Naturgott Baal und der Fruchtbarkeitsgöttin Aschera dienten. Isebels Vielgötterei erregte den Zorn des Propheten Elia, der darin eine Beleidigung des Gottes Israels sah. Er verabscheute die Anwesenheit der „falschen" Propheten an Isebels Hof und fürchtete ihren Einfluss auf das Volk.

Die Auseinandersetzung zwischen Elia und Isebel gipfelte im sogenannten Gottesurteil auf dem Berg Karmel. Elia hatte die Propheten Baals herausgefordert: Im Land herrschte eine Dürre. Beide Parteien sollten auf dem Karmel zu ihrem Gott flehen. Wer Gehör fand, der hatte bewiesen, dass er den wahren Gott verehrte. Elia triumphierte und tötete anschließend die Propheten Baals. Die wütende Isebel drohte Elia mit dem Tod: *«Die Götter sollen mir dies und das antun, wenn ich nicht morgen um diese Zeit dir das Gleiche antue, was du diesen angetan hast!»* Aus Angst um sein Leben musste Elia fliehen.

Königliche Machtansprüche

Zwar verurteilt die Bibel König Ahab, weil er eine Ausländerin geheiratet hatte und die Verehrung fremder Götter zuließ, doch immer wieder erscheint Isebel als die eigentlich Schuldige. So auch in der Geschichte von Nabots Weinberg: Ahab wollte den Weinberg erwerben, aber Nabot weigerte sich zu verkaufen. Der König wollte aufgeben, doch dann

Eine Begegnung zwischen Isebel, Ahab und Elia, dargestellt auf einem Gemälde des britischen Historienmalers Frederic Leighton (1830–1896) von 1862.

«… die Hunde sollen das Fleisch Isebels fressen und der Leichnam Isebels soll wie Mist auf dem Felde sein …»

2. BUCH DER KÖNIGE 9,36–37

ZEITTAFEL

UM 927 V. CHR. Nach dem Tod König Salomos trennt sich das Nordreich Israel vom Südreich Juda.

UM 870 V. CHR. Die phönizische Prinzessin Isebel heiratet Ahab, den König des Nordreichs Israel.

UM 860 V. CHR. Der Prophet Elia kritisiert König Ahab und seine Frau Isebel, weil diese die Verehrung fremder Götter gestatten.

UM 853 V. CHR. Ahab fällt im Kampf; ihm folgt sein Sohn Ahasja als König nach. Als Königsmutter behält Isebel ihren Einfluss.

UM 850 V. CHR. Nach Ahasjas Tod wird sein Bruder Joram König von Israel.

UM 843 V. CHR. Der Prophet Elisa verschwörte sich mit dem Heerführer Jehu gegen das Königshaus Ahabs. König Joram und seine Mutter Isebel werden ermordet.

721 V. CHR. Israel wird von den Assyrern unterworfen.

schaltete sich Isebel ein. Sie ließ Nabot in bösartiger Weise verleumden. Er wurde der Blasphemie beschuldigt und zu Tode gesteinigt. Sein Weinberg fiel an den König.

Isebel kam aus einer anderen Gesellschaft. Ihr Vater, der Priesterkönig von Sidon, vereinte religiöse und weltliche Macht in einer Hand. Die königliche Autorität durfte nicht infrage gestellt werden. Sie war der Überzeugung, dass Elia und Nabot gezwungen werden sollten, sich der königlichen Macht zu beugen. Und sie hatte keine Skrupel, einen Mann zu töten, um ihre Ansprüche zu behaupten. In Israel war die Stellung der Könige jedoch eine andere. Hier hatten die religiösen Führer, die Propheten, großen Einfluss auf die Politik und kritisierten die Herrscher, falls diese ihre religiösen Pflichten vernachlässigten. Die Propheten wollten die alleinige Verehrung des Gottes Israels durchsetzten, dem sie ihre eigene Machtstellung verdankten. In diesem Sinne bedeutete Isebels Polytheismus eine große Gefahr. Elia, inzwischen zurückgekehrt, war aufgebracht über ihre selbstherrliche Handlungsweise. Er traf Ahab auf dem Weinberg und verfluchte ihn und seine Familie für das, was Isebel getan hatte.

Verschwörung gegen die Königsmutter

Ahab fiel um 853 v. Chr. im Kampf gegen die Assyrer. In den folgenden zehn Jahren übte Isebel als Königsmutter ihrer beiden Söhne Ahasja und Joram Macht aus. Das Bündnis, das durch ihre Eheschließung zwischen Israel und den Phöniziern entstanden war, brachte Israel immensen ökonomischen und militärischen Erfolg. Doch für die Verfasser der biblischen Texte standen die religiösen Aspekte im Mittelpunkt. Im Buch der Könige beschuldigen sie Ahasja, Baal zu verehren: «*Und er tat, was dem Herrn missfiel, und wandelte in den Wegen seines Vaters und seiner Mutter … und diente dem Baal und betete ihn an und erzürnte den Herrn, den Gott Israels …*» Nach Ahasjas Tod übernahm Joram den Thron. Auch er wandte sich von dem einzigen Gott Israels ab.

Der verzweifelte Elia betete zu Gott: «*Das Volk Israel hat deinen Bund verlassen, deine Altäre zerbrochen, deine Propheten mit dem Schwert getötet. Ich bin allein übrig geblieben. Und sie trachten danach, dass sie mir das Leben nehmen.*» Gott antwortete Elia, er solle Jehu, einen Heerführer und Feind Isebels, zum neuen König von Israel machen. Aber erst Elias Schüler und Nachfolger Elisa setzte den Plan um. Elisa hasste die einflussreiche Königin ebenso sehr wie Elia. Er stachelte Jehu dazu an, König Joram wegen Isebels «*Abgötterei und … Zauberei*» zu stürzen und die gesamte Königsfamilie auszurotten:

> «*Und du sollst die Familie Ahabs, deines Herrn, erschlagen, dass ich das Blut meiner Knechte, der Propheten und aller Knechte des Herrn räche, das die Hand Isebels vergossen hat, so dass die ganze Familie Ahabs umkomme …*»

Ein blutiges Ende

Auch in der Stunde ihres Untergangs wahrte die stolze Isebel Haltung. Als sie erfuhr, dass sich Jehu ihrem Palast näherte, «*schminkte sie ihr Angesicht und schmückte ihr Haupt und schaute zum Fenster hinaus*». Als Jehu auftauchte, provozierte sie ihn und nannte ihn einen Mörder. Aber Jehu blieb ungerührt und befahl Isebels Dienern, die Königin aus dem Fenster zu werfen: «*Und sie stürzten Isebel hinab, so dass die Wand und die Pferde mit*

Das Ende der Königin Isebel auf einem Holzschnitt Gustave Dorés von 1866. Isebel wurde auf Befehl Jehus aus dem Fenster ihres Palastes geworfen. Danach wurde ihr Leichnam von den Pferden zertreten und von Hunden gefressen. So erfüllte sich die Prophezeiung Elias.

ihrem Blut bespritzt wurden. Dann wurde sie zertreten.» Später zeigte Jehu doch noch Reue. Er wollte die Leiche Isebels bestatten lassen, schließlich war sie die Tochter eines Königs. Doch da hatte sich Elias blutiger Fluch, den er einst über die Königin ausgesprochen hatte, bereits erfüllt: «*... die Hunde sollen das Fleisch Isebels fressen und der Leichnam Isebels soll wie Mist auf dem Felde sein ... dass man nicht sagen könne: Das ist Isebel.*» Von der einst so mächtigen Königin blieb nichts anderes übrig als ihr Schädel, ihre Füße und Hände.

Isebels Geschichte, die erst 200 Jahre nach ihrem Tod aufgeschrieben wurde, verunglimpft sie als abscheuliche Frevlerin, verantwortlich für Israels geistigen Niedergang. Aber Isebel war nur der Sündenbock: Als Ausländerin eignete sie sich perfekt für diese Rolle. Viele Israeliten verehrten fremde Götter, lange bevor Isebel ins Land kam. Der despotische Charakter von Ahabs Herrschaft, Isebels Einflussnahme auf die Politik und ihre Begünstigung der Vielgötterei brachten die Propheten Elia und Elisa dazu, gegen das herrschende Königshaus vorzugehen. Der neue König Jehu begründete eine Dynastie, die fast ein Jahrhundert lang überdauerte, dann versank das Land im Chaos von Umstürzen und Bürgerkriegen. Am Ende wurde Israel im Jahr 721 v. Chr. von den übermächtigen Assyrern erobert.

EINE TOCHTER ISEBELS?

Möglicherweise hatten Isebel und Ahab eine Tochter, Atalja, die in vielen Bibelstellen aber auch als Schwester Ahabs erscheint. Sie wurde mit dem Herrscher des benachbarten Königreiches Juda verheiratet. Nach dem Tod ihres Mannes und dem frühen Tod ihres Sohnes regierte sie für sechs Jahre als Alleinherrscherin über Juda. Sie ließ fast alle Verwandten ihres Mannes ermorden und förderte den Baalskult. Am Ende wurde sie aber selber bei einer Revolte getötet.

Tomyris

6. Jahrhundert v. Chr.

Königin der Massageten

Ausgehend vom Hochland des Iran eroberte der persische König Kyros II., der Große, in den 30 Jahren seiner Herrschaft ein gewaltiges Herrschaftsgebiet, das sich vom Industal im heutigen Pakistan bis zur türkischen Ägäisküste erstreckte. Kyros, der „Große König, König der Könige", war der Gründer des Achämenidenreiches, das bis zur Niederlage gegen Alexander den Großen 333/331 v. Chr. bestehen sollte. Er wird von dem griechischen Militärhistoriker Xenophon als Heerführer gefeiert und in der Bibel verehrt, weil er die Juden aus der babylonischen Gefangenschaft befreite. Doch ausgerechnet eine Frau fügte Kyros eine vernichtende Niederlage bei, in deren Verlauf er den Tod fand.

Die kriegerischen Massageten siedelten in den Steppen östlich vom Kaspischen Meer. Sie waren Reiternomaden, die von der Viehzucht und dem Fischfang im Fluss Araxes lebten. Herodot, der griechische Historiker aus dem 5. Jahrhundert v. Chr., berichtet, dass die Massageten Monotheisten waren, die einen Sonnengott anbeteten. In der Zeit der Konfrontation mit Kyros wurden sie von Tomyris angeführt, der Witwe ihres verstorbenen Königs.

Auf dem Weg durch Zentralasien führte Kyros (regierte 559–529 v. Chr.) seine Armeen bis an die Grenzen von Tomyris' Reich. Erfolgsgewohnt, wie er war, ging er von einem schnellen Sieg aus. Ein zeitgenössischer Beobachter schrieb: «*Wohin Kyros auch den Angriff richtete, das betreffende Volk konnte keinesfalls entkommen.*» Er griff die Massageten jedoch nicht sofort an. Um ihr Reich auf friedlichem Wege zu gewinnen, bat Kyros um die Hand der Königin. Aber sie lehnte ab, und so bereiteten die Perser eine Invasion vor.

Eine ebenbürtige Gegnerin

Kyros' Angriffspläne wurde durch den Fluss Araxes behindert. In aller Eile wollte er Brücken bauen lassen. Da machte ihm Tomyris einen anderen Vorschlag: «*... lass von den angefangenen Unternehmungen ab! ... Bleib in den Grenzen deiner Herrschaft, und lass uns in unserer Herrschaft regieren.*» Doch sie kannte ihren Feind: «*Aber du wirst meinen Rat nicht befolgen, sondern alles tun, um bloß nicht zur Ruhe zu kommen.*» Wenn Kyros denn unbedingt kämpfen müsse, sagte Tomyris weiter, so würde sie entweder zu ihm kommen oder aber den Persern erlauben, sicher den Araxes zu überqueren.

Der siegreichen Königin Tomyris wird der Kopf des Kyros präsentiert. Tomyris hatte den Kopf des Perserkönigs von seinem Leichnam abgehackt, um ihren toten Sohn zu rächen (Gemälde aus der Zeit um 1630 von dem italienischen Barockmaler Luca Ferrari).

«Weil nun Kyros den Vorstellungen der Tomyris kein Gehör gab, versammelte die Tomyris ihre ganze Macht und lieferte dem Kyros ein Treffen. Ich glaube, dieses Treffen ist das schwerste unter allen gewesen …»

AUS DEN „HISTORIEN" DES HERODOT

«Kyros … begann mit einem kleinen Trupp Perser und wurde der Anführer der Meder … Dann eroberte er Syrien, Assyrien, Arabien, Kappadokien, Phrygien und Lydien, Karien, Phönizien und Babylonien … Die Stämme, die er sich unterwarf, waren so zahlreich, dass es schwerfallen dürfte, sie einen nach dem anderen zu besuchen, egal in welcher Richtung man mit der Reise beginnt, ob nach Osten oder Westen, Norden oder Süden …»

AUS XENOPHONS „ERZIEHUNG DES KYROS"

Wie Herodot berichtet, beriet sich Kyros mit den Königen, deren Länder er bereits erobert hatte und die nun seine Vasallen waren. Alle empfahlen ihm, auf der eigenen Seite des Flusses Araxes gegen Tomyris zu kämpfen. Nur Krösus, der frühere König der Lyder (regierte 560–546 v. Chr.), riet ihm, den Massageten eine Falle zu stellen: Kyros sollte Tomyris mitteilen, sie würden auf ihrer Seite des Grenzflusses kämpfen. Der größere Teil der Armee würde dann heimlich vom Lager wegmarschieren und nur die schwächsten Soldaten zurücklassen. Die Massageten würden das Lager erobern und glauben, sie hätten gesiegt. Dann würden sie sich auf die Vorräte stürzen. Da aber die Massageten nur Milch tranken, wären sie Alkohol nicht gewohnt. Der Wein würde ihnen die Sinne benebeln. Am Ende könnten Kyros und seine Armee den ahnungslosen und betrunkenen Gegner gefahrlos angreifen und alle Massageten töten. Dieser Plan des Krösus verletzte alle Regeln der ehrenvollen Kriegsführung. Dennoch stimmte Kyros zu. Sein Stolz ließ es einfach nicht zu, von einer Frau geschlagen zu werden.

In gutem Glauben ließ Tomyris die Perser den Grenzfluss Araxes überqueren. Dann schickte sie ein Drittel ihrer Armee aus, um gegen Kyros' Soldaten zu kämpfen. Der Anführer war ihr eigener Sohn Spargapises. Wie Krösus vorhergesagt hatte, erschlugen die Massageten die schwachen persischen Soldaten, die Kyros im Lager zurückgelassen hatte. Danach machten sich die Massageten wie erwartet über die Weinvorräte her und betranken sich. Als Kyros mit seinen guten Soldaten zurückkehrte, tötete er den Großteil der Massageten. Nur einige wenige, unter ihnen der Prinz Spargapises, nahm er gefangen.

Die wütende Tomyris sandte Kyros eine Botschaft: *«Du hast meinen Sohn durch eine List überwältigt …»* Und sie forderte: *«Gib mir sofort meinen Sohn wieder und verlasse mein Land … Wenn du das nicht tust, schwöre ich bei der Sonne, dem Herrn der Massageten, dass ich deinen unersättlichen Blutdurst doch löschen will.»* Aber Tomyris kam mit ihrem Ultimatum zu spät. Als Spargapises begriffen hatte, in welch erniedrigender Lage er sich befand, nahm er sich das Leben.

HERODOT, „VATER DER GESCHICHTSSCHREIBUNG"

Der griechische Historiker Herodot lebte im 5. Jahrhundert v. Chr. Seine Schilderungen der damaligen griechisch-persischen Kriege haben ihm den Beinamen „Vater der Geschichtsschreibung" eingetragen. Herodot hat das Perserreich bereist, und sein Geschichtswerk, die „Historien", beruhen auf ausgiebigen Gesprächen und Darstellungen aus erster Hand. Sein Bericht über Tomyris und ihren Sieg über Kyros, rund 100 Jahre nach dem Tod des Perserkönigs aufgeschrieben, stammt vermutlich aus der mündlichen Überlieferung der Massageten.

Die Rache einer Mutter

Doch Tomyris hatte vorgesorgt: Sie verfügte noch über den Großteil ihrer Truppen, und diese sandte sie nun gegen Kyros aus. Nach Herodot überschütteten sich beide Armeen zunächst mit Pfeilen. Dann griffen sie einander im tödlichem Nahkampf mit Speeren und Dolchen an. Lange Zeit vermochte keine Seite zu siegen, und Tausende starben. Aber schließlich gewannen die Massageten die Oberhand. Sie töteten alle persischen Soldaten, die sie finden konnten. Unter den Gefallenen war auch Kyros, der „Große König, König der Könige", wie er in einer Inschrift auf einem Siegel im Britischen Museum genannt wird.

Aber Tomyris' Rachedurst war noch nicht gestillt. Sie suchte auf dem Schlachtfeld nach Kyros' Leichnam. Als sie ihn gefunden hatte, schlug sie ihm den Kopf ab und warf ihn in einen Weinschlauch, gefüllt mit Menschenblut. *«Ich bin die Siegerin und am Leben»*, verkündete sie, *«aber du hast mich dennoch vernichtet, indem du mir durch List meinen Sohn geraubt hast. Jetzt sind nur du und ich übrig, und ich will dich mit Blut sättigen, wie ich dir angedroht habe.»* Angeblich hat sie den Weinschlauch für den Rest ihres Lebens bei sich behalten, zur Erinnerung an ihren toten Sohn.

Tomyris faszinierte die antiken Historiker, besonders Herodot. Sie gehört zu den wenigen Frauen, die in seinen „Historien" erwähnt werden. Er bewunderte sie, denn anders als der große Eroberer Kyros griff sie nicht auf eine List zurück. Obwohl sie aus griechischer Sicht nur eine „Barbarin" war, hielt sie sich an die Regeln der ehrenvollen Kriegsführung.

Zeittafel

546 v. Chr. Die Perser unter der Führung von Kyros dem Großen besiegen die Armeen des Königs Krösus von Lydien. Lydien gerät unter persische Herrschaft.

539 v. Chr. Kyros besiegt die Babylonier und gewährt den Juden die Rückkehr aus der babylonischen Gefangenschaft in ihre Heimat.

529 v. Chr. Kyros will die Massageten bezwingen und erreicht den Fluss Araxes. Er fällt im Kampf gegen Tomyris, die Königin der Massageten. Kyros' Nachfolger als Perserkönig ist sein Sohn Kambyses II.

Die Überreste des Grabs von Kyros dem Großen in Pasargadae im heutigen Iran. Der steinerne Toreingang zum Grab ist links zu sehen.

Kleopatra VII. Thea Philopator

69–30 v. Chr.

Königin von Ägypten

Kleopatra, Königin von Ägypten von 51 bis 30 v. Chr., war die letzte Herrscherin der ptolemäischen Dynastie. Ihr Ruf als große Verführerin beruht überwiegend auf der negativen Propaganda ihrer Gegner. In Wirklichkeit war Kleopatra sowohl eine fähige Herrscherin als auch eine pragmatische Mutter, die darauf bedacht war, das Geburtsrecht ihrer Kinder zu wahren. Vor allem aber gelang es ihr, einen Großteil der ägyptischen Reichtümer wiederzugewinnen, die ihr Vater, Ptolemaios XII., verschwendet hatte.

Der römische General Julius Cäsar soll Kleopatras Liebhaber und möglicherweise der Vater ihres Sohnes Ptolemaios Cäsar (Caesarion) gewesen sein.

Kleopatra wurde 69 v. Chr. geboren. Sie stammte von Ptolemaios I. (regierte 323–283 v. Chr.) ab, einem griechischen General Alexanders des Großen (regierte 336–323 v. Chr.), der sich nach Alexanders Tod in Ägypten festsetzte. Lange Zeit beherrschten die Ptolemäer das östliche Mittelmeer, doch zur Zeit von Kleopatras Geburt gehörte nur noch Ägypten selbst zu ihrem Einflussbereich. Kleopatras Vater, Ptolemaios XII. (regierte 80–58 v. Chr. und 55–51 v. Chr.), stand tief in der Schuld des Römischen Reiches, der neuen Vormacht im Mittelmeerraum. 58 v. Chr. reiste er nach Rom, weil er um militärische Unterstützung bitten wollte im Kampf gegen seine Feinde in Ägypten. Hier bildeten die Ptolemäer und ihre Anhänger nur eine kleine Elite, die der griechischen Kultur verhaftet blieb. Im Volk waren sie eher unbeliebt.

Als Ptolemaios XII. in Rom weilte, raubte eine Verwandte, Kleopatra VI. Tryphaina, den Thron, starb aber schon kurze Zeit später. Nun ergriff Berenike IV., eine Tochter von Ptolemaios XII., die Macht. Als dieser mit Hilfe der Römer zurückkehrte, ließ er Berenike ermorden. Nach dem Tod von Ptolemaios XII. 51 v. Chr. erbte die mittlerweile 18-jährige Kleopatra VII. gemeinsam mit ihrem zehnjährigen Bruder Ptolemaios XIII. (regierte 51–47 v. Chr.) den Thron. Bald kam es unter den Geschwistern zum Streit. Mit Hilfe mächtiger Eunuchen verdrängte der junge Bruder seine Schwester. Doch dann wendete sich Kleopatras Schicksal: Der legendäre römische General Julius Cäsar (100–44 v. Chr.) traf in Alexandria ein. Er wollte in Ägypten die

Schulden eintreiben, die Ptolemaios XII. in Rom hinterlassen hatte. Außerdem musste er im Streit zwischen Kleopatra und ihrem Bruder vermitteln. Rom konnte es sich nicht leisten, dass ein so wichtiger und reicher Bündnispartner wie Ägypten destabilisiert wurde.

Eine schicksalhafte Begegnung

Der junge König bereitete Cäsar einen großen Empfang. Aber auch Kleopatra hoffte, den General für sich gewinnen zu können. Heute lässt sich nur schwer beurteilen, ob ihre Liebesbeziehung zu Cäsar wirklich von so großer Leidenschaft geprägt war, wie es in der Geschichte gern dargestellt wird. Bei Kleopatra mag politischer Opportunismus durchaus eine Rolle gespielt haben, während Cäsar als notorischer Verführer bekannt war. Sie wurde schwanger und gebar 47 v. Chr. einen Jungen, den sie Caesarion nannte. Cäsar erkannte das Kind jedoch nie offiziell an. Auch in seinen Memoiren erwähnt er Kleopatra nur beiläufig.

Am Ende gelang es Cäsar, einen Kompromiss zwischen den streitenden Geschwistern zu vermitteln: Kleopatra und Ptolemaios XIII. sollten Ägypten gemeinsam regieren und heiraten. Ehen zwischen Brüdern und Schwestern hatten in ägyptischen Königsfamilien eine lange Tradition. Doch der Friede hielt nicht lange. Nach einer Schlacht ertrank König Ptolemaios XIII. im Nil. Cäsar bestand jetzt darauf, dass seine Geliebte ihren jüngsten Bruder

Detail des Gemäldes „Kleopatra bei der Erprobung von Gift an verurteilten Gefangenen“ des französischen Historienmalers Alexandre Cabanel (1823–1889) aus dem Jahr 1887. Die Darstellung der Kleopatra als einer femme fatale ist typisch für die Art und Weise, wie sie von der Nachwelt gesehen wurde.

ZEITTAFEL

58 v. Chr. Ptolemaios XII. bittet in Rom um Unterstützung bei der Unterdrückung von Unruhen in Ägypten.

51 v. Chr. Kleopatra VII. und Ptolemaios XIII. erben den Thron; zwischen den Geschwistern kommt es zum Bürgerkrieg.

48 v. Chr. Julius Cäsar wird Kleopatras Liebhaber.

47 v. Chr. Geburt von Ptolemaios XV. Caesarion; Tod von Ptolemaios XIII.

46 v. Chr. Kleopatra heiratet Ptolemaios XIV.

44 v. Chr. Julius Cäsar wird ermordet.

42 v. Chr. Cäsars Mörder werden in der Schlacht von Philippi besiegt.

41 v. Chr. Mark Anton wird Kleopatras Liebhaber.

40 v. Chr. Mark Anton heiratet Octavia.

36 v. Chr. Mark Anton wird von den Parthern besiegt.

34 v. Chr. Bei den „Schenkungen von Alexandria" verleiht Mark Anton Kleopatra und ihren Kindern Titel und Gebiete.

32 v. Chr. Mark Anton trennt sich von Octavia.

31 v. Chr. Die ägyptische Flotte wird bei Actium geschlagen.

30 v. Chr. Octavian besetzt Alexandria; Mark Anton und Kleopatra begehen Selbstmord.

heiratete, Ptolemaios XIV. (regierte 47–44 v. Chr.). Er war erst zwölf Jahre alt und formbar. Tatsächlich regierte Kleopatra allein.

Zwei Jahre später reiste die ägyptische Königin mit ihrem Gemahl und Bruder nach Rom. Möglicherweise hielt sie sich in der Stadt auf, als Cäsar an den Iden des März 44 v. Chr. (15. März) im Senat ermordet wurde. In den Augen seiner Gegner hatte er zu viel Macht auf seine Person vereinigt. Sein Tod löste einen Bürgerkrieg aus. Kleopatra kehrte nach Alexandria zurück. Als im Herbst ihr Bruder unter ungeklärten Umständen starb, machte sie ihren kleinen Sohn Caesarion als Ptolemaios XV. zum neuen Mitregenten.

Der Wiederaufstieg Ägyptens

Kleopatra gelang es, die Vorbehalte ihrer Untertanen gegen die griechischen Ptolemäer zu beseitigen. Der Historiker Plutarch (46–122 n. Chr.) berichtet, dass sie als Erste ihrer Dynastie die ägyptische Sprache erlernte. Sie war eine fähige Herrscherin, und dank ihrer erfolgreichen Wirtschaftspolitik blühte Ägypten auf. Unterdessen verfolgten der General Mark Anton (83–30 v. Chr.) und Cäsars 19-jähriger Großneffe und Erbe Octavian (63 v. Chr.–14 n. Chr.), der spätere Kaiser Augustus, die Mörder Cäsars. Beide Parteien baten Kleopatra, die Herrscherin des reichsten und wichtigsten Verbündeten Roms, um finanzielle Unterstützung. Doch sie vermied es, sich für eine der beiden Seiten zu entscheiden.

42 v. Chr. wurden die Attentäter Cäsars in der Schlacht bei Philippi endgültig besiegt. Wie Cäsar wollte Mark Anton nun über weitere militärische Erfolge seine Macht im Römischen Reich festigen. Er plante, die Parther anzugreifen, die Erzfeinde der Römer im Osten. Da er Geld brauchte, wandte er sich an Kleopatra. Sie wurde seine Geliebte und gebar ihm Zwillinge, die sie Alexander Helios („Sonne") und Kleopatra Selene („Mond") nannte. Aber die Liebenden waren nur kurze Zeit zusammen. Vermutlich handelte es sich mehr um eine pragmatische als um eine romantische Verbindung. Mark Anton reiste bald wieder ab, weil in Rom ein Aufstand drohte. Fast vier Jahre lang sollten sie einander nicht wiedersehen.

Um das unsichere Bündnis mit Octavian zu festigen, heiratete Mark Anton 40 v. Chr. dessen Schwester Octavia (69–11 v. Chr.). Doch 37 v. Chr. kehrte er in den Osten zurück, um erneut gegen die Parther zu kämpfen. Wieder wollte er Kleopatras Geld, doch nun forderte sie im Gegenzug Gebiete im Osten. Mark Anton startete den Angriff auf die Parther, der jedoch mit einer Niederlage endete. Noch im selben Jahr, 36 v. Chr., brachte Kleopatra einen dritten Sohn zur Welt, Ptolemaios Philadelphos („der Geschwisterliebende").

Römische Propaganda

In der Zwischenzeit verschlechterte sich das ohnehin nicht einfache Verhältnis zwischen Mark Anton und Octavian. Beide strebten nach der Alleinherrschaft. Schließlich verließ Mark Anton seine Frau, um in Ägypten mit Kleopatra und ihren Kindern zusammenzuleben. Octavian fühlte sich in seiner Familienehre verletzt und inszenierte einen Propagandafeldzug gegen Mark Anton und seine fremde Geliebte. Der römische Historiker Cassius Dio (um 160–229 n. Chr.) schrieb über Mark Anton: *«Er dachte keinen Moment über Fragen der Ehre nach, sondern ergab sich der Ägypterin als Sklave.»* Ganz ähnlich klingt das

Ein undatiertes Porträt des römischen Generals Mark Anton. In seinem Drama „Antonius und Cleopatra" (1606–1607) nennt William Shakespeare ihn «des Weltalls dritte Säule, umgewandelt zum Narren einer Buhlerin».

Urteil Plutarchs: *«Seine Leidenschaft war so groß … Es war, als sei er nicht länger Herr über sein Urteilsvermögen, sondern stehe unter dem Einfluss einer Droge oder eines Zauberbanns.»*

Das Bild der Kleopatra als Verführerin war ein Konstrukt der römischen Propaganda und Geschichtsschreibung. Wie Boudicca in Britannien im 1. Jahrhundert n. Chr. und Zenobia in Palmyra im 3. Jahrhundert n. Chr. stellte Kleopatra für Rom eine Bedrohung dar und wurde verunglimpft.

Bei einer pompösen Zeremonie im Jahr 34 v. Chr., bekannt als „Schenkungen von Alexandria", nannte Mark Anton Kleopatra „Königin der Könige" und Ptolemaios XV. Caesarion „König der Könige". Seine eigenen Kinder mit Kleopatra stattete er mit riesigen Reichen aus, die römischen Vasallenkönigen gehörten. Am schädlichsten war jedoch, dass er darauf bestand, dass Caesarion, nicht Octavian, der Erbe Julius Cäsars sei. Dass er sich selbst zum orientalischen Potentaten stilisierte, brachte die öffentliche Meinung in Rom gegen ihn auf und kostete ihn wertvolle Unterstützung.

Niederlage und Tod

Eine Konfrontation zwischen Mark Anton und Octavian war unvermeidlich. Schließlich erklärte Octavian den Krieg, jedoch nicht gegenüber Mark Anton, sondern gegenüber der Nichtrömerin Kleopatra. Am 2. September 31 v. Chr. wurde die ägyptische Flotte in der Schlacht bei Actium vor der Küste Griechenlands vernichtend geschlagen. Allerdings gelang es Mark Anton und Kleopatra, mit der Kriegskasse zu fliehen. In der Zwischenzeit begannen ihre Landstreitkräfte zu Octavian überzulaufen.

Sowohl Mark Anton als auch Kleopatra versuchten, mit Octavian eine Übereinkunft zu treffen. Kleopatra wollte zugunsten ihrer Kinder abdanken. Mark Anton versprach, sich das Leben zu nehmen, wenn Kleopatra verschont würde. Doch Octavian ignorierte jegliche Verhandlungsbemühungen und landete Ende Juli 30 v. Chr. in Alexandria. Die Flotte und die Armee kapitulierten ohne Gegenwehr. Mark Anton, der glaubte, die Königin sei bereits tot, erdolchte sich und wurde, noch lebend, zu Kleopatra getragen. Sie wurde gefangen genommen und tötete sich später selbst. Der Legende zufolge starb die letzte ptolemäische Königin von Ägypten, indem sie eine giftige Natter an ihre Brust presste.

Was wurde aus Kleopatras Kindern?

Octavian ließ Kleopatras ältesten Sohn Caesarion ermorden. Er fürchtete einen Rivalen um Erbe und Titel seines Großonkels Cäsar. Doch er verschonte ihre Kinder von Mark Anton. Sie wurden bei der Siegesfeier in Rom präsentiert, anschließend wuchsen sie in der Obhut Octavias auf. Kleopatra Selene heiratete später den König von Numidien, einen römischen Vasallenherrscher. Ihre Brüder lebten vermutlich bei ihr.

Livia

58 v. Chr. – 29 n. Chr.
Römische Kaiserin

Livia gilt als eine der berüchtigtsten Frauen der Geschichte. Ihr war jedes Mittel recht, um die Interessen der neu etablierten kaiserlichen Familie zu verteidigen und die Rückkehr zur Republik zu verhindern. Als sie 17 Jahre alt und mit ihrem zweiten Kind schwanger war, verließ Livia ihren Ehemann, um den ehrgeizigen Politiker Octavian zu heiraten. Dieser stieg später unter dem Beinamen „Augustus" (der Erhabene) zum ersten römischen Kaiser auf. An seiner Seite übte Livia große Macht aus, auch wenn sie selber erst nach seinem Tod den Titel „Augusta" erhielt und damit Roms erste Kaiserin wurde. Das heutige Bild Livias beruht hauptsächlich auf den Berichten des römischen Historikers Tacitus, der der Kaiserin jedoch sehr negativ gegenüberstand. Allerdings gab es unter den Zeitgenossen auch viel Bewunderung für Livia, denn ihr gelang es, sich über Jahrzehnte hinweg im rauen politischen Klima Roms zu behaupten.

Livia entstammte einer alten römischen Adelsfamilie, den Claudiern. Als sie 15 Jahre alt war, verheiratete ihr Vater sie mit ihrem Cousin, Tiberius Claudius Nero (um 85–33 v. Chr.). Zu jener Zeit befand sich Rom im Bürgerkrieg. Brutus, Cassius und die anderen Attentäter von Julius Cäsar kämpften gegen Cäsars Großneffen und Erben Octavian (63 v. Chr.–14 n. Chr.) sowie den General Mark Anton (83–30 v. Chr.). Nach ihrem Sieg zerbrach das Bündnis zwischen Ocatvian und Mark Anton. Beide versuchten, ihre Alleinherrschaft im Reich durchzusetzen. Livias Ehemann war mit den Mördern Cäsars und später mit Mark Anton verbündet und musste Rom für einige Zeit verlassen.

Nach ihrer Rückkehr wurde Livia 39 v. Chr. Octavian vorgestellt. Sie war gerade mit ihrem zweiten Kind schwanger. Octavian verliebte sich sofort in sie. Der Legende nach war sie neben der ägyptischen Königin Kleopatra, der Geliebten Mark Antons, eine der schönsten Frauen ihrer Zeit. Octavian ließ sich von seiner älteren Frau Scribonia (um 68–16 v. Chr.) scheiden – am selben Tag, als diese Octavian eine Tochter gebar. Und er zwang Tiberius Claudius Nero, sich von Livia zu trennen. Nun konnten Octavian und Livia heiraten.

Diese Büste Livias wurde um 41–44 n. Chr. geschaffen, in der Regierungszeit ihres Enkels Claudius. Der Kaiser erhob seine Großmutter in den Rang einer Göttin.

«Das Gesicht der Giftmischerin war zweifelsohne das Gesicht Livias.»

AUS DEM HISTORIENROMAN „ICH, CLAUDIUS, KAISER UND GOTT" VON ROBERT GRAVES

Ganz rechts: Eine römische Kamee, auf der Livia zusammen mit Tiberius dargestellt ist, einem ihrer Söhne aus der Ehe mit Tiberius Claudius Nero. Tiberius wurde nach Augustus' Tod der zweite römische Kaiser.

Bei der Eheschließung mit Livia spielte für Octavian neben der persönlichen Zuneigung sicher auch ihre vornehme Herkunft eine wichtige Rolle, denn er selber gehörte nicht zum alten römischen Adel. Für die ehrgeizige Livia wiederum bot sich durch die Heirat mit Octavian die Möglichkeit, an seiner Seite im Zentrum der Macht zu stehen. Für beide Partner war die Verbindung ideal, und ihre Ehe hielt 51 Jahre lang bis zum Tod Octavians.

Die Frau im Hintergrund des Kaisers

Octavian, der seit 27 v. Chr. den Ehrennamen Augustus führte, schätzte Livia als seine Vertraute. Auch der Historiker Tacitus (um 56–117 n. Chr.), der Livia äußerst negativ beurteilte und ihr viele Verbrechen unterstellte, berichtet von dem großen Einfluss, den sie auf ihren Mann ausgeübt haben soll. Doch sie konnte nur im Hintergrund wirken, da die Frauen der Römer offiziell vom politischen Leben ausgeschlossen waren.

Augustus und Livia hatten keine gemeinsamen Kinder. Stattdessen lebte Augustus' einziges Kind, seine Tochter Julia (39 v. Chr.–14 n. Chr.), bei dem Paar. Sie war gleich nach ihrer Geburt von ihrer Mutter Scribonia getrennt worden. Livias Söhne aus ihrer ersten Ehe, Tiberius (42 v. Chr.–16 n. Chr.) und Drusus (38–9 v. Chr.), wurden von ihrem Stiefvater Augustus mit Gunstbeweisen überhäuft.

Livia war entschlossen, ihren ältesten Sohn Tiberius als Augustus' Nachfolger durchzusetzen. Zeitgenössische Quellen beschuldigen Livia, Marcellus, den Neffen, Schwiegersohn und Erben von Augustus, ermordet zu haben. Dann soll sie Julias Kinder von ihrem zweiten Ehemann Agrippa vergiftet haben. Auch Agrippa selbst, der engste Freund von Augustus und sein möglicher Nachfolger, starb überraschend früh. Danach zwang sie Tiberius, sich von seiner geliebten Frau Vipsania scheiden zu lassen und seine Stiefschwester Julia zu heiraten. Obwohl der Kaiser den zurückhaltenden Tiberius nicht leiden konnte, gelang es Livia schließlich, Augustus zu überreden, ihren Sohn zu adoptieren und als Nachfolger zu benennen.

Augustus starb 14 n. Chr. In seinem Testament hinterließ er Livia ein Drittel seines Besitzes und gewährte ihr den Titel Augusta. Doch Livias mögliche Hoffnung, durch ihren Sohn Tiberius zu herrschen, wurde enttäuscht. Der neue Kaiser hasste seine Mutter wegen ihres herrischen Verhaltens und der erzwungenen Ehe mit Julia, die für beide Partner eine Katastrophe war. Manche Quellen behaupten sogar, Tiberius habe sich nur auf die Insel Capri zurückgezogen, weil er die Nähe seiner Mutter nicht mehr ertragen konnte.

Livia in der Literatur

In seinem Historienroman „Ich, Claudius, Kaiser und Gott" lässt der britische Autor Robert Graves Livias Enkel Claudius über sein Leben und seine Familie erzählen. Für seine Arbeit benutzte Graves die Berichte antiker Historiker wie Tacitus, Plutarch und Sueton. Zum Teil baut er sogar zeitgenössische Originaltexte in seinen Roman ein. Die Geschichte beginnt mit der Ermordung Julius Cäsars und endet mit Claudius' eigener Regierungszeit. In der Darstellung von Graves spielen die Frauen der kaiserlichen Familie, wie Livia oder Claudius' berüchtigte Ehefrauen Messalina und Agrippina (die Jüngere), eine herausragende Rolle. Im Fall von Livia stützt sich Graves jedoch einseitig auf die negative Beschreibung der Kaiserin bei Tacitus. Livia wird sogar beschuldigt, Augustus ermordet zu haben, indem sie die Feigen an seinem Lieblingsbaum mit Gift bestrich.

Büste von Livias zweitem Ehemann, dem ersten römischen Kaiser Augustus (Octavian), vom Anfang des 1. Jahrhunderts n. Chr.

ZEITTAFEL

44 V. CHR. Julius Cäsar wird ermordet.

42 V. CHR. Livia heiratet ihren Cousin Tiberius Claudius Nero.

40 V. CHR. Livia und ihr Mann müssen Rom verlassen.

39 V. CHR. Livia kehrt nach Rom zurück und wird Octavian vorgestellt. Beide lassen sich scheiden, um danach einander zu heiraten.

27 V. CHR. Octavian erhält den Beinamen *Augustus*; Beginn der Prinzipatszeit.

23 V. CHR. Livia soll Augustus' Erben Marcellus ermordet haben.

11 V. CHR. Auf Livias Anordnung lässt sich Tiberius scheiden und heiratet Augustus' Tochter Julia.

4 N. CHR. Augustus adoptiert Tiberius und benennt ihn als seinen Nachfolger.

14 Augustus stirbt, Tiberius wird Kaiser.

26 Tiberius zieht sich nach Capri zurück.

29 Livia stirbt im Alter von 86 Jahren.

37 Tiberius stirbt, ihm folgt sein Großneffe Caligula.

41 Caligula wird ermordet, Livias Enkel Claudius wird neuer Kaiser.

42 Claudius erhebt Livia zur Göttin Diva Augusta („göttliche Kaiserin").

68 Mit der Ermordung Neros endet das julisch-claudische Kaiserhaus.

Dabei schien zu Beginn von Tiberius' Regierungszeit das Verhältnis zwischen Mutter und Sohn noch intakt zu sein. Der neue Kaiser verabschiedete sogar ein Gesetz, das Kritik an Livia mit Hochverrat gleichsetzte. Doch bald verschlechterte sich ihre Beziehung, möglicherweise wegen Livias ständiger Einmischung in die Politik. Als Livia 29 n. Chr. im Alter von 86 Jahren starb, kam Tiberius nicht zu ihrer Beerdigung und weigerte sich, ihr Testament zu vollstrecken. Erst ihr Enkel Kaiser Claudius (regierte 41–54 n. Chr.), der Neffe des Tiberius, ordnete 42 n. Chr. Livias Aufnahme unter die römischen Götter an.

Sündenbock und Idealbild

An der Seite des Kaisers Augustus hatte Livia über einen beträchtlichen politischen Einfluss verfügt. Sie war auch die erste Frau, deren Bildnis auf römische Münzen geprägt wurde. Ausgehend von Tacitus kritisierten viele römische Historiker die herausragende Stellung der Kaiserin, denn nach der traditionellen römischen Auffassung sollten sich Frauen aus der Politik heraushalten. Ihre Kritiker machten Livias angebliche Intrigen und Mordkomplotte verantwortlich für das spätere Unglück und den Untergang der julisch-claudischen Dynastie, die mit dem berüchtigten Kaiser Nero (regierte 54–68 n. Chr.), Claudius' Großneffen und Stiefsohn, ein unrühmliches Ende fand.

Bei der einfachen Bevölkerung hingegen war Livia sehr populär. Für sie verkörperte die Kaiserin das Idealbild römischer weiblicher Tugenden. Nach dem Chaos der Bürgerkriege präsentierten sich Augustus und Livia als Wahrer altrömischer Sittsamkeit. Durch ihre langjährige Ehe hoben sie sich bewusst ab von den Ausschweifungen der römischen Oberschicht. So spielte Livia eine wichtige Rolle bei der Durchsetzung und Repräsentation des von Augustus begründeten politischen Systems, des sogenannten Prinzipats, das republikanische und monarchische Elemente miteinander vereinte. Spätere Kaiserinnen orientierten sich bewusst an dem Bild der ehrenhaften Mutter und Ehefrau, das Livia in der Öffentlichkeit vorgelebt hatte.

Boudicca

1. Jahrhundert n. Chr.

Königin der Icener

«Ein schreckliches Unglück ereignete sich in Britannien», *schrieb der römische Historiker Cassius Dio an der Wende zum 3. Jahrhundert n. Chr., rund 150 Jahre nach den Ereignissen.* «Zwei Städte wurden geplündert, 80 000 Römer und ihre Verbündeten starben und die Insel ging dem Römischen Reich verloren. Obendrein wurde all diese Zerstörung durch eine Frau über die Römer gebracht, ein Umstand, der ihnen für sich genommen schon die größte Schande machte.» *Diese Frau war Boudicca, die Königin der Icener. Bevor die Römer ihren Aufstand niederschlagen konnten, hatte Boudicca ihre Städte zerstört und Tausende Feinde getötet.*

Die Römer drangen dreimal nach Britannien vor: Julius Cäsar (100–44 v. Chr.) brachte seine Armeen 55 v. Chr. und noch einmal 54 v. Chr. bis an den Rand der damals bekannten Welt. Fast 100 Jahre später, 43 n. Chr., sandte Kaiser Claudius (regierte 41–54 n. Chr.) seine Armeen erneut in den Norden. Dieses Mal blieben die Römer und schufen eine blühende Provinz, die fast 400 Jahre Bestand haben sollte.

Pragmatismus und verletzter Stolz

Die Icener waren einer von vielen keltischen Stämmen, die Britannien seit mehr als einem halben Jahrtausend bewohnten. Aus pragmatischen Gründen akzeptierten die meisten Keltenfürsten die Oberhoheit der militärisch überlegenen Römer. Dies traf auch auf den König der Icener, Prasutagus, und seine Frau Boudicca zu. Doch im Jahr 49 n. Chr. wurden sie von dem römischen Gouverneur Ostorius Scapula gedemütigt. Dieser kämpfte gegen die Stämme im Westen und Norden Britanniens, und weil er den Icenern misstraute, entwaffnete er sie. Wütend zettelte Prasutagus einen Aufstand an. Nach seiner Niederlage zeigten sich die Römer großzügig und beließen den Icenern ihre Autonomie. Für die nächsten elf Jahre herrschte Ruhe. Dann aber starb Prasutagus und die Römer begingen einen folgenschweren Fehler gegenüber Boudicca und ihren Töchtern.

«Von Statur war sie sehr groß und in ihrer Erscheinung furchteinflößend. Ihr Auge blickte wild und ihre Stimme war barsch. Eine Unmenge lohfarbenes Haar reichte ihr bis zu den Hüften …»

BESCHREIBUNG BOUDICCAS DURCH DEN HISTORIKER CASSIUS DIO

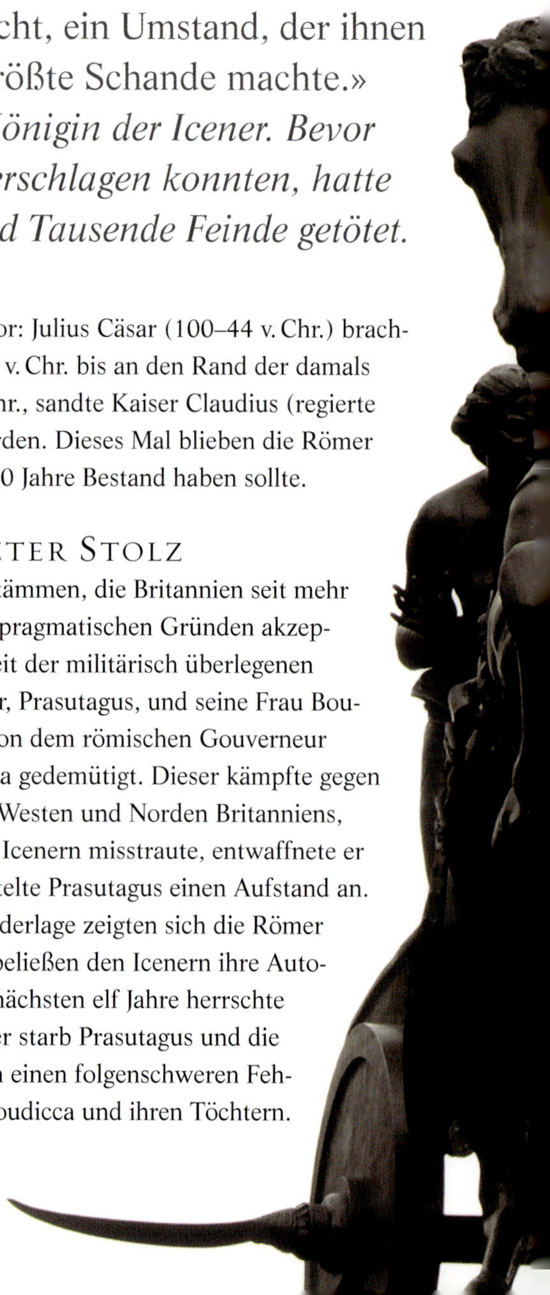

Prasutagus hatte Boudicca stellvertretend für ihre beiden jungen Töchter die Regentschaft anvertraut. Die Hälfte seines Besitzes hatte er dem römischen Kaiser Nero (regierte 54–68 n. Chr.) vermacht. Dies sollte die Römer gnädig stimmen und so Boudiccas Machtübernahme erleichtern. Aber Rom setzte sich über den Willen des verstorbenen Königs hinweg. Der zeitgenössische römische Historiker Tacitus berichtet: *«[Sie] eigneten sich den gesamten Besitz des Königs und alle seine Schätze an … Das Königreich und sein Haus wurden wie Kriegsbeute geplündert … Seine Witwe Boudicca wurde ausgepeitscht und ihre Töchter vergewaltigt …»* Die Kelten Britanniens waren empört und viele schlugen sich auf die Seite Boudiccas. So war es der Königin eines kleines Stammes möglich, in kurzer Zeit ein gewaltiges Heer aufzustellen.

Am Ufer der Themse in London erinnert eine Bronzestatue aus dem 19. Jahrhundert von Boudicca und ihren Töchtern an die Königin der Icener und ihren Aufstand. Der Stamm der Icener lebte in Ostengland im Gebiet des heutigen Norfolks und in einem Teil Suffolks.

Entfesselte Wut

Cassius Dio zufolge beschwor Boudicca am Vorabend ihrer ersten Schlacht die Kriegsgöttin Andraste: «*Ich danke dir, Andraste, und rufe dich an von Frau zu Frau …*» Dann ließ sie ihrer Wut freien Lauf. Das erste Ziel ihres Rachefeldzuges war Camulodunum (das heutige Colchester), eine Stadt ohne Befestigungsanlagen und mit nur wenigen Soldaten, die von römischen Veteranen bewohnt wurde. Die Bürger baten den römischen Prokurator Catus Decianus um Hilfe, aber dieser unterschätzte die Heftigkeit des keltischen Angriffs und schickte nur 200 Mann. Camulodunum war bald überrannt. Die Bevölkerung wurde getötet und sämtliche Symbole der römischen Herrschaft zerstört. Dann marschierte Boudicca auf die Provinzhauptstadt Londinium los, das heutige London.

Londinium war eine blühende Metropole, in der 30 000 Menschen lebten. Doch der römische Kommandant Suetonius Paulinus gab die Stadt kampflos auf. Boudiccas Armee tötete die Bevölkerung und setzte die Gebäude in Brand. «*Der Feind machte keine Gefangenen und er tauschte sie auch nicht ein oder gab sich mit irgendwelchen Verhandlungen ab, wie sie üblicherweise mit der Kriegsführung einhergehen … [Sie] massakrierten, hängten, brandschatzten und kreuzigten mit einer enormen Wut …*» In seinem Buch „Roman London" beschreibt der Archäologe Peter Marsden die Überreste dieses Gemetzels: «*Tief unter den modernen Straßen der Innenstadt von heute sind die Ereignisse von 60 n. Chr. unauslöschlich in den Boden eingegraben – als eine rote Schicht verbrannten Schutts.*»

Nach dem blutigen Aufstand blieben 70 000 Tote und zwei zerstörte Städte zurück. Für seine römischen Leser entwarf Cassius Dio viele Jahrzehnte später ein Bild des Schreckens:

> «*Wer von den Britanniern gefangen genommen wurde, hatte alle nur vorstellbaren Gräuel zu erleiden … Sie hängten die edelsten und hervorragendsten Frauen nackt auf, schnitten ihnen dann die Brüste ab und nähten sie an die Münder, so dass es aussah, als würden die Opfer sie essen. Danach wurden den Frauen scharfe Spieße der Länge nach durch den Körper getrieben. Und all das zur Begleitung von Opferungen, Festmahlen und schamlosem Verhalten …*»

Nach der Zerstörung Londiniums wandte sich Boudicca der Stadt Verulamium zu (dem heutigen St. Albans), deren keltische Einwohner Rom ergeben waren. Wieder brandschatzte ihre Armee die Stadt und ermordete die Bevölkerung. Doch die Königin, der jegliche taktische Erfahrung fehlte, versäumte es, den fliehenden Befehlshaber Suetonius Paulinus und seine Armee zu verfolgen. Dieser nutzte Boudiccas Unerfahrenheit aus und drängte sie zu einer offenen Feldschlacht, in der ihre undisziplinierten Horden im Nachteil waren.

Das letzte Gefecht

Nach den römischen Quellen war Boudiccas Heer mittlerweile auf eine Viertelmillion Kämpfer angewachsen, doch diese Zahl ist sicher übertrieben, um den späteren Sieg der Römer hervorzuheben. An einem nicht mehr genau zu lokalisierenden Ort trafen die Britannier auf die höchstens 10 000 Soldaten, die Suetonius Paulinus befehligte. Wie der Historiker Sueton beschreibt, nahm der römische Feldherr Aufstellung «*in einem Hohlweg mit einem Wald dahinter. Er würde dem Feind nur an dieser einen Front gegenüberstehen, …*

Zeittafel

55/54 v. Chr. Erste römische Invasionen in Britannien.

43 n. Chr. Römische Armeen besetzen Britannien, Gründung einer römischen Provinz.

49 Ostorius Scapula entwaffnet die Icener. Ein Aufstand ihres Königs Prasutagus scheitert, aber die Icener bleiben autonom.

60 Prasutagus stirbt, ohne einen männlichen Erben zu hinterlassen. Die Römer setzen sich über seine Wünsche hinweg, eignen sich sein Land und seine Besitztümer an und demütigen seine Familie. Seine Witwe Boudicca setzt sich an die Spitze eines Aufstandes, zerstört mehrere Städte, wird aber am Ende von den Römern unter Suetonius Paulinus besiegt.

410 Die Römer ziehen sich aus Britannien zurück.

ROM UND DIE BRITANNISCHEN KÖNIGINNEN

Boudicca war nicht die einzige britannische Königin. Ihre Zeitgenossin Cartimandua, die Herrscherin der Briganten in Nordengland, entschied sich aber, mit den Römern zu kooperieren. 51 n. Chr. lieferte sie ihnen den aufständischen König Caratacus aus, der in Ketten nach Rom geführt wurde. Als sich später Cartimanduas eigener Ehemann, der romfeindliche Venutius, gegen sie wendete, wurde sie von den Römern in Sicherheit gebracht und starb vermutlich als römische Pensionärin.

wo das Land offen dalag und keine Deckung für Hinterhalte bot.» Die Zahl der Aufständischen auf Boudiccas Seite wurde noch um Zehntausende Frauen und Kinder vergrößert. Diese versammelten sich am Rand des Schlachtfelds, um ihre Männer anzufeuern. Cassius Dio beschreibt die Szene, als Boudicca mit ihren Töchtern auf ihren Streitwagen kletterte und den Menschen zurief:

> *«Wir Britannier sind daran gewöhnt, im Krieg von Frauen befehligt zu werden … Ich stamme von mächtigen Männern ab! … Aber jetzt kämpfe ich nicht für mein Reich und mein Gut. Ich kämpfe … für die Freiheit, die ich verloren habe, für meinen misshandelten Körper und meine Töchter, denen Gewalt angetan wurde. … Alte Menschen werden getötet, Frauen vergewaltigt. Aber die Götter werden uns die Rache zugestehen, die wir verdienen! … Bedenkt, wie viele von euch kämpfen – und warum. Dann werdet ihr diese Schlacht gewinnen oder untergehen. Das ist, was ich, eine Frau, tun will! Lasst die Männer in Sklaverei leben, wenn sie wollen.»*

Boudiccas Heerschar war jedoch kein ebenbürtiger Gegner für die gut gedrillte römische Armee. Die Britannier zogen nackt oder nur teilweise bekleidet in die Schlacht, ihre Bewaffnung war unzulänglich und durch die Zuschauer war ihnen der Rückzug abgeschnitten. An die 80 000 Britannier fielen im Kampf, während die Römer nur knapp 400 Mann verloren. Die Rache der Römer war fürchterlich. Suetonius Paulinus schlug alle Reste des Aufstands brutal nieder. Tausende mussten ihr Leben lassen. Viele weitere verhungerten, denn die Britannier hatten ihre Felder nicht bestellt, als sie mit Boudicca in den Krieg zogen. Die Chroniken behaupten, Boudicca selbst habe Gift genommen oder sei am Schock gestorben. Ihre Töchter tauchen in den Quellen nicht mehr auf. Der Aufstand Boudiccas war die letzte ernste Bedrohung für die römische Herrschaft über Britannien, bis die Römer 410 das Land verließen.

Diese Druckgrafik zeigt Britannier in römischer Zeit. Rechts ist Boudicca abgebildet. Links von ihr stehen zwei Männer aus dem heutigen Schottland. Wegen ihrer Tätowierungen wurden sie von den Römern Pikten genannt, von lateinisch picti, *„die Bemalten". Die Britannier zogen wie andere Kelten häufig nackt in die Schlacht, um Mut und Härte zu beweisen.*

ZENOBIA

3. Jahrhundert

Königin von Palmyra

«Befreie uns von Zenobia!», *flehte der römische Senat seinen Kaiser an. Zenobia, die Königin von Palmyra im heutigen Syrien, hatte im Osten des Römischen Reiches ein Sonderreich begründet, das sich bis nach Ägypten erstreckte. Erst der brillante General und Kaiser Aurelian konnte sie besiegen.*

Palmyra war eine reiche Handelsmetropole und lag im Schnittpunkt der syrischen Karawanenrouten. Der Stadtstaat an der Ostgrenze des Römischen Reiches diente den Römern als Puffer zu ihren Erzfeinden, den persischen Sassaniden. Die palmyrischen Vasallenkönige durften ihre eigenen Interessen verfolgen, solange sie Rom nicht in die Quere kamen. 267/268 wurde der König Palmyras, Odaenathus, ermordet, möglicherweise auf Veranlassung der Römer, die seine Macht fürchteten. Seine Witwe Zenobia übernahm die Regentschaft für ihren jungen Sohn Vaballathus. Dieser nannte sich wie sein Vater „König der Könige“. Doch der neue römische Kaiser Claudius II. Gothicus (regierte 268–270) verweigerte Vaballathus die Anerkennung als Nachfolger seines Vaters.

Replik einer antiken Bronzemünze mit dem Kopf der Königin Zenobia.

Zenobia wollte es nicht hinnehmen, dass die Macht Palmyras und ihrer Familie nach dem Tod ihres Mannes schwinden sollte. So zog sie 269, als Kaiser Claudius II. damit beschäftigt war, an den Nordgrenzen des Römischen Reiches einfallende Germanenstämme abzuwehren, in den Krieg. Sie ernannte den General ihres Mannes, Zabdas, zum obersten Befehlshaber der palmyrischen Streitkräfte. Zenobia und Zabdas aktivierten ein Netz von Bündnissen, das Odaenathus während seiner Herrschaft geknüpft hatte, und gewannen bald die Kontrolle über den Norden der arabischen Halbinsel. Ohne auf große Gegenwehr der Römer zu stoßen, unterwarfen Zenobia und Zabdas Palästina. Auch die Bewohner Syriens begrüßten die palmyrische Armee. Danach wandten sich Zenobia und Zabdas Ägypten zu, dem Hauptlieferanten Roms für Getreide.

Demütigung Roms

Weil der Gouverneur von Ägypten, Tenagino Probus, mit Kaiser Claudius II. im Norden des Reiches gegen die Goten kämpfte, war es für Zabdas ein Leichtes, das Land zu besetzen. Die Eroberung Ägyptens fiel mit dem plötzlichen Tod von Claudius zusammen. Nach einem kurzen Zwischenspiel von Claudius' Bruder Quintillus erhoben die römischen Truppen den begabten General Aurelian (regierte 270–275) zum neuen Kaiser.

Der Autor der „Historia Augusta", einer spätrömischen Sammlung von Kaiserbiographien, beschreibt die Demütigung der Römer durch Zenobia: *«Jetzt ist alle Scham verbraucht, denn im geschwächten Zustand des Gemeinwesens … können sogar Frauen hervorragend regieren.»* Zenobia konnte ihren Sieg fast zwei Jahre lang genießen. Schließlich nahmen sie und ihr Sohn sogar den Kaisertitel an, wie die von ihnen geprägten Münzen zeigen. Zudem störten sie den Handel des Weltreiches: Ihre Herrschaft über Ägypten gefährdete

Die Ruinen von Palmyra im Herzen der syrischen Wüste. Die antike Stadt bedeckte eine Fläche von sechs Quadratkilometern und entwickelte sich zu einem der wichtigsten Umschlagplätze an der Handelsroute vom Mittelmeer, dem Roten Meer und dem Persischen Golf nach Zentralasien.

Porträt des römischen Generals und Kaisers Aurelian. Er besiegte Zenobia und stellte für kurze Zeit die Einheit des Römischen Reiches wieder her.

die Versorgung der Millionenstadt Rom mit Getreide. Es war nur eine Frage der Zeit, bis die Römer zum Gegenangriff rüsteten. Tatsächlich schlug Aurelian zu, sobald die Bedrohung durch die Germanen im Norden gebannt war. Erst sandte er seine Flotte aus, um Ägypten mit seinen wichtigen Getreidelieferungen zurückzugewinnen. Im Sommer 272 war das Land von den Römern besetzt. Dann führte er seine Armeen nach Kleinasien, wo sich die früheren römischen Vasallenherrscher, die Zenobia so bereitwillig unterstützt hatten, erneut der Oberhoheit der Römer unterwarfen. Jetzt verblieb nur noch Syrien, Zenobias Machtzentrum, unter Kontrolle Palmyras.

Die gegnerischen Armeen trafen in der Nähe von Antiochia aufeinander. Die gut bewaffneten und ausgebildeten Soldaten Aurelians vernichteten Zenobias Streitmacht. Die Königin floh nach Süden, Aurelian auf ihren Fersen. Bei Emesa trafen die Armeen erneut aufeinander. Zenobia hatte noch einmal eine Streitmacht von mehr als 70 000 Mann zusammengebracht, doch wieder gelang es Aurelian, sie auszumanövrieren und niederzuwerfen. Zenobia fand keine Unterstützung mehr in der Region, weil jede Stadt, zu der Aurelian gelangte, sofort vor dem Kaiser kapitulierte. Die Königin konnte nur noch durch die Wüste nach Palmyra zurückeilen, um die Stadt auf eine Belagerung vorzubereiten.

Obwohl Zenobia nach dem siegreichen Vormarsch Aurelians praktisch auf verlorenem Posten stand, verschanzte sie sich trotzig hinter den Stadtmauern Palmyras und lehnte das Friedensangebot des Kaisers ab. Verzweifelt erwog sie sogar ein Bündnis mit den feindlichen Persern. Aber diese wiesen die Bitten ihrer Boten zurück und verlangten, dass Zenobia selbst zu ihnen kommen sollte. Verkleidet floh die Königin bei Nacht auf einem Kamel aus der Stadt. Doch Aurelian hörte von der Aktion und nahm sie gefangen.

Zenobia und Kleopatra

Wie im Fall der ägyptischen Königin Kleopatra stellte die römische Propaganda auch Zenobia als Mannweib dar. Beide Herrscherinnen hatten es gewagt, den Machtanspruch Roms herauszufordern. Zenobia legte es aber auch darauf an, mit der ägyptischen Königin verglichen zu werden. In der kurzen Zeit, als sie über Ägypten herrschte, förderte Zenobia den Personenkult um Kleopatra und ließ mehrere Monumente wiedererrichten, die an die letzte Königin von Ägypten erinnerten. Um ihre Herrschaft über Ägypten zu legitimieren, behauptete Zenobia sogar, eine Nachfahrin Kleopatras zu sein.

Eine Königin in Ketten

Als die Palmyrer von der Gefangennahme ihrer Königin erfuhren, ergaben sie sich schnell und ließen Aurelian in die Stadt. Er rächte sich nicht an den Bewohnern, ließ aber Zenobia und ihre Soldaten nach Emesa eskortieren, während ein Großteil des palmyrischen Staatsschatzes nach Rom verschifft wurde. Um weiteren Unruhen im Osten vorzubeugen, schloss Aurelian einen Vertrag mit den Persern.

Zenobias Berater wurden vermutlich hingerichtet. Auch ihr General Zabdas wird in den Quellen nicht mehr erwähnt. Zenobia aber blieb verschont. Nicht weil sie eine Frau war, sondern weil Aurelian sie als Hauptattraktion seines Triumphzugs in Rom zur Schau stellen wollte. Die gefangene Königin sollte seine Unterwerfung des Ostens symbolisieren. Auf der Reise nach Rom wurde sie in Ketten gelegt und auf einem Kamel durch die Städte geführt. In Antiochia stellte man sie drei Tage lang an den Pranger, und die Bevölkerung, die sie einst unterstützt hatte, zog an ihr vorbei.

Noch während ihre Königin in Ketten lag, zettelten die Palmyrer einen neuen Aufstand an. Zu ihrem neuen Herrscher erklärten sie den erst fünf Jahre alten Septimius Antiochus, der vermutlich ein Sohn Zenobias war, aber wohl nicht aus ihrer Ehe mit Odaenathus stammte. Dieses Mal zeigte Aurelian keine Gnade. Die Stadt wurde vollständig ausgeplündert. Von diesem Schlag konnte sich das einst blühende Handelszentrum nicht mehr erholen. In Zukunft führte der Ort ein Schattendasein am Rande der römischen Welt. Die Karawanenrouten verlagerten sich in den Norden Syriens und Mesopotamiens. Aurelian hielt Septimius Antiochus für zu unbedeutend, um ihn zu töten, und schickte ihn ins Exil.

Widersprüchliche Berichte

Was mit Zenobia in Rom geschah, wird unterschiedlich dargestellt. Der griechische Historiker Zosimus aus dem 5. Jahrhundert behauptet, Zenobia habe Selbstmord begangen, um sich nicht Aurelians demütigenden Forderungen fügen zu müssen. Andere Quellen berichten jedoch, dass die besiegte palmyrische Königin die Hauptattraktion in Aurelians Triumphzug war. Angeblich musste sie mit goldenen Ketten gefesselt und begleitet von mindestens zweien ihrer Söhne auf einem Kamel durch die Stadt reiten.

Auch Zenobias endgültiges Schicksal ist unklar. Vielleicht wurde sie hingerichtet, wahrscheinlicher ist jedoch, dass Aurelian ihr und ihrem Sohn Vaballathus erlaubte, in Rom ein zurückgezogenes Leben zu führen. Die „Historia Augusta" behauptet, sie habe einen römischen Adeligen geheiratet und in einer Villa in Tivoli bei Rom gelebt. Vielleicht hatte sie auch Kinder mit ihrem ungenannten Ehemann. Als einer ihrer möglichen Nachkommen gilt Zenobius, ein Bischof von Florenz an der Wende zum 5. Jahrhundert.

Es ist schwierig, die Taten Zenobias abschließend zu beurteilen. In der Zeit, als sie die Regentschaft für ihren Sohn Vaballathus übernahm, durchlebte das Römische Reich eine schwere Krise. Eine Reihe von sogenannten Soldatenkaisern wechselte sich in rascher Folge an der Spitze des Reiches ab. Immer wieder kam es an den umkämpften Grenzen im Norden und Osten des Reiches zu neuen Kaisererhebungen durch einzelne Truppenteile. Die schwierige Lage verlangte an verschiedenen Orten nach politischen und militärischen Führern. So entstand zur gleichen Zeit wie in Palmyra auch in Gallien ein Sonderreich. Hätte Zenobia Erfolg gehabt, wäre ihr Sohn vielleicht zum legitimen Kaiser des Reiches aufgestiegen. Stattdessen wurde sie von Aurelian besiegt, der 274 auch das Sonderreich in Gallien unterwarf und damit das Römische Reich wieder in einer Hand vereinte. Doch der Friede währte nur kurze Zeit. 275 wurde Aurelian ermordet, und der Kampf zwischen verschiedenen Kaisern und Gegenkaisern begann von Neuem.

Zeittafel

UM 240 Zenobia wird als Tochter des palmyrischen Adeligen Antiochus geboren.

267/268 Ermordung von Odaenathus, König von Palmyra. Seine Witwe Zenobia übernimmt die Regentschaft für ihren jungen Sohn Vaballathus.

270 Zenobia erobert Ägypten und kontrolliert damit die Versorgung Roms mit Getreide. Der General Aurelian wird römischer Kaiser.

272 Aurelian greift Palmyra an und nimmt Zenobia und Vaballathus gefangen. Mutter und Sohn werden nach Rom gebracht.

275 Kaiser Aurelian wird ermordet.

«Wie, oh Zenobia, konntest du es wagen, die römischen Kaiser zu beleidigen?»

AUSSPRUCH DES RÖMISCHEN KAISERS AURELIAN

Theodora

um 497–548

Kaiserin von Byzanz

Theodora war die Tochter eines Bärenpflegers im Hippodrom von Konstantinopel. Trotz ihrer Herkunft stieg sie zur einflussreichsten Frau in der Geschichte des Byzantinischen Reiches auf. Ihre Schönheit und ihre Intelligenz erregten die Aufmerksamkeit von Justinian. Er, der Thronerbe von Byzanz, machte Theodora zu seiner Geliebten und dann zu seiner Frau.

Konstantinopel, das frühere Byzanz und heutige Istanbul, war die Hauptstadt des Oströmischen (Byzantinischen) Reiches. Im 6. Jahrhundert war die Stadt zwischen Marmarameer und Goldenem Horn eine pulsierende Metropole. Ein wichtiges Zentrum des städtischen Lebens bildete das Hippodrom, in dem Pferderennen und Zirkusspiele stattfanden. Die einfache Stadtbevölkerung war in zwei große Zirkusparteien gespalten, die „Blauen" und die „Grünen", die ihre Wettkämpfer fanatisch unterstützten.

Theodoras Familie stammte möglicherweise aus Zypern oder Syrien und gehörte zur niedrigsten Schicht der Gesellschaft. Theodoras Vater Akakios arbeitete als Bärenpfleger für die grüne Zirkuspartei. Er starb, als Theodora erst fünf Jahre alt war. Theodora, ihre Mutter und ihre zwei Schwestern blieben mittellos zurück. In aller Eile heiratete die Mutter erneut, in der Hoffnung, dass der neue Ehemann den Posten als Bärenpfleger übernehmen könnte. Doch ein anderer Mann bekam die Stelle. Verzweifelt wandte sich Theodoras Mutter an die Menge im Hippodrom. Sie und ihre drei kleinen Töchter flehten die Menschen an, großzügig zu sein. Um die grüne Partei zu provozieren, gaben schließlich die gegnerischen „Blauen" Theodoras Stiefvater eine Arbeit. Theodora selbst vergab den „Grünen" nie.

Ein aufsteigender Stern

Als Theodora sieben war, begann ihre Schwester Comito eine Karriere als Sängerin und Tänzerin im Zirkus. Im Alter von 15 entpuppte sich dann aber Theodora als neuer aufsteigender Stern des Hippodroms. Sie konnte zwar weder singen noch schauspielern, doch sie war eine begnadete Komödiantin und Imitatorin, und die Menge liebte sie. Auch ihre Tanzdarbietungen waren stadtbekannt. Ein Zeitgenosse, der Historiker Prokop (um 500–565), der Theodora jedoch verabscheute, beschreibt ihre Auftritte: Auf dem Höhepunkt habe sie nackt auf dem Rücken gelegen, während eine Gans Getreidekörner aufpickte, die zwischen ihren Schenkeln verborgen lagen.

Theodora und ihr Hofstaat auf einem Mosaik aus dem 6. Jahrhundert in der Basilika San Vitale in Ravenna (Norditalien).

Angeblich arbeitete Theodora auch als Prostituierte. Sie besaß eine solche Anziehungskraft, dass selbst Prokop zugab: *«Ihren Charme in Worten auszudrücken oder in einer*

«Niemand war je so sehr Sklavin sexueller Freuden oder überhaupt jeglicher Art von Freuden wie sie.»

AUS DER „GEHEIMGESCHICHTE" VON PROKOP VON CAESAREA

ZEITTAFEL

UM 512 Theodora macht Karriere als Tänzerin im Hippodrom.

UM 522 Theodora kehrt aus Afrika zurück, wo sie Monophysitin geworden war, und lernt Justinian kennen, den Neffen von Kaiser Justin I.; die beiden werden ein Paar.

524 Kaiser Justin I. erlässt ein Edikt, das hochgestellten Schauspielerinnen erlaubt, in den Adel einzuheiraten.

525 Justinian und Theodora heiraten.

527 Justin I. ernennt Justinian zum Mitkaiser; Theodora wird zusammen mit ihrem Ehemann gekrönt.

532 Während des Nika-Aufstandes rät Theodora ihrem Mann zu einem harten Durchgreifen.

533 Theodora gelingt es, die Verfolgung der Monophysiten zu beenden.

537 Die nach dem Nika-Aufstand neu errichtete Kirche Hagia Sophia wird eingeweiht.

548 Theodora stirbt.

565 Tod von Justinian.

Statue darzustellen wäre für einen bloßen Menschen schier unmöglich.» Das Zirkusleben hatte für eine älter werdende Frau keine Zukunft, doch der Ausstieg war schwierig. Das römische Recht verbot Schauspielerinnen und Prostituierten die Heirat mit Männern der Oberschicht. So war das Beste, was eine Frau wie Theodora erwarten konnte, einen reichen Geliebten zu finden. Daher verließ sie das Hippodrom, als sie Hekebolos kennenlernte, den Gouverneur der kleinen Provinz Pentapolis im heutigen Libyen, und folgte ihm nach Afrika.

Theodora war zwar schön, aber Hekebolos fand sie eigensinnig und rechthaberisch. Deshalb trennte er sich von ihr. Erneut musste sich Theodora als Prostituierte durchschlagen. Auf dem Weg zurück nach Konstantinopel verbrachte sie einige Zeit in Alexandria. Dort nahm sie unter dem Einfluss des Patriarchen Timotheus (gestorben 535) den monophysitischen christlichen Glauben an. Die Monophysiten vertraten die Auffassung, Christus habe nur eine einzige, göttliche Natur, während nach der staatlich sanktionierten orthodoxen Auffassung Christus sowohl menschlich als auch göttlich war.

Aus dem Dunkel ans Licht

Wieder in Konstantinopel kehrte Theodora nicht in den Zirkus zurück, sondern verdiente ihren Lebensunterhalt durch das Spinnen von Wolle. Sie lebte in der Nähe des Kaiserpalastes und sollte nicht lange unbeachtet bleiben. Im Alter von 25 Jahren begegnete sie Justinian (um 482–565), dem Neffen und Erben von Kaiser Justin (regierte 518–527). Sie lernten sich als Anhänger der blauen Zirkuspartei kennen. Justinian war sofort sehr angetan von Theodora und machte sie zu seiner Geliebten. Die beiden sollen eine gemeinsame Tochter gehabt haben, die jedoch nicht überlebte.

Justinian und Theodora ergänzten sich perfekt. Er war berechnend und geduldig, ein großer Stratege, verlor aber leicht den Glauben an seine Entscheidungen. Die furchtlose Theodora gewann schon bald sein vollständiges Vertrauen. Sie wollten heiraten, doch das Gesetz verbot Justinian die Ehe mit einer Schauspielerin. Daher überredete er seinen Onkel, Theodora in den Rang einer Patrizierin zu erheben und anschließend ein Edikt zu erlassen, dem zufolge Schauspielerinnen von hohem Rang in den Adel einheiraten durften.

Durch diesen Schachzug konnte das Paar im Jahr 525 endlich heiraten. Zwei Jahre später ernannte der kranke Kaiser Justin seinen Neffen zum Mitkaiser. Gemeinsam wurden Justinian und Theodora gekrönt. Im Hippodrom, wo Theodora einst aufgetreten war, zeigten sich die neuen Herrscher über das Oströmische Reich der jubelnden Menge. Zwar wurde Theodora nie formal zur Mitregentin erklärt, aber Justinian verließ sich vollkommen auf sie. Ihre Unterschrift steht auf unzähligen Staatsdokumenten neben der des Kaisers. Auch empfing sie unabhängig von ihm die Würdenträger des Reiches. Ihrem Ehemann gegenüber war sie absolut loyal, doch ihre Feinde verfolgte sie mit äußerster Härte.

Eine blutige Revolte

Im Jahr 532 vereinigten sich die bisher verfeindeten Zirkusparteien gegen die Steuer- und Machtpolitik der Regierung und stellten ihren eigenen Marionettenkaiser auf. Unter dem Ruf «*Nika!*», Sieg!, mit dem die „Blauen“ und „Grünen“ bisher ihre Mannschaften im

Hippodrom angefeuert hatten, zog der Mob durch Konstantinopel. Justinians Berater glaubten, seine Sache sei verloren, und rieten zur Flucht. Allein Theodora bestand darauf, dass er blieb und den Nika-Aufstand niederschlug:

> *«Ich glaube, dass die Flucht, selbst wenn sie uns in Sicherheit bringt, nicht in unserem Interesse liegt. Jeder Mensch, der geboren wird und das Tageslicht erblickt, muss sterben. Aber dass einer, der zum Kaiser geworden ist, ins Exil gehen soll, kann ich nicht ertragen. Möge ich niemals ohne den Purpur [die Farbe der Kaiser] sein, den ich trage, und möge ich den Tag nicht erleben, an dem die Menschen nicht mehr ‹Eure Majestät› zu mir sagen.»*

PROKOP, THEODORAS UNERBITTLICHER CHRONIST

Prokop von Caesarea (um 500–565), ein byzantinischer Historiker und Zeitgenosse Theodoras, war Berater von Justinians Feldherrn Belisar. Seine berühmt-berüchtigte „Geheimgeschichte" stellt einen heftigen Angriff auf die herrschende Elite dar, besonders auf Belisar und dessen Frau Antonina, eine Freundin Theodoras, aber auch auf das Kaiserpaar selbst. Prokop hasste und fürchtete Theodora zugleich. Genüsslich berichtet er über ihre vermeintlich anrüchige Vergangenheit. Das Buch war so aufhetzend, dass es erst Jahrhunderte nach Prokops Tod veröffentlicht wurde.

Durch ihre Unnachgiebigkeit rettete Theodora die Herrschaft ihres Mannes. Am Ende trieb Justinians General Belisar (um 505–565) die 30 000 Aufständischen im Hippodrom zusammen, wo er und seine germanischen Söldner sie niedermetzelten.

Während ihrer 20 Jahre an der Macht setzte sich Theodora wiederholt für die Rechte von Frauen ein. Sie erließ Gesetze zum Schutz von Prostituierten, erreichte eine größere Gleichbehandlung bei Scheidungen und verbot den Handel mit jungen Mädchen. Außerdem hob sie die Heiratsbeschränkungen zwischen einfachen Frauen und Adeligen auf. Nur die Gleichstellung der monophysitischen Christen erreichte sie nie. Die Diskriminierung der Monophysiten, die die Bevölkerungsmehrheit in den östlichen Reichsprovinzen stellten, ebnete ein Jahrhundert nach Theodoras Tod den Weg für den Siegeszug des Islam: Die Muslime wurden als Befreier von der Unterdrückung durch die orthodoxe byzantinische Staatskirche gesehen.

Sarkophag der Theodora, die 548 einem Krebsleiden erlag. Sie wurde in der Apostelkirche in Konstantinopel beigesetzt. Justinian starb erst 17 Jahre später und wurde neben ihr zur Ruhe gebettet. Da sie keine Kinder hatten, folgte ihnen Justinians Neffe Justin II. (regierte 565–578) auf den Thron.

Wu Hou

625 – 705

Kaiserin von China

Wu Hou war die einzige Frau in der Geschichte Chinas, die offiziell den Kaiserthron bestieg. Der Legende nach sagten zwei Prophezeiungen ihre Regierung voraus. Die erste bekam Wus Vater, der versuchte, den Astrologen zu täuschen, indem er ihm seine Tochter in Jungenkleidern vorführte. Der Sterndeuter erklärte verwirrt: «Wenn das hier ein Mädchen ist, wird sie Kaiserin des Reiches werden.» *Die zweite erhielt der Kaiser selbst durch den Hofastrologen:* «Die, um die es geht, lebt tatsächlich im Palast Eurer Majestät und gehört Eurem Haushalt an. In nur 40 Jahren ab heute wird diese Eine das Reich regieren und das Haus Tang fast auslöschen. Die Anzeichen deuten darauf hin, dass sich das nicht vermeiden lässt ... Was der Himmel bestimmt, kann der Mensch nicht ändern ...»

Wus Vater, ein General, war für seine Dienste in den Adelsstand erhoben worden. Seine Tochter war erst 13, als Kaiser Taizong (regierte 626–649), der China unter der Tang-Dynastie geeint hatte, von ihrer Schönheit hörte und sie in den Palast berief. Der Palast war eine in sich abgeschlossene und streng reglementierte Welt. Eingeteilt in eine Rangordnung lebten hier über hundert Frauen zusammen – alle potenzielle Rivalinnen um die Gunst des Kaisers. An der Spitze stand die Kaiserin, die Hauptfrau des Monarchen, doch sie war schon gestorben, bevor Wu in den Palast kam. Direkt unter ihr kamen vier Frauen des ersten und neun Frauen des zweiten Ranges. Noch weiter unten standen 27 „Ehefrauen", die in neun Stufen eingeteilt waren. Wu wurde in die dritte Klasse eingestuft. Diese Frauen sollten den Kaiser „erfreuen", viele bekamen Kinder von ihm. Taizong war so bereits Vater von 14 Söhnen geworden. Die Frauen wurden ausgebildet und übernahmen Aufgaben im Palast. Theoretisch war der Kaiser der einzige Mann, den sie zu sehen bekamen. Die männlichen Diener im Palast waren Eunuchen. Die Söhne verließen ihre Mütter und zogen in einen eigenen Haushalt, sobald sie volljährig waren.

Rechts: Kaiserin Wu Hou in einem Album aus dem 18. Jahrhundert, das die Porträts von 86 chinesischen Kaisern enthält. Es wird heute in der British Library in London aufbewahrt.

Der alternde Kaiser war fasziniert von seiner neuen Konkubine und nannte sie „Schönheit Wu". Sie scheute sich nicht, ihren Ehrgeiz zu zeigen. Nach seinem Tod erinnerte sie sich:

> *«Taizong hatte ein wildes Pferd, das niemand bändigen konnte. Ich war damals ein Palastmädchen und stand an seiner Seite. Ich sagte: ‹Ich kann ihn bändigen, aber dafür brauche ich drei Dinge: eine eiserne Peitsche, eine eiserne Keule und einen ei-*

Palastdamen auf einer Zeichnung aus dem Jahr 706. Die Abbildung stammt aus dem Grab der Prinzessin Yung T'ai bei Chang'an (Xi'an), der Hauptstadt der Tang-Dynastie in der Provinz Shaanxi in Zentralchina.

sernen Dolch. Wenn die eiserne Peitsche ihn nicht gefügig macht, werde ich ihm die eiserne Keule auf den Kopf schlagen, und wenn das nicht ausreicht, werde ich den Dolch nehmen und ihm die Kehle durchschneiden.› Taizong wusste, was ich meinte.»

Aber Wu wusste auch, dass sie vorerst keine große Rolle spielte. Wenn ein Kaiser starb, schrieb die Tradition vor, dass seine Konkubinen für den Rest ihres Lebens in ein Kloster geschickt wurden. Wu war entschlossen, diesem Schicksal zu entgehen, daher umgarnte sie Taizongs Erben, den späteren Kaiser Gaozong (regierte 649–683).

EINE FOLGENSCHWERE AFFÄRE

Wu und Gaozong lernten sich während der letzten Krankheit des Kaisers kennen. Wus Kritiker behaupteten sogar, sie hätten ihre Affäre noch vor Taizongs Tod begonnen. Es wurde erzählt, wie Gaozong seinen Vater am Krankenbett besuchte und das Zimmer ver-

«Die ganze unumschränkte Macht des Reiches ging in ihre [Wu Hous] Hände über. Ihr Wort entschied über Leben oder Tod, Belohnung oder Strafe. Der Sohn des Himmels [der Kaiser] saß auf seinem Thron mit gefalteten Händen, und das war alles. Am Hof und im Land wurden sie die beiden Heiligen genannt.»

AUS DEM „ZIZHI TONGJIAN" („ZUSAMMENGEFASSTER ZEITSPIEGEL ZUR HILFE BEIM REGIEREN"), EINER GESCHICHTE CHINAS AUS DEM 11. JAHRHUNDERT

ließ, um sich zu erleichtern. Als er zurückkam, kniete Wu vor ihm nieder und bot ihm eine Schüssel Wasser dar. Gaozong wusch sich die Hände und spritzte dabei versehentlich Wasser in Wus Gesicht. Als er sah, dass ihre Puderschicht verdorben war, entschuldigte er sich. Sie antwortete: *«Der Tau vom Himmel hat mir Gnade verliehen.»* Wus Biograf, C. P. Fitzgerald, enthüllt, dass dieser Satz auf Chinesisch eine doppelte Bedeutung hat und als sexuelle Aufforderung verstanden werden konnte.

Als Taizong 649 starb, wurde Wu trotz ihrer Beziehung zu Gaozong in ein buddhistisches Kloster geschickt, zusammen mit allen anderen Konkubinen. Dort mussten die Frauen sich die Köpfe rasieren und sich auf einen lebenslangen Aufenthalt einstellen. Wu war erst 24 Jahre alt. Es ist unwahrscheinlich, dass Gaozong sie gerettet hätte, wäre nicht seine Frau, die Kaiserin Wang (gestorben 655), eingeschritten.

Die kinderlose Wang hatte den Sohn einer Konkubine Gaozongs adoptiert, und dieser Junge sollte den Thron erben. Aber Gaozongs Lieblingskonkubine Xiao (gestorben 655) hatte ebenfalls einen Sohn, und Wang fürchtete, ihr Mann könnte dieses Kind bevorzugen. Die Kaiserin hatte von der Affäre ihres Mannes mit Wu gehört. Verzweifelt sandte sie eine Nachricht ins Kloster und riet Wu, ihre Haare wachsen zu lassen. Dann überredete sie ihren Mann, er möge seiner ehemaligen Geliebten erlauben, in den Palast zurückzukehren. Die Kaiserin hoffte, Wu würde die Lieblingkonkubine des Kaisers verdrängen.

Sieg über die Rivalinnen

Als Konkubine des früheren Kaisers war Wu vielen Anfeindungen ausgesetzt. Aber Wu wusste, wie sie Unterstützung gewinnen konnte. Sie gab sich untertänig gegenüber der Kaiserin Wang, die ihre Freundin wurde. Diese setzte sich für Wu ein, die so in den Rang einer Konkubine zweiten Grades aufstieg. Bald hatte der Kaiser nur noch Augen für Wu, während die Kaiserin und ihre Rivalin Xiao vernachlässigt wurden. Die beiden verfeindeten Frauen schmiedeten nun gemeinsam ein Komplott gegen Wu. Aber diese war so vorsichtig gewesen, sich auch mit anderen Frauen anzufreunden. Die anderen Konkubinen waren ihre Spioninnen und Komplizinnen, die dem Kaiser nur Gutes über Wu berichteten. Beschwerten sich Wang und Xiao über Wu, so glaubte Gaozong ihnen kein Wort.

653 gebar Wu das erste ihrer fünf Kinder, einen Sohn namens Li Hong (653–675), und im Jahr darauf eine Tochter, die aber bald starb. Wus Kritiker warfen ihr vor, sie habe ihre eigene Tochter ermordet und die Schuld Wang zugeschoben, um die Kaiserin auszuschalten. Der Kaiser glaubte Wu und trennte sich von seiner Hauptfrau. Im Dezember 655 war Wu an ihr Ziel gelangt: Sie wurde zur Kaiserin erhoben.

Wu überredete ihren Mann, ihren eigenen Sohn als Nachfolger zu benennen. Sie schickte ihre Gegner ins Exil und verschaffte ihren Verwandten und Freunden wichtige Ämter. Für ihre beiden Rivalinnen, Wang und Xiao, hatte sie ein besonders schreckliches Schicksal vorgesehen. Man schlug sie und hackte ihnen Hände und Füße ab, ehe sie in ein Brauereifass geworfen wurden. Angeblich spottete Wu: *«Jetzt können die beiden Hexen sich gründlich besaufen.»* Am Ende wurden die toten Körper der beiden Frauen in Stücke gehauen.

Zeittafel

638 Wu gelangt in den Harem von Kaiser Taizong.

um **640** Wu beginnt ein Verhältnis mit dem Thronerben Gaozong.

649 Taizong stirbt, Wu wird in ein Kloster geschickt.

um **651** Kaiserin Wang holt Wu an den Hof zurück, um Xiao, die Favoritin Kaiser Gaozongs, zu verdrängen.

653 Wus erstes Kind von Gaozong wird geboren.

654 Wu beschuldigt Kaiserin Wang, ihre (Wus) Tochter getötet zu haben; die Kaiserin verliert ihre Stellung.

655 Wu wird Kaiserin, Wang und Xiao werden getötet.

660 Gaozongs Krankheit zwingt ihn, sich beim Regieren auf Wu zu verlassen.

675 Wus erster Sohn stirbt unter mysteriösen Umständen.

683 Gaozong stirbt.

684 Wus zweiter Sohn stirbt. Zhongzong wird zum Marionettenkaiser, bis Wu ihn durch seinen Bruder Ruizong ersetzt.

690 Wu setzt Ruizong ab und besteigt selber den Thron.

um **697** Die Brüder Zhang gewinnen Einfluss auf Wu.

698 Wu bestimmt Zhongzong zum Kronprinzen.

705 Ein Staatsstreich zwingt Wu zur Abdankung; sie stirbt noch im selben Jahr.

Ein Gemälde aus einem der buddhistischen Höhlentempeln von Dunhuang im Westen Chinas. Dargestellt sind die Streitkräfte der Brüder Zhang Changzong und Zhang Yizhi. Die Zhangs hatten großen Einfluss auf die alternde Kaiserin Wu, bis sie 705 durch eine Palastrevolution gestürzt wurden.

Allmächtige Kaiserin

Im Jahr 660 erlitt der Kaiser einen Schlaganfall. Obwohl Gaozong noch über 20 Jahre lebte, zwangen ihn seine körperlichen Einschränkungen, sich ganz und gar auf Wu zu verlassen. Sie war bei allen Audienzen des Kaisers dabei und erwies sich als so kompetent, dass Gaozong ihr nach und nach die Regierungsgeschäfte anvertraute. Minister, die sich gegen sie stellten, wurden verbannt, eine andere Opposition gab es nicht. Schließlich beschuldigte Wu den ehemaligen Kronprinzen Li Zhong (643–665), den Adpotivsohn der Kaiserin Wang, in ein Komplott gegen sie verwickelt zu sein. Sie befahl ihm, Selbstmord zu begehen. Die Macht über das chinesische Kaiserreich lag jetzt allein bei Wu.

Wu war eine exzellente Regentin. Außenpolitisch gelang ihr die Unterwerfung Koreas. Im Innern Chinas herrschten Ruhe und Ordnung, obendrein wurde das Land immer reicher. Dann erhob sich 675 ein Gegner innerhalb ihrer eigenen Familie. Ihr ältester Sohn und Thronerbe Li Hong war inzwischen 24 Jahre alt und häufig anderer Meinung als seine Mutter. Als der junge Mann plötzlich starb, beschuldigten Wus Verleumder die Kaiserin, ihren eignen Sohn vergiftet zu haben, damit ein Konkurrent um die Macht beseitigt wurde.

Jetzt wurde Wus zweiter Sohn Li Xian (653–684) Kronprinz. Möglicherweise war er auch Wus Neffe, denn Gaozong hatte Wus Halbschwester zu seiner Konkubine gemacht, und als sie einen Sohn gebar, behauptete Wu, dieser sei ihr Kind. Wus Wahrsager Ming hatte prophezeit, dass Li Xian niemals Kaiser werden würde. Als Ming ermordet wurde, gab Wu Li Xian die Schuld und schickte ihn ins Exil. Die heikle Rolle des Kronprinzen ging an den nächsten Sohn über, Zhongzong (regierte 684 und 705–710). Nach dem Tod Gaozongs wurde er Kaiser von China. Aber die Macht lag weiterhin bei Wu. Gaozongs Testament wies Zhongzong an, alle Regierungsgeschäfte seiner Mutter zu überlassen. Schwach wie sein Vater, war der neue Kaiser nicht in der Lage, Wu Widerstand entgegenzusetzen.

Doch Zhongzongs Ehefrau, die Kaiserin Wei, war ehrgeizig und habgierig. Sie überredete ihren Ehemann, ihrem Vater einen einflussreichen Posten anzubieten. Dies erboste Wu so sehr, dass sie ihren Sohn absetzte. Sie beschuldigte ihn, das Reich an einen Fremden zu verschenken. Er war nur zwei Monate Kaiser gewesen. Wus nächster Sohn Ruizong (regierte 684–690 und 710–712) bestieg den Thron.

Niemand protestierte gegen Wus eigenmächtiges Vorgehen. Ihre Minister unterstützten lieber die Regierung einer fähigen Frau, statt einen ihrer schwachen Söhne zu akzeptieren. Im September 690 bestieg sie schließlich selbst den Thron. Sie änderte den Namen der Dynastie von Tang in Zhou

„Das Desaster von Wu und Wei“

Die traditionelle chinesische Geschichtsschreibung beurteilt Wu und ihre Schwiegertochter Wei gleichermaßen negativ. Die Zeit ihrer Herrschaft gilt als „das Desaster von Wu und Wei“. Kaiser Zhongzong war seiner Frau Wei völlig ergeben. In den fünf Jahren seiner Herrschaft überließ er ihr das Regieren. Manche Historiker glauben, Wei habe ihren Ehemann vergiftet, um wie Wu selber den Thron zu besteigen, doch sie wurde nur wenige Wochen nach Zhongzongs Tod gestürzt.

und erhob ihre Verwandten zu kaiserlichen Prinzen. 52 Jahre nach ihrem Eintritt in den Palast war sie nicht länger nur die einflussreiche Ehefrau oder Mutter eines Kaisers, sondern regierte eigenständig als Kaiserin.

Ausgenutzt und gestürzt

Als die Kaiserin 72 Jahre alt war, tauchten die beiden gutaussehenden Zhang-Brüder Yizhi und Changzong am Hof auf. Manche Quellen behaupten, beide Brüder wären die Liebhaber Wus gewesen. Jedenfalls überhäufte sie die Zhangs mit Gunstbeweisen und übertrug ihnen mehr und mehr Aufgaben in der Regierung. Die Zhangs waren es auch, die Wu im Jahr 698 davon überzeugten, ihren ältesten noch lebenden Sohn, den früheren Kaiser Zhongzong, nach 15 Jahren aus dem Exil zurückzuholen und zum Kronprinzen zu ernennen.

Am Kaiserhof waren die Zhang-Brüder verhasst. Man fürchtete, sie könnten den schwächlichen Zhongzong doch noch daran hindern, Wu nach ihrem Tod auf den Thron zu folgen. Doch wer Kritik an den Günstlingen der Kaiserin übte, wurde von Wu gezwungen, Selbstmord zu begehen. Dann, im Jahr 705, eskalierte die Situation. Aufgestachelt von seiner Frau Wei stürmte Zhongzong zusammen mit Wus Generälen und Ministern das Apartement der Kaiserin. Sie verlangten die Hinrichtung der Zhangs und Wus Abdankung.

Der Staatsstreich hatte Erfolg: Wu, die schon seit langem krank war, verzichtete zugunsten von Zhongzong auf den Thron. Die Zhang-Brüder wurden hingerichtet, ihre Köpfe öffentlich zur Schau gestellt. Wu verbrachte die letzten Monate ihres Lebens unter Hausarrest in einem Palast am Rand des kaiserlichen Parks. Sie starb noch im Dezember 705 im Alter von 80 Jahren.

Wu hinterließ ein geeintes, wohlhabendes und mächtiges China. Sie hatte die Macht um der Macht willen geliebt, aber sie war auch eine außergewöhnlich fähige Herrscherin gewesen. Sie schuf die Grundlage für die glorreiche Regierungszeit ihres Enkels Xuanzong (regierte 712–756). Seine Regierungszeit gilt bis heute als Chinas goldenes Zeitalter. Die Tang-Dynastie sollte noch weitere 200 Jahre bestehen.

Steinerne Diener bewachen einen Grabhügel zu Ehren der Kaiserin Wu in Qian Xian in der Provinz Shaanxi im Zentrum Chinas.

Mathilde

1102 – 1167

Kaiserin und englische Thronanwärterin

Im Alter von nur elf Jahren wurde Mathilde, die von den normannischen Eroberern Englands und den alten Sachsenkönigen abstammte, Kaiserin des Heiligen Römischen Reiches. Obwohl sie sich Domina Anglorum, *„Herrin der Engländer", nannte, herrschte sie niemals eigenständig als englische Königin. In einem Bürgerkrieg kämpfte sie mit ihrem Cousin Stephan um die Krone Englands, doch sie verlor. Erst ihr Sohn Heinrich II. erlangte den englischen Thron. Durch ihn wurde Mathilde zur Ahnherrin des Angevinischen Reiches.*

König Heinrich I. von England in einer mittelalterlichen Handschrift. Mit düsterem Gesichtsausdruck trauert er um den Verlust seines einzigen rechtmäßigen Sohnes Wilhelm, der 1120 beim Untergang des „White Ship" ertrank.

Mathilde war die Tochter von Heinrich I. von England (regierte 1100–1135) und Mathilde von Schottland (um 1080–1118). Sie wurde Anfang des 12. Jahrhunderts geboren, weniger als 40 Jahre nach der Unterwerfung Englands durch ihren Großvater Wilhelm den Eroberer, den Herzog der Normandie (regierte 1066–1087). Mathilde war eine gute Partie. Bereits mit acht Jahren war sie die Verlobte des späteren Kaisers des Heiligen Römischen Reiches, Heinrichs V. (regierte 1111–1125), aus dem Haus der Salier. Ihr Vater schickte sie nach Deutschland, um bei ihrem gut 20 Jahre älteren Verlobten zu leben.

Ungewisse Zukunft

Das Paar heiratete, als Mathilde elf Jahre alt war. Ermutigt von ihrem erfahrenen Ehemann, widmete sich Mathilde trotz ihrer Jugend sehr erfolgreich den Regierungsgeschäften. Ihre deutschen Untertanen verehrten sie. Mit ihren rotblonden Haaren galt sie als wunderschön und besaß eine Lebhaftigkeit, mit der sie die Herzen der Menschen gewann. Doch 1125 starb der Kaiser, und Mathilde fand sich auf einmal kinderlos in einem fremden Land wieder. Sie konnte entweder in Deutschland bleiben und wäre damit vom Wohlwollen der Familie ihres Ehemannes abhängig gewesen, die sie möglicherweise mit einem Kandidaten ihrer Wahl verheiratet hätte. Oder aber sie kehrte nach England an den Hof ihres Vaters zurück. Ohne jeden Anspruch auf den englischen Thron entschied sie sich dennoch für das Land ihrer Geburt. Den Titel „Kaiserin" würde sie ihr Leben lang tragen.

Als Mathilde in England eintraf, steckte das Land in einer Thronfolgekrise. Der sinnenfrohe König Heinrich I. war Vater von 20 außerehelichen Kindern, hatte aber nur einen einzigen legitimen Sohn, Wilhelm. Doch 1120 war der Thronerbe ertrunken, als sein

Mathilde in einer Buchmalerei aus dem sogenannten Goldenen Buch von St. Albans von 1380. Sie war eine Wohltäterin der Abtei, die im Norden von London lag. In der Hand hält Mathilde vermutlich eine Schenkungsurkunde mit ihrem Siegel.

Schiff auf dem Ärmelkanal kenterte. Der verwitwete Heinrich heiratete ein zweites Mal, in der Hoffnung, dass ihm seine neue Frau, Adelheid von Löwen, rechtmäßige Erben gebären würde. Doch die Ehe blieb kinderlos. So sah sich der alternde König gezwungen, Mathilde als Erbin in Betracht zu ziehen, sein einziges noch lebendes eheliches Kind. Zwar gab es in England kein Gesetz, das die weibliche Erbfolge verboten hätte, aber es gab auch keinen Präzedenzfall. Außerdem wollten die großen Barone nur ungern eine Frau unterstützen.

Am Weihnachtstag 1127 zwang Heinrich seine Adligen, Mathilde als seine Nachfolgerin und „Herrin von England und der Normandie" zu akzeptieren. Im Gegenzug versprach er, sie nicht ohne ihre Zustimmung zu verheiraten. Aber Heinrich brach sein Versprechen und vermählte seine Tochter mit Gottfried Plantagenet (1113–1151), den Erben der Grafschaft Anjou. Die Herzöge der Normandie und die Grafen von Anjou waren alte Feinde. Die Ehe zwischen Mathilde und Gottfried sollte einen dauerhaften Frieden sichern. Aber Heinrichs normannische Barone waren verärgert. Sie wollten nicht von einem Ausländer regiert werden, besonders nicht von einem Angeviner. Auch stellte Heinrich nie klar, ob

Gottfried V. Plantagenet, Graf von Anjou, auch genannt „der Schöne". Das vergoldete und emaillierte Porträt auf Kupfer stammt aus der Zeit seines Todes 1151. Er wurde in der Kathedrale St. Julien in LeMans beigesetzt, wo sich auch diese Abbildung befindet. Sein Beiname „Plantagenet" bezieht sich auf sein Emblem, den Ginsterzweig, lateinisch planta genista.

Mathilde nach seinem Tod allein regieren oder Gottfried an ihrer Stelle herrschen sollte. Oder sollte seine Tochter nur als Regentin fungieren, bis irgendwelche männlichen Enkel alt genug wären, um den Thron zu übernehmen?

Der Auftakt zum Bürgerkrieg

Mathilde war wütend. Die frühere Kaiserin war jetzt bloß noch die Frau eines Grafen. Ihr Ehemann sah gut aus – er wurde auch „Geoffroy le Bel" genannt. Doch er galt als arrogant. Außerdem war er elf Jahre jünger als sie. Mathilde betrachtete ihn als unwürdig. Schon bald floh sie nach England, nur um von ihrem Vater zur Rückkehr gezwungen zu werden. Trotz gegenseitiger Abscheu wurde 1133 ein gemeinsamer Sohn namens Heinrich geboren, auf den schon 1134 ein zweiter Junge folgte. Aber König Heinrich ignorierte das Problem der Nachfolge nach wie vor. Dann, im Jahr 1135, starb er unerwartet an einer Lebensmittelvergiftung. Er hatte zu viele Neunaugen gegessen, einen aalähnlichen Fisch, den er liebte.

Mathildes Rivalen um den Thron waren ihr Cousin Stephan von Blois (um 1096–1154) und ihr unehelicher Halbbruder Robert von Gloucester (um 1090–1147). Stephan war Heinrichs Lieblingsneffe gewesen und am englischen Hof aufgewachsen. Der König hatte ihn mit Wohltaten überschüttet und ihn mit einer reichen Frau verheiratet, Mathilde von Boulogne (1105–1152). Auch Robert erhielt von Heinrich eine reiche Erbin zur Frau, Mabel von Gloucester (gestorben 1156). So hatte der König, möglicherweise ohne Absicht, zwei mächtige Anwärter auf den Thron geschaffen.

Obwohl Robert seine Halbschwester unterstützte, unternahm diese anfänglich nichts, um sich den Thron zu sichern. Mathilde betrachtete ihre Nachfolge als englische Königin als ihr Geburtsrecht. Ihre Untätigkeit war daher völlig untypisch. Ein Grund könnte ihre schlechte Gesundheit gewesen sein. 1134 wäre Mathilde fast im Kindbett gestorben. Nun war sie immer noch zu schwach, um die Reise über den Kanal anzutreten. Dieser Umstand ermöglichte es ihrem Cousin Stephan, sich des Throns zu bemächtigen. Im Dezember 1135 krönte ihn der Erzbischof von Canterbury in Westminster zum neuen König von England.

Heinrich II. und Becket

Heinrich II. folgte nicht immer dem Rat seiner Mutter. So wollte Mathilde die Wahl seines besten Freundes, Thomas Becket (um 1118–1170), zum Erzbischof von Canterbury nicht gutheißen. Vermutlich sah sie den unvermeidlichen Streit zwischen dem Eiferer Becket und ihrem sturen Sohn voraus. Nun als Erzbischof wandte sich Beckett entschieden gegen die Eingriffe des Königs in kirchliche Angelegenheiten. Die Ermordung Beckets 1170 in der Kathedrale von Canterbury durch vier Ritter, die möglicherweise auf Befehl des Königs handelten, überschattete den Rest von Heinrichs Regierungszeit.

Als Mathilde sich erholt hatte, bat sie Gottfried, er möge ihr helfen, den englischen Thron zu erringen. Doch der ungeliebte Ehemann lehnte ab. Als Erbe seiner Frau forderte er lediglich die Normandie für sich und griff die normannische Grenze an. Was den Rest ihrer Erbschaft anging, musste Mathilde bis 1139 warten, als Robert von Gloucester ihr eine Armee zur Verfügung stellte. Damit begann sie einen Krieg, der fast zwei Jahrzehnte dauern sollte.

Gescheiterter Ehrgeiz

Am Anfang sah alles nach einem schnellen Sieg für Mathilde aus. In der Schlacht von Lincoln 1141 nahm sie Stephan gefangen und rechnete nun damit, als Königin anerkannt zu werden. Sie reiste nach London, wo die Bürger sie zunächst willkommen hießen. Dann aber verschreckte Mathilde ihre Untertanen, indem sie sich hochmütig als „Kaiserin", „Königin" und „Herrin der Engländer" bezeichnete. Sie ernannte auch neue Grafen und erhob Steuern. Gerald of Wales schrieb: *«Sie war unerträglich stolz auf ihren Erfolg im Krieg und verscherzte sich die Zuneigung von praktisch jedermann. Sie wurde aus London vertrieben.»* Schließlich stellte Stephans Frau, Mathilde von Boulogne, eine Armee auf, die Mathilde nach Winchester vertrieb. Die Hoffnungen auf eine Krönung waren dahin.

Als Stephans Frau Mathildes Verbündeten Robert von Gloucester gefangen nahm, stimmte Mathilde einem Gefangenenaustausch zu. Stephan wurde freigelassen, und der Krieg zog sich weitere sieben Jahre hin, ohne dass eine Seite den entscheidenden Sieg erringen konnte. Es kam zu Massenplünderungen und Hungerkatastrophen. Spätere Chronisten nannten diese Zeit nur *„The Anarchy"*. Erbittert schrieben sie, dass während Stephans Herrschaft *«Christus und seine Heiligen schliefen»*. 1148 waren Mathilde und England erschöpft. Die „Kaiserin" gab ihren Thronanspruch zugunsten ihres ältesten Sohns Heinrich auf. Sein Vater hatte ihm die Normandie übertragen, und als Gottfried 1151 starb, folgte ihm Heinrich auch als Graf von Anjou. Ein Jahr später heiratete er die reiche Erbin Eleonore von Aquitanien (1122–1204), die geschiedene Frau des Königs von Frankreich.

Stephan starb 1154. Heinrich marschierte nach England und wurde als Heinrich II. (regierte 1154–1189) zum König gekrönt. Er traf kaum auf Widerstand. Ohnehin hatte Stephan Heinrich inzwischen längst als Erben anerkannt. Obwohl Mathilde große Fähigkeiten besaß, lehnten ihre Zeitgenossen sie wegen ihres Stolzes und ihres Geschlechts ab. Doch Heinrich, der wusste, was er seiner Mutter verdankte, suchte ihren Rat bis zu ihrem Tod 13 Jahre später. Der Chronist Walter Map (um 1140–1210) hat folgende Worte an ihren Sohn überliefert:

> *«Ich habe gehört, dass seine Mutter ihm Folgendes beigebracht hat: Er solle jedermanns Angelegenheiten in die Länge ziehen, frei werdende Posten lange in der eigenen Hand behalten, die Einkünfte einstreichen und die Bewerber hinhalten. Sie unterstrich diesen Rat mit einem wenig freundlichen Vergleich: Ein widerspenstiger Falke, dem man häufig Fleisch anbietet, um es dann wegzunehmen oder zu verstecken, wird williger und ist eher zu Gehorsam und Aufmerksamkeit bereit.»*

Mathilde starb am 10. September 1167 und wurde in der Abtei Le Bec in der Normandie beigesetzt. Ihr Sohn verfasste die Grabinschrift: *«Hier ruht die Tochter, Ehefrau und Mutter Heinrichs. Groß von Geburt, größer durch Heirat, am größten durch ihre Nachkommen.»*

Zeittafel

1110 Mathilde wird mit dem Salier Heinrich (V.) verlobt.

1114 Durch die Heirat mit Heinrich V. wird Mathilde Kaiserin.

1125 Kaiser Heinrich V. stirbt, Mathilde kehrt nach England zurück.

1127 Heinrich I. ernennt seine Tochter Mathilde zur Erbin Englands.

1128 Mathilde muss Gottfried (V.) von Anjou heiraten.

1133 Mathilde bringt Heinrich (II.) zur Welt.

1134 Geburt des zweiten Sohns Gottfried (VI.).

1135 König Heinrich I. stirbt, sein Neffe Stephan von Blois besteigt den Thron.

1139 Mathilde beginnt einen Krieg gegen Stephan.

1141 Mathilde nimmt Stephan in der Schlacht von Lincoln gefangen. Später zwingt Stephans Frau Mathilde zur Flucht.

1148 Mathilde zieht sich in die Normandie zurück.

1151 Gottfried V. stirbt, sein Sohn Heinrich (II.) folgt als Graf von Anjou.

1152 Heinrich (II.) heiratet Eleonore von Aquitanien.

1154 Stephan stirbt, Mathildes ältester Sohn folgt ihm als König Heinrich II.

1167 Mathilde stirbt in der Normandie.

Eleonore von Aquitanien

1122–1204

Königin von Frankreich und England

Eleonore von Aquitanien ist eine der eindrucksvollsten Gestalten der Geschichte. Sie ist die einzige Frau, die sowohl Königin von Frankreich als auch Königin von England war. Mit 15 wurde sie mit dem frommen Ludwig VII. von Frankreich verheiratet. Sie bestand darauf, ihn auf dem Kreuzzug zu begleiten, und verhöhnte ihn mit ihrer Untreue. Manche Quellen behaupten, sie sei barbusig in Jerusalem eingeritten. Dann verließ sie Ludwig für dessen Rivalen, den 19-jährigen Heinrich von Anjou, Herzog der Normandie und Erbe der englischen Krone. Die politischen Folgen dieser Heirat bestimmten die europäische Politik noch für Jahrhunderte.

Eleonore war die älteste Tochter von Wilhelm X., Herzog von Aquitanien (1099–1137). Aquitanien lag im äußersten Südwesten Frankreichs zwischen dem Atlantik und den Pyrenäen. Das Land war die Heimat der Troubadoure sowie ein Zentrum der höfischen Liebeslyrik. In dieser kultivierten Gesellschaft spielten Frauen eine wichtige Rolle. Am Hof ihres Vaters, der Intellektuelle und Künstler aus ganz Europa anzog, erhielt Eleonore eine anspruchsvolle Erziehung. Als Wilhelm X. 1137 ohne männlichen Erben starb, folgte ihm Eleonore als Regentin eines der größten und reichsten Besitztümer in Europa.

Schönheit und Reichtum

Die Herrscher von Aquitanien gehörten zu den mächtigsten Vasallen der Könige von Frankreich. Darum war Eleonore auf dem dynastischen Heiratsmarkt des mittelalterlichen Europa sehr begehrt. Doch sie war nicht nur eine der reichsten Frauen des Kontinents, sie war auch groß gewachsen und eine Schönheit mit flammend roten Haaren. Wilhelm glaubte, im Fall seines Todes würde seine Tochter einen starken Bundesgenossen benötigen, um ihr Herrschaft zu sichern. Also arrangierte er ihre Heirat mit Ludwig, dem Sohn und Erben von König Ludwig VI. von Frankreich (regierte 1108–1137).

Das bemalte Steinbildnis der Eleonore von Aquitanien auf ihrem Grab in der Abtei von Fontevrault in der nordfranzösischen Grafschaft Anjou.

«... [eine Königin], die fast alle Königinnen der Welt übertraf.»

DIE NONNEN VON FONTEVRAULT

Ludwig VII. und Eleonore auf einem französischen Buntglasfenster aus dem 19. Jahrhundert. Rechts von ihnen steht Suger, der Abt von St. Denis bei Paris und einflussreicher Berater des Königs.

Der französische Thronfolger hatte seine Jugend im Kloster verbracht, war sehr fromm und von seinem Berater, dem Abt Suger, abhängig. Ludwig passte überhaupt nicht zu der freiheitsliebenden und selbstbewussten Eleonore, aber beide folgten dem Willen ihrer Väter und heirateten im Sommer 1137. Einen Monat später starb Ludwig VI., sein Sohn folgte ihm als Ludwig VII. (regierte 1137–1180). Eleonore war nun Königin von Frankreich.

Die Ehe war von Anfang an eine Katastrophe, obwohl Ludwig Eleonore sehr verehrte. Zeitgenossen sagen, er liebte sie *«bis zur Unvernunft»*, doch er war zu fromm, um an der körperlichen Vereinigung Freude zu finden. Lautstark äußerte Eleonore ihre Enttäuschung. Erst nach einigen Jahren bekamen die beiden zwei Töchter, Marie (1145–1198) und Alix (1151–1198).

Die Königin und ihr „Mönch“

Im Jahr 1147 nahm Ludwig VII. am Zweiten Kreuzzug teil. Eleonore, die gern ein Abenteuer erleben wollte, bestand darauf, ihn ins Heilige Land zu begleiten. Zudem hätte der eifersüchtige Ludwig sie nur ungern allein in Paris zurückgelassen. Aber ausgerechnet während des Kreuzzuges soll Eleonore eine Affäre mit ihrem Onkel Raimund von Poitiers (um 1108–1149) begonnen haben, dem Fürsten von Antiochia in der heutigen Türkei. Der attraktive, kämpferische und der Welt zugewandte Raimund war das genaue Gegenteil von Eleonores Ehemann.

Lange bat Eleonore ihren Mann um die Aufhebung ihrer Ehe. Sie erklärte, sie habe *«einen Mönch geheiratet und keinen König»*. Obwohl sie ihm untreu war und ihn öffentlich demütigte, lehnte Ludwig zunächst ab. Neue Spannungen entstanden, weil Eleonore keine Söhne geboren hatte. Erst als sich die Königin in einen anderen Mann verliebte, bestand sie vehement auf einer Trennung.

„Der Löwe im Winter“

Der Bühnenschriftsteller und Drehbuchautor James Goldman schrieb 1966 ein Theaterstück über ein fiktives Treffen zwischen Heinrich II. von England, seiner Frau Eleonore von Aquitanien und ihren Kindern an Weihnachten 1183. Das Stück wurde 1968 verfilmt mit Peter O'Toole als König Heinrich, Katharine Hepburn als Eleonore und dem jungen Anthony Hopkins als Richard Löwenherz. Der Film zeigt, wie die charakterlich so verschiedenen Söhne des Königspaares um die Nachfolge des alternden Heinrich kämpfen. Eleonore beteiligt sich an dem Intrigenspiel. Sie leidet unter der Affäre ihres Mannes mit der jungen Alais. Außerdem will sie ihre Freiheit wiedergewinnen. Am Ende werden jedoch alle ihre Hoffnungen enttäuscht.

Ihr Auserwählter war der gut zehn Jahre jüngere Heinrich (II.) Plantagenet, Graf von Anjou und Herzog der Normandie (1133–1189). Als Enkel König Heinrichs I. von England (regierte 1100–1135) galt er zudem als Erbe der englischen Krone. Er war kräftig gebaut, hatte leuchtend rote Haare und einen unstillbaren Durst nach Macht und Wissen. Sein ehrgeiziger Plan war es, aus England, der Normandie sowie Anjou ein riesiges Reich zu formen.

Eine perfekte Verbindung

Eleonore und Heinrich lernten sich in Paris kennen, als sie 29 und er 18 war. Von Anfang an fühlten sich beide voneinander angezogen. Vermutlich fassten sie auch sofort den Entschluss zu heiraten. Als Ludwig VII. 1152 in eine Annullierung ihrer Ehe einwilligte, war für Eleonore der Weg frei. Sie musste ihre Töchter zurücklassen, doch Aquitanien, das Erbe ihres Vaters, behielt sie. Es ist fraglich, ob Ludwig einer Trennung zugestimmt hätte, wenn er von Eleonores neuen Heiratsplänen gewusst hätte.

Als Ludwig herausfand, dass Eleonore und Heinrich noch im gleichen Jahr geheiratet hatten, war er am Boden zerstört. Aus der Vereinigung von Eleonores und Heinrichs Territorien entstand das nach der Grafschaft Anjou benannte Angevinische Reich. Nachdem Heinrich 1154 auch noch den englischen Thron geerbt hatte, erstreckte sich sein Herrschaftsgebiet von der schottischen Grenze bis zu den Pyrenäen. In seiner Funktion als Herr über Aquitanien, Anjou und die Normandie war Heinrich zwar offiziell ein Vasall des französischen Königs, doch sein Besitz übertraf den von Ludwig VII. um ein Vielfaches. Die Bedrohung, die davon für das französische Königtum ausging, sollte katastrophale Konsequenzen für den Frieden und die Stabilität in Europa haben.

«Heinrich war 18, als wir uns kennenlernten, und ich war Königin von Frankreich. Er kam aus dem Norden nach Paris mit einem Geist wie Aristoteles ... und einem Körper wie die Todsünde. Wir brachen die zehn Gebote auf der Stelle.»

AUS JAMES GOLDMANS THEATERSTÜCK „DER LÖWE IM WINTER"

Anders als in ihrer ersten Ehe bestand zwischen Eleonore und Heinrich eine starke körperliche Anziehung. In 14 Jahren gebar sie ihm acht Kinder. Trotzdem waren sie oft lange getrennt, wenn Heinrich in den Krieg zog, um sein Territorium zu verteidigen oder zu erweitern. In seiner Abwesenheit führte Eleonore die Regierungsgeschäfte. Aber trotz aller ihrer Fähigkeiten musste sie immer hinter ihrem dominierenden Ehemann zurückstehen. Er hörte nicht auf ihren Rat und war ihr untreu, während sie ihm vermutlich treu blieb.

Rebellion und Gefangenschaft

Um das Jahr 1165 hatte sich die Ehe deutlich abgekühlt. Begleitet von ihrem liebsten Sohn Richard (1157–1199), dem späteren König Richard Löwenherz, zog sich Eleonore ins heimische Poitiers zurück. Trotz der räumlichen Trennung war die Beziehung zu Heinrich immer noch herzlich. Doch 1173 schlug sich Eleonore auf die Seite ihrer Söhne Heinrich der Jüngere (1155–1183), Richard und Gottfried (1158–1186). Diese rebellierten gegen ihren Vater und forderten eine Beteilungung an der Herrschaft. Eleonores Parteinahme bedeutete den endgültigen Bruch zwischen ihr und dem König.

Die ersten englischen Könige aus dem Haus Anjou-Plantagenet in einer illustrierten Handschrift aus dem 13. Jahrhundert: König Heinrich II. (oben links), seine Söhne Richard I. Löwenherz (oben rechts) und Johann Ohneland (unten links) sowie Johanns Sohn Heinrich III. (unten rechts).

Die Rebellion bedrohte Heinrichs Herrschaft, doch letztlich behielt er die Oberhand. Seinen Söhnen verzieh er, doch Eleonore musste fortan unter Hausarrest leben. Er versuchte sogar, ihre Ehe annullieren zu lassen. Angeblich hatte er eine Affäre mit Alais (um 1160/1170–1220), einer Tochter König Ludwigs VII. von Frankreich aus dessen dritter Ehe. Als Zeichen der Versöhnung zwischen Heinrich und Ludwig war Alais schon als Kind mit Richard verlobt worden und am englischen Hof aufgewachsen. Später weigerte sich Richard jedoch, Alais zu heiraten. Dass Heinrich die junge Frau trotzdem bei sich behielt, gab zu zahlreichen Gerüchten Anlass.

Bis zu Heinrichs Tod 1189 blieb Eleonore eine Gefangene. Heinrich der Jüngere war schon 1183 gestorben. So folgte Eleonores Lieblingssohn Richard (regierte 1189–1199) seinem Vater als König von England. Seine erste Amtshandlung war die Freilassung seiner Mutter. Als sie nach 16 Jahren ihre Freiheit zurückerhielt, war sie 67 Jahre alt. Die nun folgende Regierungszeit Richards war wohl die glücklichste und betriebsamste Zeit in Eleonores Leben.

Richard verließ sich vollständig auf Eleonore, erwies sich jedoch als schlechter König für England. Nur zehn Monate seiner zehnjährigen Herrschaft verbrachte er im Land. 1190, ein Jahr nach seiner Krönung, nahm er am Dritten Kreuzzug ins Heilige Land teil. Auf dem Rückweg wurde Richard von Herzog Leopold V. von Österreich über ein Jahr als Geisel gehalten. Leopold beschuldigte ihn, die Ermordung seines Cousins geplant zu haben.

Während seiner gesamten Regierungszeit war Eleonore Richards Mitherrscherin und Regentin in seiner Abwesenheit. Selbst nachdem Richard 1191 Berengaria von Navarra geheiratet hatte, spielte Eleonore die dominierende Rolle am Königshof und beschützte das Angevinische Reich vor der Bedrohung durch Frankreich. Während seiner Gefangenschaft in Österreich arbeitete sie unermüdlich daran, das Lösegeld für seine Freilassung zusammenzubekommen. Die Summe, die Leopold forderte, war gewaltig und betrug das Dreifache der damaligen jährlichen Einkünfte der englischen Krone. Eleonore war selbst nach Mitteleuropa gereist, um die Lösegeldsumme auszuhandeln. Das Geld wurde schließlich durch Steuern und die Beschlagnahme von Kircheneigentum zusammengebracht.

Alter ohne Ruhestand

Gegen Ende des 12. Jahrhunderts versuchte Eleonore, sich in die Abtei von Fontevrault zurückziehen. Aber als Richard 1199 bei Kämpfen in Frankreich starb, war ihr Ruhestand vorläufig beendet. Ihr jüngerer Sohn, Johann Ohneland (regierte 1199–1216), war nicht in der Lage allein zu regieren. Wieder einmal brauchte das Reich sie.

Eine von Eleonores letzten Amtshandlungen bestand darin, einen Friedensvertrag mit Frankreich auszuhandeln. Im Winter 1200 reiste sie über die Pyrenäen nach Kastilien, um dort ihre Enkelin Blanka abzuholen. Sie sollte die Braut des zwölfjährigen französischen Thronerben werden, des späteren Ludwig VIII. (regierte 1223–1226), und damit den Frieden festigen. Obwohl sie mittlerweile 77 Jahre alt war, überstand Eleonore die Entbehrungen der Reise gut. Blanka und Ludwig bekamen zwölf Kinder. Durch sie wurde Eleonore zur Ahnfrau der europäischen Königshäuser. Ihre Nachfahren sollten über Frankreich, England, Kastilien, Portugal und Jerusalem herrschen. Einer ihrer Enkel wurde König des Heiligen Römischen Reichs, zwei wurden heiliggesprochen.

1202 versuchte Eleonore zum zweiten Mal, sich nach Fontevrault zurückzuziehen. In der Zwischenzeit führte Johanns katastrophale Außenpolitik zum Verlust der meisten französischen Besitzungen, darunter Anjou und die Normandie. Trotz Eleonores Bemühungen blieben 1204 vom ganzen Angevinischen Reich, das Heinrich und sie aufgebaut hatten, nur Aquitanien und Poitou übrig. Aber sie war zu erschöpft, um mehr zu erreichen. Im April 1204 starb sie in Fontevrault im Alter von 82 Jahren.

Zeittafel

1137 Eleonore wird Herzogin von Aquitanien; sie heiratet den späteren König Ludwig VII. von Frankreich.

1147 Eleonore begleitet Ludwig auf dem Zweiten Kreuzzug.

1152 Eleonore lernt Heinrich von Anjou kennen. Ludwig willigt in die Trennung ein, Heinrich und Eleonore heiraten und begründen das Angevinische Reich.

1154 Als Heinrich II. wird Eleonores zweiter Ehemann König von England.

1165 Eleonore zieht sich nach Poitiers zurück.

1173 Mit Eleonores Hilfe rebellieren drei von ihren Söhnen gegen Heinrich.

1174 Heinrich schließt Frieden mit seinen Söhnen; Eleonore wird inhaftiert.

1189 Richard Löwenherz folgt seinem Vater als König. Eleonore wird freigelassen und unterstützt ihren Sohn bei der Regierung.

1192 Richard wird in Österreich gefangen genommen; Eleonore bringt das Lösegeld auf.

1200 Um den Frieden mit Frankreich zu festigen, arrangiert Eleonore die Heirat ihrer Enkelin Blanka von Kastilien mit dem späteren Ludwig VIII.

1202 Eleonore zieht sich ins Kloster Fontevrault zurück.

1204 Eleonore stirbt im Alter von 82 Jahren.

Blanka von Kastilien

1188–1252

Königin von Frankreich

Blanka war die Tochter Alfons' VIII. von Kastilien und die Enkelin Heinrichs II. von England und Eleonores von Aquitanien. Mit zwölf Jahren wurde sie mit dem französischen Thronerben verheiratet, dem späteren König Ludwig VIII. Machtbewusst und tief religiös hielt sie ihren Ehemann dazu an, einen Kreuzzug gegen die Katharer im Süden Frankreichs zu führen. Als er während des Kampfs gegen diese „Häretiker" starb, wurde sie zur Regentin für ihren kleinen Sohn Ludwig IX., genannt der Heilige. Die furchtlose und energische Blanka trug wesentlich dazu bei, Frankreich zu einem der stärksten Staaten im mittelalterlichen Europa zu machen.

Im Jahr 1200 verließ Blanka den Hof ihrer Eltern in Kastilien zusammen mit ihrer Großmutter, Eleonore von Aquitanien (1122–1204). Eleonore war gekommen, um Blanka zur Hochzeit mit dem zwölfjährigen Ludwig zu begleiten, dem Erben des französischen Throns. Diese Eheschließung, die von Eleonore und Blankas Onkel, König Johann von England (regierte 1199–1216), arrangiert worden war, sollte dazu dienen, den Frieden zwischen Franzosen und Engländern zu sichern. Der französische Hof, Blankas neues Zuhause, wurde beherrscht von der eindrucksvollen Persönlichkeit ihres Schwiegervaters. Philipp II. August (regierte 1180–1223) war der Sohn Ludwigs VII. (regierte 1137–1180), des ersten Ehemanns der Eleonore von Aquitanien. Anders als sein Vater war er jedoch ein brillanter Staatsmann und Soldat. Philipp August vergrößerte das Gebiet der französischen Krone und zwang die streitsüchtigen Barone unter seine Herrschaft.

Blanka und Ludwig waren noch Kinder und wuchsen gemeinsam auf. Wie alle Höfe jener Zeit zog auch der französische Hof umher. Philipp August residierte abwechselnd in Paris, Fontainebleau, Melun, Étampes und Orléans. Seine Lieblingsresidenz lag jedoch in Paris auf der Ile de la Cité. An seiner Hauptstadt nahm der König große Veränderungen vor. Er ließ die Straßen von Paris pflastern und verfolgte ehrgeizige Bauprojekte, darunter den Bau der Kathedrale von Notre Dame.

Eine Liebesheirat

Das junge Paar verliebte sich. 1205, als Blanka 17 war, wurde die Ehe vollzogen. Die Heirat zwischen Blanka und Ludwig hatte nicht zuletzt den Frieden zwischen England und Frankreich sichern sollen. Doch der Krieg ging weiter. Der englische König Johann verlor die meisten seiner kontinentalen Besitztümer an Philipp August, was ihm den Beinamen „Ohneland" eintrug. In England musste der glücklose und unbeliebte Johann den einheimischen Baronen in der Magna Charta von 1215 weitgehende Rechte einräumen. Als er die Vereinbarung kurze Zeit später zurücknahm, brach eine Rebellion aus. Die aufständischen Adeligen boten den Thron nun Johanns Nichte Blanka an. Ludwig ergriff die Gelegenheit, England für seine Frau zu erobern. Seine Invasionsarmee wurde zunächst willkommen geheißen und rückte in London ein. Unterdessen wartete Blanka in Frankreich und rechnete damit,

Ludwig VIII. und seine Frau Blanka von Kastilien auf einer Glasmalerei aus dem 19. Jahrhundert. Obwohl ihre Heirat aus politischen Gründen vereinbart worden war, verband die beiden auch eine tiefe Zuneigung, was eher ungewöhnlich war für die Ehen in den europäischen Fürstenhäusern.

ZEITTAFEL

1200 Blanka reist mit ihrer Großmutter Eleonore aus ihrer Heimat Kastilien an den französischen Hof. Ihre Ehe mit dem Thronfolger Ludwig soll den Frieden mit England sichern.

1205 Blankas und Ludwigs Ehe wird vollzogen.

1214 Geburt des späteren Ludwig IX., des Heiligen.

1216 Blanka und Ludwig versuchen, den englischen Thron zu erobern; nach anfänglichen Erfolgen setzt sich jedoch Heinrich III. als König durch.

1223 Philipp II. August stirbt; Ludwig VIII. und Blanka werden gekrönt.

1226 Ludwig VIII. stirbt auf dem Kreuzzug gegen die Katharer. Blanka übernimmt die Regentschaft für den minderjährigen Ludwig IX. und setzt sich gegen den französischen Adel durch.

1229 Blanka unterdrückt Studentenunruhen, muss sich jedoch später entschuldigen.

1234 Blanka vermittelt die Ehe zwischen Ludwig IX. und Margarete der Provence.

1236 Ludwig IX. wird volljährig, aber Blanka bleibt Mitregentin.

1248 Ludwig bricht zum Kreuzzug in den Nahen Osten auf und lässt Blanka als Regentin zurück.

1252 Blanka von Kastilien stirbt.

bald zur Königin von England gekrönt zu werden. Doch als Johann 1216 starb, wendete sich das Blatt. Johanns Sohn und Nachfolger Heinrich III. (regierte 1216–1272) war erst neun Jahre alt. Die Herrschaft eines Kindkönigs versprach dem Adel mehr Freiheiten. Tatsächlich akzeptierten Heinrich und seine Regenten die Magna Charta. Die Franzosen wurden wieder vertrieben. Die Hoffnung Blankas auf die englische Krone hatte sich nicht erfüllt.

Blanka blieb immer noch der französische Thron. Als Philipp August 1223 starb, wurden Ludwig und Blanka gemeinsam gekrönt. In den 23 Jahren am französischen Hof hatte sie reichlich Gelegenheit gehabt, die Kunst der Staatsführung von ihrem Schwiegervater zu lernen. Nun konnte sie ihre Fähigkeiten zeigen. Ludwig VIII. (regierte 1223–1226), wegen seiner Geschicklichkeit im Kampf „der Löwe" genannt, war seiner Frau ergeben. Es war bekannt, dass man sich an die Königin wenden musste, um beim König etwas zu erreichen.

Blanka und Ludwig hatten inzwischen fünf Söhne: Ludwig, Robert, Johann, Alfons und Philipp. Die Chronisten berichten, dass Blanka *«wohl ausgestattet [war] an Körper, Haltung und Schönheit, [sie war] reich an den edelsten Geschenken der Natur ...»* Selbst Matthäus Paris (um 1200–1259), ein scharfzüngiger englischer Chronist, der die Franzosen verabscheute, nannte sie *«die großartige Königin»*.

Fromm und machtbewusst

Die fromme Blanka war eine großzügige Wohltäterin, aber auch eine fanatische Anhängerin der Kirche. Zutiefst verabscheute sie die Katharer (Albigenser), eine christliche „Sekte", die sich im 12. und 13. Jahrhundert in Südfrankreich ausbreitete. Die Katharer wetterten gegen die Schlechtigkeit der materiellen Welt und wandten sich gegen Korruption und Käuflichkeit in der Kirche. Die offizielle Kirche wiederum betrachtete die Katharer als Häretiker. Von Blanka ermutigt, folgte Ludwig 1226 einem Aufruf des Papstes zum Kampf gegen die Katharer. Begleitet vom nordfranzösischen Adel brach Ludwig zu einem Kreuzzug auf, der gleichzeitig auch die Macht der Krone im Süden Frankreichs sichern sollte. Während des Feldzugs starb er jedoch an der Ruhr. Er hatte Frankreich nur drei Jahre regiert.

Blanka war am Boden zerstört, erlaubte sich aber nicht zu trauern. Die Barone schmiedeten ein Komplott, um ihrem jungen Sohn den Thron zu entreißen. Um seine Stellung zu festigen, wurde Ludwig IX. (regierte 1226–1270) nur drei Wochen nach dem Tod seines Vaters gekrönt. Der neue König, der dritte innerhalb von drei Jahren, war erst zwölf Jahre alt. Es war seine Mutter, die ihn vor den mächtigen Adligen beschützte.

Im Dienst der Krone

Zwei mächtige Könige, Blankas Schwiegervater und ihr Ehemann, hatten die Freiheiten des französischen Adels beschränkt. Nun hofften die Barone, mit einer Frau und einem kleinen Jungen ein leichtes Spiel zu haben. Aber sie alle unterschätzten die Königsmutter. Blanka hatte jahrelang die Kriegsführung studiert und wandte jetzt die von Philipp August gelernten Lektionen an. Vier Jahre kämpfte sie erfolgreich gegen die potenziellen Thronräuber und gegen englische Invasoren. Ganz in Weiß gekleidet, auf einem weißen Pferd reitend führte sie Ludwigs Truppen in die Schlacht.

Die Buchmalerei aus dem frühen 15. Jahrhundert zeigt Ludwig IX., den Heiligen, auf einem Thron sitzend, umgeben von Würdenträgern. An seiner Seite steht seine Mutter Blanka.

Als Ludwig IX. volljährig wurde, regierte er gemeinsam mit seiner Mutter. 1234 suchte Blanka eine Braut für ihren Sohn aus. Ihre Wahl fiel auf Margarethe (1221–1293), die Tochter von Raimund Berengar V., dem Grafen von Toulouse (regierte 1209–1245). Ludwig, inzwischen 20 Jahre alt, heiratete die 13-jährige Margarethe in der Kathedrale von Sens.

Blanka sah ihre Schwiegertochter lediglich als ein erforderliches Hilfsmittel, um die königliche Nachfolge zu sichern. Die Königsmutter mochte es nicht, wenn ihr Sohn zu viel Zeit mit seiner neuen Ehefrau verbrachte. Sie glaubte, das würde ihn von seinen Regierungsgeschäften abhalten. Selbst als Margarethe nach einer Geburt schwer erkrankte, holte Blanka Ludwig von ihrem Krankenbett fort. Schließlich verlor Margarethe die Fassung und rief aus: *«Ach, du lässt mich meinen Herrn nicht sehen, ob lebendig oder tot.»*

Als Ludwig gelobte, auf einen Kreuzzug in den Nahen Osten zu ziehen, war Blanka bestürzt. 1248 brach ihr Sohn auf. Blanka war 60 Jahre alt und sollte ihn nie wieder sehen. Erschöpft von vielen Jahren im Dienst der Krone litt sie an einem schwachen Herzen. Sie hatte gehofft, sich in ein Kloster zurückziehen zu können, aber Ludwig ließ das Reich und seine Kinder in ihren Händen zurück.

Als Ludwig 1254 zurückkehrte, war seine Mutter schon seit zwei Jahren tot. Sie hatte darum gebeten, im schlichten Habit der Zisterzienserinnen bestattet zu werden. Aber ihre Höflinge wählten einen Kompromiss: Sie wurde in ihr Königinnengewand gekleidet und trug einen Nonnenschleier auf dem Kopf, darauf die Krone. Später wurde die fromme Blanka ebenso wie ihr Sohn Ludwig heiliggesprochen.

BLANKA UND DIE STUDENTEN

Im Jahr 1229 schätzte Blanka die Tragweite einer Auseinandersetzung zwischen Studenten der Sorbonne und einem Pariser Gastwirt falsch ein. Die Pariser stellten sich sofort auf die Seite des Wirtshausbesitzers. Was als Handgemenge begonnen hatte, entwickelte sich zu regelrechten Unruhen. Blanka unterstützte die Pariser. Die Studenten und ihre Lehrer drohten damit, sechs Jahre lang zu streiken und die Sorbonne zu verlassen. Heinrich III. bot ihnen sogar die Zuflucht in England an. Zu Blankas Bestürzung bestand der Papst darauf, dass sie sich entschuldigte und die Rechte der Studenten neu bekräftigte. Trotzdem hielten diese sich vier Jahre lang von Paris fern.

Isabella, die „Wölfin“

1296–1358

Königin von England

Am St.-Matthäus-Tag 1327 war Eduard II. von England seit fünf Monaten auf Schloss Berkeley in Gloucestershire eingesperrt. Der Legende nach betraten in jener Nacht zwei Mörder seine Zelle. Sie drückten den König aufs Bett und führten rektal ein rotglühendes Eisen in seinen Körper ein. Eduard starb an inneren Verletzungen, aber äußerlich war nichts zu sehen, was die Mörder oder ihre Auftraggeber verraten hätte: Roger Mortimer und seine Geliebte, Königin Isabella, Eduards Frau. Isabella ging als „Wölfin von Frankreich“ in die englische Geschichte ein. Ihr Vermächtnis war Zerstörung in einem beispiellosen Ausmaß.

Isabella war die einzige Tochter Philipps IV. von Frankreich (regierte 1285–1314). Ihre Ehe mit dem englischen König Eduard II. (regierte 1307–1327) sollte dazu dienen, Frieden zwischen England und Frankreich zu stiften. Die Heirat fand 1308 in der Kathedrale von Boulogne statt. Die zwölfjährige Isabella war außergewöhnlich schön. Der Chronist Gottfried von Paris (gestorben um 1320), der die große, schlanke und blonde Braut in ihrem roten Hochzeitskleid gesehen hatte, nannte sie die *«Schönste unter den Schönen»*.

Kampf gegen den Günstling

Die Ehe stand unter keinem guten Stern. Eduard hatte vermutlich homosexuelle Neigungen. Seit acht Jahren waren er und sein Günstling Piers Gaveston (um 1284–1312), ein französischer Adeliger, unzertrennlich. Eduards Verhältnis zu dem Ausländer erzürnte den einheimischen Adel genauso wie seine vernachlässigte Ehefrau. Auch Isabellas Vater Philipp IV. bestand darauf, dass Gaveston verbannt würde. Schließlich beugte sich Eduard dem Druck. Anders als sein Vater Eduard I. (regierte 1272–1307), der wegen seiner militärischen Erfolge „Hammer der Schotten“ genannt wurde, war Eduard II. wenig durchsetzungsstark.

Doch Gaveston kehrte noch im selben Jahr, 1312, an den Hof zurück. Nun verschworen sich Eduards Adlige unter der Führung von Thomas von Lancaster gegen den Favoriten

Apres le trespas du bon roy eduard tengna sire eduard son filz lequel nasqui en carnarenan. Cestui roy eduard alla en france et espousa dame ysabel fille du roy de france le xxv^e jour de Janvier lan de grace mille trois cens et vij. Et le xxviii^e jour de feburier lan apres ensievant il fut moult solempnellement couronne a Westmonstier par larcheuesque robert de wincestre et de cantorbie ou la presse fut si grande que sire Iehan de balduelle fut murtry en ceste place. Et puis si tost que le roy eduard de carnarenan fut couronnez en enffraingnant le commandement expres du bon roy son pere il narresta iamais nuit ne iour tant quil eut envoye querir pierres de gavaston qui estoit alors en gascongne lequel il ama tant quil lap

Die Hochzeit der französischen Prinzessin Isabella mit König Eduard II. von England in einer Buchmalerei aus der „Chronique d'Angleterre" (um 1470–1480).

Eduard II. und sein Favorit auf einem Ölgemälde des Künstlers Marcus Stone aus dem 19. Jahrhundert. Das offen zur Schau getragene enge Verhältnis des Königs zu seinem Günstling irritierte die englische Hofgesellschaft und weckte Neid und Missgunst.

des Königs. Lancaster nahm Gaveston gefangen und befahl seine Hinrichtung. Seine letzte Bitte war, dass man ihm wegen seines guten Aussehens den Kopf nicht abschlage. Eduard war am Boden zerstört, nahm jedoch zunächst keine Rache. Stattdessen suchte er Trost bei Isabella. Noch im Herbst 1312 gebar sie den künftigen König Eduard III. (regierte 1327–1377). Als Mutter des Thronfolgers war Isabellas Stellung in England vorerst gesichert.

Die „Wölfin" zeigt ihre Zähne

Im Jahr 1314 reiste die nunmehr 18 Jahre alte Königin als Botschafterin Eduards an den Hof ihres Vaters. Frankreich war im Aufruhr. Ihr Vater Philipp wollte den Orden der Tempelritter um seinen Reichtum bringen und hatte den Großmeister des Ordens aufgrund erfundener Anklagen zum Tode verurteilt. Inmitten des Chaos berichtete Isabella ihrem Vater, ihre Schwägerinnen Margarethe und Blanka würden ihre Ehemänner, Isabellas Brüder, mit zwei Rittern betrügen. Die Frauen wurden gefangen gesetzt, Marguerite später erdrosselt. Ihre vermeintlichen Liebhaber „gestanden" unter der Folter und wurden hingerichtet.

Indem sie die Legitimität der Kinder ihrer Brüder in Frage stellte, wollte Isabella vermutlich ihrem eigenen Sohn die Nachfolge auf den französischen Thron sichern. Die spannungsgeladene Atmosphäre, die die Verfolgung der Tempelritter in ganz Frankreich verbreitet hatte, bot der englischen Königin die perfekte Gelegenheit für weitere Anschuldigungen. Das erste Mal zeigte die „Wölfin" ihre Zähne.

> *„Wölfin von Frankreich, mit erbarmungslosen Fängen zerreißt du die Eingeweide deines geschundenen Gefährten."*
>
> AUS DER ODE „DER BARDE" VON THOMAS GRAY, 1757

Isabella begann das Spiel mit der Macht zu genießen. In England trat sie als Vermittlerin zwischen ihrem Mann, dem König, und dem Adel auf. Die Chronisten schwärmten von ihren diplomatischen Fähigkeiten und beobachteten, wie sie zur zentralen politischen Gestalt am englischen Hof wurde. Sie bekam weitere Kinder: John, Eleanor und Joan. Dann aber bedrohte ein neuer Favorit Eduards ihre Position.

DER NEUE FAVORIT

Der neue Mann an Eduards Seite war Hugh Despenser (um 1287–1326). Gemeinsam zogen sie 1322 in den Krieg gegen den Mörder von Piers Gaveston, Thomas von Lancaster, der – wie bereits zehn Jahre zuvor – eine Rebellion gegen den König angezettelt hatte. Lancaster wurde gefangen genommen und enthauptet.

Isabella hasste Hugh Despenser. Anders als Gaveston war der neue Favorit ihres Mannes brutal und rücksichtslos. Despenser verhöhnte die Königin und verlangte, Eduard möge zwischen ihm und seiner Frau wählen. Isabella zog den Kürzeren. Sie hatte im Zentrum der Macht gestanden, nun war sie an den Rand gedrängt und musste fürchten, dass Despenser sie ermorden ließe.

Thomas von Lancaster, der 1312 Piers Gaveston hatte hinrichten lassen, wurde seinerseits 1322 enthauptet, wie diese zeitgenössische Illustration zeigt.

Unterstützung fand sie bei Roger Mortimer, dem Grafen von March (1287–1330), einem kampferprobten Adligen aus einer bedeutenden Familie. Mortimer verabscheute Despenser und hatte an Lancasters Aufstand 1322 teilgenommen. Nach der Niederlage Lancasters wurde Mortimer im Tower von London gefangengehalten. 1324 gelang ihm jedoch die Flucht nach Frankreich, vermutlich mit Isabellas Hilfe, die vielleicht schon damals seine Geliebte war. Jedenfalls begab er sich an den Hof ihres Bruders, König Karls IV. (regierte 1322–1328). In England fuhr Hugh Despenser fort, Isabella zu erniedrigen. Verzweifelt wartete sie auf eine Gelegenheit, ebenfalls nach Frankreich zu fliehen.

OFFENER BRUCH

König Karl IV. von Frankreich verlangte, dass Eduard nach Frankreich komme, um seine Huldigungsverpflichtung zu erfüllen. Als Herr der Gascogne im Südwesten Frankreichs war Eduard ein Vasall des französischen Königs und musste diesem seine Treue schwören. Hugh Despenser überzeugte Eduard aber, sie würden ermordet werden, wenn sie sich trennten. Also schickten sie Isabella nach Frankreich, was sich später als tödlicher Fehler erweisen sollte. Isabella brach im März 1325 auf und erfüllte ihre Mission. Doch Karl berief seinen Schwager Eduard erneut nach Paris. Nun überzeugte Isabella ihren Bruder, stattdessen ihren 13-jährigen Sohn Prinz Eduard zu empfangen. Im September brach der Prinz nach Paris auf, begleitet von Despensers Anhänger, dem Bischof von Exeter. Der Bischof bestand auf der sofortigen Rückkehr Isabellas nach England. Als Entgegnung verkündete sie nun öffentlich, dass sie sich von ihrem Mann trennen würde:

> *«Ich protestiere und erkläre, dass ich erst zurückkehre, wenn dieser Eindringling [Hugh Despenser] entfernt ist. Stattdessen lege ich mein Hochzeitskleid ab und trage Witwenkleidung und Trauer, bis die Beleidigung durch diesen Pharisäer gerächt ist.»*

DER FLUCH DER TEMPELRITTER

Als Isabella 1314 in Paris eintraf, war ihr Vater in die schlimmste Krise seiner Regierungszeit verstrickt. Er benötigte dringend Geld und hatte darum entschieden, den sagenhaft reichen Templerorden zu vernichten und dessen Besitz zu konfiszieren.

Er beschuldigte den Orden fälschlicherweise der Zauberei, der Teufelsanbetung, der Unzucht, des Verkehrs mit dem Teufel und der Herabwürdigung des Kreuzes. Auf dem erschreckenden Höhepunkt der Affäre befahl er, den Großmeister des Ordens, Isabellas Paten Jacques de Molay (1244–1314), auf dem Scheiterhaufen zu verbrennen.

De Molay rief noch aus den Flammen heraus, er sei unschuldig, und der Legende zufolge soll er Philipp und den Papst verflucht haben. Der Fluch zeigte seine Wirkung: Der Papst starb innerhalb weniger Tage, und Philipp war im Herbst tot. Und, wie Molay angeblich vorausgesehen haben soll, starben Philipps drei Söhne Ludwig, Philipp und Karl alle jung und ohne männlichen Erben. Daher ging 1328 der französische Thron von den Kapetingern auf das Haus Valois über.

Das war Hochverrat. Isabella musste jetzt alles auf eine Karte setzen. Sie umwarb englische Auswanderer und richtete eine Exilregierung ein. Zudem lebte sie nun offen mit Mortimer zusammen. Um sich zu rechtfertigen, brachte die Königin neue Anschuldigungen gegen Despenser vor, die so schwer wogen, dass die Quellen sie nicht ausdrücklich nennen. Vermutlich handelte es sich um den Vorwurf der Vergewaltigung. Schließlich beschloss Isabella, England mit der Unterstützung Frankreichs und des Papstes anzugreifen.

Isabellas Rache

Im September 1326 landete Isabellas Armee in Suffolk. Die Königin wurde als Befreierin bejubelt. Nach einer wilden Verfolgungsjagd wurden ihr Ehemann und sein Favorit aufgegriffen. Man setzte Eduard in Schloss Berkeley gefangen und brachte Despenser vor die Königin. Auf dem Marktplatz von Hereford wurde er gehängt, ausgeweidet und gevierteilt. Isabella beschloss, den König mit der Zustimmung des Parlaments abzusetzen, und machte ihren Sohn zum Marionettenherrscher.

Das Ende des königlichen Favoriten Hugh Despenser 1326, aus der „Chronique d'Angleterre". Im Hintergrund wird Despenser in der Stadt Hereford hingerichtet. Im Vordergrund steht die siegreiche Königin Isabella mit ihren Truppen vor ihrem Heerlager.

Als Eduard II. von seiner Absetzung erfuhr, fiel er in Ohnmacht. Aber solange ihr Mann am Leben blieb, stellte er für Isabella eine ständige Bedrohung dar. Daher wurde 1327 das Schicksal des ehemaligen Königs besiegelt. Man gab ihn in die Obhut zweier Verwandter Mortimers, Thomas Berkeley und John Maltravers. Eine Chronik beschreibt den grausigen Mord:

> *«Roger Mortimer sandte den Befehl, wie und auf welche Art und Weise der König getötet werden sollte ... Und als der König an jenem Abend zu Bett gegangen war und schlief, ... gingen [sie] leise in sein Zimmer und legten einen großen Tisch auf seinen Bauch, den sie mit der Hilfe weiterer Männer herunterdrückten. Davon erwachte der König, voll Sorge um sein Leben, und drehte sich um. Die Tyrannen und falschen Verräter nahmen darauf ein Horn und steckten es in seinen After, so tief sie konnten, und nahmen einen Spieß aus glühendem Kupfer, senkten ihn durch das Horn in seinen Körper und rührten damit heftig in seinen Eingeweiden. So töteten sie ihren Herrn, und nichts war zu sehen [was die Art seines Todes anging].»*

Eduard II. war tot. Isabella hatte nun die uneingeschränkte Macht über den jungen König Eduard III. und damit über England. Doch nach dem Triumph kam der Fall. Isabella und ihr Liebhaber Mortimer verfielen der grenzenlosen Machtgier. 1330 befahl Mortimer, man solle ihm mehr gehorchen als dem König. Außerdem kursierten Gerüchte, er wolle selber König werden. Daher beschloss der inzwischen 18-jährige Eduard III. zu handeln. Das Liebespaar wurde im Oktober 1330 in Nottingham Castle gefangen genommen. Mortimer wehrte sich, und Isabella flehte Eduard an: *«Holder Sohn, hab Mitleid mit dem sanften Mortimer.»* Doch für Mortimer gab es keine Gnade. Um ihn noch im Tod zu demütigen, wurde der Graf von March nackt erhängt. Isabella hatte mehr Glück. Sie wurde zwar vom Hof verbannt, doch ihr Sohn gewährte ihr einen luxuriösen Lebensstil.

Als Vermächtnis: hundert Jahre Krieg

Isabella überlebte ihren Liebhaber Mortimer um drei Jahrzehnte. Sie starb im August 1358, während ihr Sohn in den Hundertjährigen Krieg mit Frankreich verstrickt war. Isabellas früheres Komplott gegen ihre Schwägerinnen hatte schließlich doch noch zum gewünschten Ziel geführt: Ihre Brüder verstarben, ohne männliche Erben zu hinterlassen. Damit erlosch 1328 die Hauptlinie der Dynastie der Kapetinger. Als ältester männlicher Enkel Philipps IV. von Frankreich beanspruchte nun Eduard III. den französischen Thron. Seine Gegner waren die Valois aus einer Nebenlinie der Kapetinger. Die Ehe zwischen Isabella und Eduard II. hatte einst den Frieden sichern sollen. Stattdessen förderte Isabella nun aktiv den Konflikt und nährte in ihrem Sohn den Glauben, er allein sei dazu bestimmt, über Frankreich zu herrschen. Bis 1453 verschwendeten Eduard III. und seine Nachkommen die Ressourcen Englands bei dem erfolglosen Versuch, den Valois die französische Krone zu entreißen.

Der Hundertjährige Krieg und die erste Absetzung eines englischen Königs durch das Parlament – ein Präzedenzfall für den späteren Sturz Richards II. (regierte 1377–1399) und Karls I. (regierte 1625–1649) – waren Isabellas Hinterlassenschaft. Die Königin selbst hatte einen seltsamen letzten Wunsch: Sie wollte in der gleichen Kirche beerdigt werden wie Mortimer, aber mit dem Herzen von Eduard II. in ihrem Sarg.

Zeittafel

1307 Eduard II. wird König von England.

1308 Die zwölfjährige Isabella heiratet Eduard II.

1311 Isabella verdrängt Eduards Günstling Piers Gaveston vom Hof.

1312 Thomas von Lancaster lässt Gaveston hinrichten; der spätere Eduard III. wird geboren.

1314 Isabella besucht den französischen Hof und beschuldigt ihre Schwägerinnen des Ehebruchs.

1318 Hugh Despenser wird der neue Favorit Eduards II.

1322 Eduard und Despenser lassen Thomas von Lancaster hinrichten.

1324 Roger Mortimer, der Liebhaber Isabellas, flieht aus dem Londoner Tower nach Frankreich.

1325 Isabella geht an den französischen Hof. Sie schickt nach ihrem Sohn Eduard und lehnt es ab, nach England zurückzukehren, solange Despenser nicht entfernt wird.

1326 Isabellas und Mortimers Armee fällt in England ein; Despenser wird hingerichtet und Eduard gefangen genommen.

1327 Isabella lässt Eduard II. ermorden; Eduard III. wird König, Isabella und Mortimer führen die Regierungsgeschäfte.

1330 Eduard III. stürzt Mortimer; Isabella wird verbannt.

1337–1453 Hundertjähriger Krieg zwischen England und Frankreich.

1358 Isabella stirbt.

MARGARETHE I.

1353–1412

Königin von Dänmark

Margarethe, im Volksmund als „tänzelndes Schlachtross“ *bekannt, wurde von den Dänen und Norwegern als* „erste Dame unseres Königreiches, Herrin unseres Hauses“ *und* „mächtige Beschützerin“ *bezeichnet. Zur Königin von Dänemark, Norwegen und Schweden gewählt, schuf sie ein riesiges Reich im Norden Europas. Als erste Frau, die in Skandinavien eigenständig regierte, gestaltete sie den Möglichkeiten mittelalterlicher Politik entsprechend ein Staatswesen, das länger als ein Jahrhundert Bestand haben sollte.*

Margarethe I., Königin von Dänemark. Nach dem Tod ihres Mannes, König Haakons von Norwegen, regierte sie Dänemark und Norwegen für ihren Sohn Olav. Nach dessen Tod wurde sie selbst zur Herrscherin ausgerufen und vereinte 1397 Dänemark, Norwegen und Schweden zur Kalmarer Union.

Margarethe war die Tochter Waldemars IV. von Dänemark (regierte 1340–1375). Die „Seeländische Chronik“ berichtet über ihre Geburt: *«Im Jahr 1353 gebar die Königin eine Tochter … und sie wurde Margarethe genannt.»* Von den sechs Kindern Waldemars überlebten drei: Der Thronerbe Christoph (1342–1363), Ingeborg (1347–1370), die mit Heinrich, dem Sohn Herzog Albrechts II. von Mecklenburg, verheiratet wurde, und die jüngere Tochter Margarethe.

Die skandinavische Politik des 14. Jahrhunderts wurde bestimmt durch ständig wechselnde Bündnisse und Fehden unter den herrschenden Königshäusern. Daneben mussten sich die Könige mit einem mächtigen Adel auseinandersetzen, der die dauernden Geldnöte der Regenten ausnutzte. Zur Zeit von Margarethes Geburt war Dänemark relativ schwach. Unter der Regierung ihres ungeschickten Großvaters Christoph II. (regierte 1320–1326 und 1329–1332) war das Reich zerfallen. Als Waldemar 1340 den Thron bestieg, gehörte nur ein Viertel des Landes der Krone. Der König musste lange kämpfen, um diejenigen Gebiete zurückzugewinnen, die seine Vorfahren an einheimische und deutsche Adlige verpfändet hatten. Erst nach 20 Jahren Krieg und Diplomatie war Dänemark wieder vereint. Zur gleichen Zeit wurden Schweden und Norwegen von einem gemeinsamen König, Magnus Eriksson (1316–1374), regiert.

UNTERPFAND DER POLITIK

1343 teilte Magnus sein Reich unter sich und seinen beiden Söhnen Erik (1339–1359) und Haakon (1340–1380) auf. Magnus wollte Schweden gemeinsam mit Erik regieren, während Haakon Norwegen erhielt. Als sich Erik mit seinem Vater entzweite und es darüber zum Krieg kam, suchte Magnus Hilfe in Dänemark. Um das Bündnis zu besiegeln, wurde sein Sohn Haakon 1359 mit der sechsjährigen Margarethe verlobt.

Die Hochzeit fand in großer Pracht im Frühjahr 1363 in Kopenhagen statt. So wurde Margarethe im Alter von zehn Jahren Königin sowohl von Schweden als auch von Norwegen, denn Haakon hatte den Besitz seines inzwischen verstorbenen Bruders Erik geerbt. Die neue Königin benötigte eine angemessene Bildung und wurde in die Hände Merete Ulvsdatters gegeben, eine Tochter der später heiliggesprochenen Birgitta von Schweden. Margarethes Erziehung war hart, und der Chronist des von Birgitta gegründeten Klosters von Vadstena berichtet, dass sie *«häufig geschlagen wurde»*. Birgitta beschwerte sich beim Papst über Margarethes Ehe, bei der es *«um weltliche Ehre geht und nicht um christliches Gesetz»*. Überraschend präzise sagte sie voraus: *«… Aus dieser Ehe werden Schwierigkeiten entstehen und keine Gesundheit für das Königreich [Schweden]. Die Saat wird keine festen Wurzeln schlagen, und die Einwohner werden sich nicht über einen Erben freuen.»*

Kurz nach Margarethes Hochzeit kam es in Dänemark zu einer Erbfolgekrise. Im Sommer 1363 starb Margarethes 21-jähriger Bruder Christoph, der dänische Thronerbe. Die Frage war nun, wer auf ihn folgen sollte – die Kinder Ingeborgs oder die Kinder, die Margarethe möglicherweise einmal haben würde? Anfangs hatte Ingeborg die Oberhand. Ihr Schwiegervater, der Herzog von Mecklenburg, verlangte, dass bei Waldemars Tod der Thron an seinen Enkel Albrecht übergehen sollte. Der dänische König, unter Druck gesetzt von seinem mächtigen Nachbarn, sah sich gezwungen zuzustimmen. Er erklärte:

«Wenn wir ohne einen männlichen Erben abdanken oder sterben, … dann soll niemand das Königreich Dänemark bekommen und es als König mit allen königlichen Rechten halten, außer dem Sohn des Herzogs … und unserer ältesten Tochter Ingeborg.»

Schloss Akershus in der norwegischen Hauptstadt Oslo. Hier fanden Margarethe und Haakon mehrere Jahre lang Zuflucht, nachdem Haakon und sein Vater Magnus vom schwedischen Adel vertrieben worden waren.

Ganz rechts: Die Wachssiegel verschiedener europäischer Städte sind einem Bündnisvertrag der Hanse angefügt. Der Verbund von überwiegend deutschen Kaufleuten und Handelsstädten entwickelte sich im 12. und 13. Jahrhundert. Im 14. und 15. Jahrhundert beherrschte die Hanse den Handel im Nord- und Ostseeraum und nahm Einfluss auf die Politik der angrenzenden Reiche.

Flucht und Armut

Im folgenden Jahr wurden König Haakon und sein Vater Magnus vom schwedischen Adel vertrieben. Dieser bot nun Ingeborgs Schwager, der wie sein Vater Albrecht hieß, den Thron an, denn Albrecht (III.) von Mecklenburg war ein Neffe von König Magnus. Margarethe und Haakon mussten nach Norwegen fliehen. Die nächsten Jahre lebten sie in Oslo auf Schloss Akershus in verzweifelter Armut. Als sie 17 war, berichtete Margarethe ihrem Ehemann, «*... dass ich und meine Diener sehr große Not um Essen und Trinken leiden ... Daher bitten wir dich, meinen lieben Herrn, dass du einen Weg finden mögest, die Situation zu verbessern, damit sie mich nicht wegen Hungers verlassen ...*» In Oslo kam 1370 auch Margarethes einziges Kind zur Welt, ihr Sohn Olav (regierte 1376–1387).

Aber sie hatte auch Glück im Unglück. Als ihr Vater Waldemar 1375 starb, hatte der dänische Adel den Vertrag, der Ingeborgs Sohn als Thronerben bestätigte, immer noch nicht ratifiziert. Margarethe ergriff die Gelegenheit, ihren jungen Neffen zu verdrängen. Sie wandte sich um Hilfe an die mächtige Hanse, eine internationale Vereinigung überwiegend deutscher Kaufleute. Diese wollten verhindern, dass die Mecklenburger sowohl Schweden als auch Dänemark kontrollierten. So konnte Margarethe ihren eigenen Sohn als Waldemars Nachfolger durchsetzen.

Margarethe und Haakon wurden zu Olavs Regenten erklärt, aber 1380 starb Haakon. Jetzt regierte Margarethe über Dänemark und Norwegen stellvertretend für ihren kleinen Sohn. Sie war eine außergewöhnliche Herrscherin. Ein Hansekaufmann erklärte, dass die dänischen Adligen einen solchen Respekt «*vor der Weisheit und Autorität jener Dame [haben], dass sie ihr ihre Dienste antrugen*». Olav hatte auch die Rechte seines Vaters auf Schweden geerbt, und Margarethe verfolgte diesen Anspruch gegen die Herzöge zu Mecklenburg. Das Haus Mecklenburg wurde in Schweden immer unpopulärer. Ein schwedischer Chronist berichtet voll Abneigung: «*Die Deutschen saßen auf den Berggipfeln wie Raubvögel und tyrannisierten das Land.*» Margarethe förderte die Unzufriedenheit. Dann ereilte sie im August 1387 ein schwerer Schicksalsschlag: Olav starb überraschend im Alter von 17 Jahren.

Der König ist eine Frau

Jetzt hatte Margarethe kein Recht mehr, in Schweden, Dänemark oder Norwegen zu herrschen. Bisher hatte sie ausschließlich im Namen ihres Sohnes regiert oder Ansprüche erhoben. Doch innerhalb einer Woche nach Olavs Tod rief der dänische Adel Margarethe, das einzige überlebende Kind König Waldemars IV. und letzte Vertreterin des alten Königshauses, zur «*allmächtigen Herrin und zum Verwalter und Beschützer für das ganze Königreich Dänemark*» aus. Die Dänen waren beeindruckt von Margarethes Fähigkeiten. Außerdem lehnten sie die mecklenburgischen Eindringlinge ab. Im Februar 1388 folgte der norwegische Adel dem dänischen Beispiel. Schließlich wählten im März auch die Schweden, die Albrecht (III.) von Mecklenburg wieder loswerden wollten, Margarethe zu ihrer Herrscherin.

Der Piratenkönig

Erik von Pommern hatte nicht den gleichen Erfolg wie Margarethe. Es gelang ihm nicht, einen Aufstand in Schweden zu unterdrücken, der sich schnell ausbreitete. Die Adligen, die mit seinem autokratischen Regierungsstil unzufrieden waren, zwangen ihn 1439 zur Abdankung. Er verzichtete auf die Krone mit den Worten: «*Ich habe nicht die Absicht, euer Jasager zu sein.*» Die nächsten Jahre verbrachte er als eine Art Pirat auf der Insel Gotland. Dann kehrte er nach Pommern zurück, wo er 1459 starb.

Im Februar 1389 zog Margarethe gegen Albrecht von Mecklenburg ins Feld und besiegte ihn bei Falköping im Südwesten Schwedens. Er wurde gefangen gesetzt. Nur in Stockholm konnten sich seine Verbündeten noch halten. Um seine Freiheit wiederzuerlangen, musste Albrecht aber schließlich auch auf Stockholm verzichten. Margarethe war nun die unangefochtene Herrin der drei nordischen Reiche.

Margarethe wählte einen Enkel ihrer Schwester Ingeborg, Erik von Pommern (regierte 1397–1439), zu ihrem Erben. 1397 ließ sie Erik in Kalmar in Südschweden gleichzeitig zum König von Dänemark, Norwegen und Schweden krönen. Damit begründete sie die sogenannte Kalmarer Union, die Vereinigung der drei nordischen Reiche, die bis 1523 Bestand haben sollte. In seiner Geschichte Dänemarks, geschrieben zwischen 1732 und 1735, lobte der dänisch-norwegische Historiker Ludvig Holberg Margarethes Talente als Herrscherin. Die Vereinigung Skandinaviens, so sagt er, bewies *«die Fähigkeiten der großen Königin und stellte eine Zierde der dänischen Geschichte dar … Bei allem schien sie immer … mit mehr als dem Mut und dem Sinn eines Mannes … zu herrschen.»*

Der neue König war nicht mehr als ein Aushängeschild. Selbst als Erik volljährig wurde, behielt Margarethe die Zügel in ihren Händen. Fast 60-jährig reiste sie 1412 nach Norddeutschland, um ihrem Anspruch auf das Herzogtum Schleswig Nachdruck zu verleihen. Dort starb sie an Bord ihres Schiffes im Hafen von Flensburg an der Pest.

«Es geschah dann,
dass die Schweden einer dänischen Frau huldigten.
Sie hieß Königin Margarethe.
In der Tat würde man weit suchen müssen,
um eine Person zu finden, die mit solcher Umsicht
in der Lage wäre, diese Königreiche zu vereinigen.
Nur sehr selten wird eine solche Frau geboren …»

DIE SOGENANNTE SCHWEDISCHE REIMCHRONIK (ODER KARLSCHRONIK), UM 1440

ZEITTAFEL

1340 Waldemar IV. wird König von Dänemark.

1343 Magnus regiert Schweden zusammen mit seinem Sohn Erik, Norwegen gibt er seinem Sohn Haakon.

1359 Im Konflikt mit Erik sucht Magnus die Allianz mit Dänemark.

1360 Waldemar vereinigt Dänemark.

1363 Margarethe wird mit Haakon verheiratet. Der Tod von Margarethes Bruder Christoph löst eine Erbfolgekrise aus.

1364 Haakon und sein Vater werden aus Schweden vertrieben. Haakon bleibt König von Norwegen und flieht mit Margarethe dorthin.

1370 Margarethe bekommt ihr einziges Kind, Olav.

1375 Waldemar stirbt; Olav wird sein Nachfolger.

1380 Haakon stirbt; Margarethe regiert Dänemark und Norwegen für Olav.

1387 Olav stirbt; die Dänen bestätigen Margarethe als Herrscherin.

1388 Norwegen und Schweden erklären Margarethe zu ihrer Herrscherin.

1389 Margarethe besiegt Albrecht III. von Mecklenburg bei Falköping und beherrscht schließlich ganz Schweden.

1397 Erik von Pommern wird zum König der Kalmarer Union gekrönt; tatsächlich regiert weiterhin seine Großtante Margarethe.

1412 Margarethe stirbt in Flensburg.

Margarethe von Anjou

1429–1482

Königin von England

In seinen Historiendramen beschrieb Shakespeare Königin Margarethe von Anjou als «Tigerherz, in Weiberhaut gesteckt». *Verheiratet mit dem zeitweise nicht zurechnungsfähigen Heinrich VI. von England, versuchte Margarethe die Interessen ihrer Familie um jeden Preis zu verteidigen. Damit trieb sie den schwelenden Konflikt zwischen den Häusern Lancaster und York voran. Beide beanspruchten als Nachfahren Eduards III. (regierte 1327–1377) die englische Krone. 1455 brachen schließlich die sogenannten Rosenkriege aus, die 30 Jahre dauern sollten. Sie sind benannt nach den Symbolen der verfeindeten Linien, der weißen Rose Yorks und der roten Rose Lancasters. Anstelle des schwachen Königs führte Margarethe die Truppen des Hauses Lancaster an, doch am Ende verlor sie alles.*

Die englische Königin Margarethe von Anjou ging in die Geschichte ein, weil sie wesentlich zum Ausbruch der blutigen Rosenkriege zwischen den verfeindeten Häusern Lancaster und York beigetragen hatte.

Die 1429 geborene Margarethe war die Tochter von Herzog René I. von Anjou (1409–1480), dem Titular-König von Neapel, Sizilien und Jerusalem, sowie von Isabella von Lothringen (1400–1453). Mit 13 wurde sie zu ihrem Onkel, König Karl VII. von Frankreich (regierte 1422–1461), geschickt. Am französischen Hof sorgte sie schon früh für Aufsehen. Ein Chronist schrieb voller Bewunderung: *«Es gab keine Prinzessin der Christenheit, die vollkommener gewesen wäre als meine Herrin Margarethe von Anjou. Sie war schon in Frankreich für ihre Schönheit berühmt, für ihren Geist und hohen Mut.»*

Zur Bekräftigung eines Waffenstillstands zwischen Engländern und Franzosen im Hundertjährigen Krieg (1337–1453) sollte Margarethe den englischen König Heinrich VI. (regierte 1422–1461 und 1470–1471) heiraten. Ihr Vater war von dieser Aussicht begeistert. Er war nur dem Namen nach Herzog von Anjou, denn die Engländer hielten das Land besetzt. Durch die Ehe seiner Tochter hoffte er nun, sein Herzogtum wiederzugewinnen.

König Heinrich VI. und Königin Margarethe von Anjou auf einem Druck aus dem 19. Jahrhundert.

Ein Stich von Heinrich VI. aus der Zeit um 1445. Die unrühmliche Regierungszeit des englischen Königs endete 1471 mit seiner Gefangennahme und Ermordung.

Unterpfand des Friedens

Vor den Heiratsverhandlungen erhielt der damals 23-jährige Heinrich ein Porträt von seiner Braut und war sofort begeistert. Immer wieder betonen die Quellen die Schönheit Margarethes mit ihrer blassen Haut und ihren langen dunklen Haaren. Der Chronist Georges Chastellain (gestorben 1475) beschrieb sie als *«eine sehr schöne Dame, die zu betrachten wohl lohnt, und obendrein von edlem Gebaren.»* Auch Herzog Karl von Orléans (1394–1465) lobte Margarethe: *«Diese Frau übertraf alle anderen, sowohl an Schönheit als auch an Geistesgaben. Und sie hatte einen Magen und einen Mut – mehr wie ein Mann als eine Frau.»* Und Heinrich selbst bezeichnete seine Frau als seine *«ausgezeichnete, herrliche und sehr kluge Margarethe»*.

Diese Eheschließung war in England extrem unpopulär, denn Heinrich sollte Gebiete abtreten, um die hart gekämpft worden war. Margarethe selbst erhielt zwar nur eine winzige Mitgift, doch René und Karl VII. verlangten die Rückgabe des Anjou. Aber der englische König war so verzückt, dass er sogar bereit war, die Hochzeit zu bezahlen.

1444 unterzeichneten Engländer und Franzosen den Frieden von Tours, ein Jahr später fand die Trauung zwischen Heinrich und Margarethe statt. Die Reise der 15-jährigen Braut nach England entsprach ihrer neuen Stellung. Heinrich hatte 56 Schiffen ausgesandt. Zudem wurde Margarethe von 600 Bogenschützen eskortiert. Doch ihre Aussteuer bestand lediglich aus einigen Ballen goldenen Tuchs und mehreren Pelzen.

Heinrich und Margarethe verbrachten ihre ersten gemeinsamen Tage in der Abtei von Titchfield an der Kanalküste. Möglicherweise wurde die Ehe nicht sofort vollzogen. Der fromme und willensschwache König richtete sich ganz nach seinem Beichtvater, William Ayscough (gestorben 1450), dem Bischof von Salisbury. Er hatte Heinrich in dem Glauben erzogen, der Beischlaf diene lediglich der Fortpflanzung. Ansonsten, so der Bischof zu seinem Monarchen, müsse er sich von seiner Frau fernhalten. So dauerte es acht Jahre, ehe Margarethe endlich schwanger wurde – und sofort gab es böse Gerüchte über die Vaterschaft des Kindes. Trotzdem bekundete Heinrich immer wieder tiefe Zuneigung zu seiner Frau.

Eine schwierige Stellung

Heinrich und Margarethe waren charakterlich sehr verschieden. Anders als sein Vater, der kriegerische Heinrich V. (regierte 1413–1422), war Heinrich VI. beeinflussbar und wankelmütig. Da er schon im Alter von neun Monaten seinem Vater als König nachfolgte, hatte er stets unter dem Einfluss seiner Regenten und Berater gestanden.

Margarethe hingegen war intelligent und herrisch. Ihre Untertanen standen der Königin eher distanziert gegenüber. Die Heirat zwischen Heinrich und Margarethe war einhergegangen mit dem Friedensvertrag mit Frankreich. Doch viele Engländer sehnten sich zurück nach der Zeit Heinrichs V. und seiner großen Siege über die Franzosen im Hundertjährigen Krieg. Missfallen erregte auch, dass der König seiner Gemahlin erlaubte, sich in die Politik einzumischen. Margarethe nutzte ihre Chance und verbündete sich mit der pro-französischen Fraktion am Hof gegen diejeninigen, die den Krieg mit Frankreich fortsetzen wollten.

Margarethes größter Fehler war es, dass sie sich Heinrichs Cousin, Herzog Richard von York (1411–1460), zum Feind machte. Nach dem Erbfolgerecht hatte das Haus York einen älteren Anspruch auf die Krone als das Haus Lancaster. Allerdings verfügte das Haus Lancaster durch seine früheren Erfolge im Krieg mit Frankreich noch über hohes Ansehen. Würde der fromme König Heinrich VI. jedoch, wie man allgemein annahm, ohne Erben sterben, stünde Richard in der Thronfolge an erster Stelle. Seiner Position entsprechend wollte Richard als mächtigster Mann im Land nach dem König anerkannt werden und verlangte nach größerem politischem Einfluss. Aber Heinrich, ermutigt von Margarethe, behandelte ihn als Gegner.

Der Sohn der Königin

Die Situation spitzte sich zu, als Margarethe 1453, nach acht Jahren Ehe, endlich ein Kind erwartete. Ihre Schwangerschaft fiel zusammen mit Heinrichs erstem Anfall von Unzurechnungsfähigkeit. Der Chronist John Whethamstead schrieb, dass *«eine Krankheit von solcher Art den König überkam, dass er seine Geisteskräfte und sein Gedächtnis eine Zeitlang verlor. Fast sein ganzer Körper war so unkoordiniert und außer Kontrolle, dass er weder laufen noch den Kopf hochhalten konnte. Nur mit Schwierigkeiten konnte er sich von dort wegbewegen, wo er saß.»* Margarethe übernahm die Regierungsgeschäfte. Im Oktober 1453 brachte sie einen Jungen zur Welt, Eduard (1453–1471), der spätere Prince of Wales.

Margarethe fürchtete, Richard könne ihr und ihrem Sohn die Herrschaft streitig machen. Tatsächlich verbündete sich der Herzog von York mit dem mächtigen Grafen von Warwick, Richard Neville (1428–1471), der als der „Königsmacher“ in die Geschichte einging. So wurde er im März 1454 vom Parlament zum Regenten für den kranken König bestimmt.

«Wölfin von Frankreich, reißender als Wölfe,
von Zunge gift'ger als der Natter Zahn!
Wie übel ziemt es sich für dein Geschlecht,
dass du, wie eine Amazonentrulle,
frohlockst beim Weh des, den das Glück gebunden! …
Weiber sind sanft, mild, mitleidsvoll und biegsam;
du starr, verstockt, rau, kieselhart, gefühllos.»

DER HERZOG VON YORK ZU MARGARETHE VON ANJOU, EHE SIE IHN ERSTICHT.
AUS WILLIAM SHAKESPEARES DRAMA „HEINRICH VI.“, TEIL III, 1. AUFZUG, 4. SZENE

ZEITTAFEL

1337–1453 Hundertjähriger Krieg zwischen England und Frankreich.

1399 Heinrich (IV.), Herzog von Lancaster, reißt den englischen Thron an sich.

1415 Heinrich V. siegt in der Schlacht von Azincourt über die Franzosen.

1444 Im Frieden von Tours gibt Heinrich VI. das Anjou an Frankreich zurück und erhält Margarethes Hand.

1453 Margarethe bekommt einen Sohn, Eduard.

1455 Der Herzog von York siegt bei St. Albans, Beginn der Rosenkriege.

1460 Die Yorkisten nehmen den König gefangen, Margarethe und ihr Sohn fliehen. Das Parlament enterbt den Prince of Wales zugunsten von York.

1460 Richard und sein ältester Sohn werden getötet. Sein Erbe wird sein zweiter Sohn, Eduard (IV.).

1461 Eduard (IV.) von York besiegt Heinrich VI. und wird selbst König. Margarethe und ihr Sohn fliehen nach Frankreich.

1470 Warwick bringt Heinrich VI. noch einmal kurzzeitig auf den Thron.

1471 Warwick stirbt; Margarethe und Prinz Eduard treffen in England ein. Der Prinz wird getötet, Heinrich ermordet und Margarethe gefangen genommen.

1476 König Ludwig XI. von Frankreich zahlt ein Lösegeld für Margarethe.

1482 Margarethe stirbt.

1485 Heinrich (VII.) Tudor schlägt Richard III. in der Schlacht von Bosworth Field und beendet den Bürgerkrieg.

Doch York konnte seine Regentschaft nur für neun kurze Monate genießen. Weihnachten 1454 kam Heinrich wieder zu sich. Er freute sich sehr über seinen Sohn, soll aber gesagt haben, der Junge *«müsse der Sohn des Heiligen Geistes sein»*. Der König entließ den Herzog und überließ die Herrschaft wieder seiner Frau Margarethe. Er selbst wandte sich ganz der Religion zu. Die misstrauische Margarethe versuchte Heinrich zu überzeugen, dass sein Cousin Richard ihm den Thron rauben wolle. York wiederum befürchtete, die Königin könne ihren Mann dahingehend beeinflussen, ihn und seine Anhänger verhaften zu lassen. Schließlich rüsteten sich der Herzog von York und der Graf von Warwick zum Kampf.

Die Rosenkriege beginnen

Die erste Schlacht zwischen den Truppen der Häuser Lancaster und York fand im Mai 1455 bei St. Albans nördlich von London statt. Richard von York errang einen überraschenden Sieg. Der König war nun gezwungen, den Herzog zu seinem wichtigsten politischen Berater zu ernennen. Doch im Februar des darauffolgenden Jahres entließ Heinrich auf Drängen Margarethes seinen Cousin wieder.

Die Königin wurde mittlerweile immer unpopulärer, besonders in London, wo sie sich über die Privilegien der Bürger hinwegsetzte. Daher überredete sie Heinrich, den Hof in den Norden nach Coventry zu verlegen. Die Konsequenzen waren katastrophal. Die Regierungsarbeit wurde gestört, und am Ende verlor der König die Hauptstadt. Heinrich zog sich immer weiter in sich zurück. Margarethe fürchtete, er wäre nicht länger eine starke Repräsentationsfigur, und bat ihn, zugunsten ihres Sohnes abzudanken. Doch Heinrich lehnte ab.

Bei Northampton trafen die verfeindeten Parteien im Juli 1460 erneut aufeinander. Das Ergebnis war verheerend: Die Yorkisten nahmen den König gefangen; Margarethe und ihr Sohn suchten Zuflucht bei den Schotten, den Erzfeinden der Engländer. Hier wurde der Königin Hilfe zugesagt, unter der Bedingung, dass die Grenzstadt Berwick-upon-Tweed an Schottland abgetreten würde. Heinrich war nominell immer noch König, aber das Parlament – beeinflusst von den Anhängern Yorks – enterbte Eduard, Margarethes Sohn. Heinrich VI. sollte regieren, solange er lebte, dann würde der Thron an York übergehen.

Ein neuer König

Margarethe stellte im Norden ein neues Heer auf. Richard von York ritt ihr entgegen, kam aber am 30. Dezember bei einem Scharmützel vor der Stadt York ums Leben, zusammen mit seinem ältesten Sohn. Sein zweiter Sohn Eduard (1442–1483), der neue Herzog von York, stellte sich im Februar 1461 bei Mortimer's Cross an der Grenze zu Wales den Streitkräften der Königin. Der 18-Jährige siegte und wurde als Eduard IV. (regierte 1461–1470 und 1471–1483) zum König ausgerufen. Die vernichtende Niederlage in der Schlacht von Towton in Yorkshire im darauffolgenden

Lancaster gegen York

Die Zeitgenossen nannten die Rosenkriege auch „Vetternkrieg". Das Haus Lancaster kam an die Macht, als Heinrich, der Herzog von Lancaster, die Ermordung seines Cousins König Richard II. (regierte 1377–1399) befahl. Als Heinrich IV. (regierte 1399–1413) riss er den Thron an sich. Sein Vater, John of Gaunt (1340–1399), war der dritte Sohn Edwards III. (regierte 1327–1377). Heinrich IV. und sein Sohn Heinrich V. (regierte 1413–1422) waren fähige und beliebte Könige. Weil es dem Land unter ihrer Führung und angesichts der glorreichen Siege gegen Frankreich gutging, waren die Engländer bereit, über die Machteineignung hinwegzusehen. Aber unter dem schwachen Herrscher Heinrich VI. erinnerte man sich wieder an die älteren Thronrechte des Herzogs von York. Dieser stammte in weiblicher Linie vom zweiten Sohns Eduards III. ab. Der Anspruch Yorks auf die Krone führte zum Bürgerkrieg.

Die Gefangennahme Margarethes von Anjou nach der Schlacht von Tewkesbury auf einem Gemälde aus dem 19. Jahrhundert. Die Niederlage der Lancasterianer bei Tewkesbury 1471 bedeutete das Ende für Margarethes Hoffnung auf die Rückkehr zur Macht. Ihr einziger Sohn starb im Kampf, ihr Mann und sie fielen in die Hände ihrer Feinde. Dass das Haus Lancaster 1485 doch noch über das Haus York triumphierte, erlebte Margarethe nicht mehr.

Monat markierte das vorläufige Ende des Hauses Lancaster. Margarethe und ihr Sohn flohen nach Frankreich. Heinrich lebte in einem Versteck, bis er vier Jahre später verraten wurde.

Als sich der Graf von Warwick mit Eduard IV. überwarf und ebenfalls nach Frankreich floh, verbündete sich Margarethe mit ihrem früheren Gegner. Finanziert durch den französischen König Ludwig XI. (regierte 1461–1483), fiel Warwick im Herbst 1470 in England ein und machte Heinrich VI. erneut zum König. Doch als ihm Margarethe und ihr Sohn Anfang 1471 nach England folgten, war der Graf schon im Kampf gegen die Yorkisten gefallen.

Zerstörte Hoffnung

Margarethes Sohn Eduard stellte nun eine eigene Armee auf und traf im Mai 1471 bei Tewkesbury nahe der walisischen Grenze auf das Heer Eduards IV. Es war die erste Schlacht des 17-jährigen Jungen. Obwohl zahlenmäßig überlegen, wurden die Lancasterianer geschlagen. Der Prinz kam ums Leben; Heinrich VI. geriet erneut in Gefangenschaft und wurde ermordet. Auf einem offenen Karren brachte Eduard IV. Margarethe nach London und hielt sie fünf Jahre lang als Gefangene. Dann zahlte Ludwig XI. ein Lösegeld für seine Cousine. Den Rest ihres Lebens verbrachte die frühere Königin in Armut in Frankreich.

Die Rosenkriege zogen sich noch bis 1485 hin und endeten mit der Niederlage Richards III. (regierte 1483–1485), des Bruders von Eduard IV., in der Schlacht von Bosworth Field. Nach Margarethes Gefangennahme hatte der spätere König Heinrich VII. Tudor (regierte 1485–1509) die Führung des Hauses Lancaster übernommen. Sein Sieg markierte das Ende des Bürgerkriegs, doch zu diesem Zeitpunkt war Margarethe bereits seit drei Jahren tot.

Isabella I.

1451 – 1504

Königin von Kastilien

Durch ihre Heirat mit Ferdinand II. von Aragón vereinte Isabella I. von Kastilien die spanischen Königreiche. Doch die politische Einheit war ihr nicht genug. Sie wollte über ein rein christliches Reich herrschen. Darum ließ sie Muslime und Juden aus Spanien vertreiben und Andersgläubige von der Inquisition verfolgen. Auch die Eroberung der Neuen Welt, die Isabella durch die Finanzierung von Kolumbus' Expeditionen ermöglicht hatte, wurde mit der Missionierung der einheimischen Bevölkerung gerechtfertigt. Der Papst belohnte den Kampf für den Glauben mit dem Titel „Katholische Könige".

Isabella war nicht zur Thronfolgerin bestimmt. Sie wurde im Frühjahr 1451 in Madrigal de las Altas Torres geboren, als Tochter von König Johann II. von Kastilien (regierte 1406–1454) und seiner zweiten Frau, Isabella von Portugal (1428–1496). Johann hatte bereits einen Erben, Heinrich, seinen Sohn aus erster Ehe. Die Geburt von Alfons (1453–1468), einem weiteren Bruder, schloss Isabella praktisch von der Nachfolge aus.

Isabellas Vater starb, als sie drei Jahre alt war, und ihr älterer Halbbruder wurde als Heinrich IV. (regierte 1454–1474) König von Kastilien. Er wartete verzweifelt auf einen Erben, doch erst seine zweite Frau, Johanna von Portugal (1439–1475), brachte eine Tochter zur Welt, die ebenfalls Johanna (1462–1530) genannt wurde. Die Prinzessin galt als Thronerbin, obwohl es Zweifel an Heinrichs Vaterschaft gab. Gerüchten zufolge sollte der König impotent sein und die Mutter des Mädchens einen Liebhaber haben, Beltrán de la Cueva (1443–1492). Der Volksmund verlieh der Prinzessin daher den Beinamen „la Beltraneja".

Schließlich zwang der mächtige Adel Kastiliens den König, seine vermeintliche Tochter zu enterben und seinen Halbbruder Alfons zum Nachfolger zu bestimmen. Als Alfons 1468 starb, musste Heinrich seine ungeliebte Halbschwester als Erbin akzeptieren. Mit 17 Jahren stand Isabella im Zentrum der Politik.

Eine pragmatische Verbindung

Um seine Halbschwester loszuwerden, versuchte Heinrich mehrmals, Isabella mit einem ausländischen Fürsten zu verheiraten. Doch Isabella lehnte erfolgreich alle Heiratskandidaten ab. Sie wollte vermeiden, dass irgendetwas ihre Nachfolge als Königin von Kastilien gefährden könnte. Stattdessen suchte sie sich ihren Ehemann selbst aus. Ihr Auserwählter

Ein Porträt von Isabella, der Königin von Kastilien, von Juan de Flandes aus der Zeit um 1500.

«…die am meisten gefürchtete und respektierte Königin, die es auf der Welt je gab»

ANDRÉS BERNÁLDEZ, ZEITGENÖSSISCHER CHRONIST

Muhammad XII. Abu Abdallah, genannt Boabdil (regierte 1482–1483 und 1487–1492), der letzte muslimische Herrscher von Granada, übergibt seine Stadt 1492 an Ferdinand II. von Aragón und Isabella I. von Kastilien. Das Gemälde aus dem Jahr 1882 stammt von dem spanischen Künstler Francisco Pradilla y Ortiz (1848–1921).

war der ein Jahr jüngere Ferdinand von Aragón (regierte 1479–1516). Isabella glaubte, eine Verbindung der benachbarten Königreiche würde beiden Seiten nützen. Also heiratete sie Ferdinand, der verkleidet nach Kastilien gekommen war, 1469 heimlich und ohne Zustimmung ihres königlichen Bruders.

Heinrich war außer sich und enterbte Isabella zugunsten von „La Beltraneja". Aber als der König 1474 starb, griff Isabella nach der Macht. Ohne auf Ferdinand zu warten, der in Aragón weilte, ließ sie sich zur Königin krönen. Wie andere Zeitgenossen auch war Ferdinand schockiert über das eigenmächtige Vorgehen Isabellas: «*Ich habe noch nie von einer Königin gehört, die dieses männliche Privileg an sich gerissen hätte.*» Trotzdem hoffte er immer noch, seine Frau leiten und so Kastilien selbst regieren zu können. Ein Chronist notierte, dass Ferdinand «*sich sicher war, er könne durch geflissentliche Befriedigung der Ansprüche ehelicher Liebe triumphieren, wodurch er mit Leichtigkeit die Unnachgiebigkeit zu erweichen hoffte, die Berater seiner Frau eingegeben hatten*».

Aber Isabella beherrschte Kastilien weiterhin allein, mit Ferdinand an ihrer Seite. Obwohl ihre beiden Reiche nun äußerlich vereinigt waren, behielten sie getrennte Verwaltungen bei. Um Ferdinand entgegenzukommen, bemühte sich die Königin, in der Öffentlichkeit das Bild einer fügsamen Ehefrau abzugeben. In Wirklichkeit ergänzte sich das Paar in idealer Weise. Dies demonstriert auch ihr gemeinsamer Wahlspruch «*Tanto monta, monta tanto, Isabel como Fernando*» – «*Wie die eine, so der andere – Isabella und Ferdinand*».

Allein die 12-jährige Johanna, „la Beltraneja", war mit Isabellas Thronbesteigung nicht einverstanden. Sie hatte mächtige Verbündete, darunter ihren Onkel König Alfons V. von Portugal (regierte 1438–1477). Dieser heiratete seine deutlich jüngere Nichte und beanspruchte in ihrem Namen die kastilische Krone. Das Land musste nun fünf Jahre Bürgerkrieg durchstehen, am Ende jedoch triumphierte Isabella: Sie gebar einen Sohn, und der Papst annullierte die Ehe von Alfons und Johanna. Portugal und Kastilien schlossen einen Friedensvertrag; „La Beltraneja" zog sich in ein portugiesisches Kloster zurück.

Isabellas Kreuzzug

Das bestimmende Ereignis in Isabellas Regierungszeit war der Abschluss der *Reconquista* („Rückeroberung"), die vollständige Vertreibung der Muslime aus Spanien. Dabei kämpften Isabella und Ferdinand gemeinsam, *«sie mit ihren Gebeten, er mit vielen bewaffneten Männern»*. 700 Jahre zuvor hatten die Muslime den Großteil der Iberischen Halbinsel erobert, waren dann aber langsam von den christlichen Fürsten wieder zurückgedrängt worden. Im 15. Jahrhundert hielten sie nur noch das Königreich Granada im äußersten Süden. Bestärkt von ihrem Beichtvater zog Isabella in einen „heiligen" Krieg.

Isabella erklärte: *«Unser Wunsch, Gott zu dienen, und unsere Begeisterung für den heiligen katholischen Glauben haben uns veranlasst, unsere eigenen Interessen beiseite zu stellen und die andauernden Entbehrungen und Gefahren zu ignorieren, denen wir uns für die Sache aussetzen.»* Nach und nach eroberten die Christen die Festungen der Muslime. Nach jedem Sieg ließ Isabella die Fahne des heiligen Jakob hissen, des Schutzpatrons ihres Kreuzzugs. Feierliche Gottesdienste markierten den Fall von Ronda 1485 und Málaga 1487. Doch obwohl die Muslime untereinander zerstritten waren, sollte es noch Jahre dauern, ehe die Christen Granada einnehmen konnten. In eine Rüstung gekleidet und auf einem Pferd reitend begleitete Isabella ihren Mann, als dieser ihre Armee Ende 1491 gegen die muslimische Hauptstadt führte. Am 2. Januar 1492 kapitulierte Granada vor der christlichen Übermacht.

Zunächst genossen die unterlegenen Muslime religiöse Toleranz. Aber Isabellas Beichtvater, Jiménez de Cisneros (1436–1517), verlangte deren Übertritt zum Christentum. Nach einer erfolglosen Rebellion 1499 wurden die Muslime vor die Wahl gestellt: Sie konnten konvertieren oder ins Exil gehen. Die meisten konvertierten, blieben jedoch eine Gemeinschaft für sich, die von der Mehrheit der christlichen Bevölkerung mit Argwohn betrachtet wurde.

Die Spanische Inquisition

Auch die Juden wurden Opfer des christlichen Fanatismus. Jahrhundertelang hatten sie friedlich neben Christen und Muslimen gelebt. Doch nach einem königlichen Dekret von 1492 waren etwa 170 000 Juden gezwungen, Spanien zu verlassen. Der Chronist Andrés Bernáldez (1450–1513) schrieb: *«Sie [die Juden] verließen das Land ihrer Geburt, Jungen und Erwachsene, alte Männer und Kinder. Zu Fuß, auf Eseln und anderen Tieren reitend, in Wagen … Und so verließen sie Kastilien …»* Die Juden emigrierten nach Nordafrika, in die Niederlande, nach Italien und ins Osmanische Reich. Dort wusste man die Neuankömmlinge zu schätzen. Für Spanien hingegen bedeutete die Vertreibung der Juden, von denen viele als Wissenschaftler, Kaufleute, Bankiers und Handwerker gearbeitet hatten,

Zeittafel

1454 Johann II. von Kastilien stirbt. Isabellas Halbbruder tritt als Heinrich IV. die Nachfolge an.

1462 Johanna „la Beltraneja", die vermeintliche Tochter Heinrichs, wird geboren.

1469 Isabella heiratet heimlich Ferdinand von Aragón. Heinrich widerruft Isabellas Recht auf die Thronfolge zugunsten von Johanna.

1474 Nach Heinrichs Tod bemächtigt sich Isabella der Krone.

1475 König Alfons V. von Portugal heiratet Isabellas Rivalin Johanna.

1478 Isabella bekommt einen Sohn und entscheidet den Erbfolgekrieg mit Johanna zu ihren Gunsten.

1479 Ferdinand folgt seinem Vater als König von Aragón, Sardinien und Sizilien. Die Königreiche Aragón und Kastilien werden praktisch vereint.

1480 Die Inquisition wird eingeführt.

1482 Beginn des Krieges gegen das muslimische Königreich Granada.

1487 Die Christen erobern Málaga.

1492 Die Kapitulation von Granada markiert das Ende der Reconquista. Die Juden werden aus Spanien vertrieben. Von Isabella finanziert bricht Christoph Kolumbus in die Neue Welt auf.

1496 Papst Alexander VI. verleiht Ferdinand und Isabella den Titel „Katholische Könige" (*Reyes Católicos*).

1504 Königin Isabella I. stirbt; Nachfolgerin ist ihre Tochter Johanna, genannt „die Wahnsinnige".

Diese zeitgenössische Illustration zeigt einige der Folterinstrumente, die von der Inquisition angewandt wurden, um bei Verhören Geständnisse zu erpressen.

einen schweren Verlust. Wieder einmal hatte Isabella auf ihre fanatisch religiösen Berater gehört. Einer von ihnen, der Dominikanermönch und spätere Großinquisitor Tomás de Torquemada (1420–1498), hatte die berüchtigte Spanische Inquisition begründet, die systematisch die muslimischen und jüdischen Konvertiten überwachte und Andersgläubige verfolgte.

Die Konvertiten wurden zur Zielscheibe von Hass und Neid. Die „alten Christen" nannten sie *marranos* („Schweine"). Seit der Pestepidemie 1348/1349 gab es auf der Iberischen Halbinsel antijüdische Ressentiments. Später wurden die „neuen Christen" jüdischer Herkunft Opfer von Pogromen, etwa in Toledo 1467 und in Córdoba 1473. Der Übertritt konnte aber auch den Zugang zur christlichen Gesellschaft ermöglichen. Einer von Isabellas Beichtvätern, Hernando de Talavera (1428–1507), der erste Erzbischof von Granada, war jüdischer Herkunft, und selbst der Großinquisitor Torquemada stammte aus einer Familie von Konvertiten. Doch immer bestand der Verdacht, dass der Übertritt zum Christentum nur aus Berechnung erfolgt sei und die Konvertiten ihre frühere Religion heimlich weiterpflegten. Die Inquisitionstribunale sollten darum die Ernsthaftigkeit des Übertritts zum christlichen Glauben prüfen.

Isabella erhielt für ihre Vorgehensweise gegen Häretiker und Ungläubige viel Anerkennung. Ihre Zeitgenossen lobten ihren Glaubenseifer und verglichen sie mit der Jungfrau Maria. Aber im Jahr 1492 fanden nicht nur die Eroberung Granadas und die Ausweisung der Juden statt. In diesem Jahr brach auch Christoph Kolumbus (1451-1506) zur Erkundung der Neuen Welt auf. Die finanziellen Mittel hierfür hatte er von Isabella erhalten.

Aufbruch in eine neue Welt

Kolumbus wollte einen neuen Seeweg nach Indien finden. Doch sein Plan, nach Westen rund um den Globus zu segeln, wurde von vielen als undurchführbar angesehen. In Portugal hatte man Kolumbus abgewiesen, aber bei Isabella fand er Gehör. Die Portugiesen beherrschten bereits die Küsten Afrikas und des Indischen Ozeans, während Isabellas Mann Ferdinand als König von Sardinien und Sizilien das westliche Mittelmeer kontrollierte. Die Königin wollte Kastilien einen Anteil am Welthandel sichern und beschloss, in Kolumbus' Expedition zu investieren. Am 12. Oktober 1492 betrat Kolumbus auf den Bahamas erstmals amerikanischen Boden und machte damit den Weg frei für die Eroberung der Neuen Welt. Isabellas Investition machte sich mehr als bezahlt: Mit den ungeheuren Reichtümern aus den amerikanischen Kolonien finanzierten ihre Nachkommen im 16. Jahrhundert den Aufstieg Spaniens zur europäischen Großmacht. Dass die Unterwerfung der einheimischen Bevölkerung Amerikas unter dem Deckmantel der christlichen Mission ablief, entsprach ganz dem religiösen Sendungsbewusstsein der frommen Königin.

Die Schachkönigin

In ihrem Buch „Birth of the Chess Queen" (Geburt der Schachkönigin) behauptet die Autorin Marilyn Yalom, Isabella habe als Inspiration für die Königin, die mächtigste Figur auf dem Schachbrett, gedient. Das Gedicht „Love Chess", geschrieben im späten 15. Jahrhundert, sagt aus, es könne nur jeweils eine Königin zur Zeit auf dem Schachbrett geben – mit anderen Worten: Man kann seinen Bauern nicht gegen eine Königin eintauschen, solange das Original noch nicht geschlagen wurde. Das könnte ein Bezug auf Isabellas Auseinandersetzung mit ihrer Nichte Johanna „la Beltraneja" um den Thron von Kastilien sein.

Christoph Kolumbus wird nach seiner Rückkehr aus Amerika von Ferdinand II. von Aragón und Isabella I. von Kastilien empfangen. Das Gemälde stammt von Eugène Devéria (1808–1865), einem Maler der französischen Romantik.

Isabella starb 1504 im Alter von 53 Jahren in dem Wissen, dass sie Spanien als christliches Königreich geeint hatte. Kastilien fiel nicht an ihren Mann Ferdinand, der Isabella um zwölf Jahre überlebte, sondern an ihre Tochter Johanna. Der einzige Sohn, Johann, war 1497 gestorben, ihre älteste Tochter Isabella, Königin von Portugal, 1498. Die jüngste Tochter Katharina heiratete später den englischen König Heinrich VIII. (regierte 1509–1547). Die neue Königin war geistig labil, sie sollte als „*Juana la Loca*", „Johanna die Wahnsinnige", bekannt werden. Unter ihrem Sohn, dem Habsburgerkaiser Karl V. (regierte 1519–1556), wurden Kastilien und Aragón endgültig vereint. Auf der Basis, die Isabella gelegt hatte, schuf Karl das spanische Weltreich, in dem sprichwörtlich die Sonne nicht unterging.

«Auf wen passt der Titel ‹Katholische Könige› [Reyes Católicos] *besser als auf ihre Hoheiten [Isabella und Ferdinand], die unablässig danach streben, den katholischen Glauben und die katholische Kirche zu vertreten und zu vergrößern.»*

PAPST ALEXANDER VI.

Caterina Sforza

1462–1509

Herrin von Forlì und Imola

Am 11. Januar 1500 musste Caterina Sforza die Festung von Forlì ihren Feinden ausliefern. Sechs Wochen lang hatte Cesare Borgia, der Sohn des Papstes, mit seiner Armee die Zitadelle von Forlì belagert. Doch letztlich war Caterinas mutiger Widerstand den übermächtigen Truppen der Borgias, die noch verstärkt wurden durch 14 000 französische Soldaten, nicht mehr gewachsen. Die Festung fiel und Caterina wurde gefangen genommen. Cesare Borgia gliederte Forlì in den Herrschaftskomplex ein, den er sich in Norditalien aufbaute. Caterina, die in ganz Italien als kühne Kämpferin berühmt war, hatte alles verloren. Nach zwei Jahren Gefangenschaft ging sie nach Florenz, von wo aus sie bis zu ihrem Tod um ihre Besitzansprüche kämpfte.

Caterina Sforza im Jahr 1498. Ein Porträt (Öl auf Holz) von Marco Palmezzano (um 1460–1539), einem Künstler aus Forlì.

Caterina war die uneheliche Tochter von Galeazzo Maria Sforza (1444–1476), dem Herzog von Mailand, einem der mächtigsten italienischen Fürsten des 15. Jahrhunderts. Als sie zehn Jahre alt war, verlobte ihr Vater sie mit Girolamo Riario (1443–1488), dem Neffen von Papst Sixtus IV. (regierte 1471–1484). Die Hochzeit fand statt, als Caterina 14 wurde. Das Paar erhielt die Herrschaft über die Stadt Imola. Dies war ein Kompromiss zwischen dem Papst und dem Herzog von Mailand, die beide Imola beanspruchten.

Caterina begriff schnell, dass ihr Ehemann sich ganz auf die Wohltaten seines Onkels verließ, der ihm auch die strategisch wichtige Stadt Forlì übergab. Aber Girolamos Passivität erlaubte es Caterina, ihre eigenen Fähigkeiten als Herrscherin zu entwickeln.

1484, als Caterina 24 war, starb Papst Sixtus. Obwohl sie zu jenem Zeitpunkt im siebten Monat schwanger war, marschierte Caterina – und nicht ihr Ehemann – sofort nach Rom, um den Besitz der Familie zu sichern. Sie nahm die Engelsburg ein und erklärte, sie würde die päpstliche Festung nicht eher räumen, ehe ein neuer Papst gewählt worden sei und man ihr versichert hätte, dass ihr Ehemann seinen Besitz behielte. Caterinas Beharrlichkeit führte zum Erfolg. Ein zeitgenössischer Beobachter beschrieb sie so:

> *«Weise, mutig, groß, hellhäutig, gutaussehend. Sie sprach wenig und trug ein Kleid aus Satin mit einer Schleppe von zwei Ellen Länge, einen schwarzen Samthut nach französischer Mode, den Gürtel eines Mannes und eine Börse voll goldener Dukaten, ein gekrümmtes Falchion an ihrer Seite. Unter den Fußsoldaten und Reitern war sie gefürchtet: Wenn sie eine Waffe in der Hand hielt, war sie wild und grausam.»*

Dem Unglück trotzen

Drei Jahre später verteidigte Caterina erneut die Interessen der Familie. Als die Festung in Forlì angegriffen wurde, wandte sich der Kommandant an Caterina, nicht an Girolamo. Obwohl wieder hochschwanger, vertrieb sie die Angreifer innerhalb von drei Tagen.

«[Caterina] hat ihre Festung besser verteidigt als ihre Tugend.»

CESARE BORGIA NACH CATERINAS VERGEWALTIGUNG

Caterinas Festung in Forlì in der italienischen Provinz Emilia-Romagna. Hier unterlag sie schließlich Anfang 1500 den Streitkräften Cesare Borgias, der es darauf abgesehen hatte, ihr Land für sich und seinen Vater, den Papst, zu gewinnen.

ZEITTAFEL

1473 Caterina wird mit dem Papstneffen Girolamo Riario verlobt.

1477 Caterina und Girolamo heiraten, das Paar erhält die Herrschaft über Forlì.

1480 Girolamo Riario wird ebenfalls Herr von Imola.

1484 Nach dem Tod von Papst Sixtus IV. besetzt Caterina die Engelsburg, um Zusagen über den Landbesitz ihres Mannes zu erpressen.

1487 Caterina erobert die Festung in Forlì zurück, die von einer rivalisierenden Familie besetzt worden war.

1488 Caterina trotzt Girolamos Mörder, rächt seinen Tod und bleibt Regentin von Forlì und Imola.

1489 Antonio Maria Ordelaffi wird Caterinas Liebhaber.

1495 Caterinas Liebhaber Giacomo Feo wird ermordet; durch ihren grausamen Rachefeldzug verliert sie an Ansehen.

1496 Caterina beginnt ein Verhältnis mit Giovanni de' Medici; bald darauf heiraten die beiden heimlich.

1498 Giovanni stirbt, Caterina muss allein mit den mächtigen Borgias fertigwerden.

1499 König Ludwig XII. von Frankreich besetzt mit Unterstützung des Papstes Mailand. Im Gegenzug soll der Papst die Kontrolle über den Kirchenstaat – darunter auch Forlì und Imola – zurückerhalten.

1500 Cesare Borgia erobert Forlì und nimmt Caterina gefangen.

1509 Caterina stirbt in Florenz.

1488 wurde Girolamo von einer rivalisierenden Familie aus Forlì ermordet, Caterina und ihre Kinder nahm man gefangen. Aber die Verschwörer unterschätzten das Ansehen, das Caterina in der Stadt genoss. Die Einwohner lehnten es ab, sich den Mördern zu ergeben. Caterina überredete ihre Bewacher, sie in die Festung zurückkehren zu lassen, um über die Übergabe zu verhandeln. Doch sobald sie in der Zitadelle war, soll sie ihren Feinden von den Festungsmauern Beschimpfungen zugerufen haben. Als die Verschwörer nun damit drohten, ihre Kinder vor ihren Augen zu töten, hob sie angeblich ihre Röcke an und entblößte ihren Unterleib. Trotzig soll sie verkündet haben, dass sie jederzeit weitere Kinder bekommen könne. Auch Caterinas Zeitgenosse, der Diplomat, Historiker und Staatsphilosoph Niccolò Machiavelli (1469–1527), hat über dieses Ereignis berichtet.

Caterina triumphierte und ihre Kinder überlebten. Dann rächte sie sich an ihren Feinden, deren abgeschlagene Köpfe überall in der Stadt zur Schau gestellt wurden. Der Papst, Caterinas Oberherr, billigte schließlich ihre Regentschaft für ihren achtjährigen Sohn Ottaviano.

Skandale und Intrigen

Caterina war eine beliebte, wenn auch wenig kompromissbereite Regentin. Zu den Nachbarstaaten Florenz und Mailand unterhielt sie für beide Seiten nützliche Beziehungen. Dann aber erregte ihr Privatleben zunehmend Missfallen und ihr guter Ruf geriet ins Wanken. Zwar durften männliche Herrscher in aller Offenheit Mätressen haben, aber mächtige Frauen wie Caterina wurden verunglimpft, wenn sie sich Liebhaber nahmen.

Ein Jahr nach dem Tod ihres Ehemanns begann Caterina mit 26 Jahren eine Beziehung mit Antonio Maria Ordelaffi (1460–1504), dessen Familie früher über Forlì geherrscht hatte. Das Volk war begeistert und hoffte auf eine Eheschließung. Aber Caterinas Familie hintertrieb die Beziehung. Sie fürchteten, Ordelaffi könnte Caterina dem Einfluss ihrer Angehörigen entziehen. Am Ende musste Ordelaffi ins Exil nach Venedig gehen.

Ihr nächster Liebhaber war Giacomo Feo (1468–1495), der 22-jährige Bruder eines ihrer Militärbefehshaber. Ein Zeitgenosse berichtet, sie sei ganz und gar Feos Willen unterworfen:

> *«... die Madonna [Caterina] würde ihre Freunde, ihre Kinder und ihren Besitz opfern. Sie würden ihre Seelen dem Teufel verschreiben und den Staat den Türken überlassen, ehe sie aufeinander verzichteten oder voneinander getrennt lebten.»*

Die Gerüchte entsprachen kaum der Realität. Trotzdem wurde Feo 1495 ermordet. Zu den Auftraggebern gehörte auch Caterinas Sohn Ottaviano, der um sein Erbe fürchtete. Von Ottaviano abgesehen, bestrafte Caterina die Mörder mit äußerster Grausamkeit. Nicht nur die Verschwörer selbst, sondern auch deren Frauen und Kinder wurden getötet. Durch diesen unnötigen Racheakt verlor Caterina endgültig das Ansehen ihrer Untertanen.

Im Jahr darauf lernte Caterina den fünf Jahre jüngeren Giovanni de' Medici (1467–1498) kennen, der aus einer Seitenlinie der Herrscherfamilie von Florenz stammte. Die Beziehung einer Sforza mit einem Medici war politisch brisant und musste zunächst verheimlicht werden. Als Caterina schwanger wurde, heirateten die beiden in aller Stille 1497. Im

April des folgenden Jahres kam Caterinas jüngster Sohn zur Welt. Doch ihr Glück war nicht von Dauer. Im September 1498 starb ihr Mann unerwartet an einer Krankheit. Nun stand sie allein gegen ihre Feinde.

Mit dem Mut der Verzweiflung

Papst Alexander VI. (regierte 1492–1503) und dessen Sohn Cesare Borgia (1476–1507) wollten die Herrschaft ihrer Familie in Italien dauerhaft sichern. Der Papst schlug Caterina ein Ehebündnis zwischen seiner Tochter Lucrezia und ihrem Sohn Ottaviano vor, aber Caterina lehnte ab, weil sie ihre Regentschaft nicht aufgeben wollte. Als Ludwig XII. von Frankreich (regierte 1498–1515) nach Italien vordrang, kam es zur Krise. Ludwig und der Papst schlossen einen Pakt. Alexander würde Ludwig unterstützen, im Gegenzug sollte Ludwig dafür sorgen, dass die Kontrolle über den Kirchenstaat wieder an den Heiligen Stuhl zurückfiel – und dazu gehörten auch Caterinas Besitzungen Imola und Forlì. Der Papst verwies auf Caterinas schlechten Ruf und nannte sie eine *«Tochter des Lasters»*. Dann sandte er Cesare aus, um ihr ihren Besitz abzunehmen.

Cesare versuchte mit Caterina zu verhandeln. Er versprach ihr und ihren Kindern Sicherheit, eine lukrative Rente und die Rückgabe ihres Besitzes nach einiger Zeit. Aber Caterina lehnte ab. Sie rief ihm von den Wällen ihrer Festung in Forlì zu:

> *«… das Glück lacht den Unerschrockenen, und es meidet die Feiglinge. Ich bin die Tochter eines Mannes, der keine Furcht kannte. Was auch immer kommen mag, ich werde unbeirrbar voranschreiten bis zum Tod.»*

Giovanni de' Medici. Diese Büste von Mino da Fiesole stammt aus der Zeit um 1480. Aus politischer Rücksichtnahme mussten er und Caterina ihre Beziehung und ihre Ehe geheimhalten.

Angesichts der vereinigten französischen und päpstlichen Armeen wurde Caterina von ihren Verbündeten im Stich gelassen. Verzweifelt soll sie versucht haben, den Papst zu vergiften, indem sie ihm Briefe schickte, die entweder in Gift getunkt oder mit der Pest infiziert waren, aber ohne Erfolg. Trotzdem gab sie nicht auf. Bis zuletzt wollte sie kämpfen und erklärte: *«Wenn ich verlieren muss, dann verliere ich wie ein Mann.»* Als jedoch die zahlenmäßig weit überlegenen Feinde die Festung von Forlì einnahmen, fiel Caterina in die Hände Cesare Borgias, der sie angeblich vergewaltigte. Fast zwei Monate hielt er sie als seine Gefangene, ehe er die frühere Herrin von Forlì und Imola im Triumph nach Rom führte.

Ihre Kinder aus erster Ehe arrangierten sich mit der neuen Situation und ließen sich vom Papst mit einträglichen Posten abspeisen. Zwei Jahre verbrachte Caterina noch in Gefangenschaft in Rom. Dann ließ sie sich in Florenz nieder, der Heimat ihres letzten Ehemannes, von wo aus sie immer noch um ihre Besitztümer kämpfte. Dort starb sie 1509.

KRIEGERISCHES ERBE

Caterinas jüngster Sohn, Giovanni de' Medici, genannt „dalle Bande Nere" (1498–1526), erbte den Kampfgeist seiner Mutter. Als einer der letzten großen *condottieri* (Söldnerführer) machte er in ganz Italien von sich reden. Sein Sohn Cosimo I. de' Medici (1519–1574), Caterinas Enkel, wurde 1537 Herzog von Florenz und später Großherzog der Toskana.

Johanna die Wahnsinnige

1479–1555

Königin von Kastilien

Johanna von Kastilien war im Volksmund als „Juana la Loca“, *„Johanna die Wahnsinnige“, bekannt. Ihre Ehe mit Philipp dem Schönen war von großer Leidenschaft geprägt. Im Lauf der Zeit aber nahm Johannas übergroße Eifersucht bizarre Formen an. Philipps frühen Tod konnte sie kaum verkraften. Ihr Verhalten gab Anlass zu Spekulationen über ihren Geisteszustand. Doch möglicherweise steckten dahinter auch nur Verleumdungen, um sie von der Herrschaft fernzuhalten.*

Johanna war nie zur Thronerbin bestimmt. Sie wurde im November 1479 in Toledo geboren, als drittes Kind der „Katholischen Könige“ Isabella I. von Kastilien (regierte 1474–1504) und Ferdinand II. von Aragón (regierte 1479–1516). Ihr älterer Bruder Johann (1478–1497) sollte die Nachfolge seiner Eltern antreten. Außerdem hatte Johanna noch eine ältere Schwester. Alle Kinder des Königspaares erhielten eine ausgezeichnete Ausbildung. Doch die Zukunft der Töchter wurde in erster Linie von den Heiratsplänen ihrer Eltern bestimmt.

Zwischen Liebe und Wahnsinn

1496 verließ die 17-jährige Johanna den strengen Hof ihrer Eltern, um Philipp von Burgund, genannt „der Schöne“ (1478–1506), zu heiraten. Er war der Sohn von Maximilian I., Kaiser des Heiligen Römischen Reiches und Erzherzog von Österreich (regierte 1493–1519), und von Maria, Herzogin von Burgund (regierte 1477–1482). Die Ehe sollte ein Bündnis zwischen den Habsburgern und den spanischen Königen gegen den gemeinsamen Feind Frankreich besiegeln. Begleitet von 133 Schiffen und 15 000 Soldaten segelte Johanna nach Flandern, um ihrem 18-jährigen Bräutigam zu begegnen. Sie war eine große Schönheit, und die Chronisten überliefern, dass es Philipp gar nicht erwarten konnte, mit seiner Braut zu schlafen. Er bestand darauf, sofort von einem Priester getraut zu werden.

Doch schon nach kurzer Zeit legten sich erste Schatten auf die Ehe des jungen Paares. Johanna war extrem eifersüchtig. Einmal griff sie sogar eine Frau, die sie für Philipps Geliebte hielt, mit einer Schere an. Ab diesem Zeitpunkt begannen ihre Kritiker von ihrem „Wahnsinn“ zu sprechen. Bis heute gibt ihr Verhalten Rätsel auf. Ihre Zeitgenossen waren überfordert, immer wieder versuchten Beichtväter, Exorzisten und Ärzte erfolglos, Johanna

Johanna in der Zeit ihrer Hochzeit mit Philipp dem Schönen (um 1496). Das Gemälde stammt von Juan de Flandes, dem Hofmaler Isabellas von Kastilien.

von ihren Seelenqualen zu befreien. Dann, im Jahr 1497, starb Johannas Bruder Johann; ein Jahr später folgte ihm seine ältere Schwester Isabella (1470–1498), die Königin von Portugal. Sie starb im Kindbett, und ihr Sohn überlebte nur zwei Jahre. Die Zukunft der spanischen Königreiche ruhte nun auf der labilen Johanna.

Eine fragile Thronfolgerin

Im Jahr 1500, als Johanna zur spanischen Thronerbin ernannt wurde, kam auch ihr ältester Sohn, der spätere Kaiser Karl V. (regierte 1519–1556), zur Welt. Isabella und Ferdinand baten ihre Tochter, sofort in die Heimat zu kommen. Philipp aber, der gerne anstelle seiner Frau in Spanien herrschen wollte, versuchte Johanna und ihre Eltern gegeneinander auszuspielen. Er benutzte seinen Einfluss auf seine Frau und verzögerte die Abreise trotz Johannas schwacher Versuche sich durchzusetzen. Das Paar verließ Burgund erst 1501, und weil Philipp darauf bestand, reisten sie in aller Ruhe durch Frankreich.

ZEITTAFEL

1496 Johanna heiratet Philipp den Schönen von Burgund aus dem Haus der Habsburger.

1497 Johannas Bruder, der Thronfolger Johann, stirbt.

1498 Isabella, Johannas ältere Schwester, stirbt.

1500 Johanna wird Erbin der spanischen Königreiche und bringt ihren ältesten Sohn Karl zur Welt.

1501 Johanna und Philipp begeben sich auf die Reise nach Kastilien.

1502 Nach ihrer Ankunft in Spanien wird Johanna offiziell zur Nachfolgerin ihrer Eltern ernannt, Philipp soll an ihrer Seite herrschen.

1504 Der Tod Isabellas löst einen Machtkampf zwischen Philipp und Ferdinand aus; die trauernde Johanna zieht sich zurück.

1506 Ferdinand heiratet Germaine de Foix; ihr gemeinsamer Sohn Johann stirbt nach der Geburt.

1506 Philipp und Ferdinand tun sich zusammen, um Johanna zu entmündigen. Philipp stirbt noch im gleichen Jahr.

1507 Johanna bringt ihr jüngstes Kind Katharina zur Welt. Bis zu ihrem Tod wird Johanna in Tordesillas eingesperrt.

1516 Ferdinand stirbt. Johannas Sohn Karl kehrt aus den Niederlanden zurück und übernimmt die Herrschaft in Spanien.

1555 Johanna stirbt als Gefangene in Tordesillas.

Als das Paar schließlich 1502 in Spanien eintraf, wurde Johanna in aller Form zur Nachfolgerin ihrer Mutter erklärt. Aber auch Philipp sollte den Königstitel erhalten. Außerdem wurde sie als Ferdinands Erbin in Aragón anerkannt. Johanna, die erneut schwanger war, blieb bei ihren Eltern, während Philipp sich auf den Rückweg nach Burgund machte. Unterwegs nahm er hinter dem Rücken seiner Schwiegereltern Friedensverhandlungen mit den Franzosen auf. Isabella und Ferdinand waren wütend, aber Johanna hatte nur einen Gedanken: Sie wollte bei ihrem Mann sein. Also verließ sie ihre Eltern, um Philipp nachzureisen. Ihren neugeborenen Sohn Ferdinand (1503–1564) ließ sie zurück.

Philipps Handlungsweise entsetzte Isabella, und sie machte sich große Sorgen um Johannas Gesundheit. Sicherheitshalber änderte sie ihr Testament. Johanna sollte im Falle ihres Todes zur Königin von Kastilien gekrönt werden, aber Philipp sollte keinerlei Macht ausüben. Isabella legte auch ausdrücklich fest, dass kein Ausländer als Berater tätig werden dürfe. Und sollte Johannas Gesundheit sie daran hindern, ihre Pflichten als Königin zu erfüllen, würde ihr Vater Ferdinand die Regentschaft übernehmen, bis Johannas Sohn Karl volljährig wäre. Aber Isabellas Wünsche nützten wenig, um ihre Tochter zu schützen. Nach dem Tod der Königin 1504 brach ein Machtkampf zwischen Philipp und Ferdinand aus.

Zwischen den Fronten

Johanna war jetzt Königin von Kastilien und Herrin über die spanischen Besitzungen in Amerika. Philipp erklärte sich sofort zum König. Johanna aber, zutiefst traurig über den Tod ihrer Mutter, zog sich aus der Öffentlichkeit zurück. Ihr Vater Ferdinand ergriff die Gelegenheit, in Kastilien die Macht zu übernehmen. Er nutzte den Seelenschmerz seiner Tochter aus und versuchte, sie für regierungsunfähig erklären zu lassen. Philipp machte seinem Schwiegervater die Regentschaft streitig, doch Ferdinand manipulierte seine Tochter. In einem Brief sollte sie offiziell erklären, dass sie ihn unterstütze. Außer sich vor Wut verfasste Philipp selbst ein entsprechendes Schriftstück. Entweder zwang er Johanna, seinen Brief zu unterschreiben, oder aber er fälschte ihre Unterschrift. In dem Brief heißt es:

> *«Weil sie in Kastilien so tun, als wäre ich nicht bei Sinnen, ist es nur recht und billig, dass ich wieder zu Sinnen komme ... Sagt allen [in Kastilien], ... dass selbst wenn ich in dem Zustand wäre, in dem meine Feinde mich gern sähen, ich dem König, meinem Ehemann, nicht die Herrschaft über seine Reiche vorenthalten würde – und über die ganze Welt, wenn das in meiner Macht stünde.»*

Johannas angebliche Unterstützung für ihren Ehemann zerstörte Ferdinands Hoffnungen auf eine unproblematische Machtübernahme in Kastilien. Also suchte er nach einem anderen Weg. Zwei Jahre nach dem Tod Isabellas heiratete er die Nichte des französischen Königs, Germaine de Foix (1488–1538). Durch die Ehe wollte Ferdinand nicht nur die Unterstützung Frankreichs in der Auseinandersetzung mit Philipp gewinnen, er hoffte auch auf die Geburt eines Sohnes, der dann vor Johanna und Philipp als Erbe Spaniens gelten würde.

Von allen betrogen

Obwohl Philipp sie unter Druck setzte, lehnte es Johanna ab, Ferdinands Handlungsweise öffentlich zu verurteilen. Doch es fiel ihr immer schwerer, sich ihrem Mann zu widersetzen.

Schließlich untersagte er ihr sogar den Kontakt mit ihrem Vater. Einig waren sich Philipp und Ferdinand nur darin, dass Johanna nicht selbst regieren dürfe. Also entwarfen sie ein Dokument, durch das Johanna praktisch für geisteskrank erklärt wurde:

> *«[Johanna] will auf keinen Fall etwas mit irgendwelchen Regierungsgeschäften … zu tun haben … Und selbst wenn sie das wollte, hätte das den totalen Verlust und die Zerstörung dieser Reiche zur Folge – im Hinblick auf ihre Schwächen und Leidenschaften, die um des Anstands willen hier nicht beschrieben werden sollen.»*

Aber Ferdinand überlegte es sich doch anders. Er verwarf das Schriftstück und schwor, seine Tochter von ihrem Ehemann zu befreien. Nun schaltete sich der kastilische Adel ein. Besorgt über die Art und Weise, wie Johanna behandelt wurde, verlangte der Admiral von Kastilien ein Treffen mit seiner Königin. Nachdem er Johanna gesehen hatte, erklärte er sie für geistig gesund und erkannte sie als Königin an, mit ihrem Gemahl Philipp an ihrer Seite. Doch Philipp konnte seine neue Rolle nicht einmal einen Monat lang genießen. Bei einem Bankett in Burgos aß und trank er im Übermaß und war am nächsten Morgen tot. Ein Chronist schrieb: *«Aufgrund von schlechter Führung schied er aus diesem Leben ins nächste.»* Damit war Ferdinands Rivale für immer ausgeschaltet.

Philipp von Burgund, genannt „der Schöne", im Ornat der Ritter vom Orden des Goldenen Vlieses nach einem Gemälde aus dem 15. Jahrhundert. Die Seitensprünge und Intrigen ihres Ehemannes haben Johanna sehr belastet und können sehr wohl einer der Gründe für ihren angeblichen „Wahnsinn" gewesen sein.

Johanna war untröstlich und zog sich drei Monate lang zurück, genau wie nach dem Tod ihrer Mutter. Sie lehnte es ab, Philipp in Burgos bestatten zu lassen. Auf der langen Reise aus dem Norden Spaniens nach Granada im Süden behielt sie die Leiche immer in ihrer Nähe. Manche Zeitgenossen behaupteten sogar, sie hätte den Sarg von Zeit zu Zeit geöffnet, um ihrem toten Gemahl die Füße zu küssen.

Ferdinand deutete Johannas Verhalten als Beweis für ihre geistige Instabilität und übernahm die Macht. Johannas Schwiegervater, Kaiser Maximilian, kümmerte sich um die Erziehung ihrer älteren Kinder. Nur die 1507 geborene Katharina durfte Johanna zur Gesellschaft behalten. Den Rest ihres Lebens verbrachte sie als Gefangene in Tordesillas in Kastilien.

DER WAHNSINN DES DON CARLOS

Falls Johannas „Krankheit" erblich war, so hat sie diese möglicherweise an ihren Urenkel Don Carlos (1545–1568) weitergegeben. Schillers Drama und Verdis Oper „Don Carlos" erzählen die Geschichte einer unerfüllten Liebe zwischen Don Carlos, dem Sohn König Philipps II. von Spanien (regierte 1556–1598), und seiner jungen Stiefmutter Elisabeth von Valois (1545–1568). Der echte Don Carlos war jedoch ein bösartiger Verrückter, der Diener und Tiere quälte. Philipp sah sich gezwungen, ihn einzukerkern, um sein zunehmend gewaltsames Verhalten einzudämmen. Der Prinz war zwanghaft in Elisabeth verliebt und dachte, sein Vater hielte sie mit Absicht auf Distanz, doch die Königin erwiderte seine Liebe nicht.

Als Ferdinand 1516 starb, kam ihr Sohn Karl aus den Niederlanden nach Spanien, um die Regierung zu übernehmen. Von nun an herrschten die Habsburger für fast 200 Jahre über Spanien. Johanna wurde immer frommer und zog sich in ihre eigene dunkle und klösterliche Welt zurück. Im hohen Alter von 76 Jahren starb sie 1555 nach fast 50 Jahren in Gefangenschaft. Bestattet wurde sie an der Seite ihres Mannes und ihrer Eltern in Granada.

Lucrezia Borgia

1480 – 1519

Herzogin von Ferrara

Der Name Lucrezia Borgia steht für Inzest, Lasterhaftigkeit und Mord. Er ist besudelt von den Verbrechen ihrer Familie. Schon ihre Geburt als Tochter eines Kardinals und zukünftigen Papstes hatte den Ruch des moralischen Verfalls. Viele Zeitgenossen, die ihre Familie ablehnten, warfen Lucrezia Zügellosigkeit und Intrigen vor. Andere sahen sie nur als Spielball im Kampf der Borgias um die Macht. Im letzten Abschnitt ihres Lebens aber, als Herzogin von Ferrara, zeichnete sich Lucrezia als gute Landesmutter und Förderin der Künste aus.

Lucrezia wurde 1480 in Rom geboren als uneheliche Tochter des spanischen Kardinals Rodrigo Borgia (1431–1503) und seiner Geliebten Vannozza Cattanei (1442–1518). Rodrigo und Vannozza hatten vier gemeinsame Kinder – Juan (1474–1497), Cesare (um 1475–1507), Jofré (1481–1517) und Lucrezia. Von den neun Kindern, die der Kardinal insgesamt zeugte, waren diese vier seine liebsten. Lucrezia mochte er ganz besonders, vielleicht, weil sie viele Charakterzüge gemeinsam hatten. Als seine Affäre mit Vannozza bald nach Lucrezias Geburt endete, kümmerte sich Rodrigo um die Erziehung seiner Tochter. Mit ihrer Mutter hatte sie nur wenig zu tun.

Lucrezia war zwölf, als ihr Vater zum Papst Alexander VI. (amtierte 1492–1503) gewählt wurde. Der neue Papst war ein Mann von grenzenlosem Ehrgeiz. Er hatte keine Skrupel, seine Tochter als Unterpfand einzusetzen bei seiner ständig die Richtung wechselnden Suche nach günstigen und lukrativen Bündnissen. Lucrezia war mit zwei verschiedenen Männern verlobt, beide Spanier, einmal mit zehn und dann wieder mit elf, ehe ihr Vater sie 13-jährig schließlich mit Giovanni Sforza, dem Herrn von Pesaro (1466–1510), verheiratete.

Politisches Unterpfand

Der 26-jährige Giovanni war mit den mächtigen Sforza-Herzögen von Mailand verwandt. Der Papst wollte sich mit den Sforzas gegen ihren gemeinsamen Feind verbünden, den König von Neapel aus dem Haus Aragón. Vier Jahre war Lucrezia Herrin von Pesaro, doch 1497 hatten sich die politischen Verhältnisse verändert. Der Papst brauchte die Unterstützung der Sforzas nicht mehr, jetzt wandte er sich an Neapel als Bündnispartner. Er verlangte die Annullierung von Lucrezias Ehe, weil sie angeblich nie vollzogen wurde. Giovanni war wütend. Er sollte nicht nur seine Frau und die Verbindung zu ihrer einflussreichen Familie verlieren, zu allem Überfluss wurde auch noch seine Ehre in Frage gestellt.

Das Gemälde auf Holz von Bartolomeo da Venezia aus der ersten Hälfte des 16. Jahrhunderts zeigt vermutlich Lucrezia Borgia.

«Und als seine Exzellenz ihn [Giovanni Sforza] fragte, ob das wahr sei [dass die Ehe nie vollzogen wurde], antwortete er mit Nein. Ganz im Gegenteil hätte er sie [Lucrezia] unendlich oft gehabt. Aber der Papst hätte sie ihm weggenommen, nur um sie für sich zu haben, und er hatte noch viel über seine Heiligkeit zu sagen.»

ANTONIO COSTABILI, GESANDTER DES HERZOGS ERCOLE I. VON FERRARA

LUCREZIAS LIEBHABER

Wie Gerüchte behaupten, spielten zwei Männer in Lucrezias Leben eine besondere Rolle: Pietro Bembo (1470–1547) und Francesco Gonzaga (1466–1519). Bembo war ein venezianischer Gelehrter und außerdem Kardinal. Lord Byron nannte seine Briefe an Lucrezia *«die schönsten Liebesbriefe der Welt»*. Aber obwohl Bembo häufig als die Liebe ihres Lebens dargestellt wird, soll Lucrezia auch von Francesco Gonzaga fasziniert gewesen sein, dem Markgrafen von Mantua und Ehemann ihrer Schwägerin Isabella d'Este (1474–1539). Der Markgraf war für sein ausschweifendes Leben berüchtigt und starb an der Syphilis.

Francesco Gonzaga, Markgraf von Mantua, war einer der Liebhaber von Lucrezia Borgia. Die Büste stammt von dem römischen Bildhauer Giovanni Cristoforo Romano (1456–1512).

Aber gegen das Wort des Papstes konnte er nichts ausrichten. Die Ehe wurde ordnungsgemäß aufgelöst.

Ob der Vorwurf, Lucrezias Ehe sei nie vollzogen worden, begründet war, lässt sich nicht mehr klären. Giovanni jedenfalls hat ihn energisch bestritten. Er beschuldigte den Papst, er wolle Lucrezia für sich haben. Von ihm stammen die Inzestvorwürfe, die Beziehung zwischen Lucrezia und ihrem Vater betreffend. Lucrezia fühlte sich gedemütigt. Der Chronist Matarazzo aus Perugia schrieb, die Behauptung des Nichtvollzugs sei lächerlich, weil *«allgemein bekannt ist, dass sie – auch damals – die größte Hure war, die es je in Rom gab.»*

Noch bevor die Ehe aufgelöst wurde, hatten Papst Alexander und Lucrezias Bruder Cesare bereits einen neuen Ehemann für sie gefunden, der ihre politischen Pläne voranbringen sollte. Cesare Borgia liebte seine Schwester, aber er war ehrgeizig und entschlossen, sich in Norditalien einen Staat zu schaffen, solange sein Vater noch lebte und er die päpstliche Rückendeckung hatte. Trotz seiner Ergebenheit gegenüber seiner Schwester hatte er, wie sein Vater, keine Bedenken, Lucrezia als Mittel zum Zweck einzusetzen. Und er ging über Leichen: 1498 wurde die Leiche eines jungen Spaniers namens Perotto im Tiber gefunden. Dieser Mann, ein Diener des Papstes, soll Lucrezias Liebhaber gewesen sein. Sein Tod wurde allgemein Cesare zugeschrieben.

MORDANSCHLÄGE

Lucrezias neuer Bräutigam war Alfonso d'Aragona, Herzog von Bisceglie (1481–1500), der uneheliche Sohn König Alfons' II. von Neapel (regierte 1494–1495). Die beiden heirateten im Sommer 1498, aber die ehrgeizigen Pläne der Borgias wandten sich schon bald von Neapel ab. Lucrezia, die sich der Gefahr für Alfonso bewusst war, wollte ihn beschützen. 1499 gebar sie einen Sohn, Rodrigo (1499–1512), aber selbst als Vater des Jungen war Alfonso nicht sicher. Im darauffolgenden Jahr wurde er auf den Stufen des Petersdoms von einem Messerstecher angegriffen, überlebte jedoch. Cesare stritt die Tat ab: *«Ich habe den Herzog nicht verletzt. Aber hätte ich es getan, wäre es nur gewesen, was er verdiente.»*

Sicher ist aber, dass Cesare für den nächsten Mordanschlag verantwortlich war. Er wollte die Aufmerksamkeit des Papstes auf die neue Allianz mit Frankreich lenken und fürchtete, Alexander könnte sich wieder Aragón zuwenden. Cesare musste seinen Schwager loswerden, denn sein neuer Verbündeter, Ludwig XII. von Frankreich (regierte 1498–1515), erhob Anspruch auf Neapel. Hier regierte aber noch Alfonsos Familie. Cesares Entscheidung war möglicherweise auch durch die eifersüchtige Liebe zu seiner Schwester bestimmt. Von Lucrezia umsorgt, erholte sich Alfonso noch von dem ersten Angriff, als Michelotto, Cesares Handlanger, ins Zimmer stürzte und ihn erwürgte. Cesare verbreitete die Geschichte, Alfonso habe versucht, ihn zu töten, und überzeugte Alexander davon, dass der Mord notwendig war. Lucrezia, von Trauer überwältigt, zog sich nach Nepi außerhalb Roms zurück.

Cesare Borgia, Lucrezias Bruder, wurde zum Prototyp des rücksichtslosen Renaissancefürsten. Er inspirierte Niccolò Machiavelli zu seinem politischen Hauptwerk, „Il Principe" *(„Der Fürst").*

Man weiß nicht, ob Lucrezia ihrem Bruder den Mord an Alfonso je verziehen hat. Auf dem Weg zu seinen Armeen im Norden suchte Cesare seine Schwester mehrmals in Nepi auf und übernachtete bei ihr. Die beiden hatten sich immer sehr nahegestanden, und mehrere Chronisten, darunter Polo Capello, der venezianische Botschafter in Rom von 1499 bis 1500, beschuldigen sie des Inzests. Aber wie Lucrezia ihm gegenüber empfand, nachdem er ihren Ehemann beseitigt hatte, bleibt ein Geheimnis.

Herzogin von Ferrara

Mit der Unterstützung von Alexander und Cesare heiratete Lucrezia, mittlerweile 20, den Erben der vornehmen Herzöge von Ferrara, Alfonso d'Este (1476–1534). Lucrezia hoffte, nun endlich Distanz zwischen sich und die Machenschaften ihrer Familie in Rom zu bringen. Es war unvermeidlich, dass Alexander und Cesare eine neue Allianz für sie suchen würden, aber dieses Mal war sie entschlossen, von ihrer Familie unabhängiger zu werden. Alfonso d'Este war besorgt wegen des schlechten Rufs der Borgia und ihrer niedrigen Herkunft, doch die vereinigte Macht des französischen Königs und des Papstes sowie die ungeheure Mitgift der Papsttochter überzeugten ihn und seine Familie, in die Heirat einzuwilligen.

Lucrezia und Alfonso heirateten im Dezember 1501, und schon bald gelang es ihr, die Einwohner Ferraras für sich zu gewinnen. Trotz des wenig glücklichen Beginns war die Ehe ein Erfolg. Gesandte aus Ferrara mussten zugeben, Lucrezia sei *«voller Charme und Grazie»*, außerdem *«taktvoll, umsichtig, intelligent, lebhaft, anziehend und sehr liebenswert … Ihre schnelle Auffassungsgabe lässt die Augen dieser Frau Funken sprühen.»*

Alfonso d'Este verliebte sich in seine Frau. Die beiden hatten acht gemeinsame Kinder, darunter den Thronerben Ercole (1508–1559) und den Kardinal Ippolito (1509–1572), den Erbauer der Villa d'Este in Tivoli. Lucrezia etablierte in Ferrara einen glänzenden Renaissancehof, der zahlreiche Künstler und Intellektuelle anzog. Sie überlebte ihren Vater und den tiefen Fall ihres Bruders, dessen Hoffnungen auf ein eigenes Herzogtum sich nicht erfüllten. Lucrezias Position hingegen im Herzogtum Ferrara war gesichert. Hier starb sie 1519 kurz nach der Geburt einer Tochter mit nur 39 Jahren.

Zeittafel

1492 Lucrezias Vater Rodrigo Borgia wird zum Papst Alexander VI. gewählt.

1493 Lucrezia heiratet Giovanni Sforza.

1497 Alexander annulliert Lucrezias Ehe.

1498 Alexander und Cesare arrangieren Lucrezias Ehe mit Alfonso d'Aragona.

1499 Lucrezia bekommt einen Sohn von Alfonso.

1500 Alfonso wird auf Befehl seines Schwagers Cesare ermordet. Die trauernde Lucrezia zieht sich nach Nepi bei Rom zurück.

1501 Lucrezia heiratet Alfonso d'Este und zieht nach Ferrara.

1503 Papst Alexander VI. stirbt.

1504 Cesare muss nach Spanien ins Exil gehen, da er nicht länger unter dem Schutz seines Vaters steht.

1505 Alfonso folgt seinem Vater als Herzog von Ferrara; Lucrezia etabliert einen glänzenden Hof in Ferrara.

1507 Cesare stirbt im Dienst König Johanns III. von Navarra bei der Belagerung von Viana in Nordspanien.

1519 Lucrezia stirbt nach der Geburt einer Tochter.

ROXELANE

um 1500 – 1558

Sultanin des Osmanischen Reiches

1529 schien das Ende der Welt gekommen zu sein. Kanonen bombardierten Wien, die Hauptstadt des römisch-deutschen Kaisers. Der osmanische Sultan Süleyman I., von den Europäern „der Prächtige" genannt, war tief ins christliche Europa vorgedrungen. Er hatte das Osmanische Reich auf den Höhepunkt seiner Macht geführt. Mit der Hauptstadt Konstantinopel, dem heutigen Istanbul, im Zentrum erstreckte sich Süleymans Herrschaftsgebiet von den Außenbezirken Wiens über Südosteuropa und den Nahen Osten bis nach Nordafrika und zum Persischen Golf. Doch hinter dem Sultan stand eine Frau, der er in großer Liebe verbunden war. Roxelane, die als junges Mädchen nach Konstantinopel verschleppt worden war, hatte sich durch Klugheit, Beharrlichkeit, Intrigen und Mord bis an die Spitze des Reiches emporgearbeitet.

Ein venezianisches Porträt des osmanischen Sultans Süleyman I., entstanden um 1530. Wegen seiner großartigen Bauvorhaben und seines glanzvollen Hofes ist der Sultan im Westen als „der Prächtige" bekannt. Seine eigenen Untertanen nannten ihn „den Gesetzgeber".

Roxelanes Vergangenheit liegt im Dunkeln. Angeblich war sie die Tochter eines einfachen orthodoxen Priesters aus der heutigen Ukraine. Bei einem der häufigen Beutezüge der Krimtataren, die über die von Christen bewohnten Grenzgebiete herfielen, wurde sie entführt und gelangte als Sklavin nach Konstantinopel, der Hauptstadt des Osmanischen Reiches. Ihr ursprünglicher Name ist ungewiss, in Europa wurde sie später als Roxelane bekannt. Bei den Osmanen hingegen hieß sie Hürrem, „die Fröhliche", denn das Mädchen schien die Gabe zu haben, aus jeder Situation das Beste zu machen.

Sie wurde von Ibrahim Pascha (um 1493–1536) gekauft, dem späteren Großwesir und wichtigsten Berater des neuen Sultans Süleyman I. (regierte 1520–1566). Ibrahim war im gleichen Alter wie Süleyman und mit diesem zusammen aufgewachsen. Er kannte die Vorlieben seines Freundes und machte ihm Roxelane zum Geschenk für dessen Harem. Angeblich verliebte sich der Sultan sofort in die junge Sklavin.

Roxelane, hier zusammen mit ihrem Ehemann Süleyman I., auf einem Gemälde des böhmischen Barockmalers Anton Hickel von 1780. Ein venezianischer Gesandter sagte über sie: «Es gab im osmanischen Herrscherhaus keine Frau, die größere Autorität genossen hätte.»

Die Welt der Konkubinen

Der Harem des Sultans war eine in sich geschlossene und streng reglementierte Welt. An der Spitze stand die Mutter des Sultans, die *Valide Sultan*. Nur die ersten osmanischen Sultane waren offizielle Ehen eingegangen. In der Zeit Süleymans war die Macht der Osmanen längst so groß, dass sich Heiraten aus diplomatischen Gründen erübrigten. Außerdem gab es die Überlieferung, dass eine Sultanin einst von Feinden gefangen genommen und gezwungen worden sei, bei Tisch nackt zu bedienen. Um eine solche Demütigung unmöglich zu machen, sollen sich die folgenden Sultane nur noch mit Konkubinen verbunden haben.

Die Sultane konnten eine unbegrenzte Zahl Konkubinen besitzen. Wer das Glück hatte, dem Sultan einen Sohn zu gebären, genoss einen privilegierten Status. Als Roxelane an den Hof kam, gab es bereits eine Favoritin, die sanfte Gülbahar („Rose des Frühlings“).

Sie war die Mutter von Süleymans ältestem Sohn Mustafa (1515–1553). Doch die Thronfolge war im Osmanischen Reich nicht genau festgelegt. Stattdessen galt das Recht des Stärkeren. Wer sich unter den Söhnen des Sultans gegen seine Brüder durchsetzen konnte – zumeist tatkräftig unterstützt von der eigenen Mutter –, der erbte den Thron. Es verging kein Jahr, da brachte Roxelane ihren ersten Sohn zur Welt, Mehmed (1521–1543). Eine Tochter und vier weitere Söhne folgten, darunter auch Süleymans späterer Nachfolger Selim II. (regierte 1566–1574).

Ein osmanischer Sultan betritt den Harem im Topkapı-Palast in Konstantinopel (1671). Er wird begleitet von weißen und schwarzen Eunuchen. Letztere waren für den Dienst im Harem verantwortlich. Die Frauen begrüßen den Sultan mit einem Musikstück. Der Unterricht in Musik, Tanz und Konversation hatte im Harem große Bedeutung.

Mit Ehrgeiz zum Ziel

Roxelane machte sich ans Werk, ihren Söhnen die Nachfolge des Vaters zu sichern und sich selbst den ersten Platz unter den Frauen im Harem. Unter ihrem Einfluss trennte sich Süleyman innerhalb kürzester Zeit von allen anderen Konkubinen, sogar von Gülbahar, und war nur noch Roxelane treu. Das Paar war fast immer zusammen. Wenn sie voneinander getrennt waren, schrieben sie sich Liebesgedichte. Aber Roxelane wollte die Ehe.

Nach dem Tod von Süleymans Mutter Hafsa (1479–1534), der *Valide Sultan* und ersten Frau des Reiches, war für Roxelane der Weg frei. Zum Erstaunen seiner Untertanen gab der Sultan dem Drängen seiner Favoritin nach und brach mit der Tradition seiner Vorfahren. Viele glaubten sogar, ihr Herrscher sei verhext. Ein Zeitgenosse berichtete:

> *«Diese Woche hat sich in dieser Stadt ein ganz ungewöhnliches Ereignis zugetragen, eins, das in der Geschichte der Sultane noch nie dagewesen ist. … Süleyman hat sich eine Sklavenfrau aus Russland, genannt Roxelane, zur Kaiserin genommen, und es gab ein großes Fest und viel Jubel … Überall im Land wird sehr viel über diese Ehe geredet, aber niemand weiß genau, was das eigentlich zu bedeuten hat.»*

Roxelane war die erste Sklavin und Konkubine, die zur offiziellen Ehefrau eines Sultans aufstieg. Die Heirat mit Süleyman war für sie jedoch nur ein erster Schritt. Roxelane wollte an der Macht des Sultans aktiv teilhaben, und je näher sie ihrem Mann war, so glaubte sie, desto größer könnte ihr Einfluss sein. Ein Problem war aber, dass die Regierungsgeschäfte im neuen Topkapı-Palast erledigt wurden, während der Harem in einem anderen Stadtviertel im sogenannten Alten Palast *(Eski Saray)* untergebracht war. Ein Unglück, bei dem sie vielleicht selbst die Finger im Spiel hatte, gab Roxelane die Gelegenheit zum Umzug. Wegen der Erdbebengefahr waren viele Wohngebäude Konstantinopels aus Holz errichtet. Selbst kleine Feuer konnten so schnell verheerende Auswirkungen haben. 1540 vernichtete ein solche Brandkatastrophe den Alten Palast und das umgebende Viertel.

Das Leben im Harem

Der Harem war durchaus nicht ein Ort zügelloser Lust, wie es gerne dargestellt wurde. Das Leben am Hof folgte strengen Regeln, und die betrafen auch das Privatleben der Sultane. Die Ausbildung der jungen Frauen spielte eine wichtige Rolle. Falls sie nicht zu den Favoritinnen des Sultans gehörten, konnten die Frauen den Harem wieder verlassen und waren aufgrund ihrer Erziehung begehrte Heiratskandidatinnen. Auch als Wirtschaftsfaktor spielte der Harem eine Rolle. So wurden hier zum Beispiel Stoffe veredelt und weiterverkauft. Durch Mittelsfrauen war der Harem aktiv am Wirtschaftsleben beteiligt.

«Sie sagen, sie hat ihn [den Sultan] verhext. Deshalb nennen sie sie Ziadi, das bedeutet Hexe.»

LUIGI BASSANO DA ZARA, DER ITALIENISCHE PAGE SULTAN SÜLEYMANS I.

Im Zentrum der Macht

Roxelane und Hunderte Haremsdamen und Eunuchen waren jetzt heimatlos. Die Sultanin führte sie in einer prunkvollen Prozession zum Topkapı-Palast und bat ihren Ehemann in aller Form um Obdach. Er erklärte sich bereit, sie aufzunehmen. Roxelane zog in den Palast und sollte ihn nie mehr verlassen. Sie ließ zwischen ihren neuen Räumlichkeiten und Süleymans Gemächern eine private Tür einbauen. Damit hatte sie ungehinderten Zugang zum Sultan und zum *Diwan*, dem Rat der Minister. In dem Raum, in dem der *Diwan* tagte, ließ Süleyman ein Fenster mit Gitterwerk anbringen, von dem aus Roxelane alles beobachten konnte, ohne selbst gesehen zu werden. Mit Roxelanes Ankunft im Topkapı-Palast begann die Zeit, in der die Frauen des Harems zunehmend Einfluss auf die Regierung gewannen. In der Folge konnten ihre Intrigen die Stabilität des Reiches gefährden. Andererseits konnten aber auch fähige Mütter und Frauen von Sultanen deren Schwächen ausgleichen.

Nach ihrer Heirat war Roxelane die erste Frau des Reiches, aber noch gab es zwei Rivalen um die Macht. Zum einen gefährdete Mustafa, Süleymans ältester Sohn, der als Kriegsheld verehrt wurde, die Thronbesteigung ihrer eigenen Söhne. Und dann gab es noch Ibrahim Pascha, den einflussreichen Großwesir und engsten Freund ihres Mannes.

Doppelter Betrug

Zunächst kümmerte Roxelane sich um Ibrahim. Durch Verleumdungen soll sie Süleyman gegen den Großwesir eingenommen haben. Schließlich erteilte der Sultan den Befehl, Ibrahim zu strangulieren. Gerüchten zufolge sollen Süleyman und Roxelane im Nebenzimmer geschlafen haben, als der Mord stattfand. Roxelane, so behauptete man, hätte ihren Ehemann mit Küssen überschüttet, damit er die Schreie Ibrahims nicht hörte.

Einige Jahre nach Ibrahims Tod gelang Roxelane ein weiterer Schachzug. Auf ihre Anregung hin ernannte der Sultan Rüstem Pascha (1505–1561), den Ehemann ihrer Tochter und Roxelanes engen Freund, zum neuen Großwesir. Gemeinsam kümmerten sich die Sultanin und ihr Schwiegersohn um den Prinzen Mustafa. Sie überzeugten Süleyman, sein ältester Sohn plane einen Aufstand gegen seinen Vater. Mustafa war zwar populär, doch am Ende gelangte der Sultan tatsächlich zu der Überzeugung, es gebe eine Verschwörung, und befahl seine Ermordung. Jetzt war der Weg frei für Roxelanes ältesten noch lebenden Sohn Selim. Nach Süleymans Tod 1566 folgte er seinem Vater auf den Thron.

Doch die Thronbesteigung ihres Sohnes erlebte Roxelane nicht mehr. Sie starb 1558, acht Jahre vor ihrem Mann. Ihre Tochter Mihrimah (1522–1578) nahm ihre Position als erste Frau am Hof ein. Roxelane hatte einen Präzedenzfall geschaffen. Von nun an konnten auch die Frauen des osmanischen Herrscherhauses die Politik des Reiches beeinflussen.

Zeittafel

1520 Süleyman I. folgt seinem Vater Selim I. als Sultan des Osmanischen Reiches.

um 1520 Ibrahim, der Freund Süleymans, kauft die Sklavin Roxelane und schenkt sie dem Sultan.

1521 Süleyman erobert Belgrad und dringt nach Ungarn vor.

1523 Ibrahim Pascha wird Großwesir.

1524 Selim (II.) wird geboren.

1526 Die Osmanen besiegen die Ungarn und besetzen das heutige Budapest.

1529 Die Osmanen belagern erstmals Wien, ziehen sich aber wieder zurück.

1534 Süleyman heiratet Roxelane.

1534 Süleyman und Ibrahim erobern Bagdad.

1536 Ibrahim Pascha wird auf Betreiben Roxelanes hingerichtet.

1540 Ein Feuer vernichtet den Alten Palast. Roxelane und der Harem ziehen in den Topkapı-Palast.

1544 Rüstem Pascha, Roxelanes Freund und Schwiegersohn, wird Großwesir.

1547 Waffenstillstand zwischen den Osmanen und den Österreichern, die Süleyman fortan Tribut zahlen müssen.

1553 Nach Gerüchten über einen geplanten Aufstand wird Süleymans ältester Sohn Mustafa hingerichtet.

1558 Roxelane stirbt.

1566 Süleyman stirbt; Nachfolger wird sein Sohn mit Roxelane, Selim II.

Maria I. Tudor
1516–1558
Königin von England

Erst mit Ende dreißig bestieg Maria Tudor den englischen Thron, als erste Königin aus eigenem Recht. Ihr Vater hatte sie gedemütigt, ihr Ehemann verabscheute sie und viele ihrer Untertanen lehnten sie wegen ihres katholischen Glaubens ab. Die Protestanten, die sie verfolgen ließ, nannten sie „Bloody Mary", „Maria die Blutige". Ihre fünfjährige Regierungszeit blieb eine kurze Episode und wurde von der glanzvollen Herrschaft ihrer Halbschwester Elisabeth I. in den Schatten gestellt.

Maria war das einzige überlebende Kind von König Heinrich VIII. (regierte 1509–1547) und der ersten seiner sechs Ehefrauen, Katharina von Aragón (1485–1536). Als Maria 1516 geboren wurde, waren ihre Eltern einander noch sehr zugewandt. Eine Proklamation begrüßte Marias Geburt: *«Gott gebe der allerhöchsten, edlen und vortrefflichen Prinzessin Maria ein gutes und langes Leben ...»* Heinrich VIII. hoffte aber weiterhin, seine 31-jährige spanische Königin würde ihm einen Sohn gebären, um das Haus Tudor fortzusetzen.

Königin Maria I. Tudor, gemalt vom holländischen Porträtisten Antonius Mor 1554, im Jahr ihrer Eheschließung mit Philipp II. von Spanien. Obwohl es England laut Ehevertrag ausdrücklich untersagt war, sich an den spanischen Kriegen zu beteiligen, ließ Maria sich in den Konflikt mit Frankreich hineinziehen und verlor so Englands letztes Territorium auf dem Kontinent, den Hafen von Calais. Dieser Verlust traf sie hart: Sie behauptete immer, nach ihrem Tod würde man die Worte „Calais" und „Philipp" in ihr Herz geschnitten finden.

Als kleines Mädchen wurde Maria sehr geliebt. König Heinrich mochte ihr hübsches Gesicht und ihre Musikalität. Vor allem aber konnte er sie für Heiratsallianzen einsetzen. Erst versprach er sie dem französischen Kronprinzen und dann ihrem Cousin Karl V., dem römisch-deutschen Kaiser. Königin Katharina gab an Maria ihr Wissen über Geschichte, Philosophie und Theologie weiter. Sie vermittelte ihrer Tochter auch die tiefe Religiosität, die sie von ihren eigenen Eltern erfahren hatte, den „Katholischen Königen" Isabella I. von Kastilien (regierte 1474–1504) und Ferdinand II. von Aragón (regierte 1479–1516).

Maria erhielt eine ausgezeichnete Erziehung, die sie darauf vorbereiten sollte, ihre Verpflichtungen an der Seite eines künftigen Ehemannes und Herrschers zu erfüllen. Dass sie einmal selbst regieren würde, schien wenig wahrscheinlich, zumal Heinrich immer noch die Geburt eines Sohnes erwartete. Obwohl Frauen in England nicht explizit von der Thronfolge ausgeschlossen waren, hatte es bisher keine Königin aus eigenem Recht gegeben.

Grausame Trennung

Als Maria neun Jahre alt war, trennte Heinrich sie zum ersten Mal von Katharina. Er war wütend, weil der Kaiser die Hand seiner Tochter abgelehnt hatte zugunsten einer Prinzessin aus Portugal. Also bestrafte er seine Frau für das Verhalten ihres Neffen, indem er Maria nach Ludlow an der walisischen Grenze verbannte. Zwei Jahre später kehrte sie an den

Katharina von Aragón, die erste Ehefrau von König Heinrich VIII. von England und die Mutter Marias I. Der Maler, Michiel Sittow (1469–1525), weilte längere Zeit am Hof von Katharinas Mutter, der Königin Isabella von Kastilien.

Hof zurück, weil ihr Vater sie nun mit einem Sohn des französischen Königs verheiraten wollte. Am Hof begegnete Maria zum ersten Mal Anne Boleyn (um 1507–1536), jener Frau, die ihr Leben zerstören sollte.

Heinrich VIII. war völlig vernarrt in die junge Anne Boleyn. Die Tochter eines englischen Adeligen war in Frankreich erzogen worden. Sie war nicht schön, aber klug und schlagfertig. Der König war von der Ehe mit Katharina enttäuscht. Seine Frau war mittlerweile 40 Jahre alt und würde den gewünschten männlichen Erben vermutlich nicht mehr gebären. Heinrich wollte seine Ehe annullieren lassen. Die junge Anne, so hoffte er, würde ihm die ersehnten Söhne schenken.

Die Aufhebung der Ehe zwischen Heinrich VIII. und Katharina von Aragón führte zum Bruch mit der römisch-katholischen Kirche. Unter dem Druck von Katharinas Verwandten lehnte es Papst Clemens VII. (amtierte 1523–1534) ab, einer Scheidung zuzustimmen. Heinrich verstieß Katharina trotzdem, heiratete 1533 seine Geliebte und erklärte sich zum Oberhaupt der Kirche von England. Katharina lehnte es jedoch ab, die Scheidung zu akzeptieren. Für Maria war die Trennung ihrer Eltern eine Katastrophe. Da die Ehe des Königspaares für ungültig erklärt wurde, galt Maria fortan als uneheliches Kind. Zudem untersagte Heinrich seiner Tochter jeden Kontakt mit ihrer Mutter.

Rivalin um den Thron

Im September 1533 bekam Königin Anne eine Tochter, Elisabeth. Sie nutzte diesen Moment des Triumphes, um ihre Vorgängerin zu demütigen und Katharinas Taufkleid für ihre Tochter zu verlangen. Die kleine Elisabeth machte Maria nicht nur ihren Rang in der Thronfolge streitig, sondern auch die Liebe ihres Vaters. Schließlich wurde Maria auch formal von der Erbfolge ausgeschlossen. Außerdem sollte sie ihrer jungen Halbschwester als Kammerfrau dienen. Obwohl sie um ihr Leben fürchten musste, lehnte es Maria jedoch ab, auf ihren Thronanspruch zu verzichten. Sie wollte weg vom Hof und machte sich Sorgen um ihre Mutter. Auch war sie nicht bereit, König Heinrich als Kirchenoberhaupt zu akzeptieren.

Als Katharina 1536 starb, hatte Maria ihre Mutter seit fünf Jahren nicht mehr gesehen und durfte auch nicht an ihrer Beerdigung teilnehmen. Noch im gleichen Jahr wurde ihre verhasste Stiefmutter aufgrund erfundener Anschuldigungen hingerichtet. Auch sie hatte dem König keinen Sohn schenken können. Marias Situation verbesserte sich jedoch nicht, trotz der Bemühungen von Heinrichs neuer Frau, der sanften Jane Seymour (1507/08–1537). Heinrich verlangte, dass Maria ihn als Kirchenoberhaupt anerkannte und ihren Ausschluss aus der Thronfolge akzeptierte. Am Ende fügte sich Maria dem Willen ihres Vaters. Sie

HEINRICHS SUCHE NACH TRENNUNGSGRÜNDEN

Um seine Ehe mit Katharina von Aragón für ungültig erklären zu lassen, musste Heinrich VIII. einen triftigen Grund vorbringen. Katharina war zuerst mit Heinrichs älterem Bruder Arthur (1486–1502) verheiratet gewesen. Das Kirchenrecht verbot Ehen zwischen Schwager und Schwägerin, aber da die Ehe mit Arthur offiziell nie vollzogen worden war, erteilte der Papst seine Erlaubnis. Nun behauptete Heinrich, die Ehe sei doch vollzogen worden und daher seine eigene Ehe mit Katharina inzestuös. Arthur soll nach seiner Hochzeitsnacht gesagt haben: *«In Spanien ist heiß arbeiten ...»* Aber das war möglicherweise nur jugendliche Aufschneiderei, denn Arthur war erst 15 Jahre alt. Katharina hielt bis zu ihrem Tod an der Ehe mit Heinrich fest und akzeptierte die Trennung nicht.

unterzeichnete ein Dokument, mit dem sie die Unrechtmäßigkeit der Ehe ihrer Eltern eingestand und Heinrich als Haupt der Kirche von England bestätigte. Sie hatte wohl keine andere Wahl, denn der König hätte sie wahrscheinlich getötet.

Endlich ein Sohn

Weil sie sich untergeordnet hatte, durfte Maria an den Hof zurückkehren. Sie war jetzt 20 Jahre alt und hatte seit fünf Jahren nicht mehr mit ihrem Vater gesprochen. Sie war dankbar, als Jane Seymour 1537 einen Sohn bekam, denn die Thronfolge war damit kein Thema mehr. Bis zu Heinrichs Tod hielt sich Maria im Hintergrund. Nur zu gern erkannte sie ihren Halbbruder Eduard VI. (regierte 1547–1553) als künftigen König an. Maria hoffte weiterhin auf eine Ehe – aber sie wusste, solange ihr Vater Heinrich lebte, würde sie «*... bloß Lady Mary, die unglücklichste Frau der Christenheit*» bleiben.

1547, als Maria 31 war, starb Heinrich VIII. Er sorgte großzügig für beide Töchter. Nun war Maria eine reiche Landbesitzerin. In den sechs Regierungsjahren ihres Halbbruders Eduard VI. mied sie den Königshof, der von Protestanten beherrscht wurde. Als Eduard mit 15 Jahren tödlich erkrankte, überredete ihn der ehrgeizige Regent John Dudley, Herzog von Northumberland (1501–1553), Heinrichs Nachfolgeregelung zu kippen. Maria und Elisabeth wurden zugunsten ihrer protestantischen Cousine Lady Jane Grey (1537–1554), der Schwiegertochter Northumberlands, aus der Erbfolge gestrichen. Zwar war auch Elisabeth eine Protestantin, aber Northumberland argumentierte gegenüber Eduard, er könne nicht die eine Schwester streichen und die andere nicht.

Maria setzt sich durch

Als Eduard 1553 starb, rechnete zunächst niemand damit, dass Maria um den Thron kämpfen würde. Doch ihr Ziel war es, als Königin die Verstoßung ihrer Mutter rückgängig zu machen und England zum katholischen Glauben zurückzuführen. Die Unterstützung für Lady Jane und ihren unbeliebten Schwiegervater war gering. Das Volk betrachtete Maria, die älteste Tochter Heinrichs VIII., trotz ihres Katholizismus als rechtmäßige Königin, und dieselben Truppen, die ausgesandt wurden, um Maria gefangen zu nehmen, scharten sich nun um sie. Im Alter von 37 Jahren wurde Maria zur ersten regierenden Königin von England gekrönt. Ein Italiener, der sich zu jener Zeit in London aufhielt, berichtet, wie

> *«Menschen hierhin und dorthin rannten, Hüte in die Luft flogen, Rufe zum Himmel schallten, überall Feuer entzündet wurden und alle Glocken klangen ... Die Leute waren verrückt vor Freude. Sie feierten und sangen, und die Straßen waren die Nacht hindurch voller Menschen.»*

Mit denjenigen, die Lady Jane unterstützt hatten, verfuhr Maria gnädig. Das Leben ihrer jungen Cousine, die erst 15 Jahre alt war, wurde verschont. Völlig zu Recht nahm Maria an, Jane sei lediglich eine Marionette Northumberlands und seiner Verbündeten gewesen. Allerdings wurde sie im Tower von London gefangen gesetzt. Janes Mutter, Lady Frances Brandon, Herzogin von Suffolk (1517–1559), blieb eine von Marias engsten Freundinnen. Die Herzogin, der das Wohlwollen der Königin wichtiger war als ihre Familie, verwendete sich nicht für ihre Tochter. Nur Northumberland selbst wurde zum Tode verurteilt.

ZEITTAFEL

1516 Maria wird als Tochter Heinrichs VIII. und seiner ersten Frau, Katharina von Aragón, geboren.

1525 Katharinas Neffe weist die Hand Marias zurück. Um die Königin zu bestrafen, verbannt Heinrich ihre Tochter vom Hof.

1527 Maria kehrt an den Hof zurück.

1533 Heinrich annulliert seine Ehe mit Katharina und heiratet Anne Boleyn. Ein Jahr später wird die spätere Königin Elisabeth geboren.

1536 Katharina stirbt; Maria darf an ihrer Beerdigung nicht teilnehmen. Anne Boleyn wird enthauptet und Heinrich heiratet Jane Seymour. Maria muss ihren Vater als Oberhaupt der englischen Staatskirche anerkennen.

1537 Jane Seymour bekommt einen Sohn und männlichen Erben, Eduard.

1543 Heinrich VIII. nimmt Maria und Elisabeth wieder in die Thronfolge auf, nach ihrem Halbbruder Eduard.

1547 Heinrich stirbt, sein Sohn folgt als Eduard VI.

1552 Eduard erkrankt, sein Berater, der Herzog von Northumberland, überredet ihn, Heinrichs Nachfolgeregelung aufzukündigen zugunsten von Lady Jane Grey.

1553 Eduard VI. stirbt; Maria I. setzt sich gegen Lady Jane Grey durch.

1554 Nach der Wyatt-Verschwörung befiehlt Maria die Hinrichtung von Lady Jane Grey. Maria heiratet Philipp von Spanien.

1558 Maria stirbt.

Philipp II., König von Spanien seit 1556, auf einem zeitgenössischen Porträt des spanischen Renaissancemalers Alonso Sánchez Coello. Philipp heiratete Maria 1554. Die Engländer waren entsetzt, dass Maria mit einem katholischen Ausländer den englischen Thron teilen sollte. Ein Aufstand war die Folge, der aber niedergeschlagen wurde. Philipp verbrachte wenig Zeit in England mit Maria, so gingen aus der vierjährigen Ehe keine Kinder hervor.

Das wichtigste Anliegen Marias war es, die englische Staatskirche, die ihr Vater geschaffen hatte, wieder mit Rom auszusöhnen. Sie unterschätzte jedoch, wie tief verwurzelt der Protestantismus inzwischen war. Viele Mitglieder des Adels hatten von der Auflösung der Klöster profitiert und wollten den beschlagnahmten Kirchenbesitz nicht mehr zurückgeben. Auch an einem Wiedererstarken des päpstlichen Einflusses war niemandem gelegen. Obwohl ihre Berater und selbst ihr Cousin, Kaiser Karl V., sie warnten, sie möge vorsichtig sein, hielt Maria die Rückkehr Englands zum Katholizismus für unvermeidlich. Sie glaubte: *«Wenn Gott mit uns ist, wer könnte gegen uns sein?»*

Eine unpopuläre Verbindung

Jetzt wandte sich Maria auch der Frage ihrer Eheschließung zu. Sie musste einen Erben zur Welt bringen, andernfalls würde ihr ihre protestantische Halbschwester Elisabeth auf den Thron folgen. Beeinflusst von Kaiser Karl V. fiel ihre Wahl auf dessen Sohn Philipp (1527–1598). Der spanische Prinz war elf Jahre jünger als sie und ein strenggläubiger Katholik. Allerdings lehnte der Großteil ihrer Berater und ihrer Untertanen die geplante Ehe ab. Niemand wollte in den Krieg der Spanier mit Frankreich hineingezogen werden. Doch Maria verliebte sich erst in Philipps Porträt und dann in den Mann selbst. Die Königin war keine schöne Frau mehr. Sie hatte die meisten ihrer Zähne verloren und die Blütezeit ihrer Jugend lag lange hinter ihr. Ein Angehöriger aus dem Haushalt Philipps von Spanien schrieb: *«Die Königin … ist … klein und eher wabbelig als dick, sie hat eine weiße Haut und sie ist blond. Und sie hat keine Augenbrauen. Sie ist eine perfekte Heilige, und sie kleidet sich schlecht.»*

Maria wies die Bedenken des Parlaments gegen ihre Ehe zurück und entgegnete scharf, dass *«das Parlament üblicherweise keine solche Sprache gegenüber den Königen von England gebrauche»*. Der Protestant Thomas Wyatt (1521–1554) griff sogar zu den Waffen, um die Heirat zu verhindern. Mit 3000 Anhängern marschierte er nach London. In einer ergreifenden Ansprache wandte sich Maria an die Einwohner Londons. Sie erklärte sich zu ihrer *«Königin und Mutter … Nicht weil ich euch als meine Kinder ausgetragen hätte, sondern wegen meiner mehr als mütterlichen Liebe zu euch – seit dem Tag, an dem ihr mich zu eurer Königin und Herrscherin erwählt habt.»* Dann versicherte sie den Londonern, ihre Ehe mit Philipp sei nur zu ihrem Besten: *«Weil ich so denke und weil ich mich fest dazu entschlossen habe, bitte ich euch ernsthaft, meine geliebten Untertanen, offen zu sagen, ob ich von euch Loyalität und Gehorsam erwarten darf oder ob ihr euch der Partei des ruchlosen Verräters an mir, eurer Königin, anschließen wollt.»*

Wyatts Aufstand wurde niedergeschlagen. Er hatte geplant, Lady Jane Grey auf den Thron zu bringen. Obwohl diese selber nichts mit der Rebellion zu tun hatte, wurde sie im Februar 1554 hingerichtet. Maria wollte jede weitere Bedrohung ihrer Herrschaft ausschließen.

Philipp von Spanien traf im Sommer 1554 in England ein. Er erhielt zwar den Königstitel, doch die Herrschaft sollte allein bei Maria liegen. Außerdem versuchte sie, die Engländer mit einem Ehevertrag zu beruhigen. Demnach würde Philipp auch dann keine Macht erhalten, wenn Maria vor ihm sterben sollte. Nun verbrachte die Königin ihre noch verbleibenden Jahre mit einem widerstrebenden Ehemann. Maria verehrte Philipp, doch dieser fand sie alt und hässlich. Dennoch versuchten sie verzweifelt, einen katholischen Thronfolger zu zeugen. Ein Mann aus Philipps Gefolge schrieb an den spanischen Sekretär Kaiser Karls V.:

> *«Um offen mit Euch zu sprechen, es braucht schon einen großen Gott, um diesen Becher zu leeren ... Das Beste ist noch, dass dem König völlig klar war, dass diese Ehe nicht aus fleischlichen Überlegungen geschlossen wurde, sondern um die Unordnung im Königreich zu beheben.»*

Aber Maria wurde nicht schwanger. Die Ursache waren vielleicht lebenslange unregelmäßige Menstruationszyklen. Doch ihre Sehnsucht nach einem Kind war so groß, dass es sogar zu Scheinschwangerschaften kam, bei denen alle körperlichen Symptome einer Schwangerschaft auftraten. Ihrer überdrüssig verließ Philipp sie schließlich und kehrte nach Spanien zurück. Maria war verzweifelt. Hinzu kam noch, dass England im Bündnis mit Spanien seinen letzten Stützpunkt auf dem europäischen Festland, Calais, an die Franzosen verlor.

Die Verbrennung von Thomas Iveson im Jahr 1555 in Chichester während der Protestantenverfolgung durch Maria. Illustration aus „Foxes Buch über die Märtyrer“ von John Foxe, das 1563 veröffentlicht wurde.

Verfolgung der Protestanten

Die Nachwelt behielt die glücklose Königin als „*Bloody Mary*“, „Maria die Blutige“, in Erinnerung. Ihr Hass auf die Protestanten mündete schließlich in einer Welle blutiger Verfolgungen. Insgesamt ließ sie 283 Protestanten auf dem Scheiterhaufen verbrennen. Die Gewalt sollte abschreckend wirken, doch stattdessen schuf sie Märtyrer und bestärkte die Gläubigen.

Maria starb am 17. November 1558 an einer Grippe. Sie hatte keine Kinder und damit keine Möglichkeit, die Thronfolge ihrer protestantischen Schwester Elisabeth zu verhindern. Philipp bemerkte lakonisch: *«Ich fand ihren Tod doch recht bedauerlich.»*

«Nun, meine mich liebenden Untertanen, was ich bin, das wisst ihr gut. Ich bin eure Königin, und ihr habt mir bei meiner Krönung, als ich mich dem Reich und seinen Gesetzen vermählte, Gefolgschaft und Gehorsam geschworen.»

MARIA I. TUDOR

Katharina von Medici

1519—1589

Königin von Frankreich

Katharina, die Nachfahrin der berühmten Kaufmannsfamilie Medici aus Florenz, stieg zur Königin von Frankreich auf. Sie gebar ihrem Mann zehn Kinder, doch die Ehe war überschattet von den Affären des Königs. Nach dessen Tod war sie für fast 30 Jahre die eigentliche Herrscherin über Frankreich. Ihr Ruf war alles andere als gut: Sie galt als Intrigantin, Giftmörderin und Anhängerin des Okkultismus. Darüber hinaus ist ihr Name unwiderruflich mit dem Massaker an den Hugenotten in der Bartholomäusnacht 1572 verbunden. Für ihren Zeitgenossen, den frauenfeindlichen schottischen Reformator John Knox, zeigte die Regentschaft Katharinas die schlimmsten Auswüchse einer «Weiberherrschaft».

Katharina, eine Verwandte von Papst Clemens VII. (amtierte 1523–1534), war die Tochter des Herzogs von Urbino, Lorenzo II. de' Medici (1492–1519), und einer französischen Adligen, Madeleine de La Tour d'Auvergne (1495–1519). Nur wenige Wochen nach ihrer Geburt im Frühjahr 1519 starben beide Eltern an der Pest. Katharina war nun plötzlich unerhört reich, ein Waisenkind und lohnende Beute für künftige Verehrer.

Katharina von Medici nach einer Illustration des italienischen Malers Santi di Tito (1536–1605). Solange ihr Ehemann regierte, besaß Katharina keinen politischen Einfluss. Aber während der Regierungszeit ihrer Söhne übte sie erhebliche politische Macht aus.

König Franz I. von Frankreich (regierte 1515–1547) suchte das Bündnis mit dem Papst und wollte sich gleichzeitig Katharinas Erbe in Frankreich und Italien sichern. Also arrangierte er 1533 Katharinas Heirat mit seinem zweiten Sohn Heinrich, dem Herzog von Orléans (1519–1559). Noch im gleichen Jahr traf das 14-jährige Mädchen am französischen Hof ein. Dass Katharina, die Nachfahrin einer Florentiner Kaufmannsfamilie, einmal Königin von Frankreich würde, schien jedoch unwahrscheinlich.

Katharina galt nicht als schön, aber sie war elegant und wusste, wie sie sich am besten präsentierte. Um ihre Figur zu betonen, trug sie üppige, schön geschnittene Kleider. Sie verkörperte das Ideal einer gebildeten Frau der Renaissance, sprach fließend Latein, Französisch,

«Was konnte die arme Frau denn nach dem Tod ihres Gatten tun, mit … zwei Familien in Frankreich, unserer und der Familie Guise, die sich nur zu gern der Krone bemächtigt hätten? War sie nicht gezwungen, seltsame Rollen zu spielen und den ein oder anderen zu täuschen und dadurch, wie sie es getan hat, ihre Kinder zu beschützen, die eins nach dem anderen regierten, aufgrund der Weisheit einer so fähigen Frau? Ich wundere mich nur, dass sie es nicht schlimmer getrieben hat!»

HEINRICH IV. VON FRANKREICH ÜBER SEINE FRÜHERE SCHWIEGERMUTTER KATHARINA VON MEDICI

Italienisch und Griechisch. Ferner hatte sie eine Leidenschaft für Mathematik, Astrologie und Physik. Aber sie vertraute auch auf Wahrsager und Traumdeuter. Manche, darunter ihre Tochter Margot (1553–1615), glaubten sogar, die Königin besäße hellseherische Fähigkeiten. Jahre später fand ihre Rivalin Diane de Poitiers (1499–1566) Zeichnungen von Pentagrammen und andere Beispiele „schwarzer Magie" in Katharinas Schloss Chaumont.

Unerwartetes Erbe

1536 starb überraschend Heinrichs älterer Bruder. Nun sah es so aus, dass eines Tages Katharina und ihr Mann den Thron erben würden. Aber Katharinas Position war heikel. Ihr Verwandter, Papst Clemens VII., war inzwischen gestorben und hatte sie in Frankreich ohne Beschützer zurückgelassen. Ihr Mann stand ganz unter dem Einfluss von Diane de Poitiers, seiner früheren Erzieherin, die 19 Jahre älter war als er. Katharina liebte ihren Mann, aber dieser hatte nur Augen für seine Mätresse. Bis zu Heinrichs Tod hielt Diane ihren Liebhaber fest im Griff, bemühte sich aber auch um ein gutes Verhältnis zu Katharina. Der betrogenen Ehefrau blieb nichts anderes übrig als abzuwarten. Am schlimmsten aber war, dass Katharina zunächst keine Kinder bekam, egal wie oft Diane den widerstrebenden Heinrich zu seiner ungeliebten Frau schickte. Aber Katharina fand schnell heraus, dass der Schlüssel zu ihrem Überleben beim König lag. Sie ließ ihren Charme spielen, und Franz, der sie erst verstoßen wollte, wurde zu ihrem Mentor. Auch später setzte Katharina ihr Talent im Umgang mit Menschen immer wieder für ihre Zwecke ein.

Katharina wusste, dass die Unterstützung durch den König nur vorübergehend sein würde, daher setzte sie jedes nur denkbare Mittel ein, um schwanger zu werden. Zehn Jahre blieb sie unfruchtbar, bis ein Arzt, Jean Fernel (1497–1558), ein „Heilmittel" empfahl, dessen Inhalt bis heute unbekannt ist. 1544 gebar Katharina einen Sohn, den späteren König Franz II. (regierte 1559–1560). Die Erbfolge war gesichert und damit auch Katharinas Zukunft in Frankreich. In den nächsten zwölf Jahren bekam sie insgesamt neun weitere Kinder, von denen die meisten überlebten. Ihre Kinder waren jedoch fortwährend krank, hatten Infektionen oder Asthma. Später litten einige von ihnen an Demenz, möglicherweise eine Erbkrankheit. Allein Margot war ihr Leben lang robust.

Im Jahr 1547 starb König Franz I. Sein Sohn folgte ihm als Heinrich II. (regierte 1547–1559), und Katharina wurde im Alter von 28 Jahren Königin von Frankreich. Sie betrauerte den Verlust ihres Schwiegervaters, Beschützers und Freundes aufrichtig. Später, als sie selber die Regierung führte, orientierte sie sich immer an seinem Vorbild.

Ein Porträt von König Heinrich II., ausgeführt von dem Miniaturmaler François Clouet (1510–1572). Heinrich heiratete die gleichaltrige Katharina aus politischen Gründen, doch seine Zuneigung galt allein seiner Geliebten, Diane de Poitiers.

Zeittafel

1519 Katharina wird kurz nach ihrer Geburt zum Waisenkind.

1533 Katharina wird mit Heinrich, dem Herzog von Orléans, verlobt und reist an den französischen Hof.

1536 Heinrich wird Erbe des französischen Throns.

1544 Katharinas erster Sohn Franz wird geboren.

1547 Franz I. stirbt. Heinrich II. und Katharina werden König und Königin von Frankreich.

1559 Heinrich stirbt an den Folgen einer Turnierverletzung. Sein Sohn Franz II. regiert nur 16 Monate. Heinrichs Mätresse, Diane de Poitiers, wird vom Hof verwiesen, erhält aber das Schloss von Chaumont.

1560 Karl IX. tritt die Nachfolge seines Bruders an. Katharina erklärt sich zur „Statthalterin des Königreichs".

1562–1598 Eine Reihe von Religionskriegen („Hugenottenkriege") zwischen Katholiken und Protestanten („Hugenotten") erschüttern Frankreich.

1572 Die Heirat von Katharinas Tochter Margot mit Heinrich von Navarra soll die Religionsparteien aussöhnen. Während der Feierlichkeiten kommt es in der Bartholomäusnacht zu Massakern an den Hugenotten.

1574 Auf Karl IX. folgt sein Bruder Heinrich III.

1589 Katharina stirbt im Alter von 69 Jahren. Heinrich III., der letzte französische König aus dem Haus der Valois, wird einige Monate später ermordet. Heinrich von Navarra wird als Heinrich IV. neuer König.

TOD IM TURNIER

Solange Heinrich lebte, stand Katharina immer im Schatten von Diane de Poitiers. Sie musste es auch hinnehmen, dass sich die Mätresse in die Erziehung ihrer Kinder einmischte. Dann aber, im Juni 1559, wurde Heinrich bei einem Turnier tödlich verwundet. Katharina sah mit an, wie die Lanze seines Gegners in das Auge des Königs eindrang und zersplitterte. Erst zehn Tage später starb Heinrich unter starken Schmerzen.

Heinrichs Geliebte und frühere Erzieherin Diane de Poitiers. Dieses Porträt, das in der Zeit um 1571 entstand, wird ebenfalls François Clouet zugeschrieben.

Heinrich II. hinterließ seiner Witwe einen mächtigen, aber untereinander zerstrittenen Adel und vier kleine, kränkelnde Söhne. Der neue König, Franz II., war erst 15 Jahre alt. Noch ehe Heinrich den letzten Atemzug getan hatte, versuchte der Adel, den jungen Erben zu beeinflussen, allen voran Franz, der zweite Herzog von Guise (1519–1563), sein Bruder, der Kardinal Karl von Guise (1524–1574), sowie der Feldherr Anne, der Herzog von Montmorency (1493–1567). Katharina zwang sich, ihre Trauer zu ignorieren. In den nächsten 30 Jahren sah sie es als ihre Pflicht an, das Erbe ihrer Kinder zu bewahren. Doch bis an ihr Lebensende trug sie schwarze Trauerkleidung.

Katharinas Söhne, die letzten Könige aus dem Haus der Valois, standen ganz unter dem Einfluss ihrer Mutter. Die Situation Frankreichs war schwierig. Von außen wurde das Land eingekreist durch die Habsburger, die in den Niederlanden, im Deutschen Reich, in Italien und Spanien regierten. Im Innern drohte ein Religionskrieg zwischen Katholiken und Hugenotten, den französischen Protestanten. Franz II. starb schon nach 16 Monaten als König. Katharina, die wieder einmal ihre Trauer niederzwingen musste, erklärte seinen zehnjährigen Bruder, Karl IX. (regierte 1560–1574), zum König. Für sich selbst nahm sie den Titel „Statthalterin des Königreichs" in Anspruch.

KRIEG DER KONFESSIONEN

Katharinas Politik gegenüber ihren verfeindeten katholischen und protestantischen Untertanen war zunächst von relativer Toleranz geprägt, ähnlich wie bei ihrer Zeitgenossin Elisabeth I. (regierte 1558–1603) in England. Solange die Krone sicher war, gab Katharina sich moderat. Sie glaubte, Entgegenkommen sei für das Königreich besser als Bürgerkrieg.

Um ihre Autorität gegenüber dem Adel zu demonstrieren, umgab sich Katharina mit einem glanzvollen Hof. Eine besondere Rolle spielten ihre Hofdamen. Die Königin setzte die schönen jungen Frauen aus dem Adel als ihre Spioninnen ein. Sie wurden *escadron volant*, „fliegende" oder „leichte Einheit", genannt und waren Katharina völlig ergeben. Es hieß, die Königin verlange, ihre Taillen sollten nicht mehr als 33 Zentimeter messen. Um dem

Anspruch zu genügen, mussten sich die Frauen in quälend enge Holzkorsette zwängen. Doch für Katharina bedeutete die Wirkung nach außen alles. Egal, in welchen Geldnöten sie steckte, die Selbstinszenierung des Königshofs war immer prachtvoll und großartig.

Als Versuch, ihre katholischen und hugenottischen Untertanen zu versöhnen, arrangierte Katharina die Ehe ihrer Tochter Margot mit ihrem protestantischen Cousin Heinrich von Bourbon, König von Navarra. Er sollte später Katharinas Söhnen als Heinrich IV. (regierte 1589–1610) auf den französischen Thron folgen. Ein Zeitgenosse beschrieb Margot:

> *«So schön, ... dass man auf der Welt nie eine reizendere Frau gesehen hat. Abgesehen von der Schönheit ihres Gesichts und ihrem wohlgeformten Körper war sie bestens gekleidet, und fantastisch wertvoller Schmuck schmückte ihren Aufzug.»*

Margot war allerdings in Heinrich, den dritten Herzog von Guise (1550–1588), verliebt. Die Briefe, die sich das Paar schrieb, fielen unglücklicherweise in die Hände von Margots Bruder, Heinrich von Anjou. Dieser soll selbst seine Schwester begehrt haben. In ihren Memoiren beschuldigt Margot ihn sogar der Vergewaltigung. Anjou informierte seinen Bruder, den König, und seine Mutter Katharina. Beide schlugen das junge Mädchen und rissen ihr die Haare gleich büschelweise aus. Margot wurde gezwungen, der Ehe mit Heinrich von Navarra zuzustimmen. Man arrangierte ein großartiges Fest in Paris, zu dem Hugenotten aus dem ganzen Reich herbeiströmten. Die Hochzeit, die im August 1572 stattfand, war der Auslöser für das Massaker der Bartholomäusnacht, ein Verbrechen, das Katharinas Namen jahrhundertelang beflecken sollte.

Die Bartholomäusnacht

Um den Frieden zu bewahren und den Thron zu schützen, willigte Katharina in die Ermordung einiger führender Hugenotten ein, unter ihnen der protestantische Gaspard de Coligny (1519–1572). Coligny hatten großen Einfluss auf König Karl IX. und drängte ihn zu einem Krieg mit Spanien. Katharina aber hielt den Krieg mit dem mächtigen Nachbarn für einen Fehler. Colignys Ermordung, so glaubte sie, würde Frankreich vor einer Tragödie bewahren.

Zu jener Zeit glich Paris einem Pulverfass. Die katholischen Einwohner wollten sich an den Hugenotten rächen, die den König umgaben. Als die Ermordung Colignys bekannt wurde, war das für die Pariser das Signal, Tausende von Protestanten zu attackieren, die zur Hochzeit versammelt waren. Der spanische Botschafter berichtet schadenfroh:

> *«... sie töten sie alle, sie ziehen sie nackt aus, schleifen sie durch die Straßen, plündern ihre Häuser und verschonen nicht einmal ihre Kinder. Gelobt sei Gott, der die französische Prinzessin zu seiner Sache bekehrt hat.»*

Bald war die Stadt von Leichen übersät. Doch die Morde beschränkten sich nicht nur auf Paris. Im ganzen Land

DER TABAK DER KÖNIGIN

Die Franzosen verdanken Katharina ihre Liebe zum Tabak. Als ein Gesandter die bis dahin unbekannte Substanz 1561 an den Hof mitbrachte, begann die Königin begeistert Tabak zu konsumieren. Schon bald verbreitete sich die neue Gewohnheit im ganzen Land. Beim Volk war der Tabak als *herbe de la reine* („Kraut der Königin") bekannt. Katharina führte auch andere Innovationen in ihrer neuen Heimat ein, darunter das Reiten im Damensattel und den Gebrauch der Gabel. Außerdem setzte sie das Tragen von Unterhosen bei Frauen durch. Selbst die berühmte französische Küche soll eigentlich von Katharinas italienischen Hofköchen begründet worden sein.

Diese handkolorierte Illustration zeigt die Verfolgung und Ermordung der Hugenotten durch die Katholiken in Paris in der Nacht zum 24. August 1572. Nach dem Gedenktag des Heiligen Bartholomäus ging das Massaker als „Bartholomäusnacht" in die Geschichte ein. Die Hugenotten vergaßen Königin Katharina das Verbrechen nie. Sie nannten sie „die neue Isebel" nach der biblischen Königin, die die Propheten des Gottes Israels verfolgen ließ.

wurden die Hugenotten verfolgt. Katharina hatte keine Möglichkeit mehr, die Welle der Gewalt, die sie losgetreten hatte, zu stoppen. Die Hugenotten ihrerseits glaubten, die Königin hätte die Hochzeit mit Absicht als Vorwand gewählt, um sie nach Paris zu locken.

Nach Karls IX. Tod 1574 übernahm Katharinas nächstjüngerer Sohn Anjou als Heinrich III. (regierte 1574–1589) den Thron. Er war Katharinas Liebling, und sie hoffte, seine Regierung würde die Monarchie erneuern. Aber ihre Hoffnungen wurden enttäuscht. Heinrich gelang es nicht, die Religionskriege zwischen Katholiken und Hugenotten zu beenden.

Katharina von Medici starb Anfang 1589 im Alter von 69 Jahren an einer Rippenfellentzündung. Bei ihrem Tod war sie so unpopulär, dass die Pariser drohten, ihren Leichnam in die Seine zu werfen, sollte er in die Stadt gebracht werden. Nur acht Monate später wurde Heinrich III., ihr letzter überlebender Sohn, von einem Attentäter ermordet. Mit ihm erlosch die Dynastie der Valois. Wie von Nostradamus (1503–1566) vorausgesagt, fiel der Thron an seinen Cousin und Schwager, den Hugenotten Heinrich von Navarra aus dem Haus der Bourbonen. Dieser sicherte sich die Krone, indem er zum Katholizismus übertrat. Den Hugenotten versprach er jedoch religiöse Toleranz und beendete damit die Religionskriege. Seine kinderlose Ehe mit Margot ließ er annullieren.

Elisabeth I.

1533 – 1603

Königin von England

Die Regierungszeit von Elisabeth I. gilt als ein Höhepunkt der englischen Geschichte und Kultur. In das „Elisabethanische Zeitalter" fällt der Aufstieg Englands zur europäischen See- und Kolonialmacht genauso wie das Wirken von William Shakespeare. Elisabeths Geburt und Jugend waren noch überschattet von Skandalen und Intrigen. Doch als Königin machte sie sich selbst zu ihrem eigenen Mythos.

Anfang der 1530er Jahre wartete Heinrich VIII. (regierte 1509–1547) schon seit 20 Jahren auf einen legitimen männlichen Erben. Seine Frau, Katharina von Aragón (1485–1536), wurde immer älter und hatte neben einer Prinzessin, Maria (1516–1558), nur totgeborene Kinder zur Welt gebracht. Dann verliebte sich der König in Anne Boleyn (um 1507–1536). Doch die junge Frau wollte sich nicht mit der Rolle einer Geliebten zufriedengeben und bestand auf einer Heirat. In der Hoffnung, doch noch einen Sohn zu bekommen, trennte sich Heinrich 1533 von Katharina und heiratete Anne. Aber der Papst verweigerte seine Zustimmung, was zum Bruch des Königs mit der römisch-katholischen Kirche führte.

Allerdings brachte auch Anne eine Tochter zur Welt, Elisabeth, die am 7. September 1533 geboren wurde. Schon bald hatte Heinrich die Launen seiner neuen Frau satt, und nach einer Fehlgeburt im Januar 1536 verstieß er sie. Anne wurde des Verrats, der Hexerei und des Ehebruchs bezichtigt und im Tower von London hingerichtet. Heinrich distanzierte sich von seiner Tochter, ließ sie jedoch nicht gänzlich fallen. 1537 gebar Heinrichs dritte Frau Jane Seymour (um 1509–1537) endlich einen Sohn, den künftigen König Eduard VI. (regierte 1547–1553), und Elisabeth durfte an der Taufe ihres Halbbruders teilnehmen.

Die „jungfräuliche Königin" Elisabeth I. auf einem Porträt aus der Zeit zwischen 1585 und 1590, das John Bettes dem Jüngeren zugeschrieben wird. Wie ihr Vater Heinrich VIII. wusste Elisabeth um die Machtwirkung der königlichen Selbstinszenierung: «Sie ist stolz auf ihren Vater und sonnt sich in seinem Ruhm», *berichtete ein venezianischer Gesandter.*

Herausforderungen

Elisabeth erhielt eine hervorragende Bildung. Sie wurde im protestantischen Glauben erzogen und war gewandt in Rhetorik, Latein, Griechisch, Französisch und Spanisch. Ihr Lehrer, der Humanist Roger Ascham (um 1515–1568), schrieb: «*Ihr Kopf zeigt keine weibliche Schwäche … Ihre Ausdauer und Beharrlichkeit sind der eines Mannes ebenbürtig.*»

Als Heinrich 1547 starb, zog Elisabeth zu ihrer Stiefmutter Catherine Parr (um 1512–1548), der sechsten Ehefrau ihres Vaters. Catherines neuer Ehemann, Thomas Seymour (um 1508–1549), stellte Elisabeth nach und kompromittierte sie. Durch eine Verbindung mit der Prinzessin, vor allem nach dem Tod seiner Frau, wollte Seymour Einfluss auf die Krone gewinnen. Er war der Onkel Eduards VI., aber die Regentschaft für den Neffen

«Ich weiß, ich habe nur den Körper einer schwachen Frau, aber das Herz und den Mut eines Königs, und eines Königs von England obendrein – und ich kann nur darüber lachen, dass … irgendein Herrscher Europas es wagen sollte, die Grenzen meines Reiches zu überschreiten. … Ich selbst will euer General, euer Richter und der Vergelter eurer Tapferkeit sein.»

ELISABETHS REDE VOR IHREN TRUPPEN IN TILBURY IM ANGESICHT DER SPANISCHEN ARMADA

ZEITTAFEL

1533 Heinrich VIII. heiratet Anne Boleyn. Elisabeth wird noch im gleichen Jahr geboren.

1536 Heinrich lässt Anne Boleyn hinrichten und heiratet Jane Seymour.

1537 Jane bekommt einen Sohn, Eduard. Sie stirbt noch im gleichen Jahr.

1543 Heinrich heiratet Catherine Parr.

1547 Nach Heinrichs Tod lebt Elisabeth bei ihrer Stiefmutter Catherine Parr.

1548 Elisabeth wird in eine Verschwörung gegen Eduard verwickelt, dann aber für unschuldig befunden.

1553 Eduard VI. stirbt. Seine Nachfolgerin ist seine ältere Halbschwester Maria I.

1554 Elisabeth ist in den Wyatt-Aufstand gegen Maria verwickelt.

1558 Als Maria stirbt, wird Elisabeth Königin von England.

1566 Maria Stuart, Königin der Schotten und Elisabeths nächste Verwandte, bekommt einen Sohn, Jakob.

1568 Maria Stuart flieht nach England und wird gefangen genommen.

1586 Maria Stuart wird wegen ihrer Beteiligung an einem Komplott gegen Elisabeth hingerichtet.

1588 Die Spanische Armada wird geschlagen. Elisabeth hält ihre berühmte Tilbury-Rede.

1603 Elisabeth stirbt. Ihr Nachfolger ist der erste Stuart-König Jakob I. (Jakob VI. von Schottland).

führte Thomas' älterer Bruder Edward, der Herzog von Somerset (um 1506–1552). Dieser nahm nun an, sein Bruder plane mit Elisabeth einen Staatsstreich, und ließ ihn hinrichten. Elisabeth konnte ihre Unschuld beteuern, aber die Episode mit Seymour war ihr eine Lehre. Für den Rest ihrer Jugend kleidete sie sich übertrieben sittsam und gab sich ernsthaft. Als Tochter der „Ehebrecherin" Anne Boleyn musste sie über jeden Verdacht erhaben sein.

Eduard VI. starb 1553 im Alter von nur 15 Jahren. Nun erbte Elisabeths ältere Halbschwester Maria I. (regierte 1553–1558) den Thron. Maria war streng katholisch und wollte den katholischen Glauben in England wiederherstellen. 1554 heiratete sie den späteren König Philipp II. von Spanien (regierte 1556–1598) und hoffte verzweifelt auf gemeinsame Kinder, die eine katholische Thronfolge sicherstellen würden. Wieder befand sich Elisabeth in einer schwierigen Lage. Sie war Protestantin, wahrte klugerweise aber den Schein des Katholizismus. Trotzdem wurde sie 1554 mit einem antikatholischen Aufstand gegen Maria in Verbindung gebracht und kurzzeitig im Tower von London gefangen gesetzt, in den gleichen Räumen, die ihre Mutter vor ihrer Hinrichtung bewohnt hatte. Später gelang es ihr, eine Heirat mit dem Herzog von Savoyen, einem Verbündeten Spaniens, zu vermeiden. Elisabeth wusste, dass sie den Thron niemals erben würde, wenn sie England verließ.

Schließlich starb Maria im November 1558 ohne Nachkommen. Als Elisabeth von ihrem Tod erfuhr, sagte sie zu den versammelten Adligen: *«Das Gesetz der Natur bewegt mich zur Trauer um meine Schwester. Die Last der Aufgabe, die mir nun zufällt, macht mich staunen.»*

Verehrer und Feinde

Die neue Königin hatte mit ihrem Vater mehr gemein als seine anderen Kinder. Genau wie er verstand sie es, die Gefühle ihrer Untertanen anzusprechen, wie etwa bei ihrer brillant inszenierten Krönung. *«Wenn je ein Mensch entweder die Gabe oder den Stil besaß, die Herzen der Menschen zu gewinnen, war es diese Königin»*, schrieb ein zeitgenössischer Beobachter.

Elisabeth hat nie geheiratet, wahrscheinlich weil sie ihre Macht nicht teilen wollte. *«Sie war König und Königin in einer Person»*, meinte der schottische Gesandte. Eine Heirat mit einem fremden Fürsten hätte zu internationalen Verwicklungen oder äußerer Einmischung führen können, die Verbindung mit einem englischen Adligen aber zu Spannungen unter der Elite des Landes. Stattdessen setzte Elisabeth mehrmals Eheversprechen als diplomatisches Mittel ein, um potentielle Gegner und Verbündete gegeneinander auszuspielen. So führte sie Eheverhandlungen mit Philipp II. von Spanien, ihrem ehemaligen Schwager, mit Erzherzog Karl von Österreich (1540–1590), mit dem zukünftigen König Heinrich III. von Frankreich (regierte 1574–1589) und mit dessen jüngerem Bruder Herzog Franz von Alençon (1555–1584), den sie liebevoll-herablassend *«mein Frosch»* nannte.

Diskussionen über ihre Nachfolge lehnte Elisabeth stets ab. Aber als 1566 die schottische Königin Maria Stuart (regierte 1542–1567), ihre Großcousine und voraussichtliche Erbin, einen Sohn zur Welt brachte, den künftigen Jakob I. von England (regierte 1603–1625), *«brach es aus ihr hervor, gegenüber ihren Hofdamen, dass die Königin der Schotten einen prächtigen Sohn geboren habe, während sie nur ein unfruchtbarer Trieb sei»*.

Maria Stuart konnte sich nicht lange an ihrem Glück erfreuen. 1568 musste sie aus Schottland fliehen und suchte Unterstützung bei Elisabeth. Doch diese ließ ihre Großcousine als mögliche Thronrivalin gefangen nehmen. Aus der Sicht der Katholiken nämlich war die katholische Königin der Schotten auch die rechtmäßige Königin von England. Elisabeth hingegen galt den Katholiken als uneheliches Kind, das keinen Anspruch auf den Thron habe.

Um ihre Freiheit wiederzuerlangen, ließ sich Maria Stuart in eine Reihe von Verschwörungen gegen Elisabeth verwickeln. Elisabeths Reaktion war typisch. 1587 gestattete sie Marias Hinrichtung, behauptete dann aber aus Rücksicht auf ihren Ruf, dass ihre Berater sie getäuscht hätten. An Marias Sohn Jakob schrieb sie einen Beileidsbrief und weigerte sich vier Monate lang, ihren engsten Vertrauten Robert Cecil, Lord Burghley (1520–1598), zu empfangen.

Der Untergang der Spanischen Armada

Schon lange gab es Spannungen zwischen England und Spanien. Mit Elisabeths Billigung plünderten englische Piraten die Handelsflotten der Spanier. Zudem unterstützte die Königin die protestantischen Niederländer im Kampf gegen ihre spanischen Oberherren. Die Hinrichtung Maria Stuarts brachte das Fass zum Überlaufen. 1588 sandte Philipp II. von Spanien seine gewaltige Kriegsflotte, die *Armada* („die Bewaffnete"), aus, um England zu erobern und das Land zu rekatholisieren. Doch Elisabeths Marine konnte die schwerfälligen spanischen Schiffe vertreiben. Die Reste der Armada gingen schließlich in den Stürmen der Nordsee und des Atlantiks unter. Dies markierte den Beginn der englischen Seeherrschaft. Gefeiert als „Gute Königin Bess", „Feenkönigin", „Jungfräuliche Königin" und „Gloriana" zählte Elisabeth von nun an zu den großen Herrschergestalten der englischen Geschichte.

Elisabeth heiratete zwar nie, unterhielt aber zu verschiedenen gut aussehenden Höflingen enge Beziehungen, über deren genauen Charakter sich die Historiker uneinig sind. Besonders langanhaltend war ihre Freundschaft mit Robert Dudley, Graf von Leicester (1533–1588), dessen Porträt oben zu sehen ist.

Bis zu ihrem Lebensende schwelgte Elisabeth im Luxus. Sie bewohnte etlichen Paläste, besaß Tausende Kleider und trug kostbare rote Perücken. Die alternde Königin umgab sich mit jungen Favoriten, doch ihr letzter großer Flirt mit Robert Devereux, Graf von Essex (1566–1601), endete mit seinem Verrat und seiner Hinrichtung. *«Männer lieben mehr die aufgehende als die untergehende Sonne»*, erklärte Elisabeth reumütig. Am 24. März 1603 starb die Königin im Alter von 69 Jahren. Ihr Nachfolger war der schottische König Jakob VI., der protestantisch erzogene Sohn ihrer katholischen Rivalin Maria Stuart. Als Jakob I. wurde er König von England und vereinte damit in seiner Person die beiden Reiche.

Robert Dudley

Robert Dudley war Elisabeths Freund aus Kindertagen und ihre große Liebe. Viele glaubten, dass er die Königin heiraten wolle. Dann starb Dudleys erste Frau Amy Robsart (1532–1560) unter mysteriösen Umständen: Sie fiel eine Treppe hinunter, nachdem sie alle ihre Dienstboten weggeschickt hatte. Sofort gab es Gerüchte, Dudley selbst habe seine Frau aus dem Weg geschafft. Für Elisabeth, die immer um ihren Ruf besorgt war, kam eine Heirat mit Dudley nun nicht mehr infrage. Später heiratete er heimlich Elisabeths Cousine Lettice Knollys (1543–1634). Die Königin rächte sich, indem sie Lettice vom Hof verbannte.

Lady Jane Grey

1537 – 1554

Titular-Königin von England

Am Morgen des 12. Februar 1554 beschritt die 17-jährige Jane Grey, Großnichte Heinrichs VIII. und für kurze Zeit Königin von England, ihren letzten Weg. Sie wurde nur von ihren Dienstboten begleitet, denn ihre Familienangehörigen, auch ihre Mutter, hatten sie im Stich gelassen. Die junge Frau bestieg das Schafott im Tower von London und bat die kleine Zuschauermenge, für ihre Seele zu beten. Sie ließ sich die Augen verbinden und flüsterte dem Henker zu: «Mach ein schnelles Ende.» *Dann rief sie:* «Herr, in deine Hände empfehle ich meinen Geist!», *und mit einem Axthieb wurde Janes Kopf von ihrem Körper getrennt. Ihre Regierungszeit war die kürzeste in der englischen Geschichte: Nur neun Tage war sie Königin gewesen.*

Lady Jane Grey auf einer Abbildung aus dem 19. Jahrhundert, die zeitgenössischen Porträts der jungen Frau nachempfunden wurde.

Lady Jane Grey war die Tochter des Herzogs und der Herzogin von Suffolk, Henry Grey (1515–1554) und Lady Frances Brandon (1517–1559). Frances Brandon wiederum war eine Enkelin Heinrichs VII. (regierte 1485–1509), des ersten Tudor-Königs auf Englands Thron. Ihre Mutter Mary Tudor (1496–1533) war die Lieblingsschwester Heinrichs VIII. (regierte 1509–1547). Die Greys waren Anhänger der von Heinrich VIII. begründeten Kirche von England, und Jane wurde als Protestantin erzogen. Trotz ihrer Verwandtschaft mit dem Königshaus stand sie weit hinten in der Thronfolge, nach ihrem Großcousin Eduard VI. (1537–1553), dessen älteren Halbschwestern Maria I. (1516–1558) und Elisabeth I. (1533–1603) sowie ihrer eigenen Mutter.

Im Schatten des Throns

Jane wurde im Oktober 1537 geboren, im gleichen Monat wie Eduard, der Sohn Heinrichs VIII. Ihre Kindheit war unglücklich. Das ernste, lernbegierige Mädchen wurde von ihren Eltern drangsaliert und geschlagen. Roger Ascham, der Privatlehrer von Prinzessin Elisabeth, beschreibt seine erste Begegnung mit der 13-jährigen Jane. Sie klagte:

> *«… wenn ich in der Gegenwart von Vater oder Mutter bin, ob ich nun spreche, mich still verhalte, sitze, stehe oder gehe, esse, trinke, fröhlich oder traurig bin, ob ich nähe, spiele, tanze oder sonst etwas tue – ich muss es so tun, so gewichtet, abgezählt*

und bemessen, ganz perfekt, wie Gott die Welt geschaffen hat. Andernfalls werde ich scharf zurechtgewiesen oder grausam bedroht, manchmal sogar mit Zwicken, Kniffen und Knuffen oder auf andere Art … dass ich glaube, ich bin in der Hölle.»

Glückliche Tage

1546 wendete sich Janes Schicksal zum Besseren. Sie kam in den Haushalt von Catherine Parr (1512–1548), der sechsten und letzten Ehefrau Heinrichs VIII., in dem sie mit den Kindern des Königs aufwuchs. Die Königin und das junge Mädchen hatten gemeinsame intellektuelle Interessen und waren leidenschaftliche Anhängerinnen der englischen Staatskirche. Catherine förderte die Bildung ihres Mündels, und Jane erwies sich als bereitwillige Schülerin. Die besten Gelehrten unterrichteten sie nach einem anspruchsvollen Lehrplan. Am Ende beherrschte Jane Französisch, Italienisch, Lateinisch, Hebräisch und Griechisch.

Als Janes Großonkel Heinrich VIII. starb, erbte sein Sohn Eduard VI. (regierte 1547–1553) den Thron. Der noch minderjährige König wurde von seinem Onkel, dem Lordprotektor Edward Seymour, Herzog von Somerset (um 1506–1552), kontrolliert. Doch auch Somersets jüngerer Bruder Thomas Seymour (um 1508–1549) strebte nach der Macht. Zunächst heiratete er die Stiefmutter des Königs, Catherine Parr. Dann versprach er Janes Eltern, er würde ihre Heirat mit seinem Neffen Eduard VI. arrangieren. Das Herzogspaar verkaufte die Vormundschaft über ihre Tochter für 2000 Pfund an Seymour. Am Ende besaß Seymour jedoch nicht den nötigen Einfluss, um die Ehe auch wirklich durchzusetzen.

Eduard VI. war erst neun Jahre alt, als er 1547 König wurde. Weil er minderjährig war, wachten verschiedene Regenten über seine sechsjährige Regierungszeit. 1553 starb er an Tuberkulose.

Janes Glück im Haus der Seymours war nur von kurzer Dauer. Catherine Parr brachte 1548 ihr erstes und einziges Kind zur Welt, ein Mädchen, und Jane übernahm die Patenschaft. Doch nach wenigen Tagen starb Catherine im Kindbett. Ein Jahr später misslang Thomas Seymours Versuch, seinem Bruder Somerset die Kontrolle über den jungen König zu entreißen. Er wurde hingerichtet und Jane zu ihren Eltern zurückgeschickt. Eduard VI. hatte beschlossen, nur eine ausländische Prinzessin mit einer großen Mitgift zu heiraten und keine englische Adlige. Janes ehrgeizige Eltern waren maßlos enttäuscht, dass ihre Tochter nicht durch Heirat Königin werden konnte.

Catherine Parr auf einem undatierten Gemälde aus der Werkstatt des Porträtmalers Hans Holbein des Jüngeren (um 1497–1543). Die Witwe Heinrichs VIII. nahm Jane in ihrem Haushalt auf und förderte die vielfältigen geistigen Interessen des jungen Mädchens.

Erzwungene Heirat und Thronfolge

Doch das Spiel um die Macht ging weiter und die Suffolks hofften auf eine neue Chance für ihre Tochter. 1552 wurde der Lordprotektor Somerset gestürzt und hingerichtet. Ohne ein Wort des Bedauerns vermerkte Eduard VI. den Tod des Onkels in seinem Tagebuch: *«Dem Herzog von Somerset wurde auf dem Tower Hill der Kopf abgeschlagen, zwischen acht und neun am Morgen.»* Eduard, immer noch minderjährig, war jetzt John Dudley (1501–1553) ausgeliefert, dem Herzog von Northumberland. Anders als die Seymours behandelte Northumberland den König immer als Erwachsenen und gewann so sein Vertrauen. Auch nach Eduards Volljährigkeit, so hoffte Northumberland, würde er dem König als einflussreicher Berater zur Seite stehen können. Aber seine Pläne wurden vereitelt: 1553 lag der erst 15-jährige König, an der Tuberkulose erkrankt, im Sterben. Der Arzt Girolamo Cardano (1501–1576) schrieb, er könne *«in seinem Gesicht das Zeichen des allzu frühen Todes»* sehen.

Nach den Bestimmungen im Testament Heinrichs VIII. sollte Eduards Halbschwester Maria auf den Thron folgen. Northumberland würde mit Sicherheit verbannt und möglicherweise hingerichtet werden, sollte die eifrige Katholikin Maria Königin werden. Noch vor Eduards Tod entwickelte er einen Plan zu seiner Rettung. Und Lady Jane sollte die Schlüsselfigur sein.

Northumberland tat sich mit Janes Eltern zusammen, und am 21. Mai 1553 wurde sie mit Northumberlands Sohn Guilford Dudley (1536–1554) verheiratet. Jane war entsetzt. Sie hasste die Dudleys und fand Guilford dumm und verzogen. Sie protestierte mit der Begründung, sie sei bereits Edward Seymour versprochen, dem Grafen von Hertford (1539–1621) und Sohn des gestürzten Lordprotektors. Aber ihre Eltern ignorierten ihre Einwände und schlugen sie, bis sie sich mit der Ehe einverstanden erklärte. Auch zwei italienische Zeitgenossen, Raviglio Rosso, ein Gesandter des Herzogs von Ferrara, und Federigo Baoardo, der venezianische Gesandte am Hof Kaiser Karls V. (regierte 1519–1556), berichten, dass Jane zur Ehe gezwungen wurde *«durch das Drängen ihrer Mutter und die Gewaltbereitschaft ihres Vaters, der sie durch Schläge zwang, seinen Befehlen Folge zu leisten»*.

Die Hochzeit fand in London statt. Eduard war zu krank, um teilzunehmen, sandte aber Geschenke. Die unglückliche Braut trug Gold und Silber, in ihr Haar waren Perlen geflochten, doch zu ihrer Erleichterung durfte sie mit ihren Eltern nach Hause zurückkehren.

Mit Jane als seiner Schwiegertochter machte sich Northumberland daran, das Vermächtnis Heinrichs VIII. außer Kraft zu setzen. Er überzeugte den sterbenden Eduard, seine ei-

«Wenngleich meine Fehler eine Bestrafung verdienen, so mögen zumindest meine Jugend und meine Unbesonnenheit als Entschuldigung gelten.»

LADY JANE GREY

genen Halbschwestern von der Erbfolge auszuschließen und Jane Grey und ihre Erben als Nachfolger zu benennen. Skrupellos hielt Northumberland den König so lange wie möglich am Leben. Er entließ Eduards Ärzte und stellte eine Frau ein, die möglicherweise Arsen einsetzte, um sein Leben qualvoll zu verlängern. In der Zwischenzeit taten sich die kaiserlichen Gesandten zusammen, um die Krone für Prinzessin Maria zu sichern, Eduards katholische Halbschwester und Cousine des römisch-deutschen Kaisers. Gleichzeitig beschloss der französische König Heinrich II. (regierte 1547–1559), seine Schwiegertochter Maria Stuart, die Königin der Schotten, auf den englischen Thron zu bringen. Sie war die Enkelin von Margaret Tudor (1489–1541), der älteren Schwester König Heinrichs VIII.

Für Northumberland begann ein Wettlauf mit dem Tod. Er entwarf eine Nachfolgeregelung zugunsten von Lady Jane und überzeugte den sterbenden Eduard davon, dass in England der Katholizismus wieder eingeführt würde, sollte Maria die Krone erben. Wenn er aber die eine Halbschwester von der Nachfolge ausschloss, so musste auch die andere, die Protestantin Elisabeth, aus der Thronfolge gestrichen werden. Zudem hatte Northumberland Janes Mutter, die Herzogin von Suffolk, überredet, ihren eigenen Anspruch auf den Thron zugunsten ihrer Tochter aufzugeben. Northumberland und die Suffolks waren sich sicher, dass sie Jane fest in der Hand hätten.

John Dudley, der Herzog von Northumberland.

Die widerstrebende Königin

Eduard VI. starb am 6. Juli 1553, aber Northumberland hielt seinen Tod so lange wie möglich geheim. Erst drei Tage später, am 9. Juli, wurde Jane zur Königin erklärt. Doch sie wollte die Krone nicht und war außer sich. Sie war scharfsinnig genug, um zu begreifen, dass sie nur eine äußerst dürftige Chance hatte, den Thron zu behalten. Später erzählte sie ihrer Großcousine Königin Maria I., wie entsetzt sie gewesen war:

«Auch wenn ich möglicherweise das auf mich genommen hätte, dessen ich nicht würdig war, kann doch niemand sagen, dass ich es als mein Eigen suchte, oder dass ich darüber erfreut war oder es je akzeptiert hätte.»

Am nächsten Tag zog Jane in den Tower von London ein. Ein Genueser Kaufmann, Baptista Spinola, beobachtete den Weg der jungen Königin durch London und berichtet:

> *«Heute sah ich Lady Jane Grey in großer Prozession in den Tower gehen. Sie wird jetzt Königin genannt, aber sie ist beim Volk nicht beliebt, denn das Herz des Volkes gehört Maria, der Tochter der spanischen Königin. Diese Jane ist sehr klein und dünn, dabei wohlgeformt und elegant … Sie ging unter einem Baldachin, ihre Mutter trug ihre lange Schleppe, und ihr Eheman Guilford ging neben ihr, ganz in Weiß und Gold gekleidet, ein groß gewachsener, kräftiger Junge mit hellen Haaren, der sich sehr um sie bemühte. Die neue Königin trug hohe Chopines [Schuhe mit Plateausohlen], die unter ihrem Kleid verborgen waren, damit sie größer wirkte,*

Zeittafel

1537 Jane Grey und Eduard, der Sohn Heinrichs VIII., werden geboren.

1546 Jane kommt in das Haus von Catherine Parr, der sechsten Frau von Heinrich VIII.

1547 Heinrich VIII. stirbt, als König folgt ihm sein Sohn Eduard VI. Eduards Onkel Thomas Seymour verspricht Janes Eltern, ihre Tochter mit Eduard VI. zu verheiraten.

1548 Catherine Parr, die Thomas Seymour geheiratet hatte, stirbt.

1549 Nach dem gescheiterten Versuch, die Kontrolle über Eduard VI. zu gewinnen, wird Thomas Seymour hingerichtet.

1552 Der Lordprotektor Somerset wird enthauptet. John Dudley, Herzog von Northumberland, wird neuer Regent.

1553 Während Eduard VI. im Sterben liegt, versucht Northumberland, Jane die Thronfolge zu sichern. Jane wird gegen ihren Willen mit Guilford Dudley verheiratet, Northumberlands Sohn. Eduard stirbt und Jane wird zur Königin erklärt. Nach nur neun Tagen setzt sich Maria I. als Königin durch. Jane wird verhaftet und Northumberland hingerichtet.

1554 Nach dem Wyatt-Aufstand beschließt Maria, Jane und ihren Vater hinrichten zu lassen.

> *weil sie doch so klein ist. Viele Damen folgten ihr, dazu Edelmänner, aber diese Lady ist sehr ketzerisch und hat noch nie eine Messe gehört. Aus diesem Grund sind einige bedeutende Leute nicht zur Prozession gekommen.»*

Jane wurde mit wenig Begeisterung begrüßt. Voller Genugtuung notierte der kaiserliche Gesandte, kaum jemand aus der Menge habe *«Lang lebe Königin Jane!»* gerufen und Maria, die älteste Tochter Heinrichs VIII., bleibe beim Volk beliebt, trotz ihres Katholizismus. Inzwischen erklärte sich Maria zur Königin. Sie schrieb an Northumberland und den Staatsrat und befahl ihnen, *«dafür zu sorgen, dass unser Recht und Anspruch auf die Krone und die Regierung des Reiches in unserer Stadt London und überall im Königreich ausgerufen werde.»* Niemand hatte damit gerechnet, dass Maria um den Thron kämpfen würde, aber ermuntert durch die Unterstützung ihres Cousins, des Kaisers, ergriff sie die Initiative. Northumberland stellte eine Armee gegen sie auf und Suffolk sollte den Oberbefehl übernehmen. Doch Jane bat ihren Vater, er möge bei ihr bleiben. Northumberland aber war höchst unbeliebt, sowohl im Volk als auch im Staatsrat, den er zu seiner Unterstützung genötigt hatte. Nun sah er sich gezwungen, London zu verlassen, um die Armee selbst anzuführen.

Die Rivalin schlägt zurück

Die Ablehnung, die dem Herzog entgegenschlug, war so groß, dass er kaum seine Truppen zusammenhalten konnte. Viele seiner Männer liefen zu Maria über, deren Streitmacht dadurch auf 150 000 Mann anwuchs. Northumberland musste sich nach Cambridge zurückziehen. Von hier aus aber hatte er keine Möglichkeit mehr, den Staatsrat in London unter Druck zu setzen. Dieser sprach sich jetzt für Maria aus und proklamierte sie am 19. Juli 1553 offiziell zur Königin.

Plötzlich stand Jane allein. Selbst ihre Eltern ließen sie im Stich. Um ihre Haut zu retten, sprachen sie sich für Maria aus und ließen ihre Tochter in London zurück. Northumberland wurde hingerichtet, Jane vor Gericht gestellt und wegen Hochverrats verurteilt. Aber Maria verschonte ihr Leben. Ihr war klar, dass das Mädchen nur eine Schachfigur gewesen war. Auch den Suffolks wurde verziehen, denn die neue Königin hatte ihre Cousine Frances sehr gern. Jane sollte aber vorerst im Tower bleiben, wo sie sich frei bewegen konnte.

All das änderte sich 1554 nach dem Wyatt-Aufstand. Thomas Wyatt (1521–1554), ein glühender Protestant, erhob sich mit Waffengewalt gegen Marias Ehe mit dem katholischen Philipp II. von Spanien (regierte 1556–1598). Obwohl die im Tower gefangene Jane keine aktive Rolle bei dem Aufstand spielte, wurde sie doch zur Symbolfigur des protestantischen Widerstands. Nachdem die Rebellion niedergeschlagen war, willigte Maria widerstrebend in den Tod ihrer Großcousine ein. Janes Mutter unternahm keinen Versuch, sich für ihre Tochter einzusetzen. Sie war eine Freundin Marias seit ihren Kindertagen und wollte ihre neue Stellung als königliche Favoritin nicht gefährden.

DIE FRAUEN DER TUDORS

Janes Leichnam wurde neben Anne Boleyn und Catherine Howard begraben, zwei der Ehefrauen Heinrichs VIII., die ebenfalls im Tower geköpft worden waren. Auch andere Tudor-Frauen hatten wenig Glück: Maria I., Janes Rivalin, wurde von ihrem Mann verachtet und litt unter Scheinschwangerschaften.

Maria wollte die Seele ihrer jungen Verwandten retten und sandte einen katholischen Priester zu Jane, der sie vom Protestantismus abbringen sollte. Doch Jane klammerte sich an ihre Religion. Sie nahm ihr Gebetbuch sogar mit aufs Schafott. Der letzte Eintrag darin lautet:

> *«Lebe bis zum Tod, auf dass du durch den Tod das ewige Leben gewinnen mögest … Denn, wie der Prediger sagt: Alles hat seine Zeit, geboren werden und sterben. Und der Tag des Todes ist besser als der Tag der Geburt. Eure Freundin vor dem Herrn, Jane Dudley.»*

Janes enthaupteter Leichnam blieb den Rest des Tages auf dem Schafott liegen, ehe sie im Tower von London beigesetzt wurde, in der Kapelle von St. Peter ad Vincula.

„Die Hinrichtung der Lady Jane Grey", eine verklärende Darstellung des französischen Historienmalers Paul Delaroche (1779–1856) aus dem Jahr 1833.

«… das Mädchen [Jane Grey], geboren zu einem Elend jenseits aller Tränen, trat dem Tod mit deutlich größerer Tapferkeit entgegen, als man aufgrund ihres Geschlechts und der natürlichen Schwäche ihres Alters erwarten durfte.»

GIOVANNI FRANCESCO COMMENDONE, PÄPSTLICHER GESANDTER IN ENGLAND

Maria Stuart

1542 – 1587

Königin von Schottland

Das Europa des 16. Jahrhunderts erlebte eine Reihe von eindrucksvollen Königinnen. Eine der tragischsten von ihnen ist Maria Stuart. Sie bestieg den schottischen Thron, als sie erst sechs Tage alt war, wurde durch Heirat Königin von Frankreich und hatte gute Aussichten, einmal auch die englische Krone zu erben. Am Ende jedoch starb sie ohne Königreich und wurde nach langen Jahren in Gefangenschaft hingerichtet.

Maria wurde am 8. Dezember 1542 im Schloss von Linlithgow westlich von Edinburgh geboren. Sie war das einzige überlebende Kind von König Jakob V. von Schottland (regierte 1513–1542) und der französischen Adligen Maria von Guise (1515–1560). Als ihr Vater am 14. Dezember starb, wurde Maria schon als kleines Kind Königin von Schottland.

Maria von Guise übernahm die Regentschaft für ihre Tochter. Sie stammte aus einer der mächtigsten französischen Adelsfamilien. Von ihren Verwandten unterstützt, strebte sie nach einem Bündnis zwischen Schottland und Frankreich gegen den schottischen Erzfeind England. Daher wies sie auch den Vorschlag Heinrichs VIII. von England (regierte 1509–1547) zurück, die kleine Königin am englischen Hof aufwachsen zu lassen als Braut für seinen Sohn, den künftigen König Eduard VI. (regierte 1547–1553). Stattdessen reiste Maria Stuart im Alter von fünf Jahren an den französischen Hof. König Heinrich II. (regierte 1547–1559) und Katharina von Medici (1519–1589) erzogen sie dort als zukünftige Frau ihres ältesten Sohns, des späteren Königs Franz II. (regierte 1559–1560). Maria, bereits Königin von Schottland, würde eines Tages auch Königin von Frankreich sein.

Eine gewandte Schönheit

Maria, die zu einer großen Schönheit heranwuchs, wurde am französischen Hof sehr bewundert. Heinrich II. hielt sie für *«das perfekteste Kind, das ich je gesehen habe»*. In der königlichen Kinderstube wuchs sie zusammen mit den etwa gleichaltrigen französischen Prinzen und Prinzessinnen auf. Marias Großmutter Antoinette von Bourbon (1493–1583), die verwitwete Herzogin von Guise, beaufsichtigte ihre Erziehung. Das Kind lernte Französisch, Latein, Spanisch und Italienisch, ging aber auch gerne tanzen und jagen.

Ein zeitgenössisches Porträt von Maria Stuart, Königin der Schotten, als junge Witwe im Alter von 18 Jahren. Ihr erster Mann, König Franz II. von Frankreich aus dem Haus Valois, starb schon im zweiten Jahr ihrer Ehe.

Die junge schottische Königin hatte makellose Haut, kastanienbraunes Haar und war fast 1,80 Meter groß. Ihr Verlobter Franz hingegen war eher schwach und kränklich. Die Heirat fand im April 1558 statt, als Maria 15 Jahre alt war und Franz 14. Nur 15 Monate später starb Heinrich II. nach einem Turnierunfall, und Maria wurde Königin von Frankreich.

ZEITTAFEL

1542 Maria wird am 8. Dezember geboren. Eine Woche später stirbt ihr Vater. Maria wird unter der Regentschaft ihrer Mutter Königin von Schottland.

1548 Maria wird an den französischen Hof geschickt.

1558 Maria heiratet den französischen Thronfolger Franz. Elisabeth I. besteigt den englischen Thron.

1559 Nach dem Tod von Heinrich II. werden Franz II. und Maria König und Königin von Frankreich.

1560 Franz II. stirbt.

1561 Maria kehrt nach Schottland zurück.

1565 Maria heiratet Henry Stuart, Lord Darnley.

1566 Darnley ist an der Ermordung David Riccios beteiligt. Marias Sohn Jakob wird geboren.

1567 Darnley stirbt. Maria heiratet Bothwell, einen der mutmaßlichen Mörder. Einen Monat später wird Maria gestürzt und inhaftiert. Ihr einziger Sohn wird als Jakob VI. neuer König.

1568 Maria sucht Zuflucht in England. 18 Jahre lang wird sie von Elisabeth gefangen gehalten.

1586 Maria ist in das Babington-Komplott gegen Elisabeth verwickelt und wird zum Tode verurteilt.

1587 Maria wird in Fotheringhay hingerichtet.

1603 Elisabeth stirbt. Der Sohn Marias, Jakob VI. von Schottland, wird als Jakob I. König von England.

Bei der Krönung von Franz II. im September 1559 zeigte das junge Königspaar neben den Wappen von Frankreich und Schottland auch das von England. Seit dem Tod ihrer Großcousine Maria I. (regierte 1553–1558) beanspruchte Maria Stuart auch die englische Krone. Die neue, protestantische Königin von England, Elisabeth I. (regierte 1558–1601), galt in den Augen der Katholiken als uneheliches Kind ohne Recht auf den Thron, denn der Papst hatte die Ehe ihrer Mutter Anne Boleyn (um 1507–1536) mit Heinrich VIII. nie akzeptiert. Die nächste katholische Thronanwärterin aber war Maria Stuart, die Enkelin der älteren Schwester Heinrichs VIII., Margaret Tudor (1489–1541).

Maria Stuart genoss alle Privilegien ihrer Position, ohne die Lasten tragen zu müssen. Franz II. und Maria waren nur dem Namen nach König und Königin. Tatsächlich herrschten Marias mächtige Verwandte, die Familie Guise, und ihre Schwiegermutter Katharina von Medici über Frankreich. Als Franz nur 16 Monate nach seiner Krönung starb, stand Maria allein da, eine kinderlose Königin aus dem Ausland an einem fremden Hof.

Rückkehr nach Schottland

Obwohl ihr Ehevertrag ihr erlaubt hätte, in Frankreich zu bleiben, entschied sich Maria für die Rückkehr nach Schottland. Am 14. August 1561 verließ die 18-jährige Königin das Land, in dem sie den Großteil ihres bisherigen Lebens verbracht hatte. Zum Abschied sprach sie die Worte: *«Auf Wiedersehen, Frankreich, auf Wiedersehen, mein liebes Frankreich … Ich glaube, ich werde dich nie wiedersehen.»* Sie sollte Recht behalten.

Die Mutter von Maria Stuart, Maria von Guise, war schon 1560 gestorben, und sie selbst besaß keinerlei Regierungserfahrung. Sie interessierte sich mehr für Musik und Poesie als für Politik. Auf die schwierigen Verhältnisse in Schottland war sie kaum vorbereitet. Die Mehrheit der Schotten bekannte sich mittlerweile zum Protestantismus, eine starke königliche Zentralgewalt existierte schon seit langem nicht mehr, und der schottische Adel war untereinander in bittere Fehden verstrickt. Anfänglich gelang es Maria noch, die Schotten für sich zu gewinnen. Sie war hübsch und charmant, übte ihren katholischen Glauben nur im Privaten aus und verließ sich auf den Rat ihres unehelichen Halbbruders James Stewart, Graf von Moray (um 1531–1570). Doch dann beging Maria einen folgenschweren Fehler und heiratete ihren Verwandten Henry Stuart, Lord Darnley (1545–1567).

Blind vor Liebe

Die Frage einer erneuten Heirat Marias beschäftigte ihre Verwandten aus der Familie Guise ebenso wie ihre Großcousine Königin Elisabeth von England. Zu den möglichen Kandidaten gehörte auch Don Carlos (1545–1568), der wahnsinnige Sohn Philipps II. von Spanien (regierte 1556–1598), der mit den Guise verbündet war. Um diese Ehe zu verhindern, deutete Elisabeth an, dass sie Maria zu ihrer Erbin einsetzen würde, sollte diese ihren Kandidaten heiraten. Zu Marias Verärgerung schlug Elisabeth jedoch ihren Günstling, Robert Dudley, Graf von Leicester (1532–1588), als Bräutigam vor.

Maria entschied sich dagegen für Henry Stuart, Lord Darnley, ihren Cousin ersten Grades. Für Maria war es Liebe auf den ersten Blick. Sie erklärte, Darnley sei der *«herrlichste und bestproportionierte großgewachsene Mann, den sie je gesehen hatte».* Elisabeth war einerseits wütend über die Zurückweisung ihres Kandidaten. Andererseits freute sie sich aber über die große Unruhe, die Marias zweite Ehe in Schottland auslöste.

James Melville, Marias Gesandter am englischen Hof, konnte Darnleys Anziehungskraft nicht verstehen: *«Keine Frau mit Temperament würde sich für einen solchen Mann entscheiden, der mehr einer Frau ähnelt als einem Mann, denn er war hübsch, bartlos und hatte ein Frauengesicht.»* Aber Maria war hingerissen von seiner Schönheit. Vielleicht war Darnley auch ihr erster Liebhaber, denn Franz II. war während ihrer kurzen Ehe stets krank gewesen. Obwohl Darnley Engländer war, heirateten die beiden ohne Elisabeths Zustimmung am 29. Juli 1565 in der Kapelle von Holyroodhouse in Edinburgh. Durch die Ehe mit dem katholischen Darnley brachte Maria alle gegen sich auf: ihre mächtige englische Verwandte, den empfindlichen schottischen Adel und nicht zuletzt auch ihren Halbbruder Moray, ihren wichtigsten und fähigsten Berater, der aus Protest gegen die Ehe eine Rebellion anzettelte.

Henry Stuart, Lord Darnley, mit seinem jüngeren Bruder Charles. Darnley, Marias zweiter Ehemann, galt als brutal, ehrgeizig und wenig intelligent. 1567 wurde er vermutlich mit Billigung seiner Frau ermordet.

Auch Maria wurde bald klar, wie unklug ihre Wahl gewesen war. Darnley betrachtete die Ehe nur als Mittel zum Zweck. Noch war er nur dem Namen nach König, doch er wollte selbst herrschen. Er misshandelte seine Frau seelisch wie körperlich und demütigte sie, indem er sich öffentlich mit Prostituierten zeigte. Aber sein größtes Verbrechen war die Ermordung von Marias Privatsekretär und Vertrautem David Riccio (um 1533–1566). Eines Tages stürzte Darnley, der eifersüchtig war auf die Freundschaft der beiden, mit einigen Männern in Marias Zimmer. Während er die Hände seiner hochschwangeren Frau hinter ihrem Rücken festhielt, setzte einer seiner Leute eine Pistole an den Bauch der Königin. Riccio, der sich an Marias Rock klammerte, wurde erstochen. Maria glaubte, dass Darnley hoffte, sie würde eine Fehlgeburt haben und sterben und so den Weg zum Thron freimachen. Sie vergab ihm niemals.

Rache an Darnley

Maria hatte keine Fehlgeburt, und im Juni 1566 wurde ihr erstes und einziges Kind geboren, ihr Sohn Jakob. Nun wies sie ihre Berater an, einen Weg zu finden, wie sie sich auf legale Weise von Darnley befreien könnte: *«Ich wünsche, dass ihr nichts tut, wodurch ein Schatten auf meine Ehre oder mein Gewissen fällt.»* Sie überzeugte Darnley, dass sie ihm vergeben habe, und lockte ihn von Glasgow, wo er Zuflucht gesucht hatte, nach Edinburgh.

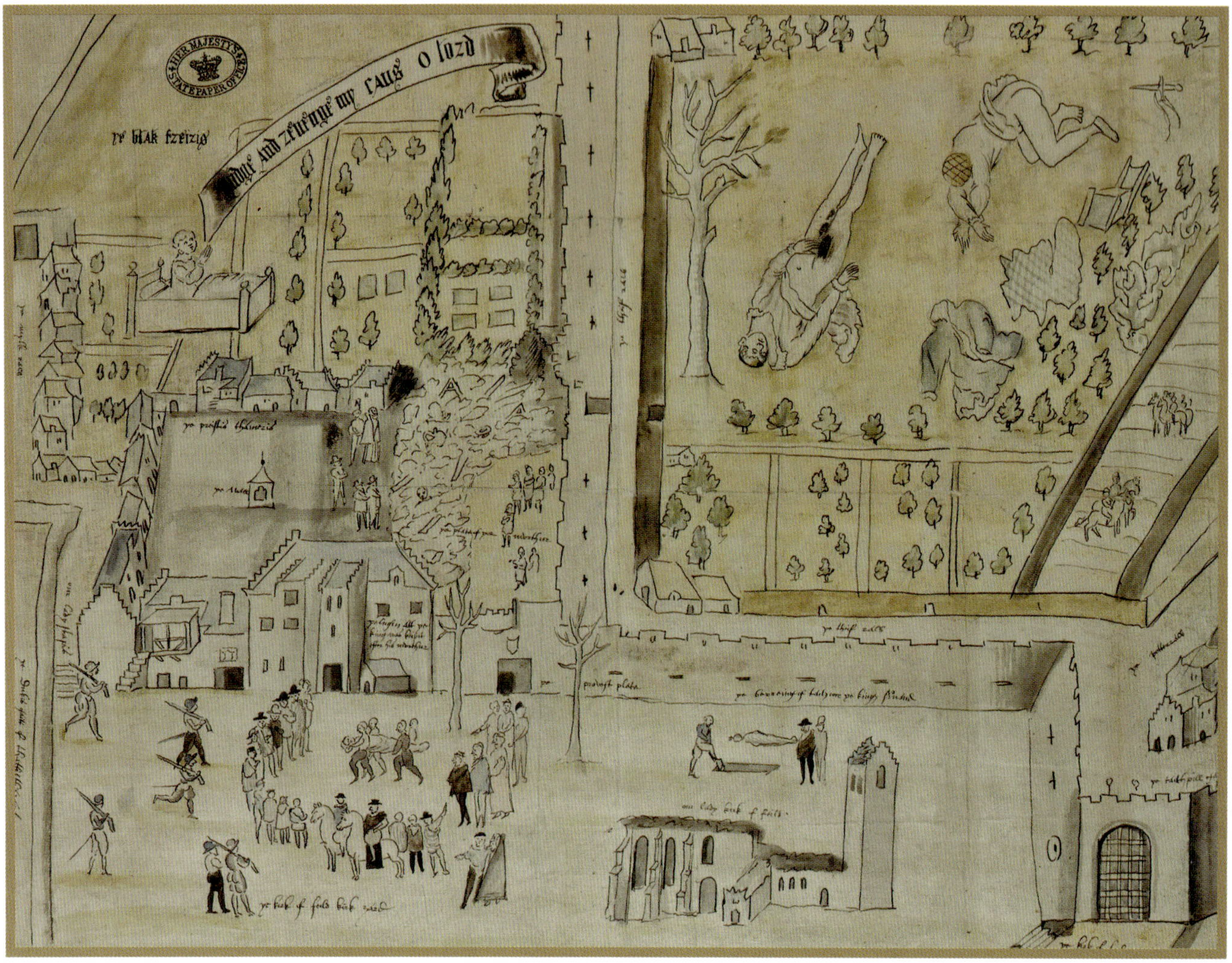

Eine zeitgenössische Illustration, auf der die mysteriösen Ereignisse rund um den Mord an Lord Darnley in Kirk o'Field bei Edinburgh zu sehen sind. Rechts oben sind die beiden in einem Garten gefundenen Leichen von Darnley und seinem Diener zu sehen.

Darnley war inzwischen sehr krank; möglicherweise litt er an Syphilis. Maria nahm ihn mit nach Kirk o'Field, in ein Haus am Stadtrand von Edinburgh. Zwei Nächte blieb sie bei ihm und pflegte ihn. Am dritten Abend ließ sie ihn jedoch allein, um zu einer Hochzeit zu gehen. Dann, am 10. Februar 1567 um zwei Uhr früh, zerstörte eine Explosion das Haus. Darnley entkam zwar nach draußen, aber später fand man seinen Leichnam im Garten. Er war erwürgt worden. An den europäischen Höfen war man fassungslos. Bald gingen Gerüchte um, die Königin selbst habe ihren eigenen Ehemann ermorden lassen.

Die Zeitgenossen glaubten, dass James Hepburn, Graf von Bothwell (um 1534–1578), einer der mächtigsten Adligen Schottlands, hinter der Ermordung Darnleys steckte. Später beschuldigten Marias Gegner die beiden, ein Liebespaar gewesen zu sein und gemeinsam den Tod von Darnley geplant zu haben. Doch obwohl sich die Königin zunehmend auf den einflussreichen Grafen stützte, entsprach diese Anschuldigung wohl nicht der Wahrheit. Ein Brief der englischen Königin aus dieser Zeit zeigt ihre ambivalente Haltung gegenüber Maria. Voller Sorge riet Elisabeth ihrer Großcousine, die Mörder Darnleys zu stellen:

«[Maria ist] eine umstrittene Figur, die Zwietracht sät.»

KÖNIGIN ELISABETH VON ENGLAND

«Ich ermahne dich … und ich bitte dich eindringlich, dir diese Sache so sehr zu Herzen zu nehmen, dass du keine Angst hast, auch den anzugreifen, der dir am nächsten ist [Bothwell], sollte die Sache ihn berühren, und das kein Zureden dich davon abhält, daraus ein Beispiel für die Welt zu machen: Du bist sowohl eine noble Prinzessin als auch eine loyale Gattin …»

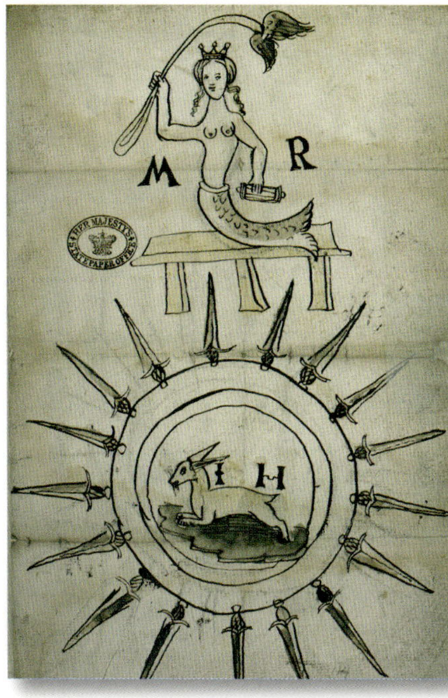

Maria Stuart als Meerjungfrau, eine Anspielung auf Prostitution (Zeichnung von 1567). Die Königin verlor jede Unterstützung durch die Öffentlichkeit, als sie Bothwell heiratete, von dem man annahm, er habe ihren zweiten Ehemann, Lord Darnley, ermordet.

Ende ohne Pathos

Der Prozess gegen Bothwell im April 1567 war eine Farce und endete mit einem Freispruch. In Edinburgh forderte eine aufgebrachte Menge den Kopf von Bothwell und beschimpfte Maria als Prostituierte. Unter dem Vorwand, sie schützen zu wollen, entführte Bothwell die Königin und verlangte von ihr die Ehe. Maria, die kaum noch Unterstützung hatte, willigte ein. Möglicherweise war sie bereits von Bothwell schwanger. Es gab aber auch Gerüchte, ihr Entführer habe sie vergewaltigt, um die Ehe zu erzwingen. Ihr erklärter Feind, der schottische Reformator John Knox (um 1510–1572), schrieb: *«Es ist wahr, sie wurde gegen ihren Willen genommen, aber seit ihrer Entführung hatte sie keinen Grund, sich zu beklagen. Ja, die höfliche Unterhaltung, die ihr zuteil wurde, ließ sie alle früheren Übergriffe vergessen.»*

Die Ehe mit dem mutmaßlichen Mörder ihres Mannes verprellte auch noch die letzten Anhänger Marias. Der schottische Adel schloss sich gegen die Königin und ihren neuen Ehemann zusammen. Einen Monat nach der Hochzeit, am 15. Juni 1567, mussten sich Maria und Bothwell ergeben. Bothwell erhielt freies Geleit und floh schließlich nach Dänemark. Maria aber wurde gefangen genommen. Ihre Untertanen hatten alle Sympathie für ihre Königin verloren, und die Menge rief: *«Verbrennt die Hure! Tötet sie, ertränkt sie!»*

Die Königin musste zugunsten ihres einjährigen Sohnes Jakob VI. (regierte 1567–1625) abdanken; ihr Bruder Moray übernahm die Regentschaft. Maria wurde auf einer Insel im Loch Leven festgesetzt, wo sie eine Fehlgeburt hatte. Ein Jahr später gelang ihr die Flucht nach England. Sie glaubte, ihre Großcousine Elisabeth würde ihr helfen, aber diese sah in Maria in erster Linie eine Thronrivalin. Da inzwischen – wahrscheinlich gefälschte – Briefe auftauchten, die Marias Beteiligung an Darnleys Ermordung belegten, hatte Elisabeth einen Vorwand, die schottische Königin einzusperren.

Nach Jahren der Gefangenschaft ließ sich Maria 1586 in eine Verschwörung gegen Elisabeth verstricken, das sogenannte Babington-Komplott, hinter dem päpstliche und spanische Agenten standen. Deren Plan war es, Elisabeth ermorden zu lassen, Maria zu befreien und sie zur Königin von England auszurufen. Doch die Verschwörung flog auf. Als Verräterin verurteilt, wurde Maria am 18. Februar 1587 auf Schloss Fotheringhay hingerichtet. Ihr Sohn Jakob, den sie nie wiedergesehen hatte, unternahm nichts zu ihrer Rettung.

„Weiberherrschaft"

In seiner Kampfschrift „Der erste Trompetenstoß gegen eine entsetzliche Weiberherrschaft" wettert der reformierte schottische Prediger John Knox gegen die zahlreichen Königinnen im Europa des 16. Jahrhunderts. Seine eigene Landesherrin, Maria Stuart, war das Hauptziel seiner Angriffe. Als Knox gefragt wurde, ob er glaube, die schottische Königin solle die katholische Messe im Privaten feiern dürfen, antwortete er: *«Der Götzendienst sollte nicht [nur] unterdrückt werden, sondern der Götzendiener sollte des Lebens beraubt werden»*, und plädierte damit für ihren Tod.

Nur Jahan

um 1577 – 1645

Ehefrau des indischen Großmoguls Jahangir

Nur Jahan, die Frau des Mogulherrschers Jahangir, übte beispiellose Macht aus. Während sich ihr Mann dem Genuss von Opium und Alkohol hingab, kontrollierte sie gemeinsam mit ihrer Familie die Regierung, rief ehrgeizige Bauprojekte ins Leben und förderte den Handel mit europäischen Mächten.

Nur Jahan war die Tochter von zwei vornehmen Persern, Ghias ud-din Beg (gestorben 1622), der später den Titel *Itimad ad-Daula* („Stütze des Staates") erhielt, und Asmat Begum. 1577 verließen die beiden ihre Heimat. Ihr Ziel war der Hof des Mogulherrschers Akbar (regierte 1556–1605), an dem man die persische Kultur schätzte und Ghias ud-din auf eine Karriere im Staatsdienst hoffte. Als sie Kandahar erreichten, gebar Asmat ihr viertes Kind, das sie *Mehr un-Nissa* („Sonne unter den Frauen") nannte.

Am Hof der Grossmoguln

Akbars Herrschaftsgebiet erstreckte sich von Afghanistan über den gesamten Norden des Indischen Subkontinents. Der Hof des Großmoguls zog Hindus, Muslime, Juden und Christen aus dem ganzen Reich an. Ghias ud-din fand eine Anstellung als Schatzmeister von Kabul. Mehr un-Nissa verbrachte ihr frühes Leben damit, persische Kunst, Geschichte und Literatur zu studieren. Mit 17 heiratete sie auf Befehl Akbars einen seiner Soldaten, Sher Afgan.

1607 starb Sher Afgan. Der inzwischen auf den Thron gelangte Großmogul Jahangir (regierte 1605–1627), Akbars Sohn, berief Mehr un-Nissa als Kammerfrau an seinen Hof. Sechs Jahre verbrachte sie im Harem, ohne auf Jahangir zu treffen. Schließlich kam es anlässlich der Neujahrsfeiern 1611 zu einer ersten Begegnung. Das Fest fand in Jahangirs Palast in Agra statt, und die Frauen sollten daran teilnehmen. Im Harem wurde eigens ein Basar eingerichtet. Der Herrscher wanderte zwischen den Ständen umher, als einziger Mann unter unverschleierten Frauen. Bei dieser Gelegenheit sah Jahangir Mehr un-Nissa zum ersten Mal und verliebte sich sofort in sie. Das Paar heiratete zwei Monate später, trotz eines Skandals, der ihre Familie befleckte. Ihr Vater war der Unterschlagung bezichtigt worden, und einen ihrer Brüder hatte man hingerichtet, weil er an einem Komplott zur Ermordung des Großmoguls beteiligt war.

Diese Goldmünze aus dem Jahr 1611 zeigt den Kopf des indischen Großmoguls Jahangir, umgeben von einem Glorienschein. Die arabische Inschrift lautet: «Ein Bildnis von Schah Jahangir im sechsten Jahr seiner Regierung.»

Eine Buchmalerei aus der Zeit zwischen 1700 und 1740. Sie zeigt den Großmogul Jahangir mit einer seiner Gemahlinnen sowie Dienerinnen und Musikerinnen. 30 seiner Ehefrauen sind namentlich bekannt, doch viele von ihnen hatte er nur aus diplomatischen Gründen geheiratet.

Zu beiderseitigem Nutzen

Mehr un-Nissas Familie profitierte von ihrer Heirat. Ihr Vater wurde begnadigt und befördert, und ihr Bruder Asaf Khan (gestorben 1641) gelangte zu Reichtum und Ehre. Jahangir verehrte seine neue Frau und verlieh ihr den Namen *Nur Jahan* („Licht der Welt"). Er überließ ihr sogar die Regierungsgeschäfte, während er sich dem Alkohol und dem Opium hingab. Doch Nur Jahan herrschte nicht allein. Zu ihren Vertrauten gehörten ihr

«Das Schicksal hatte es so gewollt: Sie [Nur Jahan] war die Königin der Welt und die Herrscherin der Zeit …»

DER ZEITGENÖSSISCHE CHRONIST MUTAMID KHAN IN SEINEM WERK „IQBAL NAMA-I-JAHANGIRI"

Vater, ihr Bruder Asaf Khan und ihr Stiefsohn, der künftige Großmogul Shah Jahan (regierte 1628–1658). Von seinem Vater Akbar hatte Jahangir ein machtvolles, blühendes Großreich geerbt, und die fähige Herrschaft seiner Frau sicherte nun das bisher Erreichte.

Nur Jahan und Jahangir hatten keine gemeinsamen Kinder. Um auch nach seinem Tod an der Macht zu bleiben, verband sie ihre eigene Familie mit der ihres Mannes. Ihre Nichte Mumtaz Mahal (1593–1631) war bereits seit 1612 mit Shah Jahan verheiratet. 1621 verheiratete Nur Jahan ihre Tochter aus erster Ehe, Ladli Begum (geboren 1594), mit Shahryar (1596–1628), einem weiteren Sohn Jahangirs. Unterdessen genoss Jahangir sein Leben und überließ Nur Jahan die Verantwortung für sein Reich. Diese förderte sogar noch die Alkohol- und Opiumsucht des Großmoguls, um weiterhin freie Hand zu haben. Aber Nur Jahans sorgsam geschlossene Allianzen zeigten bald erste Risse.

Zeugnis der Liebe

Das Taj Mahal gilt als das Meisterwerk der Mogularchitektur. Es wurde von Shah Jahan als Mausoleum für seine Lieblingsfrau errichtet, Nur Jahans Nichte Mumtaz Mahal. Shah Jahan war bei ihrem Tod 1631 untröstlich. Manche Historiker behaupten, er habe die Absicht verfolgt, ein Spiegelbild des Taj Mahal in schwarzem Stein auf dem gegenüberliegenden Flussufer zu errichten, das seine eigenen sterblichen Überreste aufnehmen sollte. Doch er starb, ehe das Projekt vollendet werden konnte.

Eine Familie zerbricht

Shah Jahan galt als der fähigste von Jahangirs Söhnen. Weil jeder annahm, dass er seinem Vater auf den Thron folgen würde, hatte sich Nur Jahan stets besonders um ihn bemüht. Doch langsam entfernte er sich von seiner Stiefmutter und versuchte, seine eigene Machtposition auszubauen. Auch Asaf Khan neidete seiner Schwester ihren großen Einfluss. Als ihr Vater Ghias ud-din 1622 starb, kam es zum offenen Bruch. Jahangir entschied, dass der gesamte Besitz seines Schwiegervaters an seine geliebte Frau Nur Jahan fallen solle. Asaf Khan war außer sich vor Wut.

Das Mogulreich kannte keine geregelte Thronfolge. Es galt das Prinzip des Stärkeren. Im Kampf um die Nachfolge Jahangirs, der schon zu seinen Lebzeiten einsetzte, standen Asaf Khan und seine Schwester Nur Jahan auf verschiedenen Seiten. Als es auf dem Dekkan in Zentralindien zu Unruhen kam, schickte Jahangir seinen Sohn Shah Jahan aus, die Rebellion niederzuschlagen, obwohl er ihm immer mehr misstraute. Doch Shah Jahan erklärte sich nur dazu bereit, wenn sein Bruder Khusrau (1587–1622) ihn begleitete. Er fürchtete nämlich, Khusrau würde in seiner Abwesenheit ihren Vater bedrängen, ihn als Nachfolger einzusetzen. Nur Jahan befürwortete die Reise. Vielleicht hoffte sie, dass beide Brüder sterben würden. Dadurch wäre der Thron frei für ihren Schwiegersohn Shahryar.

Khusrau starb während des Feldzugs. Jahangir war über den Tod seines Lieblingssohns am Boden zerstört. Die offizielle Todesursache war eine Kolik. Als aber europäische Berichterstatter Shah Jahan des Mordes an seinem Bruder beschuldigten, verlangte Jahangir, dass dieser sich den Anschuldigungen stellen sollte. Doch Shah Jahan weigerte sich. Er stellte eine Armee auf und revoltierte gegen seinen Vater. Erst 1626 gab er auf und schrieb an Jahangir, er sehe *«sein Fehlverhalten ein … und … habe das Gefühl, er müsse den Vater für seine Vergehen um Vergebung bitten»*. Jahangir und Nur Jahan verziehen ihm unter der Bedingung, dass er ihnen seine jungen Söhne, Asaf Khans Enkel, als Geiseln überließ.

Jahangirs Gesundheit war von zahllosen Exzessen ruiniert und wurde immer schlechter. Nachdem der zweite Sohn des Großmoguls, Parviz (1590–1626), gestorben war, blieben nur noch Shahryar und Shah Jahan übrig. Als Jahangir schließlich 1627 starb, befand sich Shah Jahan wieder auf dem Dekkan, fernab vom Hof. Nur Jahan glaubte, dass sie Shahryar ohne Probleme auf den Thron bringen könnte. Doch ihr Bruder durchkreuzte ihre Pläne.

Bruder gegen Schwester

Asaf Khan, der um seine eigene Position besorgt war und die Macht nicht mehr mit seiner Schwester teilen wollte, ließ sich auf ein gewagtes Spiel ein. Er informierte Shah Jahan über Jahangirs Tod, befreite seine Enkel und verhaftete Nur Jahan. Shahryar proklamierte sich zwar zum Großmogul, aber da seine mächtigste Verbündete unter Bewachung stand, wurde er größtenteils ignoriert. Die Armee, die er aufgestellt hatte, wurde von Asaf Khan besiegt. So gelang es Shah Jahan mit Hilfe seines Schwiegervaters, den Thron für sich zu gewinnen. Seinen Bruder ließ er 1628 ermorden. Nur Jahan hatte den Kampf um die Macht verloren. Die letzten 18 Jahre ihres Lebens verbrachte die Frau, die Indien beherrscht hatte, als Gefangene zurückgezogen in einem Palast in Lahore zusammen mit ihrer Tochter Ladli Begum.

Nur Jahan wurde in Lahore im Mausoleum ihres Mannes beigesetzt. Die Inschrift auf ihrem Grab lautet: *«Auf dem Grab dieser armen Fremden soll weder Lampe noch Rose sein. Weder sollen hier die Flügel des Schmetterlings leuchten noch die Nachtigall singen.»*

Zeittafel

UM 1577 Mehr un-Nissa wird auf der Reise ihrer Eltern von Persien nach Indien in Kandahar geboren.

1594 Mehr un-Nissa heiratet den Militär Sher Afgan.

1607 Sher Afgan stirbt. Mehr un-Nissa wird an den Mogulhof berufen.

1611 Mehr un-Nissa trifft auf den Großmogul Jahangir; sie wird seine Frau und erhält später den Titel Nur Jahan.

1612 Nur Jahans Nichte Mumtaz Mahal heiratet den späteren Großmogul Shah Jahan.

1622 Nur Jahans Vater stirbt und Jahangir erklärt seine Frau zur einzigen Erbin. Shah Jahan schlägt einen Aufstand auf dem Dekkan nieder. Er nimmt seinen Bruder Khusrau mit, der unterwegs verstirbt.

1626 Nach einem Aufstand gegen seinen Vater muss Shah Jahan um Vergebung bitten und seine Söhne als Geiseln zurücklassen.

1627 Jahangir stirbt. Asaf Khan sichert die Thronfolge seines Schwiegersohnes Shah Jahan gegen den Kandidaten seiner Schwester, Shahryar. Nur Jahan gerät in Gefangenschaft.

1628 Shah Jahan lässt seinen Bruder Shahryar töten.

1645 Nur Jahan stirbt in Lahore, wo sie auch begraben wird.

Sonnenaufgang über dem Taj Mahal, dem wohl berühmtesteten Bauwerk der Mogulzeit. Es wurde von Nur Jahans Stiefsohn Shah Jahan zur Erinnerung an seine geliebte Frau Mumtaz Mahal erbaut, die Nichte Nur Jahans.

Anna von Österreich

1601–1666

Königin von Frankreich

Anna von Österreich, die vernachlässigte Ehefrau von König Ludwig XIII. von Frankreich, inspirierte Alexandre Dumas zu einer Nebenhandlung seines Romans „Die drei Musketiere". In ihm verteidigen die Musketiere die Königin gegen die Intrigen des Kardinals Richelieu und gegen den Vorwurf, sie habe eine Affäre mit dem Herzog von Buckingham, dem «attraktivsten und elegantesten Mann in ganz Frankreich und England». *Nach dem Tod ihres Mannes erwies sich Anna als kluge Politikerin, die das Erbe ihres Sohnes, Ludwigs XIV., sicherte.*

König Ludwig XIII. von Frankreich, der Ehemann Anna von Österreichs. Der Großteil ihrer Ehe war von Distanz und Misstrauen geprägt. Gerüchte über die vermeintliche Beziehung Annas mit dem Herzog von Buckingham verschlimmerten die Situation noch.

Die spanische Infantin Anna wurde im September 1601 geboren. Ihre Familie, die Habsburger, waren auch als das „Haus Österreich" bekannt, weshalb sie in Frankreich „Anne d'Autriche" genannt wurde. Ihre Eltern waren König Philipp III. von Spanien (regierte 1598–1621) und dessen Cousine Margarethe von Österreich. An einem kalten Novembertag 1615 wurde die 14-jährige Anna mit dem gleichaltrigen König Ludwig XIII. von Frankreich (regierte 1610–1643) vermählt. Gleichzeitig heiratete dessen Schwester Elisabeth Annas Bruder Philipp. Die Doppelhochzeit sollte ein Abkommen zwischen den beiden größten katholischen Mächten Europas festigen.

Schlechter Start

Maria von Medici (1573–1642), Ludwigs Mutter, hatte die Ehe gegen den Widerstand des französischen Adels eingefädelt. Um vollendete Tatsachen zu schaffen, zwang sie die noch sehr jungen Eheleute entgegen den damaligen Gewohnheiten, die Ehe schon in der Hochzeitsnacht zu vollziehen – eine erschreckende Erfahrung für das frischvermählte Paar.

Seit der Ermordung ihres Mannes, Heinrichs IV. (1553–1610), übte Maria von Medici die Regentschaft für ihren Sohn aus. Auch nachdem ihre Gegner den jungen König 1614 offiziell für volljährig erklärt hatten, blieb Maria an der Macht. Ludwig fehlte es zunächst an Selbstvertrauen, er war schüchtern und misstraute jedermann. Wie Aufzeichnungen seines Leibarztes belegen, litt er als Kind unter dem Verlust seines Vaters und seiner strengen Erziehung. Mit seiner Braut wusste er nichts anzufangen und ignorierte sie weitgehend.

Als Anna von Österreich den französischen König heiratete, hieß es, sie sei «schöner als ein Engel». *Dieses Porträt von ihr aus den 1630er Jahren stammt von dem berühmten flämischen Maler Peter Paul Rubens.*

«… du weißt, warum und wie ich dich sehe … Ich sehe dich, um dir zu sagen, dass alles uns trennt – das Meer, die Feindschaft unserer Königreiche, die Unantastbarkeit von Schwüren. Es ist ein Sakrileg, gegen so viele Dinge anzukämpfen … wir dürfen uns nicht mehr sehen.»

ANNA AN IHREN VEREHRER BUCKINGHAM. AUS ALEXANDRE DUMAS' „DIE DREI MUSKETIERE"

ZEITTAFEL

1610 Nach der Ermordung Heinrichs IV. übernimmt Maria von Medici die Regentschaft für Ludwig XIII.

1614 Ludwig wird volljährig. Maria von Medici will ihre Macht nicht abtreten.

1615 Ludwig heiratet Anna von Österreich.

1617 Ludwig XIII. verbannt seine Mutter vom Hof.

1622 Maria von Medici erhält wieder einen Platz im Rat des Königs. Anna erleidet eine Fehlgeburt.

1624 Kardinal Richelieu wird zum Ersten Minister des Königs ernannt.

1625 Buckingham stellt Anna nach und sorgt für einen Skandal.

1635 Richelieu erklärt Spanien den Krieg.

1637 Anna wird des Hochverrats beschuldigt.

1638 Die Geburt eines Thronerben, des künftigen Ludwig XIV., sichert Annas Status bei Hofe.

1640 Anna bekommt einen weiteren Sohn, Philipp.

1642 Richelieu stirbt. Sein Nachfolger ist Mazarin.

1643 Nach dem Tod Ludwigs XIII. erhält Anna die volle Regierungsmacht.

1648–53 Fronde-Aufstände des französischen Adels.

1659 Frankreich schließt Frieden mit Spanien.

1660 Ludwig XIV. heiratet Maria Theresia von Spanien.

1661 Mazarin stirbt.

1666 Anna stirbt an Krebs.

Während ihr Gemahl sich dem Machtkampf mit seiner Mutter widmete, blieb Anna sich selbst überlassen. Als es Ludwig 1617 gelungen war, seine Mutter vom Hof zu verbannen, setzte er sein Vertrauen in Charles d'Albert de Luynes (1578–1621), den ersten einer ganzen Reihe von Günstlingen, die den König beherrschen sollten. Ludwig arrangierte eine vorteilhafte Ehe für Luynes mit Marie de Rohan (1600–1679), die in Annas Haushalt eintrat und sich mit der Königin anfreundete. Luynes und seine Frau sorgten schließlich auch dafür, dass sich das Königspaar näherkam und die Nächte miteinander verbrachte. Luynes soll Ludwig sogar bei der Hand genommen und in Annas Schlafgemach geführt haben.

Falsche Freunde

1621 starb Luynes während eines Feldzugs. Nach dem Tod des Favoriten wollte Maria von Medici ihre frühere Macht zurückgewinnen und förderte den Aufstieg ihres Vertrauten Armand-Jean du Plessis de Richelieu (1585–1642). 1622 wurde Richelieu zum Kardinal und 1624 zum Ersten Minister ernannt. Aber er machte sich schon bald von seiner Gönnerin unabhängig. Sein wachsender Einfluss auf Ludwig verschlechterte auch die Beziehung zwischen dem Königspaar, denn Richelieu misstraute Anna und intrigierte gegen sie. Im Gegenzug verließ sich Anna immer mehr auf ihre Freundin Marie de Rohan. Als die Königin aber 1622 nach einem schweren Sturz eine Fehlgeburt erlitt, suchte Ludwig die Schuld bei der Witwe Luynes' und verwies sie vom Hof. Sie soll nach einem Ball mit der schwangeren Königin durch den Palast gelaufen sein. Kurze Zeit später heiratete Marie de Rohan den Herzog von Chevreuse (1578–1637), ein Mitglied der mächtigen Familie Guise, und gewann so ihre dominierende Stellung unter den Frauen des Hofes zurück.

Der Einfluss der neuen Herzogin von Chevreuse auf die Königin zeigte sich 1623, als zwei Engländer am Hof eintrafen: der Prince of Wales und künftige König Karl I. von England (regierte 1625–1649) sowie George Villiers, der Herzog von Buckingham (1592–1628). Die jungen Männer erlebten Anna und ihre Schwägerin Henrietta Maria (1609–1669) bei der Aufführung eines Balletts. Karl war hingerissen von der französischen Prinzessin und Buckingham von der Königin. Buckingham vertraute seine Verliebtheit Lord Holland an, dem englischen Botschafter in Paris und neuen Liebhaber Marie de Rohans. In böser Absicht unterstützte das Paar den Flirt zwischen der Königin und dem gutaussehenden Herzog. Anna war geschmeichelt. Aber Buckingham, ermuntert von Marie, ging zu weit.

Verehrer und Verräter

Als Karl sich an Ludwig XIII. wandte und um die Hand von Henrietta Maria anhielt, war Buckingham an den Verhandlungen beteiligt. Er traf in Paris ein, entschlossen, der Königin weiter nachzustellen. Obwohl Annas Verhalten tadellos war, reagierte Ludwig wütend. Er wollte Buckingham weit weg von Anna wissen, und das so bald wie möglich.

Eine neue Möglichkeit, mit der Königin zusammenzutreffen, ergab sich für Buckingham, als Henrietta Maria 1625 Frankreich verließ, um Karl zu heiraten. Nach altem französischem Brauch mussten nämlich die Frauen der Königsfamilile eine königliche Braut bis an die Landesrenze begleiten. Auf der Reise unternahm Anna einmal mit einer größeren Gruppe einen Spaziergang. Dabei erlaubte sie dem Herzog, sie von den anderen wegzu-

George Villiers, Herzog von Buckingham, verdankte seinen Aufstieg aus bescheidenen Verhältnissen vor allem seinem guten Aussehen. Er war der Günstling und vermutlich auch Liebhaber des englischen Königs Jakob I. (1566–1625). Da er sich mit dessen Sohn und Nachfolger Karl I. anfreundete, behielt er auch nach Jakobs Tod seine Stellung am Hof. 1628 fiel der Herzog einem Attentat zum Opfer. Annas Liebelei mit Buckingham veranlasste Ludwig, ihr gegenüber für den Rest seines Lebens misstrauisch zu bleiben.

führen. Kurze Zeit später aber hörte man Anna laut und ängstlich rufen. Als ihre Freunde sie fanden, war der Herzog verschwunden. Bei einer anderen Gelegenheit stürzte er in das Schlafgemach der Königin und erklärte ihr seine Liebe. Anna ließ ihn hinauswerfen. Aber während der nächsten drei Jahre schrieben sie einander. Bis zu seiner Ermordung 1628 versuchte Buckingham, mit jeder nur denkbaren List nach Paris zurückzukehren. Vielleicht liebten sie sich, doch Ludwig sorgte dafür, dass sie sich nie wieder begegneten.

Immer wieder beschuldigte Ludwig seine Frau, an Komplotten und Verschwörungen beteiligt gewesen zu sein. Anna wiederum nahm fälschlicherweise an, es sei Richelieu und nicht Ludwig, der sie von den Regierungsgeschäften fernhalte. Sie hatte immer noch keine Kinder und fürchtete, verstoßen zu werden. Hinzu kam, dass sich Ludwig und Richelieu gegen Spanien und die Habsburger wandten. Anna war einsam und leicht beeinflussbar, besonders durch Marie de Rohan, die die Königin für ihre Intrigen gegen den Kardinal benutzte. 1637 brachte sich Anna in eine schwierige Lage. Mitten im Krieg ihres Gemahls gegen ihr Heimatland hatte sie an ihren Bruder Ferdinand (1609–1641) geschrieben, den spanischen Statthalter in Brüssel. In ihren Briefen beklagte sie sich über die schlechte Behandlung durch Ludwig und erwähnte auch die politische Situation. Als Richelieus Spione die Briefe entdeckten, sah sich die Königin schweren Vorwürfen ausgesetzt.

Der langerwartete Erbe

Ludwig vergab Anna in aller Öffentlichkeit, nachdem sie ein umfassendes Geständnis abgelegt hatte. Aber er schränkte ihre Freiheit ein und distanzierte sich noch weiter von ihr. Trotzdem brachte Anna am 5. September 1638, wenige Wochen vor ihrem 37. Geburtstag, einen gesunden Sohn zur Welt, den künftigen „Sonnenkönig“ Ludwig XIV. (regierte 1643–1715). Gerüchten zufolge soll er in einer stürmischen Nacht im Herbst 1637 gezeugt worden sein: Der König hatte Louise de La Fayette besucht, seine Favoritin, die in ein Kloster eingetreten war. Ludwig, zutiefst religiös, liebte komplizierte, nicht sexuelle Beziehungen zu schönen Frauen. Da er wegen des Sturms aber nicht mehr in seinen eigenen Palast gelangen konnte, hatte Louise ihm vorgeschlagen, bei Anna zu übernachten.

Als Mutter des Thronfolgers und zukünftigen Königs war Annas Position vorerst gesichert. Zwei Jahre später bekam sie einen weiteren Sohn, Philipp, den späteren Herzog von Orléans (1640–1701). Sie achtete jetzt sorgfältig darauf, Intrigen aus dem Weg zu gehen, und pflegte eine nach außen hin herzliche Beziehung zu Richelieu. In den folgenden Jahren ging es mit der Gesundheit des Königs bergab. Ludwig XIII. sah sich daher gezwungen, über Annas zukünftige Rolle nachdenken. Er traute ihr nicht zu, allein als Regentin für seinen unmündigen Sohn die Interessen Frankreichs zu vertreten. Der misstrauische König glaubte, die Sympathien seiner Frau gehörten noch immer ihrer Heimat Spanien. Offiziell konnte er Anna den Titel der Regentin nicht verwehren, doch Macht sollte sie keine ausüben. Alle Angelegenheiten sollten dem Staatsrat vorgelegt werden.

Der König starb am 14. Mai 1643 an Tuberkulose. Überraschenderweise zeigten Anna und Ludwig in seinen letzten Lebenstagen echte Zuneigung füreinander. Dabei erwies sich Anna während seiner Krankheit als gewiefte Politikerin. Sie bereitete alles dafür vor, dass die Einschränkungen ihrer Regentschaft aufgehoben würden. Mit dem Tod Ludwigs gewährte ihr das Parlament in Paris die vollständige Macht einer Regentin. Ludwigs Misstrauen war unbegründet. Anna wollte das Königreich für ihren Sohn erhalten.

Als die Spanier sich an Anna wandten, weil sie glaubten, sie würde ihnen Sonderrechte einräumen, wurden sie enttäuscht. Aber Anna verstand, dass sie Hilfe brauchte. Sie war seit 28 Jahren Königin von Frankreich, aber sie hatte wenig über Staatsführung gelernt. Nach dem Tod Richelius hatte dessen Protegé, der aus Italien stammende Kardinal Jules Mazarin (1602–1661), das Amt des Ersten Ministers übernommen. Mazarin wurde Annas wichtigster Berater und setzte das Werk seines Vorgängers fort. Anna und er bauten Frankreich zur wichtigsten Macht in Europa auf und setzten im Innern den königlichen Absolutismus gegen den Widerstand des Adels durch.

RICHELIEU – EIN MANN DER LEIDENSCHAFT?

Kardinal Richelieu hat seine ganze Laufbahn hindurch versucht, Anna in Verruf zu bringen. Der Grund hierfür soll nicht nur seine Feindschaft zu Annas Heimatland Spanien gewesen sein. Nach Annas Tod schrieb Françoise Bertaud, Dame de Motteville (1615–1689), ihre Kammerfrau und enge Vertraute, eine Biographie der Königin. Sie berichtet von Gerüchten, der Kardinal sei unglücklich verliebt in Anna gewesen und eifersüchtig auf den Herzog von Buckingham. Der Kardinal soll sie sogar aufgesucht haben, um ihr seine Liebe zu erklären. Doch Anna, entsetzt und wütend, habe darauf nichts zu sagen gewusst. Der Kardinal seinerseits glaubte, dass die Spanier diese Gerüchte ausstreuten, um ihn beim König in Misskredit zu bringen.

Anna und der Kardinal Mazarin auf einem Holzstich aus dem 19. Jahrhundert. Anders als ihr schwieriges Verhältnis zu Richelieu war Annas Beziehung zu Mazarin von großer Zuneigung und Vertrauen geprägt.

Der junge Ludwig XIV., der schon im Alter von vier Jahren den französischen Thron erbte, auf einem Porträt aus der Mitte des 17. Jahrhunderts. Nicht nur seiner Mutter Anna von Österreich, die zuvor mehrere Fehlgeburten erlitten hatte, erschien die Geburt Ludwigs wie ein Wunder. Das Kind erhielt den Beinamen „Dieudonné" *(„Gottesgeschenk")*.

Vielleicht war Mazarin Annas große Liebe. Viele Zeitgenossen hielten sie für ein Liebespaar. Als Richelieu sie einander vorstellte, soll er angeblich gesagt haben: *«Sie werden ihn mögen, Madame, er sieht aus wie Buckingham.»* Jahre später, als der Kardinal während des Adelsaufstands der *Fronde* (1648–1653) vorübergehend ins Exil fliehen musste, schrieben sie sich leidenschaftliche Briefe. Gemeinsam gelang es Anna und Mazarin, den rebellischen Adel zu unterdrücken. So legten sie die Grundlage für die absolutistische (unumschränkte) Herrschaft Ludwigs XIV., der nach Mazarins Tod 1661 selbst die Macht übernahm.

Zuvor hatten Anna und Mazarin noch die Ehe Ludwigs XIV. mit seiner Cousine Maria Theresia von Spanien (1638–1683) arrangiert. Die Heirat im Jahr 1660 sollte einen Frieden mit Spanien besiegeln. Ludwig XIV. behandelte seine Frau mit Respekt, doch seine Liebe galt der Nichte Mazarins, Marie Mancini (1639–1715), der später noch eine Vielzahl von Mätressen folgen sollten. Maria Theresia hatte einen schweren Stand am Hof, doch Anna nahm sich ihrer Schwiegertochter und Nichte an, bis sie 1666 an Brustkrebs starb.

Christina
1626–1689
Königin von Schweden

Christina wurde mit nur sechs Jahren Königin von Schweden, der führenden protestantischen Großmacht. Später war ihr Hof berühmt als intellektuelles Zentrum. Aus ganz Europa kamen Dichter, Künstler, Musiker sowie Philosophen nach Stockholm und priesen Christina als „Minerva des Nordens". Ihre Entscheidung, auf den Thron zu verzichten und zum Katholizismus zu konvertieren, sorgte für großes Aufsehen.

Christina wurde im Winter 1626 geboren als Tochter von König Gustav II. Adolf (regierte 1611–1632) aus dem Haus Wasa und Maria Eleonora von Brandenburg (1599–1655). Sie war das vierte und einzige überlebende Kind der beiden. Bei Christinas Geburt hielten die Hebammen sie fälschlicherweise für einen Jungen. Sie eilten zum Vater und überbrachten ihm die gute Nachricht. Gustav wünschte sich verzweifelt einen männlichen Erben. Er fürchtete, wenn es ihm nicht gelänge, einen legitimen Sohn zu zeugen, würde das lutherische Schweden an seinen Cousin fallen, den katholischen König Sigismund III. von Polen (regierte 1587–1632). Dies aber hätte einen Bürgerkrieg auslösen können. Als Gustav Adolf die Wahrheit über das Geschlecht des Neugeborenen erfuhr, verbarg er seine Enttäuschung. Wie Christina selbst berichtet, soll er erklärt haben:

> *«Dieses Mädchen wird mir so viel wert sein wie ein Junge. Ich bitte Gott, sie mir zu erhalten, weil er sie mir gegeben hat. Etwas anderes wünsche ich mir nicht. Ich bin zufrieden. … Sie wird klug sein, denn sie hat uns alle an der Nase herumgeführt.»*

Christinas Vater war einer der größten Monarchen seiner Zeit und trug den Beinamen „Löwe des Nordens". Im Dreißigjährigen Krieg (1618–1648) war Gustav Adolf der Führer der Protestanten. Doch 1632 fiel er in der Schlacht bei Lützen in der Nähe von Leipzig im Kampf gegen die Truppen der Katholiken. Als er von Gustav Adolfs Tod erfuhr, sagte Kardinal Richelieu (1581–1642), der Erste Minister Frankreichs: *«Er allein war mehr wert als beide Armeen zusammengenommen.»* Mit sechs Jahren wurde Christina zur „Königin der Schweden, Goten und Vandalen, Großfürstin von Finnland, Herzogin von Estland und Karelien und Herrin von Ingermanland" erklärt – ein erdrückender Titel für ein so kleines Mädchen.

Königin Christina zu Pferd. Der Stich zeigt die frühere schwedische Königin nach ihrer Abdankung in Rom.

Bis sie mit 18 volljährig würde, sollte ihr Reich von fünf Adligen regiert werden. Die wichtigste Position in der Regierung, die des Großkanzlers, nahm Graf Axel Oxenstierna (1583–1654) ein, ein Freund Gustav Adolfs. Oxenstierna galt als ein erfahrener Soldat und Staatsmann. In ihren Memoiren erinnert Christina sich, dass der schwedische Adel sie einstimmig zur Königin erklärte. Für die Adligen war sie, wie Christina später selbst schrieb,

Bei ihrer Abdankung am 6. Juni 1654 übergab Königin Christina die Krone von Schweden an ihren Cousin Karl X. Gustav, der aus dem deutschen Haus Pfalz-Zweibrücken-Kleeburg stammte. Der Stich zeigt die feierliche Zeremonie im Schloss von Uppsala in Anwesenheit des schwedischen Adels.

«ihre einzige Stärke und Schwedens einzige Hoffnung auf Rettung in einer so gefährlichen Zeit ... Die Menschen waren erstaunt über mein herrschaftliches Auftreten, wie ich schon die Rolle der Königin spielte. Ich war noch jung, aber auf dem Thron hatte ich eine solche Pose, war ich eine so großartige Erscheinung, dass ich bei jedermann Furcht und Respekt erweckte ...»

Ein eigenwilliges Kind

Gustav Adolf hatte sorgfältige Pläne für Christinas Erziehung gemacht. Sie sollte *«wie ein Mann erzogen werden»*. Der körperlichen Ertüchtigung sollte ebenso viel Aufmerksamkeit geschenkt werden wie dem Lernen. Christina war eine ausgezeichnete Schülerin und trieb mit Begeisterung Sport. Ihrer Mutter ging sie möglichst aus dem Weg. Maria Eleonora war so verstört über den Tod ihres Mannes, dass sie seinen Sarg nicht hergab und ihre Tochter zwang, mit ihr in einem Bett zu schlafen. Christina fühlte sich abgestoßen von der „Weiblichkeit" ihrer Mutter, die ganz in der Rolle der trauernde Witwe aufging. Stattdessen zog sie es vor, sich als Mann zu kleiden, und eignete sich männliche Gesten an. Später schrieb sie:

«Als junges Mädchen hatte ich eine große Abneigung gegen alles, was Frauen tun und sagen. Ich konnte ihre engen, aufwändigen Kleider nicht ertragen. Und ich

kümmerte mich nicht um mein Gesicht oder den Rest meines Aussehens ... Alles, was zu meinem Geschlecht gehörte, verachtete ich ... Außerdem war ich ein hoffnungsloser Fall, was die weiblichen Handarbeiten anging. Keiner konnte mir da etwas beibringen.»

Vielleicht war Christina beeinflusst von der Kritik ihrer Mutter an ihrem Aussehen. Seit man sie als Baby fallen gelassen hatte, stand eine ihrer Schultern höher als die andere. Später bemerkte sie: «*Meine Mutter ... sagte, ich sei hässlich.*»

Gegen alle Ansprüche

Als Christina 18 wurde, endete die Regentschaft. Die junge Königin war sehr überzeugt von sich und glaubte, ohne die Hilfe ihrer Minister regieren zu können. Gegen allen Rat vereinbarte sie einen unvorteilhaften Frieden mit den Dänen. Der Westfälische Friede, der 1648 den Dreißigjährigen Krieg beendete, brachte Schweden große Gebietsgewinne. Aber viele Schweden sahen den Friedensschluss als verfrüht an, da noch kein entscheidender Sieg für die Protestanten errungen worden war.

Christinas Vater, der berühmte Heerführer des Dreißigjährigen Krieges, König Gustav II. Adolf von Schweden. Er hatte nur einen unehelich geborenen Sohn, der aber keine Nachfolgerechte besaß. Mit der Abdankung seiner Tochter endete daher die Herrschaft der Wasa über Schweden.

Auch die Extravaganz Christinas erregte Kritik. Sie unterschied nicht zwischen ihren persönlichen Einkünften und den Geldern, die eigentlich der Regierung zustanden. Der lange Krieg hatte Schwedens Staatskassen geleert. Nun verschwendete die Königin die verbleibenden Mittel, um ihren Freunden teure Geschenke zu machen. Als das Geld ausging, verkaufte sie zum Entsetzen der alteingesessenen Elite Adelstitel an Emporkömmlinge und Ausländer. Ein aufgebrachter Höfling schrieb: «*Der Hof ist völlig überlaufen von einem Mob, der sich Grafen nennt.*»

Um die Sache noch zu verschlimmern, bemühte sich Christina auch keineswegs, ihre persönlichen Vorlieben zu verbergen. Sie pflegte eine Freundschaft mit der zarten, femininen Gräfin Ebba Sparre (um 1626–1662), mit der sie manchmal das Bett teilte. Viele glaubten daher, Christina fühle sich zu Frauen hingezogen. Die Königin nährte die Gerüchte noch durch zotige Kommentare, die sie in aller Öffentlichkeit von sich gab. So erzählte sie etwa dem englischen Botschafter, Ebbas Innenseite sei ebenso «*schön wie ihre Außenseite*».

Die Königin stärkte diese Vermutungen noch durch ihre absolute Weigerung zu heiraten. Eigentlich war es Christinas Pflicht als Herrscherin, für Nachkommen zu sorgen. Aber sie fürchtete die Ehe und lehnte die Angebote zahlreicher europäischer Fürsten ab. Genauso wies sie ihren Cousin und Freund aus Kindertagen zurück, den Pfalzgrafen Karl Gustav

«Die Natur macht Frauen verschieden – die Mode macht sie gleich.»

KÖNIGIN CHRISTINA

Ganz rechts: Christina erweist Papst Alexander VII. bei der Ankunft in Rom ihre Ehrerbietung. Die Königin war vielleicht schon Anfang der 1650er Jahre heimlich vom lutherischen Glauben zum Katholizismus übergetreten.

von Zweibrücken und Kleeburg (1622–1660), obwohl sie ihn als Vertrauten und vielleicht auch als Liebhaber schätzte. Mit 22 Jahren sprach sie ihre Absichten klar aus: *«Es ist mir unmöglich zu heiraten. Dessen bin ich mir absolut sicher. Ich habe nicht die Absicht, dafür Gründe zu nennen. Mein Charakter ist einfach nicht für die Ehe geeignet. Ich habe innig zu Gott gebetet, meine Neigung möge sich ändern, aber ich kann einfach nicht heiraten.»* Stattdessen erwog sie die Möglichkeit, Karl Gustav als Nachfolger zu benennen.

Abdankung und Konversion

Christinas Krönung verzögerte sich wegen der fehlenden finanziellen Mittel bis zum Oktober 1650. Doch zu diesem Zeitpunkt dachte sie bereits über ihre Abdankung nach. Vielleicht spielte sie schon mit dem Gedanken, zum katholischen Glauben überzutreten, der im lutherischen Schweden nicht geduldet war. Möglicherweise befürchtete sie auch, dass die Belastung des Regierens und die Eintönigkeit ihres Lebens sie krank machen könnten.

In der Zwischenzeit machte Christina aus dem schwedischen Hof einen Treffpunkt für Intellektuelle und Künstler aus ganz Europa. Zu diesen gehörte auch der französische Philosoph René Descartes (1596–1650), einer der größten Denker seiner Zeit, mit dem Christina schon seit langem korrespondiert hatte. Zeitgenossen verglichen sie mit der römischen Göttin der Weisheit und nannten sie „Minerva des Nordens“. Sie war vielseitig interessiert, auch wenn nichts auf Dauer ihre Aufmerksamkeit fesseln konnte. Der französische Botschafter in Schweden beschrieb die Königin so:

> *«Sie spricht Französisch, als wäre sie im Louvre geboren, sie hat eine schnelle und noble Auffassungsgabe, eine Seele, die weise und verständig ist, und sie hat eine gewisse Ausstrahlung. Ihre Zeit verbringt sie im Senat, mit ihren Studien oder bei körperlicher Ertüchtigung. Sie spricht fließend Latein und sie liebt Gedichte. Kurz, selbst ohne die Krone würde sie zu den beachtenswertesten Menschen der Welt zählen.»*

Die königliche Dilettantin

Obwohl er sich vor dem Land *«der Felsen, des Eises und der Bären»* fürchtete, folgte René Descartes der Einladung der schwedischen Königin. Doch als er in Stockholm eintraf, hatte die unbeständige Christina die Philosophie bereits zugunsten eines Griechischstudiums aufgegeben. Trotzdem erlaubte sie Descartes, ihr jeden Morgen um fünf Uhr in ihrer eiskalten Bibliothek Unterricht zu erteilen. Er erkrankte an Grippe und starb im Februar 1650 an einer Lungenentzündung. Christina, die sich vielleicht verantwortlich fühlte, plante eine prunkvolle Beisetzung in der Stockholmer Riddarholmskyrkan zwischen den früheren schwedischen Königen. Doch wie bei so vielen Plänen der Königin wurde daraus nichts. Descartes erhielt ein Grab auf einem bescheidenen Stockholmer Friedhof. Später wurde er exhumiert und in Paris bestattet.

Im Jahr 1654, nach dreijährigen Auseinandersetzungen, stimmte der schwedische Reichstag endlich Christinas Abdankung zu. Die Zeremonie fand am 6. Juni im Schloss von Uppsala statt. Noch am gleichen Tag wurde ihr Cousin als Karl X. Gustav (regierte 1654–1660) zum neuen König gekrönt. Christina verließ Schweden sofort. Sie schnitt sich die Haare kurz, kleidete sich als Mann inklusive Schwert und nahm das Pseudonym „Graf Dolna“ an. Bei ihrer Abreise rief sie begeistert: *«Endlich frei! … Fort aus Schweden – und hoffentlich komme ich nie wieder!»* Ihr Ziel war Rom. Unterwegs konnte sie endlich öffentlich zum Katholizismus übertreten – ein Schock für die Protestanten Europas.

Für die Katholiken hingegen war Christinas Konversion ein großer Propagandaerfolg. Daher wurde die ehemalige schwedische Königin in Italien mit großem Pomp empfangen. Papst Alexander VII. (amtierte 1655–1667) lud sie

sogar ein, als sein Gast im Vatikan zu wohnen. Zu seinen Ehren hatte sie bei ihrem Glaubenswechsel den Namen Maria Alexandra angenommen. In Rom blühte Christina auf und umgab sich mit Künstlern, Musikern und Denkern. Eine besonders enge, lebenslange Freundschaft entwickelte sie zu dem Kardinal Decio Azzolino (1623–1689), was allerdings zu neuen Gerüchten über eine Affäre Anlass gab.

Wieder Königin?

Doch Christinas Ruhelosigkeit machte sich schon bald wieder bemerkbar. Im Jahr 1656 ließ sie sich auf einen waghalsigen Plan ein. Kardinal Mazarin (1602–1661), der Erste Minister König Ludwigs XIV. von Frankreich (regierte 1643–1715), schlug ihr vor, die Spanier aus dem Königreich Neapel zu vertreiben. Sie sollte Königin werden und Ludwigs Bruder Philipp, den Herzog von Orléans (1640–1701), als Erben einsetzen. Christina reiste nach Frankreich, wo ihr maskulines Auftreten für Aufsehen sorgte. Die Kammerfrau Madame de Motteville (1615–1689) hielt ihre Eindrücke fest:

> *«Wir beobachteten die Ankunft der Königin von Schweden, von der wir so viel Ungewöhnliches gehört hatten ... Nachdem ich sie eine Weile angeschaut und mich an ihre Kleider und ihre seltsame Frisur gewöhnt hatte, sah ich, dass sie schöne, lebhafte Augen besaß und einen netten Gesichtsausdruck, auch recht stolz ...»*

Christina sah sich immer noch in einer herausgehobenen Stellung und beanspruchte weiterhin, wie eine Königin über Leben und Tod der Mitglieder ihres Gefolges entscheiden zu dürfen. So ließ sie 1657 ihren Stallmeister töten, einen italienischen Adligen, von dem sie glaubte, er habe ihre Pläne bezüglich Neapels verraten. Diese zerschlugen sich ohnehin, als Frankreich und Spanien 1659 einen Friedensvertrag abschlossen. Doch der Mord an ihrem Höfling fügte ihrem Ruf erheblichen Schaden zu. Bei Christinas Rückkehr nach Rom zeigte man ihr die kalte Schulter.

Hinzu kamen finanzielle Schwierigkeiten. Ihr stand zwar ein festes Jahreseinkommen aus Schweden zu, aber das Geld kam häufig zu spät oder gar nicht. Daher versuchte sie sich 1660, nach dem Tod Karl Gustavs, wieder als Königin von Schweden zu etablieren. Die Schweden lehnten sie jedoch als Katholikin ab. So verbrachte sie den Rest ihres Lebens in Rom. Dort starb sie im Frühjahr 1689 und wurde im Petersdom im Vatikan beigesetzt.

Zeittafel

1632 Gustav II. Adolf stirbt auf dem Schlachtfeld. Christina erbt den Thron. Fünf Adlige übernehmen die Regentschaft.

1644 Christina wird volljährig und entlässt ihre Regenten.

1645 Christina handelt mit Dänemark den Frieden von Brömsebro aus.

1648 Ende des Dreißigjährigen Krieges. Im Westfälischen Frieden macht Schweden große Gebietsgewinne.

1650 Christina wird gekrönt, hat jedoch bereits beschlossen abzudanken. Sie lädt Descartes nach Stockholm ein.

1654 Christina dankt ab. Karl X. Gustav wird gekrönt. Christina reist nach Rom.

1656 Christina und der französische Minister Mazarin planen, den Spaniern Neapel zu entreißen.

1689 Christina stirbt in Rom.

Maria II. Stuart

1662–1694

Königin von England

Seit Elisabeth I. war Maria II. die erste Frau, die den englischen Thron bestieg. Aber sie überließ die Regierung bereitwillig ihrem Gemahl, Wilhelm von Oranien, der auch die Niederlande beherrschte. Gemeinsam hatten sie zuvor Marias katholischen Vater vom englischen Thron verdrängt.

Maria war die älteste Tochter des Herzogs von York, des späteren Königs Jakob II. (regierte 1685–1688), und der englischen Adligen Anne Hyde (1637–1671). Das Paar hatte 1659 im niederländischen Exil geheiratet, denn nach einem Bürgerkrieg und der Hinrichtung Karls I. (regierte 1625–1649) hatten die Stuarts England verlassen müssen. Erst 1660 kehrte Karls Sohn Karl II. (regierte 1660–1685) auf den Thron zurück. Er heiratete kurz nach Marias Geburt Katharina von Portugal (1638–1705). Dass die Ehe kinderlos bleiben würde, konnte damals niemand ahnen. Außerdem hofften auch Marias Eltern noch auf überlebende Söhne. Es galt also als unwahrscheinlich, dass Maria einmal den Thron erben würde. Aber am Ende kamen von den acht Kindern der Yorks nur Maria und ihre jüngere Schwester Anna (1665–1714) über das Kleinkindalter hinaus.

Fürst Wilhelm von Oranien, Graf von Nassau und Statthalter der Vereinigten Niederlande (oben) war ein gefeierter Kriegsheld. Aber für seine Cousine Maria (rechts) war er zunächst kein verlockender Heiratskandidat. Er war zwölf Jahre älter und um einiges kleiner als sie.

Obwohl sie nach ihrem Vater an zweiter Stelle in der Thronfolge stand, erhielt Maria nur eine unzulängliche Bildung. In England hatte es schon Beispiele für herrschende Königinnen gegeben – Maria I. Tudor (regierte 1553–1558) und ihre Schwester Elisabeth I. (regierte 1558–1603). Trotzdem ging man wohl davon aus, dass ihre jeweiligen Ehemänner die Regierungsgeschäfte übernehmen würden, sollten Maria oder ihre Schwester Anna einmal den Thron besteigen.

Die Religion des Königshauses spielte in England eine wichtige Rolle, denn der Monarch war gleichzeitig das Oberhaupt der anglikanischen Staatskirche. Daher war Karl II. entsetzt, als Marias Eltern heimlich zum Katholizismus übertraten. Nachdem Anne Hyde 1671 an Krebs gestorben war, wurden Maria und Anna dem abtrünnigen Jakob weggenommen und zu Mündeln des Staates erklärt. Nun achtete man sehr auf ihre religiöse Erziehung, und so wuchsen Maria und Anna zu eifrigen Anhängerinnen der Kirche von England heran.

Mädchenschwärmerei

Maria war hübsch. Sie war groß, hatte helle, durchscheinende Haut, dichtes, dunkles Haar und ein liebliches Gesicht. Wie der Politiker und Tagebuchschreiber Samuel Pepys bemerkte, liebte sie es zu tanzen: *«Ich habe die junge Herzogin gesehen, ein kleines Kind in langen, weiten Ärmeln, wie sie ganz fein getanzt hat. Sie hat mich damit fast hingerissen …»*

ZEITTAFEL

1660 Mit Karl II. kehren die Stuarts auf den englischen Thron zurück.

UM 1669 Der spätere Jakob II. und Anne Hyde treten heimlich zum Katholisizismus über.

1671 Nach dem Tod Anne Hydes werden ihre Kinder zu Mündeln des Staates.

1673 Jakob heiratet Maria Beatrice d'Este, Prinzessin von Modena.

1677 Maria heiratet Wilhelm von Oranien. Sie wird schwanger, erleidet aber eine Fehlgeburt.

1683 Die Franzosen besetzen das Fürstentum Oranien.

1685 Karl II. stirbt. Jakob II. folgt ihm auf den Thron, und Maria wird seine Erbin.

1688 Maria Beatrice bekommt einen Sohn. Wilhelm soll die protestantische Erbfolge in England wiederherstellen und vertreibt Jakob in der *Glorious Revolution*.

1689 Wilhelm III. und seine Frau Maria II. werden gemeinsam gekrönt.

1694 Maria II. stirbt.

1701 Jakob II. stirbt im französischen Exil.

1702 Wilhelm stirbt. Seine Nachfolgerin ist Marias Schwester Anna Stuart.

Schon in jungen Jahren ordnete sich Maria gern unter. So schwärmte das kleine Mädchen für ihre ältere Freundin Frances Apsley (um 1653–1727) und eiferte ihr in jeder Beziehung nach. Das ging so weit, dass Maria sogar die Rolle der liebenden Ehefrau für Frances' Gatten spielte: *«Mein lieber, grausamer, geliebter, gesegneter Ehemann …»*, schrieb sie ihm.

Im Oktober 1677 wurde die 15-jährige Maria ihrem Cousin Wilhelm von Oranien (1650–1702) vorgestellt, dem Regenten der Niederlande. Als Sohn einer englischen Prinzessin stand er in der englischen Thronfolge unmittelbar hinter Maria und Anna. Karl II. und das englische Parlament waren für die Eheschließung mit dem protestantischen Neffen des Königs. Jakob hingegen wollte seine Tochter lieber mit einem Katholiken verheiraten, doch Karl ignorierte die Wünsche seines Bruders. Wilhelm bestand darauf, Maria zuerst kennenzulernen. Als er das schöne Mädchen gesehen hatte, stimmte er der Verbindung gerne zu.

In den Niederlanden

Maria weinte, als ihr Vater ihr mitteilte, dass man den ernsthaften, zwölf Jahre älteren Wilhelm zu ihrem Ehemann ausgewählt hatte. Die Hochzeit fand nach wenigen Wochen am 4. November 1677 statt. Danach reiste das Paar in die Niederlande. Zu ihrer Überraschung und Freude fühlte sich Maria in der Heimat ihres Mannes auf Anhieb zu Hause. Sie schätzte die Sauberkeit, Schlichtheit und Direktheit der Niederländer. Und sie verliebte sich in ihren Ehemann. Während ihrer Flitterwochen in Wilhelms Schloss in Honselersdijk schrieb Maria an Frances Apsley, dass sie *«ein wenig die Hure gespielt habe»*.

Nach der Instabilität, die sie in ihrer Kindheit erlebt hatte, ging Maria nun ganz in ihrer Rolle als Ehefrau auf. Sich ihrem Gatten unterzuordnen, bereitete ihr keine Probleme. Wilhelm beschäftigte sich mit der Politik, während Maria die Wohnsitze des Paares wie Honselersdijk, Soestdijk und Het Loo neu dekorierte. Bald stellte sie voller Freude fest, dass sie ein Kind erwartete. Sie vermisste Wilhelm, der sich gerade bei seiner Armee aufhielt, und reiste ihm nach. Doch nach der waghalsigen Reise mitten im Winter und über schlechte Straßen verlor sie ihr Kind. Vermutlich zog sie sich bei der Fehlgeburt eine Infektion zu, wodurch sie nicht mehr schwanger werden konnte. Ihre Kinderlosigkeit war eine große Bürde für Maria. Sie zog sich zurück, suchte Trost und Ablenkung im Gebet sowie in wissenschaftlichen Studien.

Familienstreit um den Thron

Als Marias Onkel Karl II. 1685 starb, folgte ihm sein Bruder als Jakob II. auf den Thron. Zunächst akzeptierte man ihn als König, obwohl er Katholik war und ein Freund Frankreichs, dem Erzfeind Englands. Seine Untertanen hofften, dass die Krone früher oder später an seine protestantischen Töchter übergehen werde, da Jakob aus seiner zweiten Ehe mit der italienischen Prinzessin Maria Beatrice d'Este (1658–1718) bisher keine überlebenden Kinder hatte. Seine älteste Tochter Maria war jetzt Thronerbin, doch ihr Vater lehnte es ab, ihre neue Position durch finanzielle Unterstützung zu honorieren. Jakob fürchtete, Wilhelm würde das Geld verwenden, um gegen ihn zu kämpfen. Um Wilhelm und Maria zu entzweien, unterstellte er seinem Schwiegersohn außereheliche Beziehungen. Als Maria Wilhelm mit den Vorwürfen ihres Vaters konfrontierte, stritt er diese vehement ab.

Ein Porträt des französischen Malers Henri Gascars aus der Zeit um 1690 zeigt Marias Vater, den englischen König Jakob II. aus dem Haus Stuart. Die Möglichkeit, dass Jakobs katholischer Sohn und Marias Halbbruder seinem Vater auf den Thron folgen könnten, veranlasste Marias Mann Wilhelm von Oranien zur Invasion Englands. Nach Jakobs Tod 1701 beanspruchten sein Sohn Jakob Franz Eduard, genannt „The Old Pretender", *und dessen Sohn Karl Eduard (1720–1788), genannt* „The Young Pretender" *oder* „Bonnie Prince Charlie", *weiterhin die englische und schottische Krone.*

Jakob sah auch tatenlos zu, als die Franzosen das Fürstentum Oranien im Süden Frankreichs, das Stammland Wilhelms, besetzten. Enttäuscht vertraute Maria ihrem Tagebuch an:

> *«Das Einzige, worum ich den König, meinen Vater, je gebeten habe: Er möge seinen Einfluss beim König von Frankreich geltend machen und verhindern, dass das Fürstentum Oranien besetzt wird. Doch mein Vater zog es vor, sich mit dem König von Frankreich gegen meinen Ehemann zu verbünden.»*

Offenbar plante Wilhelm, seinen Schwiegervater vom englischen Thron zu verdrängen, fürchtete aber, hinter seiner Frau, der rechtmäßigen Thronerbin, zurückstehen zu müssen. Maria versuchte seine Ängste zu zerstreuen. So notierte Gilbert Burnet, ein schottischer Geistlicher, der – von Jakob vertrieben – seit 1687 in den Niederlanden lebte:

> *«… sie glaubte nicht, dass der Ehemann je seiner Frau gehorsam sein solle. Sie versprach ihm [Wilhelm], er solle immer regieren. Und sie bat lediglich darum, er möge dem Gebot folgen ‹Männer, liebt eure Frauen›, genau wie sie dem Gebot Folge leisten würde ‹Frauen, seid euren Männern in allen Dingen gehorsam›.»*

«Oft hab' von gottlos' Söhnen ich gehört,
die ihren Königseltern Kronen stahlen,
jedoch von Rabentöchtern hört man selten –
außer beim armen Jakob und dem König Lear.»

EIN GEDICHT DER JAKOBITEN GEGEN DIE THRONÜBERNAHME VON MARIA II.

Marias jüngere Schwester Anna förderte noch den Unfrieden innerhalb ihrer Familie. Im März 1688 überzeugte sie Wilhelm und Maria davon, dass die damals schwangere Königin Maria Beatrice gar kein Kind erwarte. Vielmehr planten katholische Verschwörer, der Frau Jakobs einen Säugling unterzuschieben, um Maria und Anna als protestantische Erben zu übergehen. Anna, die nach ihrer kinderlosen Schwester den Thron erben würde, wollte durch diese Gerüchte die Söhne, die ihre Stiefmutter vielleicht noch haben sollte, diskreditieren.

Die Glorreiche Revolution

Tatsächlich brachte die Königin am 10. Juni 1688 einen Thronerben zur Welt, Jakob Franz Eduard (1688–1766). Da es nun so aussah, als würde sich langfristig eine katholische Monarchie etablieren, forderten mehrere führende Staatsmänner Wilhelm auf, die protestantische Thronfolge in England wiederherzustellen: Die Engländer seien nicht länger bereit, einen katholischen König zu tolerieren, und Wilhelm solle ihr Retter sein. Als Jakob von der geplanten Invasion seines Schwiegersohns erfuhr, schrieb er an Maria:

> *«Ich hoffe, das war für dich genauso eine echte Überraschung wie für mich … weil ich mir sicher bin, dass es nicht in deiner Natur liegt, eine so ungerechte Unternehmung gutzuheißen. Ich war den ganzen heutigen Tag damit beschäftigt, mich in die Lage zu versetzen, dass ich mich gegen einen so ungerechten und unerwarteten Versuch verteidigen kann … Dabei weiß ich, dass du eine gute Ehefrau bist … doch aus dem gleichen Grund muss ich glauben, dass du deinem Vater, der dich immer so zärtlich geliebt hat, auch jetzt noch eine gute Tochter bist …»*

Doch Jakobs Worte blieben ungehört. In der *Glorious Revolution* von 1688/89 wurde er von Wilhem und dessen englischen Verbündeten verdrängt. 1701 starb er im französischen Exil.

Königin im Hintergrund

Wilhelm bestand nun darauf, nur als König aus eigenem Recht in England zu herrschen. Keinesfalls wollte er hinter seiner Frau zurückstehen. Auch erinnerte er Maria an ihr Versprechen, dass sie immer seine Autorität akzeptieren würde. Obwohl sie sich ihrem Vater gegenüber schuldig fühlte, bestand Marias Hauptsorge darin, ihre Ehe zu erhalten und eine protestantische Monarchie zu sichern. Am 11. April 1689 wurde das Paar in der Westminster Abbey als Wilhelm III. und Maria II. zum König und zur Königin von England gekrönt.

Maria war in England unglücklich. Sie hatte die Niederlande lieben gelernt und vermisste ihr ruhiges Leben dort. Anna bot ihr keinen Trost. Sie hatte die Invasion ihres Schwagers unterstützt, bis sie erfuhr, dass er sie in der

Marias Trauermarsch

Der englische Barockkomponist Henry Purcell (1659–1695) schrieb für Marias Begräbnisfeierlichkeiten seine berühmte „Music for the Funeral of Queen Mary". In einer elektronischen Fassung wurde Purcells Trauermarsch 1971 von dem Regisseur Stanley Kubrick (1928–1999) als Titelmusik für seinen Kultfilm „A Clockwork Orange" verwendet.

Thronfolge ersetzt hatte. Er würde den Rest seines Lebens regieren, auch wenn Maria sterben sollte. Anna war verbittert und hielt sich künftig demonstrativ vom Hof fern.

Ein weiterer Stein des Antoßes war Annas Freundschaft mit Sarah Churchill (1660–1744). Maria und Wilhelm waren davon überzeugt, dass Sarahs Ehemann John Churchill, der Graf und spätere Herzog von Marlborough (1650–1722), mit dem abgesetzten Jakob in Verbindung stand, und entließen ihn. Als sich Anna weigerte, ihre Favoritin fortzuschicken, kam es zum Bruch zwischen den Schwestern. Während Wilhelm mehrere Kriege gegen die katholischen Großmächte führte, blieb Maria allein zurück. Doch trotz ihres Gefühls der Unzulänglichkeit erwies sie sich bei der häufigen Abwesenheit ihres Mannes als fähige Regentin. Nur die Jakobiten, die Anhänger ihres Vaters, lehnten sie ab, bei den meisten ihrer Untertanen war Maria wegen ihrer Freundlichkeit und Toleranz sehr populär.

Der Konflikt mit Vater und Schwester belastete Marias angegriffene Gesundheit. Trotzdem arbeitete sie hart und informierte Wilhelm gewissenhaft über jede ihrer Entscheidungen. Über ihre inneren Konflikte berichtete sie ihm: *«Ich muss lachen, während mir das Herz fast bricht, und reden, wenngleich mein Herz so bedrückt ist, dass ich kaum atmen kann.»*

Maria starb am 28. Dezember 1694 an den Pocken. Sie war nur 32 Jahre alt geworden. Zum Erstaunen der Engländer war Wilhelm am Boden zerstört. Man hatte allgemein angenommen, sein Verhältnis zu seiner Frau sei distanziert gewesen. Wilhelm selbst starb erst im März 1702. Als Anna nach dem Tod ihres Schwagers den Thron bestieg, machte sie es nicht wie ihre Schwester. Die letzte Stuart-Königin hielt ihren Ehemann Georg von Dänemark (1653–1708) von der Macht fern und herrschte – sehr erfolgreich – allein.

Die Landung der Truppen Wilhelms von Oranien im November 1688 an der englischen Kanalküste auf einem zeitgenössischen Holzschnitt. Die niederländische Invasionsflotte umfasste 200 Transportschiffe und 50 Kriegsschiffe.

Anna Stuart

1665–1714

Königin von England

Wie Elisabeth Tudor war Anna Stuart die Letzte ihrer Dynastie, die eine Krone tragen sollte. Annas Kritiker beschreiben sie als eine glanzlose Gestalt, die sich ganz nach den Launen ihrer gierigen Favoriten richtete. Trotzdem erlebte England unter ihrer Herrschaft ein goldenes Zeitalter und den Aufstieg zur Weltmacht. Um die protestantische Thronfolge zu sichern, beteiligte sie sich am Sturz des eigenen Vaters. Später als Königin umgab sie sich mit fähigen Beratern. Ihre Armeen auf dem Kontinent sicherten im Kampf mit Frankreich das politische Gleichgewicht der europäischen Mächte. Im Innern unterband die «gute Königin Anna» *die Exzesse der Gegner der katholischen Kirche. Außerdem vereinigte sie England mit Schottland zum Königreich Großbritannien.*

Annas Vater, der Herzog von York und künftige König Jakob II. (regierte 1685–1688), war der jüngere Sohn Karls I. (regierte 1625–1649), den man 1649 abgesetzt und hingerichtet hatte. Ihre Mutter, Anne Hyde (1637–1671), entstammte dem englischen Adel. Die beiden heirateten im Exil, ehe die Stuarts 1660 auf den englischen Thron zurückkehrten. Anna wurde im Februar 1665 geboren. Ihr Onkel, König Karl II. (regierte 1660–1685), hoffte auf Nachkommen aus seiner Ehe mit Katharina von Portugal (1638–1705). Daher hatte Anna zunächst wenig Aussichten auf die Krone. Außerdem hatten ihre Eltern mehrere Söhne. Doch die Ehe Karls II. blieb kinderlos, und Annas Brüder starben alle als Kleinkinder. Am Ende waren nur noch Anna und ihre ältere Schwester Maria (1662–1694) übrig.

Mit drei Jahren zog Anna zu ihrer französischen Großmutter, der Königinwitwe Henrietta Maria (1609–1669), nach Frankreich. Nach deren Tod lebte sie bei ihrer Tante, Henrietta Anna, der Herzogin von Orléans (1644–1670). Als auch ihre Tante starb, kehrte sie mit fünf Jahren nach England zurück. Während ihrer Abwesenheit waren ihre Eltern heimlich zum Katholizismus übergetreten. Karl II. war wütend. Es erschien unwahrscheinlich, dass Königin Katharina noch Kinder haben würde. Also würde Jakob der nächste König von England sein, doch das Land war mehrheitlich protestantisch. Maria und Anna, jetzt Zweite und Dritte in der Erbfolge nach ihrem Vater, wurden so bald wie möglich dem Einfluss ihrer Eltern entzogen und zu Mündeln des Staates erklärt. Anna war knapp sechs.

Ein Porträt Annas aus dem Jahr 1700 von Sir Godfrey Kneller. Obwohl sie im Schatten ihrer älteren Schwester Maria stand, galt Anna ihren Zeitgenossen als große Schönheit.

«Und was für Männer das kleine, ländliche England hervorbringen konnte! Eine Nation von fünfeinhalb Millionen Einwohnern hatte Wren als Architekten, Newton als Wissenschaftler, Locke als Philosophen, Bentley als Gelehrten, Pope als Dichter, Addison als Essayisten, Bolingbroke als Redner, Swift als Verfasser von Flugschriften, und Marlborough, der ihre Kriege gewann ...»

DER HISTORIKER G.M. TREVELYAN ÜBER ENGLAND ZUR ZEIT KÖNIGIN ANNAS

Protestantin durch und durch

Trotz ihrer Stellung war die Erziehung von Maria und Anna eher dürftig. Sie wurden vor allem im protestantischen Glauben unterrichtet und gegen die katholische Kirche eingenommen. In diesem Sinne schrieb Anna an ihre Schwester: *«... die Doktrin der römisch-katholischen Kirche ist sündhaft und gefährlich ... schlichte, regelrechte Götzenverehrung.»* Die Bestimmung der Prinzessinnen war es, einen Protestanten zu heiraten. Selbst wenn sie auf den Thron gelangen sollten, erwartete niemand, dass sie selbst herrschen würden.

1673, zwei Jahre, nachdem die Mutter der Mädchen gestorben war, heiratete Jakob die 15-jährige Prinzessin von Modena, Maria Beatrice d'Este (1658–1718). *«Ich habe dir eine neue Spielgefährtin mitgebracht»*, sagte Jakob zu seiner ältesten Tochter. Maria mochte die schöne Italienerin, aber Anna verachtete sie. Als eifrige Protestantin fürchtete sie den Einfluss der katholischen Stiefmutter und die Folgen der Eheschließung für ihren Vater.

Anna wuchs zu einer Schönheit heran mit schimmernder Haut, schönen Händen und einem sinnlichen Mund. Im Alter von 18 Jahren wurde sie mit dem protestantischen Prinzen Georg von Dänemark (1653–1708) verheiratet. Georg galt als unerträglich langweilig. Karl II. witzelte: *«Ich habe es betrunken mit ihm versucht und ich habe es nüchtern mit ihm versucht – es steckt nichts in ihm.»* Trotzdem mochte und respektierte Anna ihren Mann. Fast sofort nach ihrer Hochzeit wurde sie schwanger. Doch ihr erstes Kind, eine Tochter, kam im Frühjahr 1684 tot zur Welt. Dies war die erste von insgesamt 18 Schwangerschaften – der Auftakt zu großem persönlichen Leid und öffentlicher Sorge. Von Annas lebend geborenen Kindern überstand nur eines das Kleinkindalter.

Karl II. starb im Februar 1685, und der Herzog von York, Annas Vater, wurde als Jakob II. neuer König von England. Wie viele englische Protestanten befürchtete Anna, die jetzt an zweiter Stelle in der Thronfolge stand, dass Maria Beatrice einen Erben gebären könnte. Damit ginge der englische Thron dauerhaft an Katholiken über. Der erste Sohn der Königin war zwar kurz nach seiner Geburt gestorben, aber 1687 wurde Maria Beatrice erneut schwanger. Anna setzte nun böswillige Gerüchte in die Welt, ihre Stiefmutter erwarte gar kein Kind. Angeblich wollten die Katholiken Maria Beatrice einen Sohn unterschieben, der dann als katholischer Erbe präsentiert werden sollte.

Sarah Jennings, Annas Freundin aus Kindertagen und Frau des Kriegshelden John Churchill, den Anna gleich nach ihrer Thronbesteigung zum Herzog von Marlborough erhob. Sarah war der wichtigste Mensch in Annas Leben. Unter den Pseudonymen Mrs. Morley (Anna) und Mrs. Freeman (Sarah) schrieben sie sich viele, zum Teil sehr leidenschaftliche Briefe.

Verschwörung gegen den Vater

Anna schrieb an ihre ältere Schwester Maria, die mit ihrem Cousin Wilhelm von Oranien (1650–1702) verheiratet war und in den Niederlanden lebte. Es gelang ihr, die beiden von der Wahrheit ihrer Geschichte zu überzeugen. Dann zog sie sich demonstrativ nach Bath im Westen Englands zurück, um den vermeintlich skandalösen Vorgängen am Hof nicht beiwohnen zu müssen. Als am 10. Juni 1688 tatsächlich ein Prinz geboren wurde, Jakob Franz Eduard (1688–1766), schrieb Anna erneut an Maria:

> *«Vielleicht ist er unser Bruder, aber das weiß nur Gott allein, denn sie [Maria Beatrice] kümmerte sich niemals darum, die Neugier der Welt zu befriedigen oder den Leuten etwas zu beweisen ... Ich werde immer zu den Ungläubigen gehören.»*

Wilhelm von Oranien wollte die protestantische Thronfolge wiederherstellen und landete mit seinen Truppen in England. Die meisten Engländer begrüßten ihn als Befreier. Auch führende Militärs wie John Churchill, der spätere Graf und Herzog von Marlborough (1650–1722), liefen zu Wilhelm über. König Jakob II. sah sich von allen verlassen. Sein eigener Schwiegersohn und seine beiden älteren Töchter hatten sich gegen ihn verschworen. Verbittert klagte er: *«Gott helfe mir! Meine eigenen Kinder haben mich verlassen.»*

Annas ältere Schwester Königin Maria II. mit ihrem Ehemann König Wilhelm III. von Oranien. Nach der Invasion Englands 1688 wurden sie gemeinsam zu König und Königin gekrönt. Während der Herrschaft des Paares fühlte sich Anna häufig zurückgesetzt, wodurch sich ihre Beziehung zu den beiden sehr verschlechterte. Ihren Schwager Wilhelm nannte sie sogar «die holländische Missgeburt».

Die *Glorious Revolution* von 1688/89 verlief relativ unblutig: Man ließ Jakob nach Frankreich entkommen, wo er 1701 starb. Nach der Flucht des Königs kehrte Anna nach London zurück, um Wilhelm und Maria, die siegreichen Invasoren, zu begrüßen. Sie war mit orangefarbenen Bändern – den Abzeichen des Hauses Oranien – festlich geschmückt.

Ein Riss durch die Familie

Obwohl das Parlament Wilhelm und Maria die gemeinsame Herrschaft anbot, war Maria zufrieden damit, die Macht ihrem Ehemann zu überlassen. Er verhielt sich Anna gegenüber höflich, aber die Prinzessin wurde durch seine Führerschaft doch an den Rand gedrängt. Wie alle anderen hielt Wilhelm Prinz Georg für einen Dummkopf und schloss ihn von allen Staatsgeschäften aus. Anna war wütend und behandelte ihre Schwester betont kühl. Annas engste Freundin, Sarah Churchill (1660–1744), die Frau des Grafen und späteren Herzogs von Marlborough, förderte noch den Streit zwischen den Schwestern. Als Maria von Anna verlangte, sich von ihrer Favoritin zu trennen, kam es zum offenen Bruch. Bis zum Tod ihrer Schwester 1694 kehrte Anna nicht mehr an den Hof zurück.

Im Juli 1700 starb Annas elfjähriger Sohn Wilhelm, der Herzog von Gloucester (1689–1700). Er war das Einzige ihrer Kinder, das das Kleinkindalter überlebt hatte. Aber er war ein empfindlicher Junge gewesen und hatte an einem Hydrocephalus („Wasserkopf") gelitten. Anna erholte sich nie von diesem Schicksalsschlag. Nach Wilhelms Tod unterzeichnete sie ihre Briefe an Sarah mit *«Deine arme, unglückliche, treue Morley [ihr Kosename]».*

EIN KÖNIGREICH FÜR EINEN GARTEN?

Anna hegte den Wunsch, den Londoner Green Park, der an ihre Residenz im St.-James-Palast grenzte, zu einem königlichen Garten umzugestalten. Als sie den späteren Premierminister Robert Walpole (1676–1745) fragte: *«Würde ich den Green Park in meinen Garten aufnehmen, wie hoch wären die Kosten?»*, soll Walpole angeblich erwidert haben: *«Die Monarchie, Madam, die Monarchie.»* Klugerweise beschloss sie, der Öffentlichkeit weiterhin den Zugang zum Park zu gewähren.

ZEITTAFEL

1668 Anna wird zu ihren Verwandten nach Frankreich geschickt.

UM 1669 Annas Eltern treten heimlich zum Katholizismus über.

1670 Anna kehrt nach England zurück.

1673 Jakob heiratet Maria Beatrice d'Este.

1683 Anna heiratet Prinz Georg von Dänemark.

1684 Annas erstes Kind stirbt bei der Geburt.

1685 Jakob II. wird König von England.

1687 Anna verbreitet antikatholische Gerüchte.

1688 Maria Beatrice bekommt einen Sohn. Wilhelm von Oranien vertreibt Jakob in der *Glorious Revolution.*

1689 Wilhelm III. von Oranien und seine Frau Maria II. werden gemeinsam gekrönt.

1694 Maria II. stirbt.

1700 Annas Sohn Wilhem stirbt.

1701 Der *Act of Settlement* sichert die Thronfolge.

1702 Wilhelm III. stirbt, Anna wird Königin.

1704 John Churchill besiegt die Franzosen bei Höchstädt.

1707 Vereinigung von England und Schottland zum Königreich Großbritannien.

1708 Annas Mann Georg von Dänemark stirbt.

1711 Anna bricht mit John Churchill und seiner Frau Sarah, ihrer Freundin.

1714 Anna stirbt. Das Haus Hannover erbt den Thron.

Zu der persönlichen Tragödie kam eine Thronfolgekrise. Die Engländer wollten keinen katholischen Herrscher mehr. Dies schloss die Kinder Jakobs II. mit Maria Beatrice aus. Aber die Schwester Karls I., Elisabeth Stuart (1596–1662), hatte protestantische Nachkommen. Ihre Tochter Sophie (1630–1714) hatte den lutherischen Kurfürsten von Hannover geheiratet. Der *Act of Settlement* („Grundordnung") von 1701, der bis heute Katholiken von der Thronfolge ausschließt, bestimmte Sophie und ihre Erben zu Annas Nachfolgern.

Eine wahrhaft britische Königin

Doch zunächst folgte Anna 1702 unter allgemeinem Beifall ihrem Schwager Wilhelm von Oranien auf den Thron. In ihrer ersten Rede vor dem Parlament erweckte sie den Geist der großen englischen Königin Elisabeth I. (regierte 1558–1602) zu neuem Leben und übernahm auch deren Motto *Semper eadem* („Immer dieselbe"). Anna versprach: *«Weil ich weiß, dass mein Herz ganz und gar englisch ist, kann ich euch aufrichtig versichern, dass es nichts gibt, was ihr von mir erwarten oder wünschen könnt, das ich nicht bereit bin, für das Glück und Wohlergehen Englands zu tun.»* Sie wählte sich einen Stab ausgezeichneter Berater und setzte die Politik Wilhelms fort. Ein wichtiger Schritt war die Vereinigung von England und Schottland zum Königreich Großbritannien im Jahr 1707.

Auf dem Kontinent kämpfte Annas Feldherr John Churchill weiterhin erfolgreich gegen Ludwig XIV. von Frankreich (regierte 1643–1715). Die Königin überschüttete die Churchills mit Gunstbeweisen. 1702 ernannte sie John Churchill zum Herzog von Marlborough, während seine Frau Sarah höchste Ämter am Hof bekleidete und uneingeschränkten Zugang zur Königin genoss. Anna schrieb ihr voller Zuneigung: *«... wenn du mich je verlassen solltest, will ich nichts mehr mit der Welt zu tun haben, sondern einmal mehr abdanken, denn was ist eine Krone, wenn einem die Unterstützung dafür fehlt ...»*

Der Sturz der Favoritin

Doch Sarah überspannte den Bogen. Sie behandelte ihre Freundin nicht mit der Ehrerbietung, die ihr als Königin zustand. Zudem unterstützte sie in den Auseinandersetzungen zwischen den Whigs und den Torys, den beiden Parteien im Parlament, die sich allmählich herausbildeten, die Whigs, während die Königin eher den konservativen Torys zuneigte. Sarah versuchte Anna zu beeinflussen, doch diese duldete keine Einmischung in ihre Herrschaft. John Churchill kannte die Königin besser als seine Frau und warnte Sarah: *«Du weißt, dass ich oft uneins mit dir bin, was die Königin angeht. Nach allem, was ich immer schon beobachtet habe, braucht sie keinen weiteren Rat, wenn sie glaubt, sie ist im Recht, um fest und entschieden aufzutreten.»* Gelangweilt von der mittlerweile übergewichtigen und stark eingeschränkten Königin hielt sich Sarah immer häufiger vom Hof fern.

Allmählich stieg ausgerechnet Sarahs Cousine Abigail Masham (um 1670–1734), eine Anhängerin der Tories, zur neuen Favoritin der Königin auf. Der britische Premierminister Sir Winston Chruchill (1874–1965), ein Nachfahre Sarahs, sagte über Abigail Masham, sie sei *«vermutlich die kleinste Person, die je bewusst versucht hat, die Geschichte Europas zu entscheiden, und sie tatsächlich entschieden hat.»* Zuletzt versuchte Sarah sogar die Frauen zu entzweien, indem sie Gerüchte über eine Affäre zwischen den beiden verbreitete.

Anna war aufgebracht, aber sie vermied den öffentlichen Bruch mit Sarah, solange ihr Mann, der Herzog von Marlborough, weiterhin gegen Frankreich kämpfte. Aber der Spanische Erbfolgekrieg (1700–1714) selbst verlor immer mehr an Popularität. Nach einem Wahlsieg der Tories entledigte sich Anna 1711 der Marlboroughs. Sarahs Hofämter fielen an ihre Cousine, und ihr Mann wurde seiner militärischen Pflichten enthoben. In einem Wutanfall zertrümmerte Sarah ihre Wohnung im St.-James-Palast und drohte, Annas Briefe zu veröffentlichen: *«Es stehen Dinge in meiner Macht … die zum Verlust einer Krone führen könnten.»* Aber am Ende veröffentlichte Sarah die kompromittierenden Briefe nicht. Die Marlboroughs verließen England und kehrten erst nach dem Tod der Königin zurück.

Annas letzte Jahre waren einsam. Ihr Mann Prinz Georg von Dänemark war 1708 gestorben, und nach ihrem bitteren Abschied sah sie Sarah nie wieder. Der Historiker G. M. Trevelyan (1876–1962) gibt folgende Zusammenfassung:

> *«… ein Dutzend beschwerliche Jahre lang stellte sich die Invalidin täglich der Schreibtischarbeit. Sie überließ die Dinge nicht ihren Favoriten und nicht einmal ganz ihren Ministern. Um in Kirche und Staat das zu tun, was sie für das Richtige hielt, plagte sie sich mit vielen Details der Regierung ab. Und die Vorstellungen, die sie bewegten, waren Mäßigung, gesunder Menschenverstand und Menschlichkeit …»*

Königin Anna starb 1714 an einem Schlaganfall. Das Königreich Großbritannien, das sie ihren deutschen Verwandten aus dem Haus Hannover hinterließ, war eine Weltmacht.

John Churchill, Herzog von Marlborough, nimmt 1704 in der Schlacht von Höchstädt – von den Engländern „Battle of Blenheim“ *genannt – die Kapitulation der Franzosen an. Der Wandteppich, auf dem die Szene dargestellt ist, befindet sich heute im Blenheim Palace bei Oxford, dem Sitz der Herzöge von Marlborough. Weil Anna wusste, dass Churchills militärische Fähigkeiten denen ihres Mannes deutlich überlegen waren, ernannte sie ihn und nicht Prinz Georg zum Oberbefehlshaber ihrer Truppen im Kampf gegen die Franzosen.*

Maria Theresia

1717–1780

Kaiserin, Erzherzogin von Österreich, Königin von Ungarn und Böhmen

Mit Maria Theresia endete das Haus der Habsburger. Durch eine geschickte Heiratspolitik hatte ihre Familie riesige Territorien erworben, zu denen Österreich, das heutige Belgien, Böhmen, Ungarn und große Teile Italiens gehörten. Seit dem 15. Jahrhundert trugen die Habsburger auch die Krone des römisch-deutschen Kaisers. Mit dem von Karl dem Großen im Jahr 800 begründeten Kaisertum war zwar kaum noch tatsächliche Macht verbunden, aber das Prestige des Kaisertitels war nach wie vor groß. Als Frau konnte Maria Theresia selbst nicht zur Kaiserin gewählt werden, aber sie sicherte die Krone ihrem Mann und später ihrem Sohn. Die Macht in ihren eigenen Ländern gab sie jedoch nicht aus der Hand. Durch Kriege, Bündnisse und Reformen konnte sie das Erbe der Habsburger für ihre Nachkommen erhalten.

Friedrich II. von Preußen (oben) und Maria Theresia waren ein Leben lang Feinde. Um zu zeigen, dass er Maria Theresia nicht als Nachfolgerin ihres Vaters akzeptierte, sprach Friedrich sie anfangs nur als „Großherzogin" an, was dem Rang ihres Gatten Franz Stephan vor seiner Kaiserwahl entsprach.

Maria Theresia war die älteste Tochter Kaiser Karls VI. (regierte 1711–1740) und seiner Frau Elisabeth von Braunschweig-Wolfenbüttel (1691–1750). Weil er keine überlebenden Söhne hatte, bestimmte Karl seine Tochter zur Nachfolgerin. Hierzu hatte er vorsorglich schon 1713 die sogenannte Pragmatische Sanktion erlassen, die auch Töchter als Erbinnen zuließ. Jahrelang bemühte sich Karl, die europäischen Mächte und die deutschen Fürsten zur Anerkennung seiner Erbfolgeregelung zu bewegen. Die meisten stimmten zu, allerdings widerriefen Frankreich, Preußen, Bayern und Sachsen später ihr Einverständnis.

Mit 18 heiratete Maria Theresia Franz Stephan von Lothringen (1708–1765). Für die Erzherzogin war es eine Liebesheirat. Der englische Botschafter bemerkte: *«Sie seufzt und sehnt sich die ganze Nacht nach ihrem Herzog von Lothringen …»* Franz Stephan sah sicher auch die praktische Seite der Angelegenheit, schließlich sollte seine Frau ein riesiges Reich erben, und er hatte gute Aussichten, seinem Schwiegervater als Kaiser zu folgen.

Maria Theresia war eine Schlüsselfigur in der europäischen Machtpolitik des 18. Jahrhunderts. Den Titel einer Kaiserin führte sie nicht aus eigenem Recht, sondern als Ehefrau von Franz I. Stephan aus dem Haus Lothringen. Aber als Erzherzogin von Österreich und Königin von Ungarn und Böhmen regierte sie selbständig. Dieses Porträt der jungen Erzherzogin wurde von Gabriel Mathei in der Zeit um 1730 gemalt.

Mit dem Tod Kaiser Karls VI. im Jahr 1740 starb das Haus der Habsburger im Mannesstamm aus. Nach der Pragmatischen Sanktion sollte der Besitz der Habsburger ungeteilt an Maria Theresia fallen. Aber die Gegner der Habsburger witterten eine Chance auf Gebietsgewinne und ignorierten die vorher getroffenen Vereinbarungen. Statt Maria Theresias Ehemann wurde der bayrische Kurfürst Karl Albert (1697–1745) als Karl VII. zum neuen Kaiser gewählt. Außerdem beanspruchte er auch das Königreich Böhmen für sich. Im Österreichischen Erbfolgekrieg musste Maria Theresia ihre Ansprüche verteidigen. Sie schrieb: *«Es dürfte nicht leicht sein, in der Geschichte ein gekröntes Haupt zu finden, das die Regierungsverantwortung unter ungünstigeren Umständen übernahm, als ich es tat.»*

Karl VI. hinterließ seiner Tochter eine leere Staatskasse und eine schlecht gerüstete Armee. Leider hatte er sie auch nicht in Fragen der Politik und der Diplomatie unterrichtet. So musste sich Maria Theresia die Kunst des Regierens selbst beibringen – mit Erfolg, wie Otto Christoph Graf von Podewils, der preußische Gesandte in Wien, in seine Heimat berichtete:

> *«Ihr Denken ist lebhaft und scharf, ihr Erinnerungsvermögen ausgezeichnet und ihr Urteil grundsolide. Sie ist absolut in der Lage, sich mit Angelegenheiten des Staates zu befassen … Der Ehrgeiz hat in ihr den Wunsch geweckt, selbst zu regieren.»*

«Ich bin nur eine arme Königin, aber ich habe das Herz eines Königs.»

MARIA THERESIA ÜBER SICH SELBST

Zeittafel

1713 Kaiser Karl VI. erlässt die Pragmatische Sanktion.

1716 Karls einziger Sohn stirbt kurz nach der Geburt.

1717 Geburt Maria Theresias.

1736 Maria Theresia heiratet Franz Stephan von Lothringen.

1737 Franz Stephan tauscht sein Herzogtum Lothringen gegen das Großherzogtum Toskana.

1740 Karl VI. stirbt, der Österreichische Erbfolgekrieg beginnt. Friedrich II. von Preußen erobert Schlesien.

1742 Karl Albert von Bayern wird zum römisch-deutschen Kaiser gewählt.

1745 Maria Theresia ordnet die Vertreibung der Juden aus Böhmen an.

1745 Karl VII. Albert stirbt. Maria Theresia sichert Franz Stephan die Kaiserkrone.

1748 Mit dem Frieden von Aachen endet der Österreichische Erbfolgekrieg. Maria Theresia wird anerkannt, Schlesien bleibt verloren.

1756–1763 Im Siebenjährigen Krieg kämpft Maria Theresia zusammen mit Frankreich und Russland gegen Preußen.

1765 Franz Stephan stirbt. Maria Theresias Sohn Joseph II. wird Kaiser und Mitregent seiner Mutter.

1772 Die Erste Teilung Polens bringt Gebietsgewinne für Österreich.

1780 Maria Theresia stirbt.

Kampf um das Erbe

Auch König Friedrich II. von Preußen, genannt „der Große“ (regierte 1740–1786), nutzte Maria Theresias Notlage aus und besetzte das reiche Schlesien. Trotz aller Anstrengungen konnte Maria Theresia die Provinz nie wieder zurückgewinnen. Die Schlesischen Kriege beziehungsweise der Österreichische Erbfolgekrieg bestimmten ihre ersten Regierungsjahre. Erst im Oktober 1748, fast genau acht Jahre nach dem Tod Karls VI., einigten sich die verfeindeten Parteien im Frieden von Aachen auf einen Kompromiss. Maria Theresia wurde als Erbin und Herrscherin des Habsburgerreiches anerkannt. Schlesien aber blieb im Besitz ihres Erzfeindes, des preußischen Königs.

Die Kaiserkrone hingegen hatte Maria Theresia inzwischen zurückgewonnen. Karl VII., den sie aus Böhmen vertrieben hatte, war schon 1745, noch mitten im Krieg, gestorben. Nun einigten sich die deutschen Kurfürsten doch noch auf Franz Stephan von Lothringen als neuen Kaiser. Am 4. Oktober 1745 wurde er als Franz I. in Frankfurt am Main zum Herrscher des Heiligen Römischen Reiches Deutscher Nation gekrönt. Der in Frankfurt geborene und aufgewachsene Johann Wolfgang von Goethe (1749–1832) berichtet, wie Maria Theresia begeistert mit dem Taschentuch winkte, als der frischgebackene Kaiser aus dem Kaiserdom St. Bartholomäus zurückkehrte. *«Vivat, Kaiser Franz!»*, rief sie ihm zu.

Heiratspolitik

Die Ehe war glücklich, obwohl Franz seiner Frau nicht immer treu war. Er überließ Maria Theresia die Herrschaft und widmete sich naturwissenschaftlichen Studien. Außerdem kümmerte er sich um das Vermögen der Familie, das er sehr erfolgreich vermehrte. Insgesamt hatte das Kaiserpaar 16 Kinder, von denen zehn das Erwachsenenalter erreichten. Obwohl Maria Theresia selbst aus Liebe geheiratet hatte, durfte nur ihr Liebling Marie Christine (1742–1798) ihren Ehemann selbst auswählen. Die anderen Kinder mussten zumeist eher unglückliche Ehen eingehen, die den politischen Zielen der Kaiserin entsprachen.

So sollte die Vermählung ihrer jüngsten Tochter Marie Antoinette (1755–1793) mit dem künftigen französischen König ein Bündnis mit Frankreich absichern. Im Siebenjährigen Krieg von 1756 bis 1763 kehrte Maria Theresia ihrem alten Verbündeten Großbritannien den Rücken und kämpfte mit Frankreich und Russland gegen ihren Erzfeind, Friedrich II. von Preußen. Für die Kaiserin war das ein weiterer verzweifelter Versuch, Schlesien zurückzugewinnen. Aber sie scheiterte erneut. Marie Antoinette erlangte später in der Französischen Revolution traurige Berühmtheit und wurde 1793 hingerichtet.

Zwischen Reform und Tradition

Als Franz Stephan 1765 starb, versank Maria Theresia in tiefer Trauer. Ihr ältester Sohn folgte seinem Vater als Joseph II. (regierte 1765–1790) auf den Kaiserthron. In den habsburgischen Erblanden wurde er zum Mitregenten seiner Mutter ernannt. Maria Theresia hatte durch umsichtige Reformen im Militär, in der Staatsverwaltung sowie im Schul- und Justizwesen die rückständige Habsburgermonarchie an die Anforderungen ihrer Zeit angepasst und die Macht der Regierung gestärkt. Aber Joseph ging das nicht weit genug. Er war ein begeisterter Anhänger der Aufklärung und Bewunderer Friedrichs II. von Preußen.

Maria Theresia setzte dem Reformeifer ihres Sohns enge Grenzen. Von religiöser Toleranz etwa wollte die fromme Katholikin nichts wissen. Die russische Kaiserin Katharina II., die Große (regierte 1762–1796), bezeichnete Maria Theresia verächtlich als „Betschwester". Gegenüber Protestanten und Juden verfolgte sie eine restriktive Politik. 1745 ordnete sie sogar kurzzeitig die Vertreibung der Juden aus Böhmen an. Allerdings brachte Joseph II. seine Mutter dazu, sich 1772 zusammen mit Russland und dem verhassten Preußen an der Ersten Teilung Polens zu beteiligen. Maria Theresia plagte ein schlechtes Gewissen, schließlich war Polen ein souveräner Staat, doch am Ende unterzeichnete sie den Vertrag mit Tränen in den Augen. Friedrich II. bemerkte treffend: *«Sie weint, aber sie nimmt.»*

Maria Theresia als Witwe im Kreis ihrer Familie auf einem Gemälde aus dem Jahr 1776; rechts ihr Sohn Kaiser Joseph II., ganz links ihre Lieblingstochter Marie Christine mit ihrem Mann Herzog Albert von Sachsen-Teschen (1738–1822).

Maria Theresia hinterließ ihren Nachkommen ein gesichertes Erbe. Zwar musste das Haus Habsburg-Lothringen 1806 auf die römisch-deutsche Kaiserkrone verzichten. Doch das 1804 begründete Kaisertum Österreich und die spätere Doppelmonarchie Österreich-Ungarn, die bis zum Ersten Weltkrieg Bestand haben sollte, beruhte im Wesentlichen auf den von Maria Theresia reformierten Strukturen. Die Kaiserin starb am 29. November 1780 an der Wassersucht. Sie mochte nicht schlafen und begrüßte den Tod mit den Worten: *«Jeden Moment kann ich vor meinen Richter gerufen werden. Ich will nicht überrascht dastehen, ich will den Tod kommen sehen.»*

EIN MUSIKALISCHES GENIE AM KAISERHOF

Im Oktober 1762 hatte Wolfgang Amadeus Mozart (1756–1791), der zu dieser Zeit von seinen Eltern in ganz Europa als musikalisches Wunderkind präsentiert wurde, einen Auftritt in Wien vor Maria Theresia, Franz Stephan und ihren Kindern. Die Kaiserfamilie war von der Begabung des frühreifen Knaben begeistert. Es wird erzählt, dass der kleine Wolfgang Amadeus von seinem Vortrag auf dem Cembalo so beschwingt gewesen sei, dass er sich der Kaiserin in den Schoß warf und schwor, die junge Erzherzogin Marie Antoinette zu heiraten.

Jeanne-Antoinette Poisson

1721 – 1764

Marquise de Pompadour

Als Jeanne-Antoinette, die künftige Marquise de Pompadour, das erste Mal Ludwig XV. begegnete, steckte der König von Frankreich in einer Eibe aus Pappmaschee – er feierte die Hochzeit seines Sohns mit einem Maskenball. Die junge Frau machte sich daran, den König zu umgarnen. Schon bald war er restlos von ihr gefesselt. Den Rest ihres Lebens herrschte sie über ihn, über Versailles und Frankreich. Sie war die bedeutendste königliche Mätresse in der französischen Geschichte.

Jeanne-Antoinette wurde am 29. Dezember 1721 in Paris geboren. Ihre Eltern, François Poisson und Louise-Madeleine de la Motte, gehörten zum wohlhabenden Bürgertum. Nach einem Finanzskandal musste Monsieur Poisson das Land verlassen. Jeanne-Antoinette und ihr jüngerer Bruder Abel-François (1727–1781) blieben bei ihrer Mutter.

Eine Wahrsagerin, Madame Lebon, prophezeite der kleinen Jeanne-Antoinette eine große Zukunft. Madame Poisson war darum überzeugt, ihre hübsche Tochter würde einmal die Geliebte eines großen Mannes. Sie nannte sie *Reinette* („kleine Königin"). Später hinterließ Jeanne-Antoinette der Wahrsagerin in ihrem Testament ein Vermögen von 600 Livres, *«… weil sie mir im Alter von neun Jahren vorausgesagt hat, dass ich eines Tages die Mätresse Ludwigs XV. sein würde.»*

Nach dem Willen der Mutter sollte Jeanne-Antoinette in einem Kloster erzogen werden, wie es für Mädchen der Oberschicht obligatorisch war. Finanziert wurde die teure Ausbildung von einem reichen Gönner, dem Bankier Charles Le Normant de Tournehem (1684–1751). Einige Historiker haben spekuliert, dass er auch Jeanne-Antoinettes leiblicher Vater gewesen sein könnte. Ihre Mutter war einem Zeitgenossen zufolge *«eine der schönsten Frauen im ganzen Land und sehr klug»*. Kritiker warfen Madame Poisson vor, sie habe sich prostituiert. Für sie war der soziale Aufstieg ihrer Tochter eine Investition in die eigene Zukunft.

Die Marquise de Pompadour, geborene Jeanne-Antoinette Poisson, auf einer Lithographie nach einem Gemälde des Rokokokünstlers François Boucher. Als Bürgerliche hatte sie einen schweren Stand am französischen Königshof. Doch ihr Einfluss auf Ludwig XV. war so groß, dass sich die adeligen Höflinge schließlich mit ihr arrangieren mussten.

«… sie ist ausgesprochen gewöhnlich, eine deplacierte Bürgerliche, die die ganze Welt deplacieren wird, wenn es nicht gelingt, sie zu deplacieren.»

JEAN-FRÉDÉRIC PHÉLYPEAUX, GRAF VON MAUREPAS (1701–1781)

Zur Kurtisane erzogen

Nach ihrer Zeit im Kloster wurde Jeanne-Antoinette auf ihr künftiges Leben in der feinen Gesellschaft vorbereitet. Sie sollte unterhaltsam sein und anderen gefallen können. Ihr Zeitgenosse Mouffle d'Angerville, Autor von „Das Privatleben Ludwigs XV.", berichtet:

«[Sie war] einfach nur eine schöne Frau, wenn sie das wollte, oder eine schöne und temperamentvolle Frau – beides oder jedes für sich. Diese Kunst hatte sie in den Privatstunden gelernt, die ihre Mutter für sie organisierte, bei Schauspielern, berühmten Kurtisanen, Predigern und Rechtsanwälten. Die teuflische Frau ging zu allen, die sich in ihrem Beruf feinsinnig und differenziert ausdrücken müssen, um dort Privatunterricht zu erbitten. So sollte ihre Tochter wirklich zum ‹Leckerbissen für einen König› werden. Sie konnte weinen – wie eine Schauspielerin. Sie konnte, ganz wie sie wollte, grandios, herrisch, ruhig, spitzbübisch, neckisch, besonnen, neugierig oder aufmerksam sein, indem sie den Ausdruck ihrer Augen, ihrer Lippen, ihrer Brauen veränderte.»

Ludwig XV. von Frankreich wurde „le Bien-Aimé", *„der Vielgeliebte", genannt und galt als* «der schönste Mann Frankreichs». *Er war der Urenkel und Nachfolger Ludwigs XIV. (regierte 1643–1715). Doch anders als der „Sonnenkönig" hatte er kein Interesse an der Politik. Er war schnell gelangweilt und beschäftigte sich am liebsten mit Frauen und der Jagd. Neben seinen zehn legitimen Kindern hatte er mindestens noch 14 weitere uneheliche Nachkommen.*

Im Jahr 1741 wurde die 19-jährige Jeanne-Antoinette von ihrem Gönner Tournehem mit dessen Neffen und Erben Charles-Guillaume Le Normant verheiratet. Er gewährte den beiden ein großes Einkommen, ein Haus in Paris und einen Landsitz, das Château d'Étioles. In ihrem Salon empfing Jeanne-Antoinette, nun Madame d'Étioles, bedeutende Künstler und Gelehrte ihrer Zeit wie den Philosophen Voltaire (1694–1778). Aber die ehrgeizigen Ziele ihrer Mutter und ihres „Onkels" waren noch nicht befriedigt. Die frischgebackene Ehefrau erlaubte ihnen nur zu gern, sie dem König vorzuführen.

Königliche Mätressen

Ludwig XV. (regierte 1715–1774) wurde schon mit fünf Jahren König von Frankreich, aber das Regieren überließ er zeitlebens seinen Ministern. Der Marquis d'Argenson (1694–1757), sein Außenminister, beschrieb Ludwig so: *«Er steht um elf auf und führt ein nutzloses Leben. Er zweigt von seinen frivolen Beschäftigungen eine Stunde Arbeit ab. Die Treffen mit den Ministern kann man nicht Arbeit nennen, denn er lässt sie alles tun und hört einfach zu oder wiederholt, was sie sagen – wie ein Papagei. Er ist immer noch ein Kind.»* Andere verurteilten den König schärfer. Der Herzog von Choiseul (1719–1785), ein späterer Günstling Jeanne-Antoinettes, nannte Ludwig *«einen Mann ohne Herz und ohne Hirn»*.

1725 heiratete Ludwig die polnische Prinzessin Maria Leszczynska (1703–1768), die dem König bis 1737 zehn Kinder gebar. Ihre ersten Ehejahre waren recht glücklich. Der spätere Kardinal Fleury (1653–1743), der Lehrer des Königs und einer seiner wichtigsten Minister, hatte Ludwig streng religiös erzogen und vor Ausschweifungen gewarnt. Aber auf Dauer konnte die zurückhaltende und fromme Königin Ludwigs Aufmerksamkeit nicht fesseln.

Wie seine Vorgänger suchte sich Ludwig ab 1737 eine *maîtresse en titre*, eine offizielle Geliebte, die in den Intrigen am Hof durch ihre Nähe zum König eine wichtige Rolle spielte. Daher war die Wahl einer neuen Mätresse ein Politikum, an dem sich die verschiedenen Fraktionen des Adels beteiligten. Die ersten offiziellen Mätressen Ludwigs waren nacheinander vier Schwestern aus der Adelsfamilie Mailly-Nesle. Vor allem die jüngste, Marie-Anne de Mailly-Nesle (1717–1744), gewann großen Einfluss auf Ludwig und wurde zur Herzogin von Châteauroux ernannt. Mit Hilfe ihres früheren Liebhabers, den für seine Ausschweifungen berüchtigten Herzog von Richelieu, Louis-François-Armand du Plessis (1696–1788), hatte sie ihre älteren Schwestern verdrängt und beherrschte nun den König.

Als die Herzogin im Dezember 1744 starb, wurde die Position der Mätresse wieder frei. Auf einem Maskenball, der im Februar 1745 im Schloss von Versailles abgehalten wurde, hielt der König nach einer neuen Geliebten Ausschau. Vielleicht hatte er Jeanne-Antoinette schon vor dem Fest kennengelernt. Nicht zufällig befand sich das Château d'Étioles in der Nähe eines der königlichen Jagdschlösser. Auch soll ihr Cousin Gérard Binet, der Kammerdiener am Hof war, den König auf seine schöne Verwandte aufmerksam gemacht haben. Als die junge Frau auf dem Ball erschien, passenderweise verkleidet als Diana, die Göttin der Jagd, war Ludwig sofort hingerissen – ganz im Gegensatz zum Hofadel.

Triumph bei Hofe

Bisher hatten nur Damen des Adels die Rolle einer *maîtresse en titre* eingenommen. Doch mit einer kurzen Affäre wollte sich Jeanne-Antoinette nicht zufriedengeben. Also erhob Ludwig sie in den Adelsstand und ernannte sie zur Marquise de Pompadour. Sie trennte sich von ihrem Ehemann, dem der Abschied mit einer einträglichen Karriere versüßt wurde. Ihr einziges überlebendes Kind, Alexandrine-Jeanne (1744–1754), wuchs in einem vornehmen Kloster auf, wo es zum großen Unglück der Mutter im Alter von neun Jahren verstarb.

Die neue Marquise de Pompadour stieß auf große Ablehnung. Der Kronprinz nannte sie eine Hure, und die Höflinge neideten der Bürgerlichen ihren rasanten Aufstieg. Der Name ihres Vaters – *poisson* bedeutet „Fisch" – gab Anlass zu bösen Versen, den *poissonades*. Also startete die Pompadour eine Art Charmeoffensive. Anders als die früheren Geliebten Ludwigs bemühte sie sich intensiv um eine gute Beziehung zur Königin, die schließlich ihre Gesellschaft tolerierte. Auch zum Kronprinzen und zum Rest der königlichen Familie entspannte sich das Verhältnis allmählich. Schnell begriff man am Hof: Wer Ludwigs Gunst gewinnen wollte, musste seiner Mätresse schmeicheln.

Meisterin der Vergnügungen

Für Jeanne-Antoinette war ihr neues Leben am Hof mehr als anstrengend. Fürst Kaunitz (1711–1794), der spätere österreichische Gesandte in Frankreich, schrieb: *«Es gehört mehr dazu, als man denkt, so zu tun, als wäre man schrecklich verliebt, ohne dabei krank zu werden.»* Die sexuellen Bedürfnisse des Königs ermüdeten die Pompadour, die eine schwache Gesundheit hatte. Ihrer Kammerfrau Madame de Hausset vertraute sie an: *«Er [Ludwig] hält mich für kalt …»* Sie befürchtete, den König zu verlieren, sollte er sich langweilen. Also sorgte sie unablässig für neue Vergnügungen und Ablenkungen. Sie lud zu ungezwungenen Abendessen im intimen Kreis ihrer Freunde ein. Und sie rief das exklusive *Théâtre des Petits Cabinets* ins Leben, wo der König seiner Mätresse bei privaten Opern-, Ballett- und Theateraufführungen zusehen konnte. Um den König immer mit den neuesten Klatschgeschichten zu versorgen, unterhielt sie ein Netz von Spionen und Informanten.

Zeittafel

1715 Ludwig XV. wird im Alter von fünf Jahren König.

1725 Ludwig XV. heiratet Maria Leszczynska.

1726 Jeanne-Antoinettes Vater flieht aus Frankreich und lässt seine Frau mit den Kindern in Paris zurück. Jeanne-Antoinette wird im Konvent der Ursulinerinnen in Poissy erzogen.

1737 Ludwig beginnt außereheliche Affären. Die vier Schwestern de Mailly-Nesle lösen sich ab in der Rolle als *maîtresse en titre*.

1741 Charles Le Normant de Tournehem arrangiert Jeanne-Antoinettes Ehe mit seinem Neffen Charles Guillaume Le Normant d'Étioles. Das Paar bezieht das Château d'Étioles.

1744 Jeanne-Antoinettes einziges überlebendes Kind, Alexandrine-Jeanne d'Étioles, wird geboren. Ludwigs *maîtresse en titre* Marie-Anne de Mailly-Nesle stirbt.

1745 Jeanne-Antoinette trifft Ludwig XV. auf einem Ball. Sie wird seine Mätresse und zur Marquise von Pompadour erhoben.

1751 Die sexuelle Beziehung zwischen der Marquise und dem König endet.

1754 Die Tochter der Marquise, Alexandrine-Jeanne d'Étioles, stirbt.

1756–1763 Der Siebenjährige Krieg endet mit erheblichen Gebietsverlusten für Frankreich. Die Kritiker der Marquise geben ihr die Schuld.

1764 Die Marquise stirbt. Sie wird in der Kapuzinerkirche an der Place Vendôme in Paris beigesetzt.

Mit großem Aufwand ließ die Marquise ihre Appartements in Versailles und ihre zahlreichen Schlösser, die sie mit dem Geld des Königs kaufte, neu dekorieren. Zu ihren Residenzen gehörte zum Beispiel der Élysée-Palast in Paris, der heutige Amtssitz des französischen Präsidenten. Dabei förderte die Pompadour die größten Maler und Kunsthandwerker ihrer Zeit. Mit ihrem ausgezeichneten Geschmack prägte sie das französische Rokoko.

Doch ihre Verschwendung und Extravaganz brachten das Volk gegen die königliche Mätresse auf. Sie nannten die Marquise de Pompadour eine Blutsaugerin. Ihre Verwandten und Freunde aber profitierten von ihrem Einfluss. Voltaire etwa stieg zum offiziellen Geschichtsschreiber Frankreichs auf. Zudem erhielt er ein Hofamt und einen der begehrten Sitze in der Académie française. Der französische Marschall Emmanuel, Herzog von Croÿ (1718–1784) bemerkte zu ihrer Günstlingswirtschaft:

> *«Es war höchst angenehm, mit einem so hübschen Premierminister zu tun zu haben, dessen Lachen einen bezauberte und der so gut zuzuhören wusste … Vermutlich gab es kein einziges Amt und keine einzige Gunst, die nicht von ihr kamen.»*

Alle Angelegenheiten des Königs mussten der Marquise vorgelegt werden. Der österreichische Diplomat Charles Joseph, Fürst von Ligne (1735–1814), beobachtete:

> *«Nachdem ich der gesamten königlichen Familie meine Aufwartung gemacht hatte, wurde ich zu einer Art zweiten Königin gebracht [die Marquise de Pompadour], die ihrer ganzen Ausstrahlung nach so tat, als sei sie die erste.»*

„GEFÄHRLICHE LIEBSCHAFTEN“

Der Herzog von Richelieu, der Gegenspieler der Marquise de Pompadour und ein Großneffe des bedeutenden Kardinals, diente möglicherweise als Vorbild für die Figur des Vicomte de Valmont in dem Briefroman „Gefährliche Liebschaften“ von Pierre Choderlos de Laclos (1741–1803). Valmont und seine Freundin, die Marquise de Merteuil, zerstören wegen einer Wette skrupellos die Zukunft der jungen Cécile de Volanges und die Tugend der verheirateten Madame de Tourvel. Der Roman wirft ein Schlaglicht auf die Ausschweifungen des französischen Adels in den letzten Jahren des *Ancien régime*.

Die sexuelle Beziehung zwischen der Pompadour und König Ludwig XV. endete spätestens 1751. Trotzdem schaffte es die Marquise, von der Liebhaberin zur vertrauten Freundin zu avancieren. Ludwig liebte sie nach wie vor, und so behielt sie ihren Einfluss auf den König. Trotzdem war es anstrengend, ihre Stellung am Hof zu verteidigen und den ständig gelangweilten König zu unterhalten:

> *«Das Leben, das ich führe, ist schrecklich. Ich habe kaum eine Minute für mich. Proben und Aufführungen und zweimal die Woche die ständigen Reisen ins Petit-Château oder nach La Muette etc. … Eine enorme Last unerlässlicher Pflichten, Königin, Kronprinz, Kronprinzessin, drei Töchter … Entscheide selbst, ob es mir möglich ist zu atmen. Bedaure mich.»*

Der prächtige Maskenball im Spiegelsaal von Versailles 1745, auf dem Ludwig XV. erstmals von Jeanne-Antoinette bezaubert wurde.

Kupplerin des Königs

Um von keiner anderen Frau als *maîtresse en titre* verdrängt zu werden und trotzdem die Bedürfnisse Ludwigs zu befriedigen, kümmerte sich die Pompadour persönlich um das Liebesleben des Königs. Sie versorgte ihn mit jungen Frauen aus einfachen Verhältnissen, die ihr selbst nicht gefährlich werden konnten. Wurden die Mädchen schwanger, verheiratete man sie mit einem Mitglied des Hofes. An ihrem Grab spotteten die Pariser:

> *«Hier liegt eine, die war 20 Jahre Jungfrau,*
> *acht Jahre eine Hure und zehn Jahre eine Kupplerin.»*

Die letzten Jahre der Marquise waren von dem verlustreichen Siebenjährigen Krieg von 1756 bis 1763 geprägt. Sie hatte ein Bündnis zwischen Frankreich, Österreich und Russland auf den Weg gebracht, das sich gegen Großbritannien und Preußen richtete. Durch Krankheiten ans Bett gefesselt, dirigierte sie von ihrem Schlafzimmer in Versailles aus die Kriegsaktionen der Franzosen. Aber die Pompadour war keine weitsichtige Politikerin oder Heerführerin, und der Krieg endete für Frankreich in einer Katastrophe. Die Niederlage gegen die Preußen in der Schlacht von Roßbach im heutigen Sachsen-Anhalt soll sie mit den berühmten Worten *«Après nous le déluge»* („Nach uns die Sintflut") kommentiert haben. Im Frieden von Paris 1763 musste Frankreich fast seinen gesamten Kolonialbesitz in Kanada und Indien an die Briten abtreten. Das Scheitern ihrer Außenpolitik beschleunigte womöglich noch den körperlichen Verfall der Marquise. Am 15. April 1764 starb sie im Alter von 42 Jahren in Versailles an Lungentuberkulose.

KATHARINA II., DIE GROSSE

1729–1796

Kaiserin von Russland

Katharina, die deutsche Prinzessin auf dem russischen Zarenthron, ist die einzige Frau der Geschichte, die den Beinamen „die Große“ erhielt. Sie liebäugelte mit den Ideen der Aufklärung, regierte Russland aber im streng autokratischen Sinne. Wie vielen anderen Herrscherinnen auch sagte man ihr ein ausschweifendes Liebesleben nach. Nach ihrem Tod versuchte ihr eigener Sohn, ihren Ruf zu zerstören.

Oben: Peter, Herzog von Holstein-Gottorf, wurde von seiner Tante, der Kaiserin Elisabeth von Russland, zum Thronerben bestimmt.

Rechts: Das Porträt Katharinas II. von Fjodor Rokotow zeigt die 41-jährige Kaiserin im Jahr 1770.

Katharina war eine gebürtige Deutsche, die Tochter des Fürsten Christian August von Anhalt-Zerbst (1690–1747) und seiner Frau Johanna Elisabeth von Holstein-Gottorf (1712–1760). Sie wurde 1729 in Stettin geboren und auf den Namen Sophie Auguste Friederike getauft. Im Alter von 14 Jahren wurde sie von der russischen Kaiserin Elisabeth (regierte 1741–1762) als Ehefrau für den Großfürsten Peter (1728–1762), den Neffen und Erben der Kaiserin, ausgewählt. Peter, der Enkel von Zar Peter dem Großen (regierte 1682–1725), war seit 1739 Herzog von Holstein-Gottorf und ein Cousin Sophies. Die Kaiserin erwartete von dem jungen Paar, dass es die Dynastie der Romanows fortsetzte. Begleitet von ihrer Mutter reiste Prinzessin Sophie 1743 nach Russland. Ihren Vater sollte sie nie wiedersehen.

Auf Geheiß der Kaiserin konvertierte die junge Prinzessin zum russisch-orthodoxen Glauben und änderte ihren Namen in Ekaterina (Katharina) Alexejewna. Sie und der Großfürst heirateten 1745 in St. Petersburg, der Stadt Peters des Großen. Die Ehe war eine Katastrophe. Peter, dessen Mutter kurz nach seiner Geburt gestorben war und der auch seinen Vater früh verloren hatte, war psychisch labil. Obwohl er mit seinen sexuellen Eroberungen prahlte, behauptet Katharina in ihren Memoiren, die Ehe sei nie vollzogen worden.

DIE EINSAME GROSSFÜRSTIN

Peter sah sich in erster Line als deutscher Fürst. Außerdem war er ein glühender Bewunderer des Preußenkönigs Friedrich II., genannt „der Große“ (regierte 1740–1786), mit dem Russland jedoch seit 1756 im Krieg stand. Anders als die kluge und anpassungsfähige Katharina betrachtete sich Peter nie als Russen. Er verachtete seine neue Heimat und verprellte den antipreußisch gesinnten russischen Hof.

ZEITTAFEL

1744 Sophie von Anhalt-Zerbst erreicht Russland, tritt zum orthodoxen Glauben über und nimmt den Namen Katharina an.

1745 Katharina heiratet den Großfürsten Peter (III.).

1754 Katharina bekommt einen Sohn, Paul, vermutlich von ihrem Liebhaber Sergej Saltykow.

1762 Kaiserin Elisabeth stirbt; ihr Neffe wird als Peter III. zum russischen Kaiser proklamiert.

1762 Katharina stürzt ihren unpopulären Ehemann und wird in der Folge als Katharina II. zur Kaiserin gekrönt.

1764 Katharina verschafft ihrem früheren Liebhaber Stanislaus Poniatowski die polnische Königskrone.

1768–1774 Krieg Russlands mit dem Osmanischen Reich

1772 Erste Teilung Polens

1773–1775 Der Pugatschow-Aufstand verwüstet den Osten Russlands.

1774 Grigori Potjomkin wird Katharinas Liebhaber.

1783 Russland annektiert die Krim, die bisher den Osmanen unterstanden hatte.

1789 Unter dem Eindruck der Französischen Revolution verschärft Katharina ihre restriktive Innenpolitik.

1791 Tod Potjomkins

1792/1795 In der Zweiten und Dritten polnischen Teilung teilen Russland, Preußen und Österreich Polen endgültig unter sich auf.

1796 Katharina stirbt im Alter von 67 Jahren.

Katharina befand sich in einer heiklen Position. Ihr Mann Peter verabscheute sie, doch die Kaiserin Elisabeth, die letzte Romanow, erwartete einen Erben, um jeden Preis. Über sich selbst sagte Katharina: *«Ich war nie schön, aber ich gefiel. Das war meine Stärke.»* Sie war temperamentvoll und geistreich, flirtete gern, und die Männer fanden sie attraktiv.

Ihre Gegner haben Katharina alle möglichen sexuellen Ausschweifungen nachgesagt. Sicher ist, dass sie sich bis ins hohe Alter jugendliche Liebhaber nahm. Der erste ihrer Favoriten war der russische Adlige Sergej Saltykow (um 1726–1765). Im Jahr 1754 gebar sie den langersehnten Thronerben Paul Petrowitsch. Das Kind war mit großer Wahrscheinlichkeit von Saltykow, doch die Kaiserin Elisabeth erkannte ihren Neffen Peter als Vater an.

Anfang 1762 starb die Kaiserin. Ihr unbeliebter Neffe wurde als Peter III. zum Zaren proklamiert. Katharina trauerte öffentlich um Elisabeth, während Peter sich völlig unangemessen benahm. Katharina beschreibt sein Verhalten:

> *«... der Kaiser war sehr fröhlich ... und während der traurigen Zeremonie erfand er ein Spiel. Er blieb mit Absicht hinter dem Leichenwagen zurück, ließ ihn zehn Meter vorfahren und lief dann los, um ihn wieder einzuholen ... Die älteren Höflinge, die seine schwarze Schleppe trugen, konnten dabei nicht mithalten ...»*

Thronraub und Mord

Möglicherweise wurden schon zu Lebzeiten der Kaiserin Elisabeth Mordpläne gegen Peter geschmiedet. Katharina fürchtete, er könne sie für seine Geliebte verstoßen. Ihr neuer Liebhaber Grigori Orlow (1734–1783), ein Offizier der russischen Armee, und seine Brüder sicherten Katharina die Unterstützung des Militärs zu, die sie für einen erfolgreichen Staatsstreich brauchte. Auch große Teile des Adels standen auf ihrer Seite, denn Peter machte sich viele Feinde. Er schloss einen unpopulären und unnötigen Frieden mit seinem Helden, Friedrich dem Großen. Stattdessen plante er einen für Russland sinnlosen Krieg mit Dänemark, um sein deutsches Herzogtum Holstein-Gottorf zu vergrößern. Vor allem aber wollte er den russischen Staat reformieren und die Rechte von Adel und Kirche beschneiden.

Noch wartete Katharina ab, denn sie war mit einem Kind Orlows schwanger. Im April 1762 kam ein Sohn zur Welt, Alexej, der später den Titel Graf Bobrinskj erhielt. Nun konnte sie handeln. Im Juli 1762 übernahm Katharina mit Unterstützung von Militär, Adel und Klerus die Macht. Peter wurde gefangen genommen und von den Orlows ermordet. Drei Monate später, mit 33 Jahren, wurde die Prinzessin aus einem unbedeutenden deutschen Kleinstaat als Katharina II. in Moskau zur russischen Kaiserin gekrönt.

Katharina korrespondierte mit den großen Philosophen ihrer Zeit wie Voltaire (1694–1778) und Diderot (1713–1784). Sie bewunderte die Ideale der Aufklärung, doch konnte sie nur wenig davon in Russland umsetzen. Ihre Thronbesteigung verdankte sie nicht zuletzt dem Adel, und dieser bemaß seinen Reichtum an der Anzahl von „Seelen", also an leibeigenen Bauern. Die Leibeigenschaft war die Basis der russischen Gesellschaft, und daran konnte und wollte Katharina nichts ändern, um ihre eigene Macht nicht zu gefährden. Stattdessen verschenkte sie selber Tausende Leibeigene an ihre jeweiligen Liebhaber.

Porträt von Graf Grigori Orlow (um 1765) von Andrej Iwanowitsch Tscherny. Orlow war ein Leutnant der Ismailowski-Garde. Er half Katharina dabei, ihren unbeliebten Ehemann loszuwerden, und war an seiner Ermordung beteiligt. Ob Katharina den Tod Peters persönlich veranlasst hat, ist nicht bekannt.

Auch bei der Expansion Russlands war Katharina jedes Mittel recht. 1764 ließ sie ihren ehemaligen Liebhaber Graf Stanislaus Poniatowski (1732–1798) zum König von Polen wählen. Als sich der neue König aber gegen russische Einflussnahmen wehrte, kam es zum Konflikt. Österreich nutzte die Gelegenheit und besetzte polnische Gebiete. Um einen Krieg zu vermeiden, einigten sich 1772 die benachbarten Großmächte Preußen, Österreich und Russland darauf, Teile Polens zu annektieren (sogenannte Erste polnische Teilung).

Der Pugatschow-Aufstand

Die brutale Niederschlagung des Pugatschow-Aufstandes 1773 bis 1775 zerstörte endgültig Katharinas Ruf als aufgeklärte Regentin. Der Kosake Jemeljan Pugatschow (um 1742–1775) gab sich als Zar Peter III. aus, der den Mordanschlag seiner Frau wie durch ein Wunder überlebt habe, und zog damit eine erhebliche Gefolgschaft an. Katharina befand sich gerade in einem Krieg mit dem Osmanischen Reich, den sie 1768 angezettelt hatte. Daher war sie nicht in der Lage, die rasche Ausbreitung des Aufstandes zu verhindern.

Katharinas Liebhaber und engster Freund und Berater Fürst Grigori Potjomkin. Sie schrieb an ihn: «… da ist keine Zelle in meinem ganzen Körper, die sich nicht nach dir sehnt, du Treuloser! … Mein Kopf ist wie der einer rolligen Katze …»

Pugatschow versprach den leibeigenen Bauern und den ethnischen Minderheiten, die unter russischer Vorherrschaft standen, die Freiheit. Seine Anhänger verwüsteten den Osten des Reiches, doch erst 1774 verfügte Katharina über die Truppen, um die Revolte zu unterdrücken. Manche Adlige unternahmen Rachefeldzüge und töteten jeden Leibeigenen, der verdächtig war, Sympathien für Pugatschow zu hegen. Pugatschow selbst wurde hingerichtet.

Voltaire machte Katharina Vorwürfe, doch diese rechtfertigte sich: *«Er [Pugatschow] war ein extrem mutiger und entschlossener Mann. Hätte er nur mich beleidigt, würde ich ihn begnadigen, aber hier geht es um eine Angelegenheit des Reiches, und die folgt ihren eigenen Gesetzen. Seit Tamerlan hat niemand mehr solchen Schaden angerichtet …»*

Auch Diderot war entsetzt über Katharinas brutales Vorgehen. Die Kaiserin notierte dazu:

> *«Wäre ich seinem Rat gefolgt, hätte ich alles im Reich auf den Kopf stellen müssen. Ich hätte das Bestehende abschaffen und Luftschlösser errichten müssen … Daher sagte ich offen zu ihm: ‹Ich habe mit großer Freude dem gelauscht, was Ihr mir erzählt habt, voller Bewunderung für Euer scharfes Denken. Bei Euren Reformplänen vergesst ihr jedoch die ganz verschiedenen Situationen, in denen wir uns befinden.*

Ihr Philosophen habt Glück: Ihr schreibt nur auf Papier, das ist glatt, gehorcht Euren Befehlen und setzt Eurer Fantasie keinen Widerstand entgegen – während ich, arme Kaiserin, auf die kitzlige und leicht reizbare Haut der Menschen schreiben muss.»

EIN SCHWIERIGER SOHN

Katharina und ihr Sohn Paul, der künftige Kaiser von Russland (regierte 1796–1801), hatten ein schlechtes Verhältnis zueinander. Paul war in der Obhut seiner Großtante, der Kaiserin Elisabeth, aufgewachsen. Während der Herrschaft seiner Mutter wurde er von den Regierungsgeschäften ferngehalten. Nach ihrem Tod versuchte Paul, die Erinnerung an seine Mutter auszulöschen, und revidierte viele ihrer Entscheidungen. Seinen vermeintlichen Vater, Peter III., ließ er exhumieren und in allen Ehren gemeinsam mit Katharina beisetzen. Beide erhielten die Grabinschrift: *«Im Leben getrennt, im Tode vereint.»*

LEBENSLANGE FREUNDSCHAFT

In der Zeit des Pugatschow-Aufstands begann Katharina eine Affäre mit Grigori Potjomkin (1739–1791), der schon an ihrem Staatsstreich beteiligt gewesen war. Sie nannte ihn ihre *«verwandte Seele»* und schrieb aufgeregt an eine Freundin, Potjomkin sei *«... eine der größten, amüsantesten und originellsten Persönlichkeiten dieses eisernen Zeitalters.»* Der Zeitgenosse Iwan Jelagin kommentierte: *«Sie ist verrückt nach ihm. Vielleicht sind sie genau deswegen ineinander verliebt: Weil sie genau gleich sind.»* Gemeinsam teilten sie die Liebe zur Macht und ihre Pläne zur Vergrößerung Russlands.

Im Krieg gegen das Osmanische Reich eroberte Potjomkin für Katharina den Süden der heutigen Ukraine. Zum Dank ernannte sie ihn zum Fürsten von „Taurien", wie die Krim in der Antike genannt wurde. Bei einem Besuch der Kaiserin soll er sie mit Dorfattrappen getäuscht haben, den „Potjomkinschen Dörfern", um sie von seinen Fähigkeiten als Landesverwalter zu überzeugen. Bald wandte sich Katharina mit Potjomkins Einverständnis jüngeren Lieblingen zu. Auch Potjomkin selbst hatte neue Affären. Trotzdem blieb er bis zu seinem Tod die beherrschende Kraft an Katharinas Hof und ihr engster Berater und Freund. Er war der Einzige ihrer Liebhaber, den sie an politischen Entscheidungen beteiligte.

Wie die anderen europäischen Monarchen beobachtete auch Katharina mit Entsetzen die Folgen der Französischen Revolution von 1789. Als Reaktion verstärkte sie noch die Unterdrückung im eigenen Reich. Als Polen nach einer liberalen Verfassung strebte, unterstützte Katharina die Vertreter der alten Ordnung. Die ausbrechenden Unruhen gaben Russland, Preußen und Österreich den Vorwand, das Land in zwei weiteren Teilungen 1792 und 1795 endgültig aufzuteilen. Bis zum 20. Jahrhundert verschwand Polen von der Landkarte.

Als Potjomkin 1791 starb, verfasste Katharina, am Boden zerstört, einen eigenen Nachruf. Sie überlebte ihren Freund um fünf Jahre und starb 1796 im Alter von 67 Jahren.

«Ich bitte Dich, mich nicht mehr Katharina die Große zu nennen oder mir diesen Beinamen zu geben, denn erstens mag ich keine Spitznamen und zweitens heiße ich Katharina II. Drittens möchte ich nicht, dass irgendjemand sagt ... mein Name sei unpassend. Viertens bin ich an Körpergröße tatsächlich weder groß noch klein.»

KATHARINA II. VON RUSSLAND AN IHREN BRIEFFREUND, DEN SCHRIFTSTELLER FRIEDRICH MELCHIOR GRIMM (1723–1807)

Marie Antoinette

1755—1793

Königin von Frankreich

Mit 14 Jahren kam Marie Antoinette an den prachtliebenden französischen Hof. Auf die Schwierigkeiten ihrer künftigen Position als Königin von Frankreich war sie kaum vorbereitet. Zumeist gab sie sich ihren Launen und Vergnügungen hin. Erst die Ereignisse der Französischen Revolution von 1789 ließen sie reifen. Im Angesicht des Todes zeigte sie Größe.

Marie Antoinette wurde am 2. November 1755 geboren. Sie war das fünfzehnte und vorletzte Kind des römisch-deutschen Kaisers Franz I. Stephan (regierte 1745–1765) und seiner Frau Maria Theresia, der Erzherzogin von Österreich und Königin von Ungarn und Böhmen (regierte 1740–1780). Maria Antonia, wie sie vor ihrer Heirat genannt wurde, wuchs in einer liebevollen aber strengen Atmosphäre im Kreis ihrer Geschwister auf. Die junge Erzherzogin war ein hübsches, lebhaftes und fröhliches Kind, das nur wenig Neigung zum Lernen zeigte. Die Mutter verlangte von ihren Kindern vor allem Gehorsam. Sie hatten sich ihren politischen Zwecken unterzuordnen. Die Habsburgerin hielt sich an das Familienmotto: *«Andere mögen Kriege führen, du, glückliches Österreich, heirate.»* Auch Maria Antonia sollte zum Wohle ihrer Familie eine vorteilhafte Ehe eingehen.

Eine ungeliebte Allianz

Maria Theresia suchte das Bündnis mit den Bourbonen, den früheren Konkurrenten der Habsburger, gegen ihren neuen Erzfeind Preußen. Die meisten ihrer Kinder verheiratete sie mit Verwandten des französischen Königshauses. Maria Antonia sollte Ludwig August (1754–1792) heiraten, den *Dauphin* (Kronprinzen) von Frankreich und Enkel Ludwigs XV. (regierte 1715–1774). Maria Theresia erwartete, dass ihre Tochter die französische Politik im Sinne der Habsburger beeinflussen würde. Doch die naive Erzherzogin war als Spionin denkbar ungeeignet und wenig erfolgreich. Trotzdem betrachteten viele Franzosen sie zeitlebens als Ausländerin und nannten sie verächtlich *„l'Autrichienne"* („die Österreicherin").

Marie Antoinette wurde auf den Namen Maria Antonia Josepha Johanna getauft. Dieses Porträt der Königin aus dem Jahr 1785 stammt von der französischen Malerin Élisabeth Vigée-Le Brun (1755–1842).

Maria Antonia fügte sich unter Tränen in ihr Schicksal. Im April 1770 verabschiedete sich das 14-jährige Mädchen von ihrer Familie in Wien. Später fand auf einer Rheininsel bei Straßburg die offizielle Übergabe der Braut statt, bei der sie sich von ihren letzten Vertrauten trennen musste. Von nun war sie Marie Antoinette, die *Dauphine* von Frankreich. Da die Gemahlin Ludwigs XV. und die Mutter ihres Mannes schon tot waren, war die Dauphine die ranghöchste Frau am Hof und stand im Fokus der Öffentlichkeit. Der Hochadel beanspruchte das Recht, der Kronprinzessin beim Aufstehen (dem *Levée*), beim Zubettgehen (dem *Coucher*) und beim Essen (dem *Grand Couvert*) zuzusehen: *«Ich*

«Wenn man allein nach der Bedeutung deiner Position urteilt, bist du die glücklichste unter deinen Schwestern und allen Prinzessinnen.»

KAISERIN MARIA THERESIA AN IHRE TOCHTER MARIE ANTOINETTE ANLÄSSLICH IHRER HOCHZEIT MIT DEM FRANZÖSISCHEN KRONPRINZEN

Marie Antoinette heiratete den späteren Ludwig XVI. (oben), als sie 14 und er 15 Jahre alt war. Die beiden waren charakterlich sehr verschieden. Der ruhige Ludwig beschäftigte sich gerne mit der Jagd und Handwerksarbeiten. Seine Frau hingegen war ausgelassen und liebte Feste.

Der Hameau de la Reine *(„Weiler der Königin") (rechts) gehörte zum Komplex des Petit Trianon bei Versailles. Um sich von den „Anstrengungen" des Hofes zu erholen, ließ Marie Antoinette ein künstliches Dorf erbauen. Im Innern waren die Häuser jedoch mit allem Luxus ausgestattet.*

lege mein Rouge auf und wasche mir die Hände vor der ganzen Welt», schrieb Marie Antoinette an ihre Mutter. Im Intrigenspiel am Hof von Versailles stand ihr lediglich der österreichische Botschafter Graf Mercy d'Argenteau (1727–1794) zur Seite.

Marie Antoinette und der Kronprinz passten nicht gut zusammen. Aber das spielte keine Rolle. Der einzige Zweck ihrer Ehe bestand darin, einen Erben zu produzieren. Doch das junge, unerfahrene Paar litt unter der ständigen Beobachtung des Hofes, selbst in ihrem Schlafzimmer. Maria Theresia gab die Schuld ihrer Tochter. Die allmonatlichen Berichte über Marie Antoinettes ausbleibende Schwangerschaft brachten die Kaiserin zur Verzweiflung. Fieberhaft schrieb sie Briefe, wie man seinem Ehemann zu Gefallen war. *«Alles hängt von der Frau ab»*, erklärte sie ihrer Tochter. *«Davon, dass sie bereit ist, liebevoll und amüsant.»* Solange die Ehe nicht vollzogen war, bestand die Gefahr, dass man Marie Antoinette verstieß und die wichtige Allianz mit Frankreich wieder zerbrach.

Zwischen Pflicht und Vergnügen

Um sich von ihren Eheproblemen abzulenken, stürzte sich Marie Antoinette in die Vergnügungen der französischen Oberschicht. Sie trat in privaten Aufführungen als Sängerin auf, ging auf die Jagd und verlor Unsummen beim Billard- und Kartenspiel. Im Sommer 1773 besuchte sie zum ersten Mal die Hauptstadt Paris und war der gefeierte Mittelpunkt der Gesellschaft. Begeistert schrieb sie an ihre Mutter: *«Was für ein Glück wir haben, mit unserem Rang, dass wir die Liebe eines ganzen Volkes so leicht erwerben können.»* Sie besuchte die Oper, die Theater und die Bälle. Ihr Glück war vollkommen, als sie fälschlicherweise annahm, ihre Ehe sei vollzogen. Wieder schrieb sie an Maria Theresia: *«Ich glaube, ich darf euch anvertrauen, liebe Mama, und nur euch, dass meine Angelegenheiten sich in eine sehr gute Richtung entwickeln … Und dass ich glaube, meine Ehe ist vollzogen; wenn auch nicht in dem Maße, dass ich schwanger bin …»* Aber sie hatte sich geirrt.

Am 10. Mai 1774 starb Ludwig XV. an den Pocken. Der König hatte Frankreich regiert, seit er fünf Jahre alt gewesen war. Seine Mätressenwirtschaft, Verschwendungssucht und verlustreichen Kriege hatten das Land ruiniert. Jetzt hoffte man allgemein, dass sein Enkel, Ludwig XVI. (regierte 1774–1792), Frankreichs Schicksal zum Besseren wenden würde.

Der neue König zeigte viel guten Willen, war den Anforderungen seiner Position aber nicht gewachsen. Trotz der leeren Staatskassen unterstützte er die Unabhängigkeitsbestrebungen der britischen Kolonien in Nordamerika, um so dem französischen Erzfeind Großbritannien zu schaden. Noch dazu blieb im Jahr 1774 die Ernte aus. Der Preis für Brot stieg in schwindelerregende Höhen. Doch der Hof schränkte sich nicht ein.

Am deutlichsten traten die Ausgaben der Königin hervor. Ludwig hatte ihr gleich nach seiner Thronbesteigung das Petit Trianon geschenkt, das früher einmal der Marquise de Pompadour (1721–1764) gehört hatte. In dem kleinen Schloss, das etwas abseits von Versailles lag, sollte sich die Königin mit ihren Freunden erholen können ohne auf die Zwänge des Hoflebens achten zu müssen. Trotz der Not im Land wurde das Anwesen luxuriös umgestaltet und ausgebaut. Dabei ließ Marie Antoinette auch einen Landschaftsgarten und ein künstliches Dorf anlegen. Dort wollte sie der Mode der Zeit entsprechend und fernab der Realität das idealisierte Leben der einfachen Landbevölkerung nachahmen.

Zur Enttäuschung ihrer österreichischen Verwandten hatte die Königin keinen politischen Einfluss auf ihren Mann. Ihre wenigen Versuche in dieser Richtung waren ungeschickt. Ihre Kritiker hielten Marie Antoinette zwar für eine Spionin, aber sie erreichte nie etwas. Der österreichische Kanzler Fürst Kaunitz (1711–1794) erkannte: *«… lasst uns auf sie gar nicht zählen, und lasst uns einfach zufrieden sein … falls wir irgendetwas aus ihr herausbekommen …»*

«Die Grosse Aufgabe»

Im Frühjahr 1777 traf Marie Antoinettes Bruder, Kaiser Joseph II. (regierte 1765–1790), inkognito am französischen Hof ein. Er war entschlossen, die Ehe seiner Schwester und damit das Bündnis mit Frankreich zu retten. Joseph gelangte zu dem Schluss, die beiden seien *«zwei völlige Schussel»*, und erteilte dem Paar einige gute Ratschläge. Josephs Mission erwies sich als Erfolg. Am 30. August war *«die große Aufgabe»*, wie Ludwig es nannte, endlich geschafft. Im Dezember des nächsten Jahres gebar Marie Antoinette eine Tochter: Marie Thérèse (1778–1851), genannt *Madame Royale*. Liebevoll bemerkte die Königin zu ihrer neugeborenen Tochter: *«Ein Sohn wäre Staatsbesitz gewesen. Du sollst mir gehören. Ich werde dir meine ungeteilte Aufmerksamkeit widmen. Du wirst all mein Glück teilen, und du wirst mir mein Leid leichter machen …»*

Am 22. Oktober 1781 gebar Marie Antoinette endlich den langersehnten Thronfolger, Ludwig Joseph (1781–1789). Der König erzählte ihr begeistert: *«Madame, ihr habt unsere Wünsche und die Frankreichs erfüllt, ihr seid die Mutter eines* Dauphin.*»* Marie Antoinette genoss ihre Mutterrolle. Zur Gouvernante der Kin-

ZEITTAFEL

1770 Marie Antoinette heiratet den französischen Thronfolger Ludwig August.

1773 Marie Antoinette besucht zum ersten Mal Paris.

1774 Ludwig XV. stirbt. Marie Antoinette und Ludwig XVI. werden Herrscher Frankreichs.

1777 Marie Antoinettes Bruder Joseph II. reist nach Frankreich und hilft dem Königspaar bei ihren Eheproblemen.

1778 Das erste Kind Ludwigs und Marie Antoinettes, Marie Thérèse, wird geboren.

1781 Geburt des Thronfolgers Ludwig Joseph.

1785 Der zweite Sohn, Ludwig Karl, wird geboren.

1787 Wegen ihrer Extravaganz wird die Königin „Madame Defizit“ genannt.

1788 Marie Antoinette schlägt Jacques Necker zum Finanzminister vor.

1789 Hungeraufstände in Paris und der Sturm auf die Bastille lösen die Französische Revolution aus. Der Kronprinz stirbt. Die königliche Familie muss nach Paris umziehen.

1792 Ludwig XVI. muss Österreich den Krieg erklären. Nach Angriffen auf die Tuilerien sucht die königliche Familie Zuflucht in der Nationalversammlung, ehe sie verhaftet wird. Die Monarchie wird abgeschafft.

1793 Ludwig und bald darauf Marie Antoinette werden in Schauprozessen zum Tode verurteilt und durch die Guillotine hingerichtet.

Dieses Gemälde von 1872 des Ungarn Gyula Benczúr zeigt Marie Antoinette und LudwigXVI. mit ihren Kindern am 6. Oktober 1789. An diesem Tag waren Pariser Bürger nach Versailles gekommen und hatten das Schloss umstellt. Lautstark verlangten sie die Rückkehr des Hofes in die Hauptstadt.

der ernannte sie ihre engste Freundin, Yolande de Polignac (1749–1793). Das dritte Kind des Königspaares, Ludwig Karl (1785–1795), wurde im März 1785 geboren.1786 folgte noch eine weitere Tochter, die jedoch schon nach einem Jahr starb.

Trotz des Kindersegens sank die Popularität der Königin. Man machte „die Österreicherin" zum Sündenbock für alle Missstände im Staat. Ihr wurden Affären mit dem schwedischen Grafen Axel von Fersen (1755–1810), ihrem Schwager und ihren Hofdamen unterstellt. 1785/86 war Marie Antoinette in einen Betrugsskandal um ein Diamantenkollier verwickelt, die sogenannte Halsbandaffäre. Die Königin war zwar unschuldig, doch an ihrem Ruf änderte das nichts mehr. Sie galt als habgierige, leichtlebige Verschwenderin.

Die Revolution kommt

Erst im Angesicht der allgemeinen Krise fand die Königin allmählich zu einer verantwortungsvolleren Position. Im August 1788 schlug sie den Bankier Jacques Necker (1732–1804) als Finanzminister vor, obwohl sie ihn persönlich nicht mochte. Doch das kam zu spät. Der harte Winter 1788 trieb die Preise für Brot weiter in die Höhe, und im Frühjahr 1789 kam es zu Hungeraufständen in Paris. Die absolutistische Alleinherrschaft des Königs endete, als er im Mai die Generalstände, die Vertreter des französischen Volkes, nach Versailles berufen musste, um die Finanzkrise zu diskutieren. Als im Juni der Dauphin starb, hielt sich die öffentliche Anteilnahme in Grenzen. Am 14. Juli überbrachte der Herzog von Liancourt (1747–1827) dem König die Nachricht vom Sturm auf die Bastille. *«Ist es eine Revolte?»*, fragte Ludwig. *«Nein, Sire»*, erwiderte der Herzog, *«es ist eine Revolution.»*

Während ihres Schauprozesses konnte sich Marie Antoinette nicht mehr in einer aufwändigen Robe präsentieren. Ihr Haar war inzwischen weiß geworden.

Am 6. Oktober marschierte der Mob nach Versailles und zwang die königliche Familie, nach Paris in den alten Palast der Tuilerien zurückzukehren. Sie sollten Versailles niemals wiedersehen. Über Nacht verwandelte sich die leichtlebige Marie Antoinette in eine ernsthafte, loyale Ehefrau und Mutter. Der König war nicht in der Lage, die Gefahr zu erkennen. Aber Marie Antoinette verstand sofort. Sie sagte zu Madame Campan, ihrer Ersten Kammerfrau: *«Könige, die gefangen gesetzt werden, sind vom Tod nicht weit entfernt.»*

Die Freiheiten der königlichen Familie wurden nach und nach beschnitten, besonders nach einem gescheiterten Fluchtversuch, den Marie Antoinettes Freund Graf von Fersen 1791 organisiert hatte. Die Königin versuchte verzweifelt, auf Österreich Einfluss zu nehmen, um ihre Familie zu retten. Doch die Aggressionen der Österreicher und ihrer Verbündeten brachten das Volk noch weiter gegen die Königin auf. Im April 1792 wurde Ludwig gezwungen, Österreich den Krieg zu erklären. Am 10. August erstürmte der Mob die Tuilerien, und die königliche Familie suchte Schutz in der Nationalversammlung. Danach wurde sie im sogenannten *Temple*, einem alten Abteigebäude, gefangen gesetzt. Hier erwarteten Ludwig und Marie Antoinette ihr Schicksal.

Am 21. September wurde die Monarchie abgeschafft. Der frühere König hieß jetzt nur noch „Louis Capet". Im Januar 1793 wurde er zum Tode verurteilt. Einer seiner letzten Gedanken galt Marie Antoinette: *«Unglückliche Prinzessin! Die Ehe mit mir sollte ihr einen Thron bringen, und was bringt sie ihr jetzt?»* In der Not hatte das Paar endlich zueinandergefunden. Am 21. Januar wurde der „Bürger Capet" hingerichtet.

Die Witwe Capet

Nach dem Verlust ihres Mannes nahm man Marie Antoinette auch noch ihre Kinder. Der achtjährige Ludwig Karl sollte zu einem guten Republikaner erzogen werden. Seine Wärter zwangen ihn, seine Mutter des sexuellen Missbrauchs zu bezichtigen, und überließen ihn später sich selbst. Er starb unter nicht ganz geklärten Umständen. Nur Marie Thérèse überlebte die Revolutionswirren. Sie wurde 1795 gegen französische Kriegsgefangene ausgetauscht und gelangte nach Österreich.

Inzwischen verlegte man Marie Antoinette in die Conciergerie, ein altes Pariser Gefängnis. Am 14. Oktober begann ein Schauprozess gegen die verhasste frühere Königin, die man für alle Missstände in Frankreich verantwortlich machte. Marie Antoinette war deutlich gealtert, aber sie wahrte ihre Würde. Die Vorwürfe des Hochverrats und der Unzucht wies sie ruhig und entschieden zurück. Doch die Entscheidung des Gerichts stand von Anfang an fest. Marie Antoinette wurde zum Tod durch die Guillotine verurteilt. Zu ihrer Hinrichtung fuhr sie weiß gekleidet in einem offenen Wagen, das Haar geschoren und die Hände gefesselt. Die „Witwe Capet" starb am 16. Oktober 1793.

«... DANN SOLLEN SIE KUCHEN ESSEN.»

Diesen berühmt-berüchtigten Satz soll Marie Antoinette ihren hungernden Untertanen zugerufen haben, als diese nach Brot verlangten. Ihre Biographin, Antonia Fraser, hält dies aber für ein böswilliges Gerücht, das den Ruf der Königin schädigen sollte. Marie Antoinette war leichtlebig und eine Verschwenderin, aber sie war nie grausam. Im Gegenteil – sie sorgte sich um die Armen in ihrer Not. Zudem wurde dieser Ausspruch verschiedenen Frauen des Königshauses in den Mund gelegt, zuerst der Frau Ludwigs XIV., Maria Theresia von Spanien (1638–1683), und dann den beiden Tanten Ludwigs XVI., Victoire (1733–1799) und Sophie (1734–1782). Auch Marie Antoinettes Schwager, der künftige Ludwig XVIII. (regierte 1814–1824), schrieb den Satz seiner Ahnfrau Maria Theresia zu.

Viktoria

1819 — 1901

Königin von Großbritannien und Irland, Kaiserin von Indien

Bis heute ist Viktoria die Königin mit der längsten Regierungszeit aller britischen Monarchen. In den 64 Jahren ihrer Herrschaft erlebte die britische Gesellschaft tiefgreifende Veränderungen. Das „Viktorianische Zeitalter" war geprägt von großen kolonialen Eroberungen, der raschen industriellen Entwicklung und der Ausbildung des parlamentarischen Systems, aber auch von einer sprichwörtlichen scheinheiligen Moral und großen sozialen Unterschieden. Ihre zahlreichen Nachkommen verheiratete sie mit anderen regierenden Königshäusern. Bald galt Viktoria als „Großmutter Europas".

Eduard, der Herzog von Kent (1767–1820), glaubte immer, dass seine kleine Tochter Viktoria einmal den Thron erben würde. *«Guckt sie euch gut an»*, sagte er zu seinen Freunden. *«Sie wird eines Tages die Königin von England sein.»* Viktoria wurde am 24. Mai 1819 im Kensington-Palast geboren. Sie war das einzige Kind von Eduard, dem vierten Sohn Georgs III. (regierte 1760–1820), und von Viktoria von Sachsen-Coburg-Saalfeld (1786–1861), der verwitweten Fürstin von Leiningen. Zwei Jahre zuvor war das einzige legitime Enkelkind Georgs III. gestorben, Charlotte (1796–1817), die Tochter des Prince of Wales und späteren Königs Georg IV. (regierte 1820–1830). Nun mussten dessen Brüder für den Fortbestand des Hauses Hannover sorgen, das seit 1714 in Großbritannien regierte.

Die junge Königin Viktoria, gemalt von dem deutschen Künstler Franz Xaver Winterhalter im Jahr 1842. Sie war die letzte Herrscherin aus dem deutschen Haus Hannover. Mit ihrer Thronbesteigung endete die über hundertjährige Personalunion zwischen Großbritannien und Hannover, da hier Frauen von der Thronfolge ausgeschlossen waren.

Eine einsame Kindheit

Als Viktoria acht Monate alt war, starb ihr 51-jähriger Vater an einer Lungenentzündung. Seine Tochter, nun Dritte in der Thronfolge, blieb in der Obhut ihrer besitzergreifenden Mutter zurück. Die Herzogin von Kent isolierte Viktoria vom Rest der königlichen Familie, weil sie das Kind ganz unter ihrer Kontrolle haben wollte. Körperlich erinnerte Viktoria an ihren Großvater Georg III. Sie war winzig, neigte zur Rundlichkeit und hatte hervortretende blaue Augen. Betreut von ihrer deutschen Gouvernante Louise Lehzen (1784–1870) wuchs sie im Kensington-Palast auf, wo sie eine solide, aber nicht besonders herausragende Ausbildung erhielt. Ihre einzigen Gefährten waren ihre Halbschwester Feodora (1807–1872)

ZEITTAFEL

1819 Viktoria wird geboren.

1820 Viktorias Vater, der Herzog von Kent, stirbt. Sie steht nun an dritter Stelle in der Thronfolge.

1830 Georg IV. stirbt, sein jüngerer Bruder Wilhelm IV. wird neuer König und Viktoria Thronerbin.

1835–1841 Amtszeit von Lord Melbourne als Premierminister.

1837 Viktoria folgt ihrem Onkel Wilhelm IV. auf den Thron.

1839 „Bedchamber-Krise".

1840 Viktoria heiratet im Februar ihren Cousin Albert von Sachsen-Coburg und Gotha. Im November kommt ihr erstes Kind zur Welt.

1851 Albert organisiert die erste Weltausstellung.

1853–1856 Krimkrieg gegen Russland.

1861 Albert stirbt an Typhus.

1868 Disraelis erste Amtszeit als Premierminister (Februar bis Dezember).

1874–1880 Disraelis zweite Amtszeit.

1876 Viktoria wird Kaiserin von Indien.

1887 Viktorias Goldenes Thronjubiläum.

1897 Viktorias Diamantenes Thronjubiläum.

1901 Viktoria stirbt.

aus der ersten Ehe ihrer Mutter und ihr King-Charles-Spaniel „Dash". Die Vaterfigur ersetzte in gewisser Weise ihr Onkel Leopold, der spätere König der Belgier (regierte 1831–1865), der Bruder ihrer Mutter und Witwer der früheren Thronerbin Charlotte.

Als Viktoria elf war, starb Georg IV. Ihm folgte sein Bruder Wilhelm IV. (regierte 1830–1839). Er hatte zehn uneheliche Kinder von einer Schauspielerin, aber keinen legitimen Erben. Viktoria war nun Thronfolgerin. Zu ihrer Gouvernante soll sie gesagt haben: *«Ich werde versuchen, gut zu sein.»* Der König war wütend, weil die Herzogin von Kent gegenüber seiner Frau Königin Adelheid (1792–1849) unhöflich gewesen war. Genauso wenig schätzte er ihr Verhalten gegenüber Viktoria. Als Viktoria 17 war, demütigte er ihre Mutter bei einem Abendessen anlässlich seines Geburtstags in aller Öffentlichkeit, indem er sagte:

> *«Ich vertraue auf Gott, dass er mir mein Leben neun weitere Monate erhält … Dann hätte ich die Befriedigung, die königliche Macht jener jungen Dame [Viktoria] zur persönlichen Ausübung zu hinterlassen … und nicht in den Händen einer Person [Viktorias Mutter], die sich jetzt in meiner Nähe befindet.»*

Sein Wunsch wurde ihm gewährt. Am 20. Juni 1837, nicht einmal einen Monat nach Viktorias 18. Geburtstag, starb Wilhelm, und sie bestieg den Thron. Die Herzogin hatte zwar versucht, die Mündigkeit ihrer Tochter bis zu ihrem 21. Geburtstag hinauszuschieben, ihre Pläne wurden jedoch vereitelt. Viktoria zog in den Buckingham-Palast und ließ ihre Mutter im Kensington-Palast zurück. Bis zu Viktorias Heirat wohnte die Lehzen in ihrem Nachbarzimmer.

Prinz Albert stammte aus dem Haus Sachsen-Coburg und Gotha. Durch diplomatisches Geschick und gute Beziehungen gelangte die Familie auf die Throne von Großbritannien, Belgien, Portugal und Bulgarien.

Sie bewunderte ihren liberalen Premierminister Lord Melbourne (1779–1848). Das führte zu unklugen politischen Parteinahmen in den frühen Jahren ihrer Regierung, als sie es im Zuge der sogenannten „Bedchamber-Krise" ablehnte, Frauen aus dem Umkreis der Konservativen an den Hof zu holen. Sie liebte ihre neue Unabhängigkeit und Macht, aber sie hatte noch nicht gelernt, damit umzugehen. Ihr Cousin, Prinz Albert (1819–1861), den sie später heiratete, schrieb dazu:

> *«Viktoria … soll unglaublich stur sein, wobei ihre Halsstarrigkeit ständig mit ihrer Gutmütigkeit im Widerstreit liegt. Sie liebt das Hofzeremoniell, die Etikette und triviale Formalitäten … Angeblich soll sie an der Natur kein bisschen Freude haben und nachts gern spät ins Bett gehen und am Tag lange schlafen.»*

Liebe bis in den Tod

Viktorias Onkel Leopold vermittelte 1840 die Ehe zwischen seiner Nichte und seinem Neffen Albert von Sachsen-Coburg und Gotha. Als Königin musste Viktoria den Heiratsantrag

machen. Sie vertraute ihrem Tagebuch an: *«Albert … sieht … so gut aus … er hat eine schöne Gestalt, breit in den Schultern und mit einer schlanken Taille. Mein Herz ist ganz hingerissen.»* Entgegen der Tradition wollte sie Albert zum Mitregenten machen, aber Melbourne erklärte ihr: *«Wenn Sie das britische Volk daran gewöhnen, Könige einzusetzen, dann werden sie sich auch angewöhnen, Könige abzusetzen.»* In ihrer Ehe aber ordnete sich Viktoria gerne unter. Albert wählte sogar ihre Kleider aus. Sie schrieb: *«Jeden Tag bin ich aufs Neue davon überzeugt, dass wir Frauen, wenn wir gute Frauen sind … uns nicht zum Regieren eignen.»* Albert schickte die Lehzen in den Ruhestand und forderte Melbourne zum Rücktritt auf. Dafür versöhnte er Viktoria wieder mit ihrer Mutter, seiner Tante.

Albert beteiligte sich auch an den Regierungsgeschäften seiner Frau, entwarf Aktennotizen und verständigte die Minister an ihrer Stelle. Er organisierte auch die erste Weltaustellung im Jahr 1851, auf der das britische Weltreich seine Errungenschaften präsentierte. Charles Greville (1794–1865), ein hoher Beamter, berichtete: *«Der Prinz identifiziert sich so sehr mit der Königin, dass sie eine Person sind … Es ist ganz offensichtlich: Sie trägt den Titel und er nimmt die Funktionen des Herrschers wahr. Eigentlich ist er der König.»*

Viktoria liebte ihren Ehemann leidenschaftlich. *«… Er sieht so schön aus, wenn er nur sein Hemd trägt»*, schrieb sie. Das Kinderkriegen hingegen nannte sie *«die Schattenseite der Ehe»*. Bei ihrem Arzt erkundigte sie sich sogar nach Verhütungsmethoden. Trotzdem bekam das Paar fünf Töchter und vier Söhne, die alle das Erwachsenenalter erreichten –

Eine Postkarte zur Erinnerung an die „Great Exhibition“ *von 1851, der ersten Weltausstellung, die von Prinz Albert organisiert wurde. Der Kristallpalast, entworfen vom Architekten John Paxton (1803–1965), wurde speziell für diese Veranstaltung im Londoner Hyde Park errichtet. In der Nähe ließ Viktoria zum Andenken an ihren Mann das Albert Memorial erbauen. Dem Denkmal gegenüber steht die Royal Albert Hall, deren Name ebenfalls an den Prinzen erinnert.*

eine Seltenheit in jener Zeit. Die meisten heirateten später in andere Herrscherhäuser ein. Durch die Ehen ihrer Kinder und Enkel gelangten Viktorias Nachkommen auf viele europäische Throne. Doch die „Großmutter Europas“ mochte keine Babys und keine Geburten. An ihre älteste Tochter Viktoria, genannt „Vicky“ (1840–1901), schrieb sie 1858:

> *«Was du über den Stolz sagst, einer unsterblichen Seele das Leben zu geben, ist alles sehr schön, meine Liebe, aber ich muss zugeben, ich kann da gar nicht mitfühlen. Ich denke in diesen Momenten eher daran, wie eine Kuh oder ein Hund zu sein.»*

Im Dezember 1861, nach 21 Ehejahren, erkrankte Albert an Typhus. Es wurde eine falsche Diagnose gestellt, und der Prinz starb am 14. Dezember. Viktoria war am Boden zerstört und erholte sich nie wieder vollständig. *«Diese Anfälle der Verzweiflung und des sehnsüchtigen Verlangens, tagelang, nächtelang das Sehnen nach dem Tod … begleiteten mich in den ersten drei Jahren ständig»*, sagte sie. Die Schuld an Alberts Tod gab sie ihrem ältesten Sohn „Bertie“, dem späteren König Eduard VII. (regierte 1901–1910). Albert war nach Cambridge gefahren, um seinen Sohn wegen einer Affäre mit einer Schauspielerin zurechtzuweisen, und danach waren sie im Kalten spazierengegangen. *«Es irritiert mich, ihn im Zimmer zu sehen»*, sagte sie über ihren Sohn.

Die Witwe von Windsor

Viktoria verbrachte das nächste Jahrzehnt zurückgezogen in den Schlössern, die Albert für sie in Osborne auf der Isle of Wight und in Balmoral in Schottland gebaut hatte. Für den Rest ihres Lebens trug sie Trauerkleidung und ließ zur Erinnerung an den Prinzen mehrere Denkmäler errichten. Noch für 40 Jahre sollte Viktoria ohne Albert regieren, aber bei allen Entscheidungen versuchte sie sich vorzustellen, was ihr geliebter Ehemann begrüßt hätte. Doch der Rückzug aus der Öffentlichkeit schädigte ihre Popularität.

In den 1870er Jahren kehrte Viktoria ins öffentliche Leben zurück, gedrängt von zwei Männern: ihrem geschätzten Diener John Brown (1825–1883) und ihrem liebsten Premierminister, dem Konservativen Benjamin Disraeli (1804–1881). Disraeli schmeichelte ihr und flirtete mit ihr. Er war der einzige Premierminister, der sich in ihrer Gegenwart setzen durfte.

„MRS. BROWN“

Nach Alberts Tod entwickelte Viktoria ein enges Verhältnis zu ihrem Diener, dem Schotten John Brown (1826–1883), den schon ihr Mann Albert besonders geschätzt hatte. Viktoria, die starke Männer und alles Schottische liebte, mochte seine unvermittelte, offene Art. Ihre Familie war jedoch schockiert über die Art und Weise, wie Brown mit der Königin sprach. Sie beschrieb ihn in ihren Briefen als *«meinen liebsten und besten Freund … meinen ergebensten, treuesten, intelligentesten und vertrautesten Diener …»* Ihre Nähe gab Anlass zu Gerüchten. Auch das Satiremagazin „Punch“ machte sich über die herausgehobene Stellung Browns lustig, während die Königin den Spitznamen „Mrs. Brown“ erhielt. Als John Brown starb, war Viktoria so verstört, dass sie vorübergehend nicht mehr laufen konnte – genau wie nach Alberts Tod.

Der Schotte John Brown war viele Jahre lang Viktorias persönlicher Diener. Er kümmerte sich um sie und leistete ihr Gesellschaft. Seine informelle Art gefiel der Königin, stieß aber bei ihrer Familie und ihren Höflingen auf starke Ablehnung.

Ihm gelang es schließlich, sie von der Notwendigkeit ihrer Repräsentationsverpflichtungen zu überzeugen. Viktoria unterstützte Disraelis imperialistische Außenpolitik. Als Großbritannien auf einen Krieg mit Russland zuschlitterte, schrieb sie an ihn: *«Oh, wenn die Königin ein Mann wäre, würde sie gern mitgehen und diesen schrecklichen Russen … eine ordentliche Tracht Prügel verabreichen.»* Disraeli war es auch, der Viktoria 1876 den Titel einer Kaiserin von Indien vermittelte. Als er im Sterben lag, wurde er gefragt, ob er sie sehen wolle. *«Besser nicht»*, antwortete er, *«sie wird mich nur bitten, Albert etwas auszurichten.»*

Viktoria starb in Osborne House am Abend des 22. Januar 1901. Ihre Familie war an ihrer Seite, darunter ihr ältester Sohn und Nachfolger Eduard VII. und ihr Enkel, der deutsche Kaiser Wilhelm II. (regierte 1888–1918). Sie wurde im Königlichen Mausoleum von Frogmore beigesetzt, das sie für sich und Albert im Park von Schloss Windsor errichtet hatte, mit ihrer Witwenhaube und ihrem Hochzeitsschleier. Sie hatte fast 64 Jahre lang regiert.

Königin Viktoria, umgeben von einigen ihrer Kinder und Enkelkinder aus ganz Europa. Darunter waren auch der deutsche Kaiser Wilhelm II. (sitzend, links von der Königin) und die russische Kaiserin Alexandra mit ihrem Mann Nikolaus II. (stehend zwischen Kaiser Wilhelm und Königin Viktoria). Die Aufnahme stammt aus dem Jahr 1894.

«Ich hatte immer das Gefühl, wenn ich wusste, was die Königin dachte, wusste ich auch ziemlich genau, welche Ansichten ihre Untertanen vertreten würden, insbesondere die Mittelklasse …»

DER BRITISCHE PREMIERMINISTER LORD SALISBURY

Lakshmi Bai

um 1830–1858

Rani von Jhansi

Lakshmi Bai wird als Heldin des indischen Freiheitskampfes verehrt. In erster Linie ging es ihr aber um das Erbrecht ihres Adoptivsohns. Wie viele indische Fürsten hatte sie mit den Briten kooperiert, solange diese ihre Herrschaftsrechte über ihre Untertanen anerkannten. Erst aus der Not heraus schloss sich Lakshmi dem Indischen Aufstand von 1857 an und stieg zu einer auch von ihren Feinden bewunderten Heerführerin auf.

Lakshmi oder Manukarnika, wie ihr ursprünglicher Name lautete, wurde um 1830 in Varanasi geboren, der heiligen Stadt der Hindus am Ganges. Ihre Familie gehörte zur obersten indischen Kaste, den Brahmanen. Sie stand den sogenannten Peschwas nahe, einer Dynastie, die weite Teile Indiens beherrscht hatte, bis sie im ersten Drittel des 19. Jahrhunderts von den Briten zurückgedrängt worden war. Die Europäer nutzten die Konflikte unter den zahlreichen indischen Fürsten aus, um ihren eigenen Kolonialbesitz zu vergrößern.

Als Manukarnika zwölf Jahre alt war, heiratete sie Gangadhar Rao (regierte 1838–1853), den Radscha („König") von Jhansi, einem kleinen Fürstentum im heutigen nordindischen Bundesstaat Uttar Pradesh. Als Rani („Königin") nahm Manukarnika den Namen Lakshmi an, nach der Göttin des Glücks und der Schönheit. Sie war die zweite Frau des Radschas, der sich aber angeblich eher für Männer interessierte. Gerüchten zufolge soll er gern Frauenkleider getragen und in Theateraufführungen weibliche Hauptrollen übernommen haben.

Jhansi verdankte seinen Wohlstand den guten Beziehungen des Radschas zu den übermächtigen Briten. Doch 1853, elf Jahre nach der Heirat mit Lakshmi, erkrankte Gangadhar Rao. Er hatte keine männlichen Nachkommen. Um seiner Familie die Herrschaft über Jhansi zu erhalten, adoptierte er seinen jungen Cousin Damodar Rao (regierte 1854–1860). Lakshmi vertraute er die Regentschaft für den fünfjährigen Jungen an. In seinem Testament hieß es:

> *«Sollte ich nicht überleben, vertraue ich darauf, dass dieses Kind das Wohlwollen der britischen Regierung genießt, der gegenüber ich mich immer treu gezeigt habe, und dass meine Witwe, solange sie lebt, als Regentin des Staates und Mutter dieses Kindes angesehen und in keiner Weise belästigt wird.»*

Der britische Vertreter vor Ort stand der Bitte des Radschas positiv gegenüber. Doch als Gangadhar Rao im November 1853 starb, verwarf der britische Generalgouverneur das Testament. Weder wollte er den Adoptivsohn als Erben des Radschas noch Lakshmis Recht auf die Regentschaft anerkennen. Stattdessen annektierte er das Fürstentum.

Mit dem Schwert in der Hand führte Lakshmi Bai ihre Truppen selbst in den Kampf gegen die Briten. Dabei trug sie eine kostbare Perlenkette, die sie von einem ihrer Feinde erbeutet hatte. Dieses Porträt der Königin stammt von einem unbekannten Künstler der Kalkutta-Schule und wurde um 1890 gemalt.

Von den Briten gedemütigt

Lakshmis Einspruch gegen die Annexion wurde zurückgewiesen. «*Ich werde mein Jhansi nie aufgeben*», rief sie wütend. Nach einem selbstauferlegten Hungerstreik schickte sie eine Petition an die Regierung in London. Aber deren Zugeständnisse empfand sie als Demütigung. Sie durfte zwar in ihrem Palast wohnen bleiben, musste aber die Kronjuwelen herausgeben. Außerdem wurde ihr eine Rente von 5000 Rupien im Monat gewährt, von der sie jedoch die Schulden ihres Mannes abtragen musste. Die nächsten Jahre waren für Lakshmi und ihren Adoptivsohn sehr entbehrungsreich.

Trotzdem unterhielt die Rani, ganz pragmatisch, weiterhin freundschaftliche Beziehungen zu den Briten. Dann brach im Mai 1857 ein Aufstand unter den indischen Soldaten in britischen Diensten aus. Lakshmi machte sich Sorgen, dass auch ihre Position bedroht sein könnte, und bat die Briten um eine Leibwache. Am 4. Juni erreichte die Rebellion Jhansi. Nachdem die aufständischen indischen Soldaten ihre britischen Vorgesetzten und Kameraden ermordet hatten, machten sie sich an die Verfolgung europäischer Zivilisten.

Indische Rebellen töten im Juni 1857 europäische Einwohner in der Garnisonsstadt Khanpur. Anfangs erhoben sich die Soldaten, weil die britischen Kolonialherren ihre religiösen Empfindungen verletzt hatten. Später richtete sich der Aufstand allgemein gegen die drückende Herrschaft der Briten in Indien. Diese schlugen den Aufstand bis 1858 mit brutaler Gewalt nieder.

Es gab nur zwischen 40 und 60 Europäer in Jhansi, darunter viele Frauen und Kinder. Sie verbarrikadierten sich mit einigen britischen Soldaten, die überlebt hatten, in der maroden Festung der Stadt. In dieser Notsituation erkannten die Briten Lakshmis Herrschaftsrechte über Jhansi endlich an. Sie baten die Rani um Hilfe, bis Verstärkung käme. Aber ohne eigene Truppen konnte sie wenig ausrichten. Unterdessen erreichte die antibritische Stimmung ihren Höhepunkt.

Das Massaker und seine Folgen

Am 8. Juni 1857 griffen die indischen Rebellen die Stadtfestung von Jhansi an. Der örtliche politische Vertreter der Briten berichtete über die Gräuel, die folgten:

> *«Früh an jenem Morgen … umzingelten die Aufständischen die Festung … Captain Gordon [der stellvertretende Befehlshaber von Jhansi] hatte furchtlos Widerstand geleistet, stellte jedoch fest, dass die Festung nicht länger zu halten war. Er zog den Tod der Kapitulation vor und schoss sich in den Kopf … Die Meuterer nahmen dann alle europäischen Offiziere mit ihren Frauen und Kindern gefangen … brachten sie … aus der Stadt heraus … und ermordeten brutal jede einzelne Seele … Am nächsten Tag verließen die Aufständischen Jhansi und nahmen den Inhalt der Schatzkammer und des Magazins [also alle Munition] mit.»*

Lakshmi Bai, die sich nicht an dem Massaker beteiligt hatte, beteuerte ihre Unschuld. Weil es den Briten gelegen kam, glaubten sie ihr zunächst. Denn jetzt, als sie nach und nach die Aufstände der Inder niederschlugen, brauchten sie die Rani zur Aufrechterhaltung der Ordnung in Jhansi und gaben ihr die Erlaubnis, eine Regierung zu bilden. Für einige Monate konnte Lakshmi ein entspanntes Leben führen: Sie ritt täglich aus, übte sich im Schießen, las und ließ das Theater ihres verstorbenen Mannes wiedereröffnen. Die Rani war Ende 20. Sie galt als sehr attraktiv und trug Kleider, die ihre gute Figur betonten. Ein Besucher aus Großbritannien berichtete, dass ihre *«Augen besonders schön waren und die Nase sehr fein geformt. Ihr Haar war nicht besonders hell, obwohl es alles andere als schwarz war, und [sie hatte] eine sehr gute Figur…»*

Vom Rebellen zum Nomaden – der Meere

Nana Sahib (geboren 1824), ein Mitkämpfer Lakshmi Bais, war eine zentrale Figur des Aufstands von 1857. Er war der Adoptivsohn des letzten Peschwa. Aber wie im Fall des Adoptivsohns des Radschas von Jhansi erkannten die Briten das Erbrecht Nana Sahibs nicht an und drängten ihn so zur Rebellion. Die Briten warfen ihm vor, für das Massaker in Khanpur vom Juni 1857 verantwortlich zu sein. Nach der Niederlage der Rebellen wurde Nana Sahib zu einem Nomadenleben gezwungen. Wann und wo er starb, ist nicht bekannt. Sein Ruf verbreitete sich bis nach Europa. Er inspirierte Jules Verne (1828–1905) zu der Figur des Kapitän Nemo, der Indien verließ, nachdem die Briten im Aufstand von 1857 seine Familie getötet hatten.

Ende des Jahres erkannte Lakshmi jedoch, dass die Briten ihr die Kontrolle über Jhansi nicht auf Dauer überlassen würden. Sie wurde nun doch für das Massaker verantwortlich gemacht und zum Rücktritt aufgefordert. Also schloss sich die Rani der wachsenden Zahl von Aufständischen an, die die Briten aus Indien vertreiben wollten. Sie stellte eine Armee von 14 000 Soldaten auf, darunter auch Frauen. Am 21. März 1858 trafen die britischen Streitkräfte in Jhansi ein mit dem festen Entschluss, keine Rebellen entkommen zu lassen. Zehn Tage lang färbte britisches Kanonenfeuer den Nachthimmel rot, während die Standarte der Rani trotzig über der Festung wehte. Tatya Tope, ein befreundeter Rebellenführer, versuchte ihr mit 20 000 Mann zu Hilfe zu kommen, aber die Briten wehrten ihn ab und setzten ihren Angriff fort. Am 3. April fiel Jhansi. Die Briten plünderten die Stadt und ermordeten alle Einwohner, die älter waren als 16. Ein indischer Augenzeuge berichtete, dass *«auf den Plätzen der Stadt … Hunderte Leichen zu großen Haufen [zusammengetragen wurden]. Sie wurden mit Holz, Bodenbrettern und allem, was zur Hand war, bedeckt und in Brand gesetzt. Auf allen Plätzen loderten die brennenden Körper, und die Stadt sah aus wie ein gewaltiger Bestattungsplatz …»* Aus Rache für die rund 60 getöteten Europäer wurden 5000 Inder niedergemetzelt.

Trotzdem bewunderten die Briten die kämpferische Rani. Sie staunten über ihre Fähigkeit, wie ein Mann zu reiten, und nannten sie *«eine perfekte Amazone, was den Mut angeht … genau die Art tollkühne Frau, die Soldaten bewundern … eine wunderbare Frau, sehr mutig und entschlossen. Wir haben Glück, dass nicht alle Männer so sind.»* Als Lakshmi aus der Stadt floh, um zu Tatya Tope zu stoßen, nahmen die Briten die Verfolgung auf.

Das Ende der Rebellion

Die Briten holten Lakshmi am 6. Mai ein. Tatya Tope war so schlau gewesen, die erschöpften britischen Soldaten möglichst weit zu locken, ehe er sich auf einen Kampf einließ. Zwar wurde die Armee der Rebellen geschlagen, doch die Briten, die an der Hitze zugrunde gingen, konnten ihnen nicht nachsetzen. Erst am 22. Mai hatten sie sich erholt und besiegten die Aufständischen erneut. Dann folgte ein unerwarteter Sieg der Rebellen über die 2000 Mann starke Armee des pro-britischen Maharadschas von Gwalior.

Die Verfolgung ging weiter, bis die beiden Armeen am 16. Juni in der Nähe von Gwalior erneut aufeinandertrafen. Die Rani von Jhansi kommandierte die Ostflanke der Rebellenarmee. Sie trug ihre Rüstung und eine erbeutete Perlenkette des Maharadschas von Gwalior. Doch am zweiten Tag der Kämpfe wurde die Rani in den Rücken geschossen. Sie erwiderte das Feuer, aber ihr Gegner rammte ihr das Schwert in den Leib und tötete sie.

Die Rebellen verloren die Schlacht. Ihre Anführer zerstreuten sich oder wurden getötet. Trotzdem zollten die Briten ihrer Feindin Anerkennung: *«Die Rani war bemerkenswert tapfer, ausdauernd und klug. Ihre Großzügigkeit gegenüber ihren Untertanen kannte keine Grenzen. Diese Qualitäten, verbunden mit ihrem Rang, machten sie zur gefährlichsten Anführerin der Rebellen.»* Und: *«Mit ihrem Tod verloren die Rebellen ihre mutigste und beste militärische Führerin.»* Die Rani hatte für ihren Adoptivsohn gekämpft, aber dieser kapitulierte 1860 und erhielt eine Rente. Die Briten blieben noch fast 100 Jahre in Indien.

ZEITTAFEL

1842 Manukarnika heiratet den Radscha von Jhansi, Gangadhar Rao, und nimmt den Namen Lakshmi Bai an.

1853 Gangadhar ernennt seinen Adoptivsohn Damodar zum Erben und Lakshmi zu seiner Regentin. Die Briten akzeptieren die Entscheidung nicht und zwingen die beiden, von einer kärglichen Rente zu leben.

1857 Der Indische Aufstand gegen die britischen Kolonialherren beginnt. Lakshmi Bai bittet die Briten um Schutz. Aufständische töten die Europäer in Jhansi. Die Briten vertrauen Lakshmi die Bildung einer Übergangsregierung an. Später wird sie jedoch geächtet.

1858 Lakshmi kämpft in Jhansi mit einer Armee gegen die Briten. Diese bleiben siegreich und töten einen Großteil der Einwohner von Jhansi. Lakshmi flieht und kämpft mit den Aufständischen in meherern Schlachten gegen die Briten. In der Schlacht bei Gwalior wird sie getötet.

1860 Damodar Rao, Lakshmis Adoptivsohn und letzter Radscha von Jhansi, kapituliert vor den Briten.

Cixi

1835–1908
Kaiserin von China

Cixi, eine Konkubine niederen Ranges, war jedes Mittel recht, um an die Spitze zu gelangen. Doch ihre verfehlte Politik führte letztlich zum Niedergang des Kaisertums. Die Historikerin Barbara Tuchman beschreibt sie in lebhaften Farben: «Als angemalte, in Brokat gekleidete Despotin herrschte sie inmitten ihrer Eunuchen über die letzten Jahre der Mandschu-Dynastie, umweht vom herannahenden Untergang.»

Cixi wurde als Tochter eines Mandschu-Offiziers in der Provinz Anhui im Südosten Chinas geboren. Die Mandschu stammten aus dem Nordosten Chinas und herrschten seit dem 17. Jahrhundert über das „Reich der Mitte", ohne sich jedoch mit den Han-Chinesen, der Mehrheit, zu verbinden. Mit ihrer zierlichen Figur und ihrem feinen Gesicht galt Cixi als ausgesprochen schön. Obwohl sie schon mit einem Cousin verlobt war, wurde sie mit 16 als Konkubine für den neuen Kaiser Xianfeng (regierte 1850–1861) vorgeschlagen. Ein Jahr später musste Cixi ihre Familie verlassen und trat in den kaiserlichen Haushalt ein.

Von nun an lebte Cixi in Peking in der sogenannten Verbotenen Stadt. Der Kaiserpalast war eine Welt für sich. Das Leben aller Bewohner, auch das des Kaisers, war streng reglementiert. Der „Sohn des Himmels" war der einzige Mann, der innerhalb der Palastmauern lebte. Zu den Frauen seiner Familie und ihren Dienerinnen kamen noch Tausende Eunuchen. Diese organisierten die Dinge des alltäglichen Lebens, konnten aber als Vertraute des Kaisers auch zu großem Einfluss gelangen. Wie die anderen Frauen des Kaisers hoffte auch Cixi, durch die Geburt eines Sohnes aufzusteigen. So könnte sie, sollte sie den Kaiser überleben, eines Tages als Kaiserinwitwe Macht ausüben. Bis dahin musste sie versuchen, in der von Intrigen vergifteten Atmosphäre der Verbotenen Stadt zu überleben.

Favoritin des Kaisers

Erst als Cixi 20 war, wählte der Kaiser sie zur Gefährtin für die Nacht. Auf dem Rücken eines Eunuchen wurde sie in sein Schlafgemach gebracht, nackt unter einem roten Seidenlaken. In den Räumen des Kaisers nahm man ihr das Laken ab und setzte sie ans Fußende seines Bettes, von wo aus sie sich dem Kaiser nähern musste.

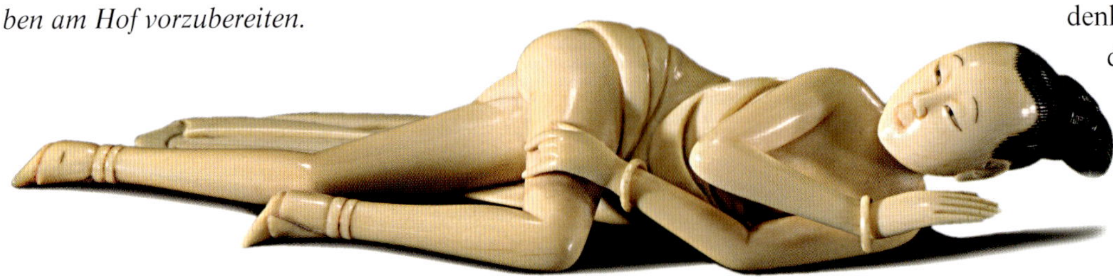

Eine erotische Figur aus Elfenbein aus der Zeit der Mandschu-Dynastie (um 1800). Die Konkubinen des Kaisers durchliefen eine Ausbildung, um sie auf ihre Rolle und Aufgaben am Hof vorzubereiten.

Nach ihrer ersten gemeinsamen Nacht war Cixi für einige Zeit die Favoritin des Kaisers und stieg in der Hierarchie der kaiserlichen Frauen auf. Wichtiger für ihre Zukunft aber war, dass Cixi fast sofort schwanger wurde und am 27. April 1856 einen Jungen gebar. Das Kind war Xianfengs einziger überlebender Sohn und dazu bestimmt, der nächste Herrscher über China zu werden. Kurz nach der Geburt ihres Sohnes wurde Cixi zur Kaiserlichen Gemahlin erhoben und stand jetzt im Rang unmittelbar hinter Xianfengs Hauptfrau, der Kaiserin Ci'an (1837–1881).

Dass Cixi schon zu dieser Zeit Einfluss auf die Politik nehmen konnte oder überhaupt über Vorgänge außerhalb des Palastes informiert war, ist eher unwahrscheinlich. Die Mandschu-Dynastie befand sich in einer schwierigen Situation. Nach der schmerzlichen Niederlage gegen die Briten in den beiden Opiumkriegen (1839–1842 und 1856–1860) musste sich China für den Handel mit Europa öffnen. Vasallenstaaten wie Korea, Birma und Vietnam gerieten unter die Kontrolle der Europäer und Japaner, die auch in China selbst rücksichtslos ihre Interessen durchsetzten. Ethnische Minderheiten erhoben sich genauso gegen die korrupte Bürokratie der Zentralregierung wie die Han-Chinesen, die die Mandschu als Fremdherrscher betrachteten. Schließlich entwickelte sich der sogenannte Taiping-Aufstand (1850–1864), der als Rebellion eines sozialrevolutionär motivierten Sektenführers begonnen hatte, zu einem blutigen Bürgerkrieg, der Millionen von Menschenleben kostete.

Gemälde der Kaiserinwitwe Cixi eines chinesischen Künstlers nach einem Foto aus dem Jahr 1903.

Der Staatsstreich der Kaiserinwitwen

In dieser allgemeinen Krisensituation starb 1861 Kaiser Xianfeng in Jehol, einem Jagdschloss im Norden von Peking. Hierher war der Kaiserhof vor den Racheaktionen der Briten nach deren Sieg im Zweiten Opiumkrieg geflohen. Nun brach ein Machtkampf aus um die Regentschaft für Xianfengs minderjährigen Sohn und Nachfolger Tongzhi (regierte 1861–1875), Cixis Sohn. Xianfengs engster Berater, Su Shun (1816–1861), strebte nach der Herrschaft. Doch Cixi hatte sich schon im Vorfeld um Verbündete unter den obersten Eunuchen des Hofes, den Befehlshabern der Palastgarde und den Mitgliedern der Kaiserfamilie bemüht, wie Xianfengs Halbbruder Prinz Gong (1833–1898) und die Kaiserinwitwe Ci'an.

Nach dem Tod Xianfengs ernannte Su Shun einen Regentschaftsrat aus acht Beamten. Doch die Kaiserinwitwen Cixi und Ci'an verweigerten die Zusammenarbeit. Ohne ihre Siegel aber hatten die Erlasse der Regierung keine Gültigkeit. Su Shun plante, die Kaiserinwitwen ermorden zu lassen, aber diese kamen ihm zuvor. Während Su Shun in Jehol zurückgehalten wurde, begleiteten Cixi und Ci'an den jungen Kaiser nach Peking. Dort erklärten sie

ZEITTAFEL

1852 Cixi wird eine der Ehefrauen von Kaiser Xianfeng.

1856 Cixi bringt Xianfengs einzigen überlebenden Sohn zur Welt, den späteren Kaiser Tongzhi.

1861 Xianfeng stirbt, Cixis Sohn Tongzhi wird Kaiser. Der Minister Su Shun strebt nach der Regentschaft, wird aber von den Kaiserinwitwen Cixi und Ci'an gestürzt.

1873 Tongzhi übernimmt selbst die Regierung.

1874 Tongzhi erkrankt und Cixi führt wieder die Regierungsgeschäfte.

1875 Tongzhi stirbt, kurze Zeit später auch seine schwangere Frau Xiao-Zhe. Cixi bringt ihren dreijährigen Neffen Guangxu auf den Thron und übernimmt wieder die Regentschaft.

1881 Ci'an stirbt, Cixi ist Alleinherrscherin.

1895 Niederlage Chinas gegen Japan.

1898 Guangxu will mit den „Hundert-Tage-Reformen" China modernisieren, wird aber von Cixi unter Hausarrest gestellt.

1900 Der „Boxeraufstand" wird von Europäern, Japanern und Amerikanern brutal niedergeschlagen. Cixi flieht aus Peking.

1908 Guangxu stirbt. Cixi ernennt Pu Yi zum neuen Kaiser und stirbt am folgenden Tag.

1912 Mit der Ausrufung der Republik endet die Herrschaft der Mandschu-Dynastie.

sich selbst zu Regentinnen, während Prinz Gong Su Shun durch ihm ergebene Truppen verhaften ließ. Dem Brauch entsprechend sollten Su Shun und seine Mitregenten durch den „Tod der tausend Schnitte" sterben, das langsame Abtrennen einzelner Körperteile. Aber Cixi zeigte Milde: Su Shun wurde geköpft, die anderen Regenten durften sich selbst töten oder wurden in die Verbannung geschickt.

Obwohl Cixi und Ci'an nun dem Namen nach gemeinsam regierten, lag die tatsächliche Macht bei der ehrgeizigeren Cixi. In der nach ihrem Sohn benannten Tongzhi-Restauration versuchte die Kaiserinwitwe das Mandschu-Reich zu reformieren. Zum einen sollte sich die Staatsführung auf die alten chinesischen Werte besinnen, die der Philosoph Konfuzius (um 551–479 v. Chr.) formuliert hatte. Zum anderen aber wollte man der technologischen Überlegenheit des Westens begegnen, indem man Schulen nach westlichem Vorbild einrichtete und Chinesen zum Studium ins Ausland schickte.

Cixi geht über Leichen

1873, mit Tongzhis Volljährigkeit, endete offiziell Cixis Regentschaft. Aber sie hatte nicht die Absicht, zugunsten ihres Sohnes auf die Macht zu verzichten. Der Tradition entsprechend war der junge Kaiser mit mehreren Frauen verheiratet. Vor allem zu seiner Hauptfrau, Kaiserin Xiao-Zhe (1854–1875), die im Westen unter ihrem Familiennamen Alute bekannt ist, entwickelte er eine enge Beziehung. Cixi fürchtete, ihren Einfluss an ihre Schwiegertochter zu verlieren, vor allem, wenn diese ein Kind gebären sollte.

Im Jahr 1874 erkrankte der Kaiser, angeblich an den Pocken. Als Cixi eines Tages ihren Sohn besuchte, hörte sie, wie ihre mittlerweile schwangere Schwiegertochter sie kritisierte. Wie ein Höfling berichtete, bekam Cixi einen ihrer berüchtigten Wutanfälle: *«Ihre Wangenknochen sprangen scharf vor, und die Adern auf ihrer Stirn traten heraus. Sie zeigte die Zähne, als litte sie unter einem Krampf.»* Tongzhi erholte sich nicht mehr von seiner Krankheit und starb am 12. Januar 1875.

Cixi beschloss, dass ihr ungeborenes Enkelkind niemals herrschen sollte. Dies hätte Alute zu große Macht verschafft. Stattdessen setzte Cixi ihren dreijährigen Neffen Guangxu (regierte 1875–1908) als neuen Kaiser ein. Ihre schwangere Schwiegertochter Alute starb noch im selben Jahr. Gerüchten zufolge soll Cixi die junge Frau zum Selbstmord gezwungen haben. Die Regentschaft für den neuen Kindkaiser lag wieder bei den Kaiserinwitwen Cixi und Ci'an. Erst nach Ci'ans Tod 1881 herrschte Cixi endlich allein. Auch dieser mysteriöse Todesfall in der Kaiserfamilie wurde Cixi zur Last gelegt.

Dem Untergang geweiht

Angesichts des wachsenden Widerstands gegen ihre Herrschaft war Cixis zweite Regentschaft von einer reaktionären, reform- und fortschrittsfeindlichen Politik geprägt. Hinzu kam der wachsende Einfluss fremder Mächte, die China in den sogenannten Ungleichen Verträgen zu Gebietsabtretungen und Handelskonzessionen zwangen. 1895 musste China eine demütigende Niederlage im Krieg gegen Japan hinnehmen: Die Kaiserinwitwe hatte es versäumt, die kostspieligen neuen Schiffe ihrer Kriegsflotte mit Artillerie auszustatten.

Wie sein Vorgänger wollte auch der älter werdende Guangxu sich nicht mit der Rolle eines Marionettenherrschers zufriedengeben. 1898 versuchte der Kaiser mit den sogenannten Hundert-Tage-Reformen grundsätzliche Modernisierungen einzuleiten. Für Cixi war dies ein willkommener Anlass, ihren Neffen zu entmachten. Mit Unterstützung konservativer Kräfte ließ sie Guangxu verhaften und auf einer Insel in der Kaiserstadt einsperren. Die Kaiserinwitwe übernahm erneut die Regentschaft für ihren angeblich kranken Neffen.

DER BOXERAUFSTAND

Ende des 19. Jahrhunderts breitete sich in China eine nationalistische Bewegung aus, deren Anhänger im Westen als „Boxer" bekannt wurden. Die Boxer, die sich in der Tradition chinesischer Kampfkunstschulen sahen, wandten sich gegen den Einfluss der Europäer, Japaner und Amerikaner in China. Cixi versuchte, die Bewegung für ihre eigenen Zwecke zu instrumentalisieren und die Schuld für den Niedergang Chinas auf die fremden Mächte zu schieben. Der Angriff der Boxer auf das Diplomatenviertel in Peking führte 1900 zu einer Strafexpedition der verbündeten Mächte unter deutschem Oberbefehl, die den Aufstand brutal niederschlugen.

Der „Boxeraufstand" führte 1900 zu einer weiteren Demütigung Chinas. Cixi musste vor den Truppen der verbündeten Europäer, Japaner und Amerikaner aus Peking fliehen und konnte erst nach zwei Jahren zurückkehren. Ihr blieb nichts anderes übrig, als die harten Friedensbedingungen der fremden Mächte zu akzeptieren. Doch bis zuletzt behielt die Kaiserinwitwe die Zügel der Macht in ihren Händen. Einen Tag vor ihrem Tod soll sie noch die Ermordung Kaiser Guangxus angeordnet haben, der immer noch unter Hausarrest stand. Dann starb sie am 15. November 1908 im Alter von 73 Jahren. Zu ihrem Nachfolger hatte sie ihren zwei Jahre alten Großneffen Pu Yi (regierte 1908–1912) bestimmt. Mit ihm endete das über 2000 Jahre alte chinesische Kaisertum. Cixis letzten Worte waren:

«Erlaubt nie wieder einer Frau, die höchste Macht im Staate zu besitzen.»

Die Illustration aus der französischen Zeitschrift Le Petit Journal *zeigt die Ermordung des deutschen Diplomaten Clemens August Freiherr von Ketteler (1853–1900) durch die nationalistischen chinesischen „Boxer". Die Ausschreitungen der Boxer führten zu einer „Strafexpedition" der verbündeten Europäer, Japaner und Amerikaner, die unter deutschem Oberkommando stand. In seiner berühmt-berüchtigten „Hunnenrede" stachelte der deutsche Kaiser Wilhelm II. (regierte 1888–1918) seine Truppen zu äußerster Härte gegen die chinesische Bevölkerung an.*

Liliuokalani

1838–1917

Königin von Hawaii

Liliuokalani war die erste und letzte Königin von Hawaii. Ende des 19. Jahrhunderts kämpfte sie unerschütterlich gegen die Annexion ihres Inselreichs durch die Vereinigten Staaten von Amerika. Sie glaubte immer, sie und ihr Volk seien den Interessen der Zuckerbarone geopfert worden. Bis zu ihrem Tod hielt sie an ihrem Herrschaftsanspruch fest.

Liliuokalani wurde am 2. September 1838 in Honolulu geboren. Sie war eine hawaiianische Prinzessin und Verwandte der königlichen Familie. Ihr Vater, Kapaahea, war ein Häuptling. Ihre Mutter, Keohokalole, spielte eine wichtige politische Rolle, denn sie gehörte zu den 15 Beratern von König Kamahameha III. (regierte 1824–1854). Liliuokalani war das dritte von zehn Kindern. Bei ihrer Geburt hieß sie Lydia Kamakaeha Kaolamali.

David Kalakaua, der vorletzte König von Hawaii. Er hatte keine überlebenden Kinder, daher wurde seine Schwester Liliuokalani zu seiner Nachfolgerin ernannt.

Hawaii wurde im 5. Jahrhundert n. Chr. von den Polynesiern besiedelt. Als eine europäische Expedition 1778 unter Leitung von Kapitän James Cook (1728–1779) die fruchtbare Inselgruppe erreichte, war das Land in mehrere Stammesherrschaften aufgeteilt. Doch bis 1810 gelang es Kamehameha I., genannt „der Große" (regierte 1795–1819), die meisten Inseln unter seiner Herrschaft zu vereinen und ein Königtum zu begründen. Im Lauf des 19. Jahrhunderts kamen christliche Missionare auf die Inseln, um die „Heiden" zu bekehren. Ihnen folgten Händler und Siedler, die auf den Inseln Zucker anbauen wollten, das „weiße Gold". Viele Einheimische gaben jedoch nicht nur ihren Glauben auf. Die ständig steigende Zahl von US-Amerikanern und Europäern beeinflusste den traditionellen Lebensstil. Allmählich setzten sich ihre Kleidung, Transportmittel, Wohnverhältnisse und Bildungssysteme durch.

Ab ihrem vierten Lebensjahr besuchte Lydia die *Royal School* in der Hauptstadt Honolulu, an der ihr Missionare eine christliche, europäische Erziehung vermittelten. Erhaltene Fotografien der Königin zeigen eine stattliche Frau, steif und korrekt in viktorianischer Kleidung mit großen Reifröcken. Im September 1862 heiratete Lydia mit 24 Jahren einen Nicht-Hawaiianer, den Regierungsbeamten John Owen Dominis (1832–1891) aus New York. Die Ehe war unglücklich, und die beiden hatten keine Kinder.

Königin in Wartestellung

1874 wurde Lydias Bruder, David Kalakaua (regierte 1874–1891), König, und drei Jahre später, nach dem Tod ihres Brudes William Leleiohoku (1854–1877), folgte Lydia als Thronerbin. Sie nahm zum ersten Mal ihren königlichen Namen, Liliuokalani, an und handelte

Liliuokalani war die erste Königin von Hawaii, die aus eigenem Recht regierte, und zugleich die letzte Monarchin ihres Landes. Mit ihrer erzwungenen Abdankung endete das Königreich Hawaii. Noch heute erinnert man sich an sie als Komponistin der inoffiziellen hawaiianischen Nationalhymne „Aloha Oe".

während der Abwesenheiten des Königs als Regentin. Auf einer Weltreise 1887 trat sie als Repräsentantin Hawaiis in Erscheinung. In Europa lernte sie die britische Königin Viktoria (regierte 1837–1901) kennen. Sie hielt sie für *«eine der besten Frauen und größten Monarchen»*. In ihrer Autobiographie beschreibt sie die Begegnung in lebhaften Farben:

> *«... die Königin von England küsste mich erneut auf die Stirn. Dann nahm sie meine Hand, als habe sie soeben an etwas gedacht, was sie fast vergessen hätte, und sagte: ‹Ich möchte Sie meinen Kindern vorstellen›, und eins nach dem anderen traten sie vor und wurden vorgestellt.»*

Unter dem Einfluss der Ausländer wandelte sich Hawaii zu einer konstitutionellen Monarchie. Liliuokalani beklagte lautstark den Machtverlust der Königsfamilie, den ihr Bruder, der König, akzeptierte. 1887, während sich seine Schwester auf Weltreise befand, stimmte

„ALOHA OE“

Königin Liliuokalani war eine talentierte Musikerin, beherrschte verschiedene Instrumente und komponierte zahlreiche Lieder im hawaiianischen Stil. Besonders bekannt ist das Stück „Aloha Oe“ („Lebe wohl!“), das sie 1898 geschrieben hat. Der Überlieferung zufolge entstand dieses Lied voller sentimentaler Gefühle, während Liliuokalani zwei Liebenden beim Abschied im Mondschein zugesehen hat. Es soll den Schmerz wiedergeben, den sie fühlte, als ihr Land von den USA annektiert und so dem hawaiianischen Volk genommen wurde.

König David Kalakau unter dem Druck amerikanischer Geldgeber und Plantagenbesitzer einer neuen Verfassung zu, die die Macht des Monarchen stark einschränkte. Außerdem räumte er den USA große Handelsvorteile ein und überließ ihnen sogar den Hafen Pearl Harbor. Vier Jahre später starb er, und Liliuokalani wurde Königin.

Liliuokalani war 52 Jahre alt und die erste Frau auf dem hawaiianischen Königsthron. Allerdings hatte es vorher schon immer auch weibliche Stammesführer gegeben. Ein Journalist beschrieb ihr Gesicht als *«stark und entschieden … Ihre Stimme war melodisch und angenehm gefärbt … und sie sprach ein erstaunlich reines und elegantes Englisch. Ihr Auftreten war würdevoll, und sie hatte die selbstverständliche Autorität einer Frau, die gewöhnt ist zu herrschen.» The Friend*, eine Lokalzeitschrift, lobte *«ihr sanftes und anmutiges Betragen, ihren gesunden Menschenverstand und ihre Kultiviertheit …»* Doch der Herausgeber prophezeite: *«… kaum jemand wird bezweifeln können, dass dieses Königreich eine Phase des Übergangs durchmacht, von der Monarchie zur Herrschaft des Volkes.»*

DIE ZUCKERBARONE

Die mächtigen *haole* (hawaiianisch „Ausländer“), die hauptsächlich aus den USA stammenden Geschäftsleute und Händler, misstrauten der neuen Königin. Zu einer Krise kam es, als 1890 der US-Kongress Schutzzölle auf Zucker einführte, um die einheimischen Zuckerproduzenten zu begünstigen. Zucker aber war das Rückgrat der hawaiianischen Wirtschaft und die USA der Hauptabnehmer. Die Folge waren hohe Arbeitslosigkeit und steigende Preise. Nun machte sich eine einflussreiche proamerikanische Lobby für eine Annexion Hawaiis durch die Vereinigten Staaten stark.

Der Hafen von Honolulu auf der Insel Oahu in der Mitte des 19. Jahrhunderts. Honolulu bedeutet „schöne Zuflucht“. Der Name soll von dem britischen Kapitän William Brown stammen, der 1794 als erster Europäer im Hafen des heutigen Honolulu anlegte.

Liliuokalani war entschlossen, die Verfassung ihres Bruders abzuändern und die frühere Macht des Monarchen wiederherzustellen. Anfang 1893 begab sie sich zum Gebäude der Regierung, prächtig geschmückt mit einem diamantenbesetzten Diadem und einem Federumhang, um ihre neue Verfassung zu proklamieren. Doch ihre Bemühungen scheiterten, als zwei Kabinettsminister, die zuvor versprochen hatten, ihr den Rücken zu stärken, in letzter Minute ihre Meinung änderten. Eine wütende Menschenmenge versammelte sich vor dem Regierungsgebäude und unterstützte die Königin mit lauten Rufen.

Die Gegner der Königin, die die Interessen der USA vertraten, waren jedoch hervorragend organisiert. An ihrer Spitze stand der Plantagenbesitzer Sanford Dole (1844–1926), ein Sohn amerikanischer Missionare. Dole rechnete fest mit der Unterstützung der Vereinigten Staaten für einen bewaffneten Staatsstreich. Später schrieb er: *«Wir wussten, dass der Minister der Vereinigten Staaten mit uns übereinstimmte.»* Tatsächlich landeten US-amerikanische Truppen in Honolulu, um Dole und seinen Leuten zu helfen.

Abdankung und Annexion

Die Königin wurde zur Abdankung gezwungen, während Dole eine provisorische Regierung bildete und auf die Annexion durch die Vereinigten Staaten wartete. Angesichts der militärischen Übermacht ihrer Gegner blieb Liliuokalani keine andere Wahl als einzulenken:

> *«Ich [Liliuokalani] gebe gegenüber der größeren Macht der Vereinigten Staaten von Amerika nach, deren generalbevollmächtigter Minister, seine Exzellenz John L. Stevens, dafür gesorgt hat, dass amerikanische Truppen in Honolulu gelandet sind, und der erklärt hat, er würde die provisorische Regierung unterstützen.»*

Sie baute auf das Rechtsempfinden der US-amerikanischen Regierung. In einem Brief an den neuen amerikanischen Präsidenten, Grover Cleveland (1837–1908), unterstrich sie die

> *«... Gewissheit, die ich fühle, dass Ihre Regierung alle Ungerechtigkeiten, die uns möglicherweise zugefügt wurden, wieder gutmachen wird ...»*

Als Grover Cleveland herausfand, dass die Mehrheit der einheimischen Hawaiianer gegen den Staatsstreich war, lehnte er eine Annexion ab. Stattdessen verlangte er die Wiedereinsetzung der Königin. Doch Dole und seine provisorische Regierung ignorierten ihn. 1894 riefen sie die unabhängige Republik Hawaii aus. Liliuokalani protestierte gegenüber den USA und Großbritannien, aber die ausländischen Mächte erkannten die Republik schließlich an. Möglicherweise war Liliuokalani Anfang 1895 noch an einem Aufstand beteiligt. Nach dessen Niederschlagung wurde sie im ehemaligen königlichen Palast unter Hausarrest gestellt und gezwungen, Dole als Präsident der Republik Hawaii anzuerkennen. Grovers Nachfolger William McKinley (1843–1901), der eine imperialistische Außenpolitik verfolgte, annektierte Hawaii im Jahr 1898. Zwei Jahre später wurde die Inselgruppe ein Territorium der Vereinigten Staaten, und Dole wurde zum ersten Gouverneur ernannt.

Liliuokalani verbrachte die folgenden 20 Jahre ihres Lebens damit, ihren Thronanspruch zu verteidigen. Sie suchte Hilfe im Ausland, aber ihre Sache war endgültig verloren. Im Jahr 1917 erlitt sie einen Schlaganfall und starb auf Hawaii.

ZEITTAFEL

1778 Europäische Entdecker erreichen die von Polynesiern bewohnte Inselgruppe Hawaii.

1810 Kamehameha I. vereinigt die meisten Inseln Hawaiis zu einem Königreich.

1862 Lydia, die spätere Liliuokalani, heiratet den Amerikaner John Dominis.

1874 Lydias Bruder, David Kalakaua, wird König.

1877 Lydia wird Thronerbin und nimmt den Namen Liliuokalani an.

1887 Kalakaua führt eine neue Verfassung ein, die die Macht des Monarchen einschränkt, und gewährt den USA und ihren Bürgern Vorrechte.

1890 Eine Wirtschaftskrise weckt unter den Ausländern in Hawaii den Wunsch nach Annexion durch die USA.

1891 Kalakaua stirbt und Liliuokalani wird Königin.

1893 Amerikanische Truppen landen in Honolulu, um einen Staatsstreich zu unterstützen. Liliuokalani muss abdanken.

1894 Die provisorische Regierung ruft die unabhängige Republik Hawaii aus.

1895 Liliuokalani ist in einen gescheiterten Aufstand verwickelt und wird unter Hausarrest gestellt.

1898 Die USA annektieren Hawaii.

1900 Hawaii wird ein Territorium der USA.

1917 Liliuokalani stirbt nach einem Schlaganfall.

Golda Meir

1898 – 1978

Premierministerin von Israel

Golda Meir war eine der Mitbegründerinnen des Staates Israel und einer der ersten weiblichen Regierungschefs des 20. Jahrhunderts. Ein Jahrzehnt, ehe Margaret Thatcher den Spitznamen „Eiserne Lady" erhielt, erwarb sich Golda Meir den Ruf einer hartgesottenen Staatsfrau. Unermüdlich setzte sie sich für den Aufbau und die Verteidigung ihres neu geschaffenen Heimatlandes ein.

Golda Meir wurde 1898 in Kiew geboren, der heutigen Hauptstadt der Ukraine. Kiew gehörte zum sogenannten Ansiedlungsrayon im Westen des Russischen Kaiserreichs. Allein hier war es Juden gestattet zu leben. Goldas Eltern, Mosche und Bluma Mabowitsch, hatten acht Kinder, aber nur Golda und ihre beiden Schwestern erreichten das Erwachsenenalter.

Um von sozialen und politischen Problemen abzulenken, schürte die russische Regierung zusammen mit der Kirche die weitverbreiteten Ressentiments der Bevölkerung gegen die jüdische Minderheit. Die brutalen Pogrome, die sie in ihrer Kindheit miterleben musste, prägten Golda für den Rest ihres Lebens. Später erzählte sie, wie sie sich während einer der Übergriffe mit ihrer älteren Schwester auf dem Friedhof versteckte. Goldas Vater Mosche, ein geschickter Zimmermann, hoffte auf ein besseres Leben in Amerika. Er reiste allein voraus, um Geld für die Überfahrt seiner Familie zu verdienen.

1906 gelangte Golda mit ihrer Familie in die USA, wo sie sich in Milwaukee, Wisconsin niederließen. Aber das Leben der Einwanderer war hart. Mosche konnte seine Familie nicht allein ernähren, daher eröffnete seine Frau Bluma einen Lebensmittelladen. Dort arbeitete Golda jeden Morgen vor der Schule. Sie war eine hervorragende Schülerin. Als sie alt genug war, um die Highschool zu besuchen, hatte sie beschlossen, Lehrerin zu werden.

Golda war eine Rebellin. Vor allem wollte sie sich nicht von ihren Eltern verheiraten lassen. Stattdessen sparte sie durch Englischstunden genug Geld zusammen, um von zu Hause wegzulaufen. Sie ging zu ihrer verheirateten Schwester Sheyna Korngold nach Denver, Colorado, wo viele russische Juden lebten. Dort erwachte Goldas politisches Bewusstsein, denn Sheynas Haus war ein Treffpunkt für Anarchisten, Sozialisten, Marxisten und Zionisten, die alle intensiv über das Schicksal des jüdischen Volkes debattierten. Nach einem Streit mit ihrer Schwester kehrte Golda mit 17 zu ihren Eltern nach Milwaukee zurück. Sie

hatten ihrer Tochter versprochen, sich nicht mehr in ihr Leben einzumischen. Golda beendete die Highschool in nur zwei Jahren und begann dann mit ihrer Ausbildung zur Lehrerin.

Unterwegs nach Palästina

Golda Mabowitsch erwarb sich schnell einen Ruf als begabte Rednerin. Ihre Ansprachen hielt sie sowohl auf Englisch als auch Jiddisch. 1915, erst 17 Jahre alt, trat sie der sozialistischen zionistischen Bewegung *Poalei Tziyon* („Arbeiter Zions") bei. Die Zionisten strebten nach einem unabhängigen Nationalstaat für das jüdische Volk. 1921 brach sie nach Palästina auf, begleitet von ihrem Ehemann, dem Schildermaler Morris Meyerson, den sie

Golda Meir auf einem Foto von 1971. Sie setzte sich ihr ganzes Leben lang für andere Menschen ein: ob als Schülerin bei ihren Kampagnen zur Beschaffung von Büchern oder als Spendensammlerin zur Unterstützung des Staates Isarel.

ZEITTAFEL

1906 Golda Mabowitsch emigriert mit ihrer Familie aus Russland in die USA.

1915 Mabowitsch schließt sich der zionistischen Bewegung an.

1917 Mabowitsch heiratet Morris Meyerson.

1921 Die Meyersons wandern nach Palästina aus.

1924 Das Paar zieht nach Tel Aviv um.

1928 Golda Meyerson wird Sekretärin des Women's Labour Council.

1930 Meyerson ist Mitbegründerin der Arbeitspartei Mapai.

1934 Meyerson tritt in die Geschäftsführung des Gewerkschaftsbundes Histadrut ein.

1948 Der Staat Israel wird gegründet. Meyerson wird Botschafterin in Moskau.

1949 Meyerson wird Mitglied der Knesset und Ministerin für Arbeit und soziale Sicherheit.

1956 Meyerson wird Außenministerin (bis 1966) und ändert ihren Nachnamen in Meir. Sie ist in die Sues-Krise verwickelt.

1960 Adolf Eichmann wird aus Argentinien entführt und in Israel zum Tode verurteil.

1969 Meir wird israelische Premierministerin.

1972 Arabische Terroristen töten israelische Sportler während der Olympischen Spiele in München.

1973 Jom-Kippur-Krieg.

1974 Rücktritt Meirs.

1978 Meir stirbt an Krebs.

mit 19 geheiratet hatte. Als überzeugte Sozialistin wollte sie sich einem Kibbuz anschließen, einer jüdischen, basisdemokratisch organisierten Gemeinschaftssiedlung.

Golda und Morris zogen in den Kibbuz Merhavia im Norden des Landes. Golda liebte das Landleben: Sie pflückte Mandeln, zog Hühner auf, pflanzte Bäume, arbeitete in der Küche und lernte in ihrer Freizeit Hebräisch und Arabisch. Aber Morris war unglücklich. Die Lebensbedingungen im Kibbuz waren hart. Obwohl die Siedler die Sümpfe trockengelegt hatten, waren Malaria und Ruhr weit verbreitet. Als Morris krank wurde, zog Golda widerstrebend mit ihm nach Tel Aviv. Dort fand sie den Weg zurück in die Politik.

Karriere in der Politik

Palästina stand seit dem Ende des Ersten Weltkrieges und dem Zerfall des Osmanischen Reiches als Mandat des Völkerbundes unter britischer Verwaltung. Das Mandatsgebiet umfasste den heutigen Staat Israel, das Westjordanland, den Gazastreifen und das heutige Jordanien. Die jüdischen Bewohner Palästinas wurden durch die *Jewish Agency* (hebräisch *„Sochnut"*) vertreten, bei der Golda Meyerson in Tel Aviv eine Anstellung fand. Bisher hatte sie sich vor allem um ihre zwei Kinder Menachem (geboren 1924) und Sarah (geboren 1926) gekümmert. Nun kehrte sie zu ihren früheren politischen Aktivitäten zurück und wurde 1928 Sekretärin des Women's Labour Council. Eine Krankheit ihrer Tochter zwang sie 1932, für zwei Jahre in die USA zurückzukehren, aber sie nutzte die Zeit und sammelte Geld für den Aufbau eines jüdischen Staates. Als Meyerson 1934 in den Nahen Osten zurückkehrte, trat sie in die Geschäftsführung der Histadrut ein, des jüdischen Gewerkschaftsbundes. Sechs Jahre später stieg sie zur Leiterin der politischen Abteilung auf.

Die Verfolgung der Juden durch die deutschen Nationalsozialisten führte zu einem starken Anstieg der jüdischen Flüchtlingsströme. 1938 nahm Golda Meyerson als Beobachterin an der Konferenz von Évian in Frankreich teil, wo die Vertreter von 32 Staaten über das Schicksal der deutschen Juden diskutierten. Die Beratungen verliefen ergebnislos. Vor allem die Briten weigerten sich, weitere Juden nach Palästina zu lassen, denn hier gab es heftige Spannungen mit der arabischen Bevölkerung. Meyerson, die sich über das Schicksal der deutschen Juden vermutlich im Klaren war, tat sich mit politischen Verbündeten wie David Ben Gurion (1886–1973) zusammen, um Juden illegal nach Palästina zu schleusen.

Während des Zweiten Weltkriegs und der darauf folgenden Jahre kämpften Meyerson und ihre Mitstreiter für den Abzug der Briten aus Palästina. Am 29. November 1947 übergaben die Briten die Verantwortung für das Mandatsgebiet an die Vereinten Nationen. Die beschlossen, Palästina in einen arabischen und einen jüdischen Staat zu teilen. Jordanien hatte schon 1923 seine Autonomie erhalten und war seit 1946 ein unabhängiges Königreich.

Im Dienst des neuen Staates

Meyerson rechnete mit einem Überfall der arabischen Nachbarstaaten, wenn sich Israel zu einem eigenständigen Staat erklären sollte. Daher reiste sie in die USA und sammelte Geld. Es war die größte Spendenaktion in der Geschichte der amerikanischen Juden. Sie appellierte an ihr Publikum: «*Sechs Millionen Juden sind gestorben und ihr habt zugesehen.*

Eine halbe Million Juden leben in Palästina. Wir werden kämpfen, und wir werden sterben, wenn ihr uns nicht rettet.» Als David Ben Gurion sie bei ihrer Rückkehr am Flughafen abholte, sagte er zu ihr: *«Madam, Sie haben den jüdischen Staat gerettet.»*

Im Mai 1948 wurde der Staat Israel gegründet. Golda Meyerson gehörte zu den 38 Unterzeichnern der Unabhängigkeitserklärung. Während des nun folgenden arabisch-israelischen Kriegs von 1948/49 kehrte sie in die USA zurück, um erneut Geld aufzutreiben. Nach dem Waffenstillstand ging sie als Botschafterin ihres Landes in die Sowjetunion, wo die sozialistische Regierung Israels die stillschweigende Rückendeckung des Diktators Stalin (1878–1953) erhielt. In ihrem Geburtsland wurde Meyerson von 40 000 Juden begrüßt.

Bei ihrer Rückkehr nach Israel wurde Meyerson Mitglied der Knesset, des israelischen Parlaments, für David Ben Gurions sozialistische Arbeitspartei. Er ernannte sie zur Ministerin für Arbeit und soziale Sicherheit. Als solche musste sie sich um die vielen jüdischen Einwanderer kümmern, die den Holocaust überlebt hatten oder aus den arabischen Staaten vertrieben worden waren. Für Ben Gurion war Meyerson *«der beste Mann, den ich je hatte»*.

Die Sues-Krise

1956 änderte Golda Meyerson, jetzt Außenministerin, ihren Nachnamen in Meir. Das Jahr stand im Zeichen der Sues-Krise. Der ägyptische Präsident Gamal Abdel Nasser (1918–1970) hatte den Sueskanal verstaatlicht, der sich in britischer und französischer Hand befand. Zudem hatte er sich durch seine antiisraelische Politik Israel zum Feind gemacht. Heimlich vereinbarten nun Briten, Franzosen und Israelis ein gemeinsames Vorgehen. Israel besetzte die

David Ben Gurion (Mitte) verabschiedet 1948 das letzte Kontingent der britischen Mandatstruppen aus Israel.

Golda Meyerson, die später den Namen Meir annahm, spricht 1953 vor den Vereinten Nationen. Sie war eine bemerkenswerte Rednerin.

Sinaihalbinsel und die Kanalzone. Dies sollte beweisen, dass Ägypten nicht in der Lage sei, die Sicherheit einer so wichtigen internationalen Schiffahrtsroute wie des Sueskanals zu gewährleisten. Unter diesem Vorwand brachten nun Briten und Franzosen den Kanal wieder unter ihre Kontrolle. Aber die internationale Gemeinschaft, allen voran die USA, zwangen Briten, Franzosen und Israelis zum Rückzug. Nassers Ansehen unter den arabischen Nationen war gesichert. Frankreich und Großbritannien hingegen waren bloßgestellt. Die Zeit ihrer Weltgeltung als Kolonialmächte war endgültig vorüber. Als israelische Außenministerin musste sich Golda Meir zwar vor den Vereinten Nationen verantworten. Aber Israel hatte durch den erfolgreichen Militärschlag gegen Ägypten die außerordentliche Kampfstärke seiner Armee unter Beweis gestellt.

Der Eichmann-Prozess

1960 stand Außenministerin Meir erneut im Zentrum eines internationalen Zwischenfalls. Sie musste vor den Vereinten Nationen die Entführung des berüchtigten NS-Verbrechers Adolf Eichmann (1906–1962) durch israelische Agenten aus Argentinien rechtfertigen.

Eichmann hatte im Dritten Reich entscheidend an der Deportation und Ermordung von Millionen von Juden mitgewirkt. Nach dem Zweiten Weltkrieg floh Eichmann nach Argentinien, wo er fortan unter einer neuen Identität lebte. Schließlich wurde der Mossad, der israelische Auslandsgeheimdienst, auf ihn aufmerksam. Israel wollte Eichmann vor Gericht stellen, aber es gab kein Auslieferungsabkommen mit Argentinien. Daher ließ die israelische Regierung Eichmann von Mossad-Agenten nach Israel entführen. In einem international viel beachteten Prozess wurde der „Schreibtischtäter" Eichmann wegen Verbrechens gegen die Menschlichkeit zum Tode verurteilt und 1962 hingerichtet.

Golda Meir sagte später über ihre Rede vor den Vereinten Nationen:

> *«Von allen öffentlichen Ansprachen, die ich gehalten habe, war diese die anstrengendste, weil ich das Gefühl hatte, für die Millionen zu sprechen, die nicht mehr selbst ihre Stimme erheben konnten.»*

MÜNCHEN 1972

Die Konflikte zwischen Israelis und arabischen Palästinensern, die unter israelischer Besatzung leben oder ins Ausland fliehen mussten, verschärften sich im Lauf der 1960er Jahre. Einige Palästinensergruppen versuchten, durch Terrorakte auf ihre Anliegen aufmerksam zu machen. Während der Olympischen Spiele 1972 in München ermordeten arabische Terroristen elf Mitglieder der israelischen Olympiamannschaft. Premierministerin Meir gab dem Mossad den Befehl zu handeln. Bis auf einen wurden alle am Attentat beteiligten Terroristen getötet.

Premierministerin

Golda Meir zog sich 1968 mit 70 Jahren aus der Politik zurück. Als Premierminister Levi Eshkol (1895–1969) überraschend starb, bat man sie, sein Amt vorübergehend zu übernehmen. Bei den nächsten Wahlen erreichte sie einen großen Wahlsieg und blieb Regierungschefin.

Meirs Amtszeit als Premierministerin war gekennzeichnet durch ihre Friedensbemühungen. Doch der Jom-Kippur-Krieg von 1973 machte alles zunichte. Im Sechs-Tage-Krieg von 1967 hatte Israel erneut die Halbinsel Sinai besetzt,

Golda Meir mit ihren Kollegen aus der Arbeitspartei, Schimon Peres (geboren 1923) und Jitzchak Rabin (1922–1995), auf einer internationalen Konferenz im Jahr 1977. Neben Golda Meir steht Willy Brandt (1913–1992), der 1973 als erster deutscher Bundeskanzler von Meir in Israel empfangen worden war.

zudem auch Ost-Jerusalem, das Westjordanland, den Gazastreifen und die syrischen Golanhöhen. 1973 holten Ägypten, Syrien, Jordanien und der Irak zum Gegenschlag aus und griffen das völlig unvorbereitete Israel an, wo man gerade den jüdischen Feiertag Jom Kippur beging. Ohne die Hilfe der USA wäre Israel verloren gewesen. Die Öffentlichkeit machte Premierministerin Meir für die Beinahekatastrophe und die hohen Verluste verantwortlich.

Meirs Versuche, eine neue Regierung zu bilden, scheiterten, und so trat sie im April 1974 zurück. Aufgrund des Verhältniswahlrechts hatte Israel, ein Land mit nur drei Millionen Einwohnern, 33 politische Parteien, was die Regierungsbildung erschwerte. Als sich der US-Präsident Lyndon Johnson (amtierte 1963–1969) gegenüber Golda Meir beklagte, wie schwierig es sei, der Präsident eines Landes mit mehr als 250 Millionen Menschen zu sein, entgegnete sie: *«Mr. President, Sie haben keine Ahnung, wie schwierig es ist, an der Spitze eine Landes mit mehr als drei Millionen Premierministern zu stehen.»*

Nach ihrem Rücktritt blieb Meir in der Arbeitspartei aktiv. Die Machtübernahme der rechten Likud-Partei 1977 verbitterte sie. Als aber Premierminister Menachem Begin (1913–1992) mit Ägyptens Präsident Anwar al-Sadat (1918–1981) das Friedensabkommen von Camp David abschloss, sandte ihm Meir ein Geschenk, *«von einer Großmutter an einen Großvater»*.

Golda Meir starb am 8. Dezember 1978 nach einem langen Kampf gegen den Krebs. Die New York Times würdigte sie: *«Das Wunder Golda Meir bestand darin, wie eine Person den Geist von so vielen Menschen verkörpern konnte.»*

Sirimavo Bandaranaike

1916 – 2000

Premierministerin von Sri Lanka

Während ihrer Ehe führte Sirimavo Bandaranaike ein Leben als Hausfrau und Unterstützerin ihres Gatten Solomon. Ein Jahr nach seiner Ermordung trat sie in seine Fußstapfen und wurde als Premierministerin von Ceylon, dem heutigen Sri Lanka, die erste Regierungschefin der Welt. Ihre drei Amtszeiten und ihre Leistungen als Politikerin sind bis heute umstritten. Bei Bandaranaikes Machtübernahme sagte ein Cousin ihres verstorbenen Mannes: «Was weiß sie schon von Politik? Als Solla noch lebte, herrschte Sirima über nichts Wilderes als den Küchenherd … Am Ende wird sie nur ihren Ruf ruinieren und den guten Namen der Familie.» *Er sollte Unrecht behalten.*

Solomon Bandaranaike war Mitbegründer der Sri Lankan Freedom Party (SLFP), die sich für die singhalesische Kultur und Sprache einsetzte sowie für die buddhistische Religion. Zusammen mit seiner Frau Sirimavo begründete er eine Politikerdynastie, die noch heute großen Einfluss in Sri Lanka hat.

Bei Sirimavos Geburt – das „vo" am Ende ihres Vornamens ist eine Respektsbezeugung – war Ceylon, wie die Insel von den Briten genannt wurde, noch ein Teil des Britischen Weltreichs. Erst 1948 erlangte Ceylon die Unabhängigkeit. Auf der Insel lebt eine überwiegend buddhistische Bevölkerung, die Singhalesen, und eine zumeist hinduistische Minderheit, die Tamilen. Sirimavos Eltern waren reiche Landbesitzer und gehörten zur obersten Gesellschaftsschicht der Singhalesen. Sie waren zwar streng buddhistisch, aber gleichzeitig auch von der europäischen Kultur beeinflusst. Ihre Tochter schickten sie auf eine Klosterschule in der Hauptstadt Colombo. Als Sirimavo die Schule verließ, benutzte sie ihre privilegierte Stellung, um den Armen zu helfen und sich für die Rechte der Frauen einzusetzen. 1940 arrangierten ihre Eltern die Heirat mit dem in Oxford ausgebildeten Juristen Solomon Bandaranaike (1899–1959).

Sirimavo Bandaranaike konzentrierte sich in den nächsten Jahren auf ihre Kinder, zwei Mädchen und einen Jungen, die zwischen 1943 und 1949 geboren wurden. In ihrer Ehe ordnete sie sich ganz ihrem Mann Solomon unter, der eine politische Karriere anstrebte.

Sirimavo Bandaranaike bei ihrem Amtsantritt 1960. Sie war die Nachfolgerin ihres Mannes an der Spitze der SLFP nach dessen Ermordung 1959. Ein Jahr später wurde sie die erste Premierministerin ihres Landes und damit der erste weibliche Regierungschef der Welt.

Sein Biograph, James Manor, erzählt eine Episode, die das Verhältnis der Eheleute charakterisiert. Als Bandaranaike beim Servieren von Tee die Teelöffel vergaß, soll ihr Mann sie vor seinen Gästen zurechtgewiesen haben: «*Sirima! Diese Herren trinken Tee mit Zucker. Damit der Zucker in die Tasse gelangt, braucht man ein Werkzeug. Du hast vergessen, einen Löffel in den Zuckertopf zu tun.*»

Gründung der SLFP

Solomon Bandaranaike schätzte aber den Intellekt und die Loyalität seiner Frau. Sirimavo unterstützte ihn in seiner Rolle innerhalb der herrschenden United National Party (UNP). 1951 überzeugte sie ihn, eine eigene Partei zu gründen, die demokratische und sozialistische Sri Lankan Freedom Party (SLFP), und half ihrem Mann im Wahlkampf. Nach einem erdrutschartigen Sieg 1956 wurde Solomon Bandaranaike Premierminister von Ceylon. Doch schon drei Jahre später wurde er bei einem Attentat tödlich verwundet.

Jetzt trat seine Witwe ins politische Rampenlicht. Sirimavo Bandaranaikes Ansichten entsprachen denen ihres ermordeten Ehemanns. Die Förderung der Kultur, Sprache und Religion der singhalesischen Bevölkerungsmehrheit sollte das Nationalbewusstsein stärken. Die Benachteiligung der tamilischen Minderheit hatte weitreichende und fatale Konsequenzen.

ZEITTAFEL

1940 Sirimavo Ratwatte Dias heiratet Solomon Bandaranaike.

1948 Ceylon erlangt seine Unabhängigkeit von Großbritannien.

1951 Solomon Bandaranaike gründet die SLFP.

1956 Solomon Bandaranaike wird Premierminister.

1959 Nach dem Tod ihres Mannes übernimmt Sirimavo Bandaranaike den Parteivorsitz der SLFP.

1960 Sirimavo Bandaranaike wird die erste Premierministerin der Welt.

1962 Bandaranaike vermittelt einen Frieden zwischen Indien und China.

1964 Bandaranaikes Koalition mit den Marxisten führt zum Bruch der Regierung.

1965 Die SLFP verliert die Wahl. Bandaranaike gibt ihr Amt auf.

1970 Bandaranaikes linke Koalition gelangt wieder an die Macht und sie wird erneut Premierministerin.

1972 Bandaranaike ändert den Namen Ceylons in Sri Lanka. Das Land wird eine Republik.

1977 Bandaranaike wird aus dem Amt gedrängt.

1980 Bandaranaike verliert ihre Bürgerrechte.

1985 Präsident Jayawardene begnadigt Bandaranaike. Sie kehrt in die Politik zurück.

1994 Bandaranaikes Tochter Chandrika Kumaratunga wird Präsidentin. Sie ernennt ihre Mutter zur Premierministerin.

2000 Bandaranaike stirbt am Wahltag.

Die Mitglieder der SLFP baten Bandaranaike, den Platz ihres Mannes an der Spitze der Partei einzunehmen. Getragen von einer Welle der Sympathie erlangte Bandaranaike 1960 einen großen Wahlererfolg und wurde die erste Premierministerin der Welt.

Erfolge und Niederlagen

Während ihrer ersten Amtszeit nahm Bandaranaike große Reformen in Angriff. Sie förderte die Industrialisierung, verstaatlichte ausländische Gesellschaften und modernisierte das Bildungssystem. Auf internationaler Ebene spielte sie eine wichtige Rolle. Sie schloss Ceylon der Bewegung der sogenannten Blockfreien Staaten an und vermittelte 1962 erfolgreich einen Frieden zwischen Indien und China. Als sie bei den Wahlen 1965 aus dem Amt gedrängt wurde, verbrachte sie die nächsten fünf Jahre als Oppositionsführerin.

Mit einer linksorientierten Koalitionsregierung gelangte Bandaranaike 1970 erneut an die Macht. 1972 änderte sie den Namen Ceylons in Sri Lanka (Sanskrit, „ehrenwerte Insel"). Außerdem ersetzte nun ein gewählter Präsident die britische Königin als Staatsoberhaupt. Die einseitige Bevorzugung der Singhalesen und des Buddhismus führte in den 1970er Jahren zu Aufständen der Tamilen. Hinzu kamen die großen ökonomischen Probleme des Landes. Die Massenarbeitslosigkeit führte zu weiteren Unruhen, die brutal unterdrückt wurden. Schließlich musste die Premierministerin das Ausland um Hilfe bitten. Daneben warf man ihr autokratische Tendenzen und Vetternwirtschaft vor. Tatsächlich waren viele einträgliche Posten von ihren Verwandten und Freunde besetzt. Wegen der zunehmenden Gewalt im Land sowie der schlechten wirtschaftlichen Lage erlebte Bandaranaike bei den Wahlen 1977 eine herbe Niederlage und musste den Posten als Regierungschefin räumen.

Familienprobleme und Parteienstreit

Ende der 1970er und Anfang der 1980er Jahre erlebte Bandaranaike eine Reihe politischer und familiärer Niederlagen. Ihr Sohn Anura (geboren 1949) schloss sich einer Bewegung an, die sich von der SLFP abspaltete. Ihr politischer Gegenspieler und Nachfolger im Amt des Premierministers, Junius Jayawardene (1906–1996), inszenierte eine Hexenjagd gegen Bandaranaike. Sie wurde der Korruption im Amt für schuldig befunden und verlor für sieben Jahre ihre Bürgerrechte. Dadurch war sie von politischen Aktivitäten ausgeschlossen.

In den nächsten Jahren versuchte Sirimavo Bandaranaike verzweifelt, ihre Partei zusammenzuhalten. 1985 wurde sie von Jayawardene, mittlerweile Präsident von Sri Lanka, begnadigt. Nun bewarb sie sich um den Posten als Vorsitzende der SLFP, verfehlte aber knapp den Sieg. Ihr Sohn Anura Bandaranaike und ihre Tochter Chandrika Kumaratunga (geboren 1945), die einen Filmstar geheiratet hatte, beteiligten sich am Kampf um die

> *«Sie legte ihre [Führerschaft] wie einen Mantel um, der jahrelang im Schrank gelegen hatte, ungetragen, aber fertig gebügelt und bereit, jeden Moment getragen zu werden.»*
>
> SIRIMAVO BANDARANAIKES BIOGRAPHIN MAUREEN SENEVIRATNE

Macht. Kumaratunga verließ die SLFP, um eine eigene linke Partei zu gründen, die die Aussöhnung mit den Tamilen anstrebte. Aber als ihr Ehemann 1988 ermordet wurde, kehrte sie in die SLFP zurück. Sie war politisch ebenso geschickt wie ihre Mutter, und als diese 1994 ihr Amt niederlegte, sicherte sich Kumaratunga die Führung der Partei. Der wütende Anura Bandaranaike wechselte die Fronten und trat zur großen Enttäuschung seiner Mutter der oppositionellen United National Party bei. Kumaratunga, die neue politische Kraft in der Familie, regierte von 1994 bis 2005 als erste Präsidentin ihres Landes. Ihrer Mutter überließ sie die jetzt weitgehend repräsentative Position der Premierministerin.

DIE ERSTE – UND LÄNGSTE AMTSZEIT

Sirimavo Bandaranaike war nicht nur die erste Regierungschefin der Welt, sie war auch diejenige mit der längsten Amtszeit. Insgesamt hatte sie ihr Amt 18 Jahre inne, in drei verschiedenen Amtsperioden: 1960–1965, 1970–1977, 1994–2000. Indiens Premierministerin Indira Gandhi (1917–1984) war 15 Jahre an der Macht (1966–1977, 1980–1984), während Margaret Thatcher (geboren 1925) in Großbritannien elf Jahre als Premierministerin amtierte (1979–1990).

Sirimavo Bandaranaike war eine bemerkenswerte und vor allem auch im Ausland respektierte Politikerin. An der Entwicklung ihres Landes von einer britischen Kolonie zu einem Staat, der auch in Zeiten des Kalten Krieges seine Unabhängigkeit bewahren konnte, hatte sie maßgeblichen Anteil. Ihr größter Fehler war ihr Unvermögen, auf die Bedürfnisse der tamilischen Minderheit einzugehen. Als Nationalistin erkannte sie nicht, wie sehr die Benachteiligung der Tamilen den Zusammenhalt Sri Lanka bedrohte – bis es zu spät war. 1983 erlebte das Land eine gegen die Tamilen gerichtete Welle der Gewalt. Diese setzten sich mit terroristischen Mitteln zur Wehr. Das Problem ist noch heute ungelöst.

Gelähmt und gezeichnet von Krankheit, starb Sirimavo Bandaranaike am 10. Oktober 2000 an einem Herzinfarkt, genau 60 Jahre, nachdem sie Solomon Bandaranaike geheiratet hatte. Sie war 84 Jahre alt geworden und wurde neben ihren Mann beigesetzt. Ihre Partei pries sie als «*... heldenhafte Mutter der Nation*». Im Land wurde eine zweitägige Staatstrauer angesetzt.

Chandrika Bandaranaike Kumaratunga trat in die Fußstapfen ihrer Mutter und wurde 1994 die erste Präsidentin Sri Lankas. Das Foto zeigt sie im Jahr 2004 mit dem amtierenden indischen Premierminister Manmohan Singh (geboren 1932).

Indira Gandhi

1917–1984

Premierministerin von Indien

Indira Gandhi, die bisher einzige indische Regierungschefin, wurde 1999 zur beliebtesten Frau des Jahrtausends gewählt. Sie gewann die überwältigende Unterstützung der Armen, entwickelte aber einen autoritären Führungsstil. Am Ende löste sie eine Welle der Gewalt aus, der sie selbst zum Opfer fiel.

Indira Gandhi wurde am 19. November 1917 in eine der führenden Politikerfamilien Indiens hineingeboren. Sie war das einzige Kind von Jawaharlal Nehru (1889–1964) und Kamala Kaul (1899–1936). Nehru war ein brillanter, im Westen ausgebildeter Politiker, der sein Leben dem Kampf gegen die britische Kolonialherrschaft widmete. Von der Unabhängigkeit 1947 bis zu seinem Tod amtierte er als Indiens erster Premierminister.

Indira Nehru zusammen mit ihrem Vater Jawaharlal Nehru, dem Präsidenten der indischen Kongresspartei. Das Foto wurde 1937 aufgenommen, bevor Indira Nehru nach England reiste, um an der Universität von Oxford zu studieren.

Indiras Kindheit stand ganz im Zeichen der Politik. Im Haus ihrer Eltern trafen sich in den bewegten Jahren vor dem Abzug der Briten die Angehörigen der Kongresspartei, der führenden Partei Indiens bis in die 1970er Jahre. Immer wieder erlebte Indira, wie ihre Eltern, Verwandte und Freunde verhaftet wurden. Später sagte sie über diese Zeit: *«Alles dreht sich um Politik.»*

Nach den ersten Schuljahren in Indien studierte Indira Nehru in Oxford. Bei ihrer Rückkehr 1942 heiratete sie Feroze Gandhi (1912–1960), einen Freund aus der Kongresspartei. Die Hochzeit erregte Aufsehen: Die Nehrus waren Hindus und Mitglieder der obersten Kaste, Indiras Mann hingegen gehörte den Parsen an, einer aus dem Iran stammenden Religionsgemeinschaft. Obwohl sie mit dem geistigen Vater der indischen Unabhängigkeit, Mohandas „Mahatma" Gandhi (1869–1948), nicht verwandt war, konnte Indira Gandhi den Wohlklang, den der Name Gandhi für viele Inder hatte, für sich nutzen.

Die Gandhis hatte zwei Kinder: Rajiv (1944–1991) und Sanjay (1946–1980). Feroze Gandhi arbeitete für die von Nehru gegründete Zeitung *The National Herald* und war Abgeordneter des Parlaments. Als solcher tat er sich im Kampf gegen die Korruption hervor, auch in der Regierung seines Schwiegervaters. Nach Sanjays Geburt trennte sich das Paar, und Indira Gandhi kehrte mit ihren Söhnen in das Haus ihres Vaters nach Neu Delhi zurück.

IM SCHATTEN DES VATERS

Da ihre Mutter bereits tot war, nahm Indira Gandhi die Rolle der First Lady an der Seite ihres Vaters ein, als dieser 1947 zum ersten Premierminister des unabhängigen Indien gewählt wurde. Sie arbeitete als seine Sekretärin, bewirtete Staatsgäste und begleitete ihren Vater auf Auslandsreisen. Viele Mitglieder der Kongresspartei schlugen ihr vor, für das Parlament zu kandidieren. 1959 wurde sie zur Präsidentin der Partei gewählt. Aber Nehru selbst soll seine Tochter nicht als seine Nachfolgerin gesehen haben, obwohl ihr Einfluss immer mehr zunahm. So soll sie ihm geraten haben, dem aus Tibet geflohenen 14. Dalai Lama (geboren 1935) Asyl zu gewähren, was die Beziehungen zu China nachhaltig belastete.

Nehru starb 1964. Sein Nachfolger Lal Bahadur Shastri (1904–1966) bot Indira Gandhi eine Position als Ministerin für Information und Rundfunk an. Er ernannte sie aber nicht wegen ihrer politischen Fähigkeiten, sondern aus Respekt vor ihrem Vater. Auch ihr Mann war inzwischen gestorben. In den letzten, von Krankheit gezeichneten Jahren hatten sich Feroze Gandhi und seine Frau wieder angenähert. Dann erlag er einem Herzinfarkt.

Shastri starb schon nach zwei Jahren und hinterließ eine zersplitterte Kongresspartei. Nun wandten sich langjährige Parteimitglieder an Indira Gandhi mit der Bitte, das Amt des Regierungschefs zu übernehmen. Viele hielten sie fälschlicherweise für eine *goongi gudiya*, ein „Dummchen“, das man leicht manipulieren könne.

Im März 1971, am Vorabend der Wahlen, spricht Premierministerin Indira Gandhi zu einer großen Menschenmenge, die sich am Roten Fort in Delhi versammelt hat.

ZEITTAFEL

1942 Indira Nehru heiratet Feroze Gandhi.

1947 Nehru wird erster Premierminister des unabhängigen Indien.

1959 Indira Gandhi wird Präsidentin der Kongresspartei.

1960 Feroze Gandhi stirbt.

1964 Nehru stirbt. Indira Gandhi wird Ministerin im Kabinett seines Nachfolgers.

1966 Shastri stribt. Gandhi wird Premierministerin. Die Wahlen im folgenden Jahr bestätigen sie im Amt.

1967 Gandhi reformiert die Kongresspartei.

1971 Wiederwahl Gandhis. Im Dezember siegt Indien im Bangladesch-Krieg über Pakistan.

1974 Gandhi erklärt Indien zur Nuklearmacht.

1975 Um ihre Macht zu sichern, verhängt Gandhi für zwei Jahre den Ausnahmezustand.

1977 Gandhi und die Kongresspartei erleben eine Wahlniederlage.

1980 Gandhi wird erneut Premierministerin.

1984 Massaker an den Sikhs im Goldenen Tempel von Amritsar. Gandhi wird von Sikhs ermordet. In der Folge kommt es zu Racheaktionen an den Sikhs.

1984–1989 Indira Gandhis Sohn Rajiv Gandhi amtiert als Premierminister.

2004 Indira Gandhis Schwiegertochter Sonia Gandhi führt die Kongresspartei zum Wahlsieg.

Durchsetzungsstark

Zu spät begriffen die führenden Mitglieder der Kongresspartei, dass die neue Premierministerin alles andere als eine Marionette war. Mit fast 50 Jahren blickte Gandhi auf ein langes Leben in der Politik zurück. Sie wartete bis zu den Wahlen von 1967, aus denen die Kongresspartei trotz hoher Stimmenverluste als Siegerin hervorging. In ihrem eigenen Wahlbezirk aber errang Gandhi einen überwältigenden Wahlerfolg. Mit dem Votum ihrer Wähler im Hintergrund nahm sie radikale Veränderungen in Angriff. Sie führte ihre Partei weiter nach links und tauschte die alte Parteispitze aus. Schon bald entwickelte sich ein regelrechter Personenkult um die charismatische Gandhi. Sie war enorm populär, und mit ihrem schlichten Slogan „Schluss mit der Armut" gewann sie das Heer der Besitzlosen für sich.

Als Vorkämpferin für die Rechte der Armen und Unterdrückten – und nicht zuletzt auch für die Rechte der Frauen – triumphierte Gandhi erneut bei den Wahlen von 1971. Im Dezember des Jahres brach der Bangladesch-Krieg aus, der dritte indisch-pakistanische Krieg. Nach der indischen Unabhängigkeit von 1947 war aus den mehrheitlich muslimischen Gebieten der Staat Pakistan entstanden, der in eine Ost- und eine Westhälfte geteilt war. Die Zugehörigkeit der Provinz Kaschmir wurde zum Dauerkonfliktstoff zwischen Indien und Pakistan. Als Indien die Abspaltung von Ost-Pakistan, dem heutigen Bangladesch, von West-Pakistan unterstütze, kam es 1971 zum Krieg. Der Sieg der Inder wurde in erster Linie der überragenden Führerschaft Indira Gandhis zugeschrieben.

Doch der Krieg von 1971 brachte auch eine besorgniserregende neue Entwicklung: die Unterstützung der USA für Pakistan. Als frischgebackene Premierministerin hatte sich Gandhi intensiv um gute Beziehungen zu der westlichen Führungsmacht bemüht. US-Präsident Lyndon B. Johnson (1908–1973) hatte Indien Finanzhilfen versprochen, um sicherzustellen, *«dass diesem Mädchen nichts passiert»*. Jetzt trug Indiens Sieg über Pakistan ihr die Feindschaft Präsident Richard Nixons (1913–1994) ein, der sie eine *«alte Hexe»* nannte. Obwohl Indien zur Bewegung der Blockfreien gehörte, glaubte Nixon, beeinflusst vom aufgeheizten Klima des Kalten Krieges, das Land rücke unter Gandhis Führung zu nah an die UdSSR.

> *«Sie begann als Johanna von Orléans und endete als König Lear.»*
>
> A.J. AKBAR, HERAUSGEBER VON *THE ASIAN AGE*

Machtmissbrauch

Gandhi verfolgte eine selbstbewusste Außenpolitik. Sie traf mit Pakistan eine Vereinbarung über das umstrittene Kaschmir. 1974 verkündete sie, Indien sei jetzt eine Nuklearmacht. Aber ihre Herrschaft im Innern wurde immer autokratischer. Die Neustrukturierung der Partei bedeuteten im Endeffekt, dass sie als Premierministerin deutlich größere Macht genoss als ihre Vorgänger. Die nutzte sie.

Mitte der 1970er Jahre löste die allgemeine Wirtschaftskrise eine Welle von Unruhen aus. Gandhi wurde Wahlbetrug vorgeworfen, und ihr drohte der Ausschluss aus dem Parlament. Im Juni 1975 glaubte sie fälschlicherweise, es bestehe ein Komplott, sie ihres Amtes zu entheben. Daraufhin erklärte sie den nationalen Ausnahmezustand und stattete sich mit großen Machtbefugnissen aus, die den demokratischen Prinzipien widersprachen. Die Krise dauerte fast zwei Jahre. Die oppositionelle Presse wurde zum Schweigen gebracht, die Wahlen verschoben und politische Gegner ins Gefängnis geworfen. Gandhis Handlungsweise schadete ihrem guten Ruf im In- und Ausland. Die Wahlen 1977 brachten eine herbe Niederlage. Zum ersten Mal musste die Kongresspartei die Macht abgeben.

Doch schon 1980 kehrte Gandhi auf den Posten der Premierministerin zurück. Sie hatte sich als „Mutter Indiens" stilisiert und einen großen Wahlsieg errungen. Aber ihre letzte Amtszeit war überschattet von Katstrophen. Ihr Sohn Sanjay, den sie zu ihrem Nachfolger auserkoren hatte, verunglückte im Sommer des Jahres. Hinzu kamen die immer gewaltsameren Forderungen nach einem eigenen Staat aus den Reihen der Sikhs, einer religiösen Minderheit, die hauptsächlich im Bundesstaat Punjab lebt. Angeführt wurden die militanten Sikhs von dem charismatischen Prediger Jarnail Singh Bhindranwale (1947–1984).

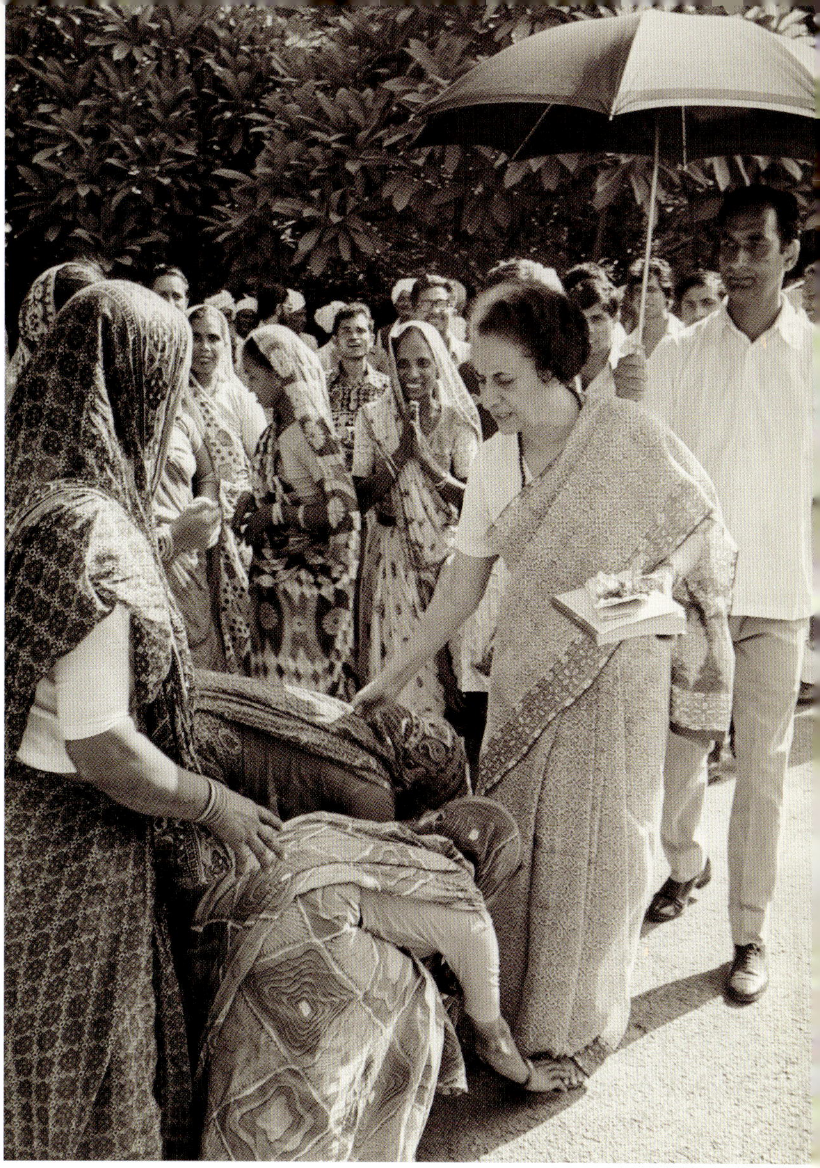

Indira Gandhi wird 1977 von Anhängern ihrer Kongresspartei begrüßt. Im selben Jahr erlebt sie eine Wahlniederlage und muss das Amt der Premierministerin vorerst abgeben.

Das Massaker von Amritsar

Im Juni 1984 verbarrikadierten sich Bhindranwale und seine Anhänger im bedeutendsten Heiligtum der Sikhs, dem Goldenen Tempel von Amritsar. Auf Gandhis Befehl hin unternahm die indische Armee einen verheerenden Angriff. Offiziell kamen über 500 Menschen ums Leben, nach anderen Schätzungen ging die Opferzahl in die Tausende.

Noch am 30. Oktober verkündete Gandhi auf einer politischen Kundgebung: «*Mir macht es nichts aus, wenn ich mein Leben im Dienst der Nation opfere. Wenn ich heute sterbe, wird jeder Tropfen meines Blutes die Nation neu beleben.*» Am darauffolgenden Tag wurde sie aus Rache für das Massaker von zwei ihrer Sikh-Leibwächter getötet. Weitere Ausschreitungen waren die Folge.

Die Dynastie besteht jedoch weiter. Indira Gandhis Sohn Rajiv (1944–1991) folgte seiner Mutter 1984 als Premierminister. Doch auch er wurde von Extremisten ermordet. Später wurde seine italienische Frau Sonia Gandhi (geboren 1946) Präsidentin der Kongresspartei. Den Posten der Premierministerin, der ihr nach dem Wahlsieg 2004 angeboten wurde, lehnte sie jedoch ab. Ihr Sohn Rahul (geboren 1970), Indira Gandhis Enkel, ist Parlamentsabgeordneter.

„Frau des Jahrtausends"

Indira Gandhi ist und bleibt eine extrem umstrittene Figur. In einer Umfrage der britischen Rundfunkanstalt BBC von 1999 wurde sie zur größten Frau des vergangenen Jahrtausends gewählt, vor Elisabeth I. von England (regierte 1558–1603), Margaret Thatcher (geboren 1925), Marie Curie (1867–1934), Eleanor Roosevelt (1884–1962), Jeanne d'Arc (um 1412–1431), Mutter Teresa (1910–1997) und der Oppositionsführerin Aung San Suu Kyi aus Myanmar (geboren 1945).

Eva Perón

1919 – 1952

Ehefrau des argentinischen Präsidenten Juan Perón

Für ihre Anhänger war Eva Perón „la dama de la esperanza“ – *„die Dame der Hoffnung“. Sie wurde als Heilige verehrt, aber auch als Sympathisantin der Nazis verabscheut. Eva sah aus wie ein Filmstar, floh vor der Armut auf dem Lande nach Buenos Aires, ins Lichtermeer der Großstadt, um Schauspielerin zu werden. Später, als Frau eines aufstrebenden Politikers, gab sie das Theater zugunsten einer imposanteren Bühne auf. Sie setzte sich für die Armen ein und wurde in der ganzen Welt bekannt, weil sie gemeinsam mit ihrem Mann, Präsident Juan Perón, Argentinien regierte. Dass sie mit nur 33 Jahren starb, verstärkte den Kult um ihre Person. Aber Evita („kleine Eva“) war eine komplizierte Frau: eitel, machthungrig und ganz und gar dem Personenkult um sich und ihren Mann verpflichtet. Noch heute eine Figur, an der sich die Geister scheiden.*

María Eva Duarte wurde im Frühjahr 1919 in Los Toldos geboren, einem von zahllosen öden Dörfern, die in der gewaltigen Ebene der argentinischen *pampa* verstreut liegen. Sie war das jüngste von fünf unehelichen Kindern. Ihre illegitime Geburt versuchte sie zeitlebens zu verschleiern. Ehrgeizig und mit dem festen Willen, den harten Lebensbedingungen im ländlichen Argentinien zu entkommen, floh sie mit 15 in die Hauptstadt Buenos Aires. Dort machte die attraktive junge Frau eine Karriere als Schauspielerin. Sie war zwar nicht besonders talentiert, aber extrem hartnäckig. Als Eva Duarte 1944 bei einer Spendengala den Colonel Juan Perón (1895–1974) kennenlernte, war sie eine der höchstbezahlten Frauen in den argentinischen Medien. Er war 49, sie war 24.

«Meine größte Sorge im Leben ist, dass ich vergessen werden könnte.»

EVA PERÓN

Der Karrieresoldat und Politiker Perón war seit seiner Europareise 1939 ein Bewunderer des Faschismus. Er war extrem ehrgeizig und erkannte vermutlich sofort Evas Potenzial, ihm bei seiner Sache dienlich zu sein. Später beschrieb er seinen ersten Eindruck von seiner zukünftigen Frau: *«Eva war blass, aber wenn sie sprach, leuchtete ihr Gesicht.»*

Mit ihrem glamourösen Aussehen und ihrer besonderen Ausstrahlung gewann Evita die Herzen der Argentinier. Sie verehrten sie wegen ihres Einsatzes für die Frauen und die Armen.

Kämpferin für die Armen

Evita, wie sie am liebsten genannt wurde, war vielleicht nicht besonders gebildet, aber sie hatte politischen Scharfblick. An Peróns Seite entwickelte sie schnell entsprechenden Ehrgeiz. Sie nahm sich der Sache der Gewerkschaften und der Arbeiter an, der *decamisados* („Hemdlosen"). Bei der argentinischen Arbeiterklasse erlangte sie schnell enorme Popularität. Sie war eine der ihren, aber gleichzeitig ein blonder Filmstar, der weit über ihnen stand. Die faszinierende Evita verkörperte ihre eigenen Hoffnungen. Die Landbesitzer sowie die Mittelklasse hingegen misstrauten ihr und verachteten sie als Showgirl und Emporkömmling.

Juan Perón und Evita heirateten 1945. Es war seine zweite Ehe. Im Jahr darauf wurde er zum Präsidenten gewählt. Evitas Radioauftritte hatten ihm im Wahlkampf sehr geholfen. Nun agierte Evita als seine inoffizielle Ministerin für Arbeit und Wohlfahrt. Ein kluger Schachzug war die Einrichtung einer Stiftung, der *„Fundación Eva Perón"*. Die Wohltaten der Regierung erschienen so als Evitas persönliche Gaben. Die Stiftung finanzierte den Bau Tausender Schulen, Kranken- und Waisenhäuser für die Ärmsten der Armen im ganzen Land.

Propaganda in eigener Sache

1947 brach Evita zu einer Europareise auf. In Spanien wurde sie gefeiert und von dem Diktator General Francisco Franco (1892–1975) begrüßt. Bei Papst Pius XII. (amtierte 1939–1958) in Rom erhielt sie eine Audienz. Evita hatte gehofft, für ihre wohltätige Arbeit ausgezeichnet zu werden, aber der Papst überreichte ihr lediglich einen Rosenkranz. Sie reiste weiter nach Frankreich, sagte jedoch den geplanten Besuch in Großbritannien ab. Der offizielle Grund war Erschöpfung. Aber in Wahrheit war Evita wütend, weil man ihr nicht erlauben wollte, im Buckingham-Palast zu übernachten.

Eva Peróns Popularität war so groß, dass die Öffentlichkeit verlangte, sie solle als Vizepräsidentin kandidieren. Obwohl sie sich am Ende dagegen entschied, ernannte ihr Ehemann sie zur „geistigen Führerin der Nation".

Wieder in Argentinien machte sich Evita für die Rechte der Frauen stark. Noch 1947 wurde das Frauenwahlrecht eingeführt. Gleichzeitig begründete sie die Peronistische Frauenpartei, eine Massenorganisation mit einer halben Million Mitglieder und Tausenden Büros. Sie förderte den Personenkult um ihren Ehemann und tolerierte keinerlei Kritik an seiner Person. Gleichzeitig begünstigte sie auch ihre eigene Verehrung. Evitas Bild war in allen Straßen und auf allen Plätzen zu sehen. Eine ganze Stadt, Ciudad Evita, wurde nach ihr benannt.

Die First Lady von Argentinien war eine der meistfotografierten Frauen ihrer Zeit: Schön, immer modisch gekleidet und, wie es schien, unermüdlich im Einsatz für die Armen. Sie wurde zum Aushängeschild und zur Symbolfigur für das politische System des Peronismus. Kritische Veröffentlichungen über die Peróns waren verboten. Dafür schrieb Evita selbst eine vielgelesene wöchentliche Kolumne: „Eva Perón sagt". Dadurch wurde ihr Einfluss noch größer. Trotzdem achtete sie darauf, sich in der Öffentlichkeit ihrem Mann unterzuordnen. Ihre wahre Macht übte sie hinter den Kulissen aus.

„Don't Cry for Me, Argentina"

1982, während des Falklandkriegs zwischen Großbritannien und Argentinien, wurde der höchst populäre Song „Don't Cry for Me, Argentina" aus dem Musical „Evita" von Andrew Lloyd Webber zwar nicht direkt verboten. Doch die britischen Rundfunkanstalten wurden von der Regierung höflich aufgefordert, darüber nachzudenken, ob es angemessen sei, ihn zu spielen.

Faschistin oder Heilige?

Für ihre Anhänger war Evita eine Heilige. Ihre Kritiker sahen in ihr jedoch eine Sympathisantin der Nazis, von denen viele nach dem Zweiten Weltkrieg in Argentinien Zuflucht fanden. Zu den gesuchten Kriegsverbrechern, denen Juan Perón zur Flucht verhalf, gehörten der Arzt Josef Mengele (1911–1979), der an Insassen von Konzentrationslagern Experimente vorgenommen hatte, und außerdem Adolf Eichmann (1906–1962), der an der Verfolgung und Ermordung der europäischen Juden mitgewirkt hatte, sowie der „Schlächter von Lyon", Klaus Barbie (1913–1991), ein Gestapo-Chef im besetzten Frankreich. Obwohl keine Beweise dafür existieren, dass sich Evita aktiv an der Flucht irgendeines Nazis nach Argentinien beteiligt hat, muss sie doch von der Handlungsweise ihres Ehemannes gewusst haben. Mit dem Geld, das die Peróns für ihre Hilfe von den gesuchten Kriegsverbrechern erhalten haben sollen, hat Evita möglicherweise ihre politischen Kampagnen in Argentinien mitfinanziert.

1951 beschloss Eva Perón, sich um ein offizielles politisches Amt zu bemühen. Sie spielte mit dem Gedanken, bei den anstehenden Präsidentschaftswahlen an der Seite ihres Mannes als Vizepräsidentin zu kandidieren. Ihre Popularität erreichte ihren Höhepunkt auf einer Massenkundgebung in Buenos Aires im August 1951, als eine hysterische Menge von mehr als einer Million Menschen sie bat, als Vizepräsidentin zu kandidieren. Sie sagte ihnen: *«Ich werde immer tun, was die Menschen wollen, aber ich sage euch, genau wie vor fünf Jahren, dass ich lieber Evita sein möchte als die Frau des Präsidenten, wenn diese Evita etwas tun könnte, um den Schmerz meines Landes zu lindern ...»* Mit dem perfekten Gefühl einer Schauspielerin für das richtige Timing wartete sie einige Tage, bevor sie dem Wunsch der Massen nachgab.

Vom Tod gezeichnet

Doch am Ende des Monats, unter dem Druck ihres nervösen Gatten und ohne die Unterstützung des Militärs und der Oberklasse, machte sie einen Rückzieher. Ihre Entscheidung wurde außerdem beeinflusst von dem Umstand, dass sie an Gebärmutterhalskrebs litt. Sie gab ihre Meinungsänderung in einer Radiosendung bekannt und bat darum, von der Geschichte als *«eine Frau an der Seite General Peróns»* beurteilt zu werden, die *«ihm die Hoffnungen und Bedürnisse der Menschen nahebrachte, um sie zu befriedigen. Und ihr Name war Evita.»* Sie behauptete, sie würde sich immer dem Präsidenten fügen.

Als Perón im Juni 1952 wiedergewählt wurde, war Evita bei der Siegesparade wie immer an seiner Seite. Aber sie war sehr abgemagert und konnte nicht laufen. Aus Sorge um ihr Bild in der Öffentlichkeit verbarg sie ihre Zerbrechlichkeit, indem sie einen dicken Pelzmantel trug, unter dem sie von einem Gestell gestützt wurde.

Evita, seit der Wiederwahl ihres Mannes die „geistige Führerin der Nation", starb im darauffolgenden Monat. Sie war 33 Jahre alt. In einer Radiosendung anlässlich ihres Todes hieß es, sie sei *«unsterblich geworden»*. Sie wurde wie eine Heilige verehrt, in allen Dörfern und an allen Straßen wurden Schreine aufgestellt. Das Land versank in Trauer.

1955 wurde Juan Perón durch einen Militärputsch gestürzt. Plötzlich war es verboten, den Namen seiner verstorbenen Frau auszusprechen. Evitas sterbliche Überreste verschwanden und tauchten erst 16 Jahre später wieder auf. Sie waren von ihren Feinden versteckt worden, weil sie verhindern wollten, dass ihre Grabstätte zum Brennpunkt des Widerstands wurde. 1971 erhielt Juan Perón Evitas Leichnam zurück und nahm ihn mit nach Spanien ins Exil. Nach seinem Tod 1974 brachte seine dritte Frau, Isabel (geboren 1931), die erste Präsidentin Argentiniens von 1974 bis 1976, Evitas Leichnam nach Buenos Aires zurück.

ZEITTAFEL

1935 Eva Duarte kommt nach Buenos Aires und macht Karriere als Schauspielerin.

1944 Juan Perón trifft Eva Duarte.

1945 Eva Duarte wird Peróns zweite Ehefrau.

1946 Juan Perón wird zum Präsidenten von Argentinien gewählt. Evita wird seine inoffizielle Ministerin für Arbeit und Wohlfahrt.

1947 Eva Perón bereist Europa. Wieder in Argentinien trägt sie entscheidend dazu bei, dass das Wahlrecht für Frauen eingeführt wird.

1948 Gründung der späteren *„Fundación Eva Perón"*.

1949 Eva Perón gründet die Peronistische Frauenpartei.

1950er Jahre Juan Perón ermöglicht deutschen Nazis die Flucht nach Argentinien.

1951 Eva Perón verkündet ihre Entscheidung, bei den anstehenden Wahlen als Vizepräsidentin zu kandidieren; später lehnt sie die Nominierung jedoch ab.

1952 Juan Perón wird wiedergewählt. Evita stirbt.

1955 Ein Militärputsch stürzt Juan Perón. Er geht ins Exil nach Madrid.

1973–1974 Juan Perón wird erneut Präsident von Argentinien.

1974–1976 Isabel Perón, Juan Peróns dritte Frau, wird nach seinem Tod erste Präsidentin Argentiniens. Sie holt Eva Peróns Leichnam nach Buenos Aires zurück.

Margaret Thatcher

geboren 1925

Britische Premierministerin

Margaret Thatcher stieg zur ersten Frau an der Spitze einer politischen Partei in Großbritannien auf und war drei Amtszeiten in Folge Premierministerin, von 1979 bis 1990. Die „Eiserne Lady" verfolgte ihre Ziele mit äußerster Hartnäckigkeit. Sie verkörperte den Eifer, aber auch die Habgier des freien Unternehmertums der 1980er Jahre. Fast zwei Jahrzehnte nach ihrem Rücktritt ist ihr Erbe in der aktuellen Politik und Gesellschaft immer noch zu spüren. Deutlicher als jeder andere politische Führer der Nachkriegszeit hat sie Großbritannien ihren Stempel aufgedrückt.

Margaret Roberts wurde 1925 in Grantham, Lincolnshire, geboren. Ihr Vater, ein örtlicher Lebensmittelhändler und Stadtrat, vermittelte ihr die Werte der kleinen Leute: Sparsamkeit, harte Arbeit und Selbständigkeit. Sie erarbeitete sich ihren Weg an die Universität durch ein Stipendium. In Oxford, wo sie Chemie studierte, bekam sie einen ersten Vorgeschmack auf ihre spätere Tätigkeit: Sie war Präsidentin des Bundes der Konservativen an der Universität und damit die erst dritte Frau in diesem Amt. Bereits mit 21 Jahren traten ihr Ehrgeiz und ihre Zielstrebigkeit hervor. Sie erzählte einer Freundin, einer der Gründe, warum sie den Konservativen beitrat, bestehe darin, dass dort die Chancen größer seien, zur Kenntnis genommen zu werden.

1947 machte Margaret Roberts ihren Abschluss und arbeitete als Chemikerin in den Forschungsabteilungen verschiedener Unternehmen. Ihre früheren Kollegen beschrieben sie als fleißig und gewissenhaft. Aus ihrer Politikbegeisterung machte Roberts keinen Hehl. Ihre Kollegen zogen sie gern auf und sagten: *«Da kommt die künftige Premierministerin.»*

Bei den Wahlen 1950 wurde Margaret Roberts als Kandidatin der Konservativen in der Labour-Hochburg Dartford aufgestellt. Sie verlor, aber ihr Wahlkampf sicherte ihr die Aufmerksamkeit der Parteiführung. Acht Jahre später bekam sie den Nordlondoner Wahlkreis Finchley zugeteilt, den sie bei den Wahlen 1959 auch gewann. Im Alter von 34 Jahren hatte sie ihr Ziel erreicht, Mitglied des Parlaments zu werden.

Als erste Regierungschefin einer westlichen Industrienation hat sich Margaret Thatcher ihren Platz in der Geschichte gesichert. Sie spielte eine große Rolle in der britischen Politik. Bis heute weckt ihr Name Bewunderung genauso wie Antipathie.

«Die Augen von Caligula, die Stimme von Marilyn Monroe.»

FRANÇOIS MITTERRAND, FRANZÖSISCHER STAATSPRÄSIDENT VON 1981 BIS 1995

Margaret Thatcher wurde als Außenseiterin aus der unteren Mittelklasse an die Spitze der konservativen Partei gewählt. Ihre Volksnähe machte sie innerhalb der Partei enorm populär. Das Foto zeigt sie am Abend ihrer Machtübernahme auf dem Parteitag 1978.

Familienleben und Parteikarriere

1951 heiratete Margaret Roberts den geschiedenen, traditionell konservativ eingestellten Geschäftsmann Dennis Thatcher (1915–2003) und studierte Jura. Er gehörte der „alten Schule" an: Als die Zwillinge Carol und Mark am 15. August 1953 geboren wurden, war er beim Kricket. Aber er gab seiner Frau Halt. Er unterstützte sie ihre gesamte Karriere hindurch und sagte ihr immer die Wahrheit, selbst wenn kein anderer sich dies traute.

In den folgenden Jahren machte Margaret Thatcher Karriere innerhalb ihrer Partei. 1967 erhielt sie einen Platz als „Quotenfrau" im Schattenkabinett der konservativen Opposition und wurde für verschiedene Ministerposten vorgesehen. Als die Konservativen unter Edward Heath (1916–2005) überraschend die Wahlen von 1970 gewannen, wurde Thatcher zur Bildungsministerin ernannt. Den meisten Briten blieb vor allem ihre Entscheidung, den freien Milchausschank in den Grundschulen abzuschaffen, in Erinnerung. Der Vers *«Thatcher, Thatcher – Milk Snatcher»* („Thatcher, Thatcher – Milchräuberin") machte die Runde. Tatsächlich aber wurde ein Großteil der Milch überhaupt nicht getrunken. Die Regierung hatte sogar festgestellt, dass sie mehr Geld für Milch als für Bücher ausgab.

Gegen die alten Garden

Margaret Thatchers großer Moment kam 1975. Ein Jahr, nachdem Heath die Wahlen und das Amt des Premierministers verloren hatte, stellte sich Thatcher gegen ihn und bewarb sich um den Parteivorsitz der Konservativen. Als sie Heaths Büro betrat, um ihm die Neuigkeit mitzuteilen, blickte er nicht einmal auf. *«Sie werden verlieren»*, sagte er. *«Guten Tag.»*

Thatchers Triumph kam für alle überraschend. Sie verdankte ihn vor allem Airey Neave (1916–1979), einem gegen Heath eingestellten Parlamentsmitglied, der ihren Wahlkampf organisierte. Er hatte Thatcher eine Charme-Offensive verordnet und ihr geraten, die

Masse der weniger einflussreichen Parlamentarier, die sogenannten Hinterbänkler, für sich zu gewinnen, um die sich Heath nie gekümmert hatte. Gleichzeitig hatte Neave irreführende Informationen verbreitet und so das Lager des Parteiführers in Sicherheit gewogen.

Die Konservativen siegten bei den Parlamentswahlen von 1979, und die bisherige Oppositionsführerin Thatcher wurde neue Premierministerin. Damit war sie die erste Frau, die in einer westlichen Industrienation das Amt des Regierungschefs bekleidete. Das Land, das Thatcher übernahm, war ins Taumeln geraten. Seit 30 Jahren ging es mit Großbritannien immer weiter bergab. Die Wirtschaft hatte sowohl die Ölkrise als auch die weltweite Rezession der 1970er Jahre nur schwer überstanden. Bald galt Großbritannien als „kranker Mann Europas". Aus der Sicht der Konservativen stand vor allem die Macht der Gewerkschaften einem Wirtschaftsaufschwung im Weg. Die späten 1970er Jahre waren geprägt von Streiks und hoher Arbeitslosigkeit, die Ende 1978, im „Winter der Unzufriedenheit", in einer bitteren Auseinandersetzung zwischen den Gewerkschaften und der Regierung gipfelten.

Monetarismus und Falklandkrieg

Schon als Oppositionsführerin hatte sich Thatcher mit Vordenkern vom rechten Flügel der konservativen Partei umgeben, die den wirtschaftlichen Konsens der Nachkriegszeit ablehnten. Sie vertraten den sogenannten Monetarismus, einen wirtschaftstheoretischen Ansatz, der sich auf die Regulierung der Geldmenge konzentriert. An einer voll entwickelten westlichen Wirtschaft war das noch nie erprobt worden. Die neue Regierung begann die Zinssätze in die Höhe zu treiben und indirekte Steuern zu erheben, um die Inflation zu senken. Die ersten Ergebnisse waren bitter. Thatcher hatte die Wahlen mit einer Anzeigenkampagne gewonnen, in der es hieß *«Labour isn't working»* („Labour bringt keine Arbeit"). Aber es war ihre Politik, die die Arbeitslosigkeit verdoppelte.

Margaret Thatcher sah sich selbst als *„conviction politician"*, als Gesinnungspolitikerin, und hielt gegen alle Widerstände trotzig an ihrem einmal eingeschlagenen Kurs fest. Unter tosendem Beifall widersprach sie auf einem Parteitag der Konservativen 1980 denjenigen, die eine Kehrtwende forderten: *«Dazu habe ich nur das eine zu sagen: Macht ihr kehrt, wenn ihr wollt. Die Lady ist für eine Kehrtwende nicht zu haben.»*

Es waren die Jahre der Sparhaushalte, der Rezession und einer nie dagewesenen Zahl von vier Millionen Arbeitslosen. Der anfängliche Optimismus war verschwunden, und die Popularität der Regierung sank auf einen Tiefpunkt. Dann, im April 1982, überfiel die argentinische Militärregierung die zu Großbritannien gehörenden Falklandinseln im südlichen Atlantik. Thatcher sandte eine Eingreiftruppe aus, um die Inseln zurückzuerobern. Tausend Mann kamen bei dem Einsatz ums Leben, aber der Sieg der Briten führte zu einer Welle des Patriotismus und verschaffte der Regierung Thatcher große Sympathien.

Machtkampf mit den Gewerkschaften

Margaret Thatcher profitierte vom „Falklandfaktor", der allgemeinen wirtschaftlichen Erholung sowie dem wenig überzeugenden Wahlkampf der Labour-Partei und errang bei den Wahlen von 1983 einen überwältigenden Sieg. Jetzt nahm die Premierministerin den

Zeittafel

1950 Margaret Roberts tritt in Dartford für die konservative Partei an, verliert jedoch.

1951 Margaret Roberts heiratet Dennis Thatcher.

1953 Geburt der Zwillinge Carol und Mark.

1954 Margaret Thatcher wird als Anwältin zugelassen.

1959 Thatcher gewinnt den Wahlkreis Finchley und wird Mitglied des Parlaments.

1967 Thatcher gehört dem Schattenkabinett an.

1970 Die Konservativen gewinnen die allgemeinen Wahlen. Thatcher wird Bildungsministerin.

1974 Wahlniederlage der Konservativen.

1975 Thatcher wird Vorsitzende der Konservativen.

1978 „Winter der Unzufriedenheit".

1979 Thatcher wird Großbritanniens erste Premierministerin.

1980 „Kehrtwende"-Rede auf dem Parteitag der Konservativen.

1982 Falklandkrieg.

1983 Die konservative Regierung wird wiedergewählt.

1984–1985 Bergarbeiterstreik.

1987 Thatcher wird für eine dritte Amtszeit gewählt.

1989/90 Die Einführung der Kopfsteuer *(poll tax)* löst landesweite Proteste aus.

1990 Thatcher tritt zurück. Ihr Nachfolger ist John Major.

1992 Thatcher erhält den Titel einer Baronin und wird Mitglied des Oberhauses.

Kampf mit den Gewerkschaften auf. Eine Reihe neuer Gesetze machte zum Beispiel Mitgliederabstimmungen vor der Ausrufung eines Streiks obligatorisch. Außerdem wurde der Gewerkschaftszwang in den Betrieben aufgehoben. Der Höhepunkt der Auseinandersetzung war der einjährige Bergarbeiterstreik in den Jahren 1984/85. Thatcher war entschlossen, die Gewerkschaften in die Knie zu zwingen, und unterstützte sogar brutale Polizeieinsätze. Am Ende hatte Thatcher den längeren Atem. Die Niederlage der Bergarbeiter führte zu landesweiten Grubenschließungen, die sich auf die Bergarbeiterstädte verheerend auswirkten. In Verbindung mit der Flut von Anti-Gewerkschafts-Gesetzen blieb die britische Arbeiterbewegung machtlos zurück. Nie wieder sollte jemand fragen, wie es in den 1970er Jahren so oft geschah: *«Wer regiert Großbritannien eigentlich?»*

In Ronald Reagan, der von 1981 bis 1989 Präsident der Vereinigten Staaten von Amerika war, fand Margaret Thatcher einen engen politischen Verbündeten.

Ein weiterer radikaler Schritt Thatchers war die Privatisierung der staatlichen Industrie- und Versorgungsbetriebe. Die Premierministerin verkaufte einen Staatsbetrieb nach dem anderen: British Airways, British Steel, Rolls-Royce. Sie hielt Privatisierung nicht nur für eine wirtschaftspolitische Notwendigkeit, sondern ging damit auch auf Stimmenfang. Der Verkauf der British Telecom 1984 führte in der Öffentlichkeit zu einer großen Nachfrage nach Aktien. Als zwei Jahre später British Gas verkauft wurde, war die Aktienfrage Thema einer öffentlich finanzierten Kampagne. Thatcher wollte ihren Wählern aus der Mittelklasse die Werte des Kapitalismus näherbringen. Am Ende des Jahrzehnts war einer von vier Briten im Besitz von Aktien, während sich rund 40 ehemals staatliche Betriebe in privater Hand befanden.

Die Beziehungen nach aussen stärken

In der Opposition hatte Margaret Thatcher ihren Ruf als „kalte Kriegerin" gepflegt und die Sowjetunion bei jeder Gelegenheit angegriffen. In Moskau wiederum wurde sie verächtlich als „Eiserne Lady" bezeichnet, was ihr jedoch auf Anhieb gefiel. Als Premierministerin fand Thatcher in US-Präsident Ronald Reagan (1911–2004) einen politischen Seelenverwandten. Sie teilten die Begeisterung für die freie Marktwirtschaft und den tiefen Hass auf den Kommunismus.

Thatcher war aber auch die erste westliche Spitzenpolitikerin, die schon früh das Potenzial Michail Gorbatschows (geboren 1931) erkannte. 1984, kurz bevor Gorbatschow zum Führer der Sowjetunion aufstieg, beschrieb sie ihn als *«einen Mann, mit dem wir Geschäfte machen können»*. Gemeinsam mit Reagan ermutigte sie Gorbatschow, an seiner Reformpolitik festzuhalten. Letztlich trug Thatcher so zum Ende des Kalten Krieges bei.

Ein unrühmliches Ende

Bei den Wahlen 1987 gewann Thatcher das dritte Mal in Folge. Aber sie sollte nicht mehr die gesamte Amtszeit durchstehen. Gegen alle Ratschläge führte sie die *poll tax* ein, eine Kopfsteuer unabhängig von Einkommen und Vermögen. Die Steuer stieß auf breite Ablehnung bis hin zu gewalttätigen Protesten. Die sich abzeichnenden Auswirkungen einer neuen Rezession beschädigten die Popularität der Premierministerin noch weiter. Innerhalb ihrer Partei verlor Thatcher zunehmend an Rückhalt.

Thatchers Widerstand gegen eine engere Integration in Europa gab den Unzufriedenen einen willkommenen Anlass. Geoffrey Howe (geboren 1926), einer ihrer treuesten Kollegen, trat 1990 als stellvertretender Premierminister zurück und gab als Grund Meinungsverschiedenheiten in der Europapolitik an. Seine Rücktrittsrede war eine scharfe Kritik an Thatcher und fiel zusammen mit den Neuwahlen zum Parteivorsitz. Thatcher schaffte es nur durch die erste Abstimmungsrunde. Man überredete sie zum Rücktritt. Ihr Nachfolger wurde John Major (geboren 1943).

ZIELSTREBIG ODER ENGSTIRNIG?

Margaret Thatcher wurde geliebt und verabscheut. Ihre Anhänger bewunderten sie für ihre Beharrlichkeit, ihre Zielstrebigkeit und ihren Mut. In den Augen ihrer Kritiker war sie eine grausame, engstirnige Ideologin. In „Spitting Image", einer satirischen Fernsehsendung der 1980er Jahre, wird sie in einem zweireihigen Anzug dargestellt, eine Zigarre im Mund, beim Kellner ein Steak bestellend. Er fragt: *«Und das Gemüse?»* Die Kamera fährt zurück und zeigt ihr gesamtes Kabinett, während sie antwortet: *«Die nehmen dasselbe.»*

Heute wirft Margaret Thatcher immer noch einen langen Schatten auf die britische Politik. Was den politischen Konsens in Großbritannien angeht, hat sie entscheidende Veränderungen bewirkt. Unter dem Begriff „New Labour" haben sich sowohl Tony Blair (geboren 1953) als auch Gordon Brown (geboren 1951) konservative Ansätze wie Privatisierung, freies Unternehmertum und die Beschränkung der Gewerkschaften zu eigen gemacht – alles Glaubensgrundsätze des Thatcherismus.

Die überaus unpopuläre Kopfsteuer (poll tax) *trug zu Thatchers Untergang bei. Die Sturheit, mit der die Premierministerin diese ungeschickte und unsoziale Maßnahme vertrat, überzeugte ihre Parteigenossen, dass sie das Gefühl für die Stimmung unter den britischen Bürgern verloren hatte.*

Elisabeth II.

geboren 1926

Königin von Großbritannien und Nordirland

Elisabeth II. ist Englands sechste regierende Königin und unter den britischen Herrschern bisher die Monarchin mit der zweitlängsten „Dienstzeit" nach ihrer Ururgroßmutter Königin Viktoria. Seit Elisabeths Thronbesteigung 1952 hat die britische Monarchie viel von ihrem früheren Nimbus und ihrem gesellschaftlichen Einfluss eingebüßt. Auch an persönlichen Enttäuschungen mangelte es nicht. Aber Elisabeth steht im Auge des Sturms und orientiert sich gewissermaßen an dem Motto ihrer Namensvetterin, der großen Tudor-Königin Elisabeth I.: „Semper eadem" – *„Immer dieselbe".*

Elisabeth mit ihren Eltern, Georg VI. und Elisabeth, ihrer Schwester Margaret (ganz rechts) und ihrem Ehemann Philipp (ganz links) Ende der 1940er Jahre.

Wie bei allen anderen englischen Königinnen rechnete niemand damit, dass Elisabeth einmal regieren würde. Sie wurde am 21. April 1926 in London geboren. Ihr Vater war Albert, der Herzog von York (1895–1952) und zweite Sohn von König Georg V. (regierte 1910–1936), und ihre Mutter die Adelige Lady Elisabeth Bowes-Lyon (1900–2002). Elisabeths Kindheit war idyllisch. Der Herzog von York hatte eine eher distanzierte Beziehung zu seinen eigenen Eltern und wollte darum seinen Töchtern Elisabeth und Margaret (1930–2002) ein liebevolles Zuhause geben. Der britische Premierminister Winston Churchill (1874–1965) lernte Elisabeth kennen, als sie noch sehr jung war, und bemerkte: «*[Sie] strahlt Autorität und Nachdenklichkeit aus, was ganz erstaunlich ist – bei einem so kleinen Kind.*»

Als Prinzessin Elisabeth zehn war, änderte sich alles. Im Jahr 1936 gelangte ihr Onkel Eduard VIII. (regierte 1936) auf den Thron. Er war fest entschlossen, seine große Liebe, die zweimal geschiedene Amerikanerin Wallis Simpson (1895–1986), zu heiraten. Aber in der konservativen Regierung regte sich großer Widerstand gegen die nicht standesgemäße Ehe. Eduard gehorchte seinem Herzen und verzichtete auf die Krone. Nun folgte widerstrebend sein Bruder Albert als König Georg VI. (regierte 1936–1952) auf den Thron. Seine älteste Tochter Elisabeth stand plötzlich an erster Stelle in der Thronfolge.

Königin Elisabeth II. in ihrem Krönungsornat mit Zepter und Reichsapfel. Später erinnerte sie sich: «Als ich 21 war, gelobte ich, mein Leben dem Dienst an unserem Volk zu weihen, und ich bat um Gottes Hilfe, dieses Gelöbnis auch einzuhalten. Obwohl ich den Schwur in meinen Jugendtagen abgegeben habe, als ich noch unerfahren im Urteil war, bedaure ich nicht ein Wort davon und möchte nichts zurücknehmen.»

Heirat und Thronfolge

Mit 21 Jahren verlobte sich Elisabeth mit ihrem entfernten Cousin Prinz Philipp von Griechenland (geboren 1921), der in der englischen Marine diente und später den Namen Philip Mountbatten annahm. Beide sind Nachfahren von Königin Viktoria (regierte 1837–1901). Elisabeth hatte Philipp kennengelernt, als sie 13 war. Ihre Mutter hatte sich zwar bemüht, ihr auch andere junge Männer vorzustellen, doch Elisabeth hatte ihr Herz bereits verloren.

Die Hochzeit fand am 20. November 1947 statt. Für eine Weile führte Elisabeth das Leben einer Offiziersfrau. 1948 bekam sie einen Sohn, Charles, und 1950 eine Tochter, Anne. Später folgten noch die Söhne Andrew und Edward, die 1960 und 1964 geboren wurden. Doch schon im Februar 1952 starb ihr Vater Georg VI. an Krebs. Elisabeth befand sich gerade auf einer Reise in Kenia. Als Königin kehrte sie nach Großbritannien zurück.

Elisabeth II. war jetzt 25, genau wie Elisabeth I. (regierte 1558–1601) bei ihrer Thronbesteigung. Von nun an regierte sie als Königin von Großbritannien und Nordirland, von Kanada, Australien, Neuseeland und anderen Territorien des Commonwealth of Nations, dessen Oberhaupt sie zugleich war. Insgesamt herrschte sie über 539 Millionen Untertanen.

ZEITTAFEL

1936 Eduard VIII. folgt seinem Vater Georg V. auf den Thron, dankt dann aber ab, um Wallis Simpson zu heiraten. Georg VI. nimmt den Platz seines Bruders ein, und Elisabeth wird Thronerbin.

1947 Elisabeth heiratet Philip Mountbatten, den früheren Prinzen Philipp von Griechenland.

1948 Geburt von Charles, dem späteren Prince of Wales.

1950 Geburt von Anne, der späteren Princess Royal.

1952 Georg VI. stirbt. Elisabeth II. wird Königin.

1953 Elisabeth II. wird in der Westminster Abbey in London gekrönt.

1960 Geburt von Andrew, dem späteren Herzog von York.

1964 Geburt von Edward, dem späteren Grafen von Wessex.

1977 Silbernes Thronjubiläum der Königin.

1981 Charles heiratet Lady Diana Spencer.

1993 Die Königin zahlt Einkommensteuer.

1996 Nach dem öffentlichen Scheitern ihrer Ehe lassen sich Charles und Diana scheiden.

1997 Dianas Tod bei einem Autounfall weckt größte öffentliche Anteilnahme. Die Haltung der Königin ruft Kritik hervor.

2002 Elisabeths Schwester und ihre Mutter sterben. Die Königin begeht ihr Goldenes Thronjubiläum.

2005 Charles heiratet Camilla Parker Bowles, die den Titel Herzogin von Cornwall erhält.

Die Krönung Elisabeths II. am 2. Juni 1953 war die erste Zeremonie dieser Art, die im Fernsehen übertragen wurde – ein mediales Großereignis, das weltweit das Interesse am britischen Königshaus weckte. Der Tradition entsprechend wurde der Ehemann der Königin nicht zum König gekrönt. Philipp führt weiterhin den Titel eines Herzogs von Edinburgh, den er 1947 bei seiner Hochzeit erhalten hat. Elisabeths Großvater Georg V. hatte in der deutschfeindlichen Stimmung des Ersten Weltkriegs den Namen des Königshauses, Sachsen-Coburg und Gotha, in „Windsor" umgeändert. 1960 beschloss die Königin, dass ihre Nachkommen in männlicher Linie den persönlichen Nachnamen Mountbatten-Windsor tragen sollten, eine Verbindung der Familiennamen ihrer Eltern.

Der Premierminister Winston Churchill hielt Elisabeth für das Idealbild einer Königin. *«Alle Filmleute der Welt, und hätten sie den ganzen Globus abgesucht, hätten niemanden gefunden, der für die Rolle geeigneter wäre»*, schwärmte er. Durch ihre Disziplin, ihre Pflichterfüllung und ihr zurückhaltendes, höfliches Auftreten gewann die junge Königin die Zuneigung ihrer Untertanen. Doch die Zeiten verlangten eine Monarchie, die sich anpasste. Später, vor allem angesichts der Brüche innerhalb der Königsfamilie, sollten viele öffentlich über ihre Abschaffung diskutieren.

Monarchin in einer Mediengesellschaft

Der Wendepunkt war 1977, das Jahr des silbernen Thronjubiläums der Königin. Inzwischen hatte Großbritannien mit seinem Kolonialreich auch seine Weltgeltung verloren. Außerdem steckte das Land in einer schweren Wirtschaftskrise. Die Nation war geteilt in diejenigen, die Elisabeths Regierungszeit mit Straßenfesten feierten, und in eine jüngere Generation, die den Sinn und Zweck der Monarchie hinterfragte. Die meistverkaufte Single des Jahres war das repektlose „God Save the Queen" der britischen Punkrockband Sex Pistols. Texte wie *«Gott schütze die Königin, das faschistische Regime. Sie haben einen Idioten aus dir gemacht …»* spiegelten die Unzufriedenheit einer neuen Generation wider. Sie besaß nicht mehr den tief verwurzelten Respekt ihrer Eltern vor den Autoritäten. Im darauffolgenden Jahr kam es in Großbritannien zu Rassenunruhen. Viele fragten sich, ob eine Königin, die sich als Oberhaupt der Anglikanischen Staatskirche und „Verteidigerin des Glaubens" betrachtet, noch zu einer multikulturellen Gesellschaft passt.

Die Traumhochzeit des Prince of Wales mit der 19-jährigen Lady Diana Spencer 1981 gewann dem Königshaus zunächst viele Sympathien zurück. Diana, schön und sehr geschickt im Umgang mit den Medien, stellte bald alle anderen Mitglieder des Königshauses in den Schatten, inklusive ihrer Schwiegermutter, der Königin. Charles' andauernde Affäre mit seiner verheirateten Geliebten Camilla Parker Bowles (geboren 1947) sowie Dianas öffentlich eingestandenen psychischen Probleme unterminierten die Ehe – und lieferten Stoff für die tägliche Berichterstattung in der internationalen Regenbogenpresse.

Auch Annes Ehe mit Mark Phillips (geboren 1948) scheiterte, genau wie die Ehe von Prinz Andrew mit Sarah Ferguson (geboren 1959). Peinlichkeiten wie die Fotos einer noch verheirateten Sarah, Herzogin von York, mit ihrem Liebhaber beschädigten unwiderruflich den Nimbus der Monarchie, den die Königin so sorgsam zu erhalten suchte.

Zögernde Modernisierung

Kompromisse blieben nicht aus: Die Ausgaben für den königlichen Haushalt und die Mitglieder des Königsfamilie wurden eingeschränkt. 1993 musste Elisabeth zum ersten Mal Einkommensteuer zahlen. Als Charles und Diana 1996 geschieden wurden, standen die Medien, die für die Wahrnehmung der modernen Monarchie so wichtig sind, auf Dianas Seite. Und als sie im August 1997 bei einem Autounfall in Paris ums Leben kam, wurde das anfängliche Zögern der Königin, öffentlich zu trauern, im ganzen Land mit Unverständnis wahrgenommen, das sich in schnell in Wut verwandelte.

1981 heiratete Elisabeths ältester Sohn und Thronerbe Charles, der Prince of Wales, Lady Diana Spencer, die in der Öffentlichkeit sehr populär wurde. Doch die Ehe war nicht von Dauer. Das Paar bekam zwei Kinder, William (geboren 1982) und Henry (Harry, geboren 1984).

Der Königin war es nicht gelungen, die Stimmung im Volk richtig einzuschätzen. Tausende versammelten sich vor dem Kensington-Palast, um für Diana Blumen abzulegen. Doch die königliche Familie blieb in Balmoral in Schottland, wohin man sich zurückgezogen hatte, während die Boulevardblätter die Hysterie noch anheizten. Einen Moment lang schwankte die Monarchie. Aber Elisabeth überlebte – weil sie dem Rat ihres Premierministers Tony Blair (geboren 1953) Folge leistete, der sehr wohl um die Macht der Medien wusste. Sie kehrte nach London zurück, um *«als Großmutter»* zur Nation zu sprechen.

Anfang des 21. Jahrhunderts war die Krise dann vorbei. Charles' 2005 geschlossene Ehe mit Camilla Parker Bowles wurde allgemein akzeptiert. Trotzdem scheint die Monarchie im modernen Leben deutlich weniger wichtig zu sein, als das noch bei Elisabeths Thronbesteigung der Fall war. Für die meisten Briten ist sie ein charmanter Anachronismus – kaum mehr als eine lohnende Touristenattraktion.

Königin Elisabeth II. hat sich nie groß um ihre Beliebtheit gekümmert. Sie erfüllt ihre Pflicht und wird respektiert. Die Chance, sich etwa wie ihre Namensvetterin Elisabeth I. hervorzutun, hat sie nicht. Sie regiert in einem Zeitalter, in dem das Parlament, nicht die Krone, die Macht ausübt.

Zwei starke Frauen

Besonders spannungsreich war Elisabeths Beziehung zur konservativen Premierministerin Margaret Thatcher (geboren 1925). Der Gewohnheit entsprechend trafen sie sich in den elf Jahren von Thatchers Amtszeit einmal wöchentlich zu einer Unterredung. Angeblich fühlte sich die „Eiserne Lady" in der Gegenwart der Königin unsicher und hatte oft mit Kreislaufproblemen zu kämpfen. Wenn sie sich setzten musste, soll Elisabeth gespöttelt haben: *«Schaut! Sie ist wieder umgekippt!»* Als Thatcher später aber von ihren eigenen Parteigenossen aus dem Amt gedrängt wurde, soll die Königin schockiert gewesen sein über dieses rücksichtslose Vorgehen.

Benazir Bhutto

1953–2007

Premierministerin von Pakistan

Am 10. April 1986 kehrte Benazir Bhutto im Triumph nach Pakistan zurück. 1979 hatte General Zia ihren Vater hinrichten lassen, Benazir Bhutto war ins Exil gegangen. Jetzt kam sie an der Spitze der väterlichen Partei wieder, um Zia an den Wahlurnen herauszufordern. Sie war die große Hoffnung für alle, die auf eine Demokratie in Pakistan hofften. Sowohl Pakistan als auch der Rest der Welt erwarteten große Dinge von Zulfikar Ali Bhuttos Tochter, als sie nach ihrem Sieg die erste Regierungschefin in einem muslimischen Land wurde.

Benazir Bhutto bei ihrer Hochzeit mit Asif Ali Zardari im Jahr 1987. Ein Jahr später wurde Bhutto, die politische Erbin ihres Vaters und Hoffnungsträgerin für Millionen, die erste Premierministerin in der Geschichte Pakistans.

Wie Indira Gandhi im benachbarten Indien wurde Benazir Bhutto in eine der führenden politischen Familien des Landes hineingeboren. Ihr Großvater, Sir Shah Nawaz Khan Bhutto, war eine Schlüsselfigur im Kampf um die Unabhängigkeit von den Briten. Dieses politische Ziel wurde 1947 erreicht. Ihr Vater, der Politiker Zulfikar Ali Bhutto (1928–1979), war der Gründer der pakistanischen Volkspartei PPP, von 1971 bis 1973 Präsident und von 1973 bis 1977 Premierminister des Landes. Als Angehöriger der reichen, landbesitzenden Oberschicht wurde er in Berkeley und Oxford ausgebildet. Seine politische Karriere hatte er damit verbracht, nach der Unabhängigkeit Pakistans vom Westen zu streben. Seine Amtszeit als Premierminister war eine der wenigen, die nicht vom Militär beherrscht wurden.

Die Führungsrolle übernehmen

Benazir Bhutto wurde 1953 in Karatschi geboren. Wie ihr Vater wurde sie im Westen erzogen, in Harvard und dann in Oxford, wo sie Politik, Philosophie und Wirtschaft studierte. 1977 kehrte sie nach Pakistan zurück, wenige Tage, ehe General Zia (1924–1988) ihren Vater durch einen Militärputsch stürzte. Zulfikar Ali Bhutto wurde 1979 gehängt. Seine Tochter nannte ihn einen Heiligen und beschloss, an seiner Stelle die Führung zu